독도를 일본에 빼앗기지 않으려면

이 도서의 국립중앙도서관 출판시도서목록(CIP)은 서지정보유통지원시스템 홈페이지(http://seoji.nl.go.kr)와 국가자료공동목록시스템(http://www.nl.go.kr/kolisnet)에서 이용하실 수 있습니다. (CIP제어번호: CIP2013003582)

독도를 일본에 빼앗기지 않으려면

왜, 어떻게, 누가 이 섬을 지킬 것인가

이 선 호 지음

팔원복

독도 사랑

너!
커다란 불덩어리로 우뚝 솟더니
망망 바다 천고의 풍랑 속에 깊이깊이 두 발 딛고
민족의 자존을 지켜주던 횃불 되어
한반도의 근근한 뿌리로 버티고 섰구나
홀로이지만 홀로가 아닌, 의젓하고 분명한 너의 실체
영원부터 영원까지 함께할 우리의 전부인데
솔개 되어 노리는 저 건너편 섬나라는
네 영혼 멸살하려는 망언 끝없구나
그들은 너를 보고 죽도라 억지 쓰며
바다 밑 뿌리로 이어진 맥을 도끼질하고 있다
숯덩이 같은 마음들이 너를 탐하고 있는 거다
그러나 독도야!
저 푸른 융단 아래로 두 다리 뻗거라
백두대간 혈맥을 따라 성인봉 체온이 내 혈에 닿아 있다
한반도의 흑진주 빛남으로 태어나라
다시 태어나라
수천 년 왜구 침탈에 뻥뻥 뚫린 숱한 가슴
헐고 상한 네 핏줄의 섬
이 땅의 바람막이로 피골 상접한 너를
이제 외로운 한 점의 섬, 섬으로 두지 않겠다
내버려두지 않겠다
붉게 붉게 용솟음치는 망망대해 살붙이로

등줄기 쓰담으며 숱한 선열들의 희생 탑 아래

의용수비대 사투로 다시 서겠다

저 밤낮없이 자맥질하는 물보라를 보라

뭍을 향해 손짓하는 우리 모두의 피붙이를……

저기 동도와 서도 사이 진홍의 해가 이글이글 솟는다

보아라!

한반도의 우리들은 너를 보며 꿈을 꾼다

수천 년 수만 년 이어 갈 역사의 안위를 배운다

절절 끓어 넘치는 용광로 사랑 나라 사랑을 배운다

이제 우리 모두 참된 의미의 국권이 무엇인지 돌아보리라

태평양을 지향하는 최일선의 보고인 너

기상과 희망을 심어주는

대대손손 독도 너를

영원까지 메고 가야 할 우리 몫의 자존임을

생존이고 희망임을 잊지 않겠다

한반도에 흐르는 냉기류를 걷으리라

한반도의 첫 해맞이 곳 너 일 번지를

우리 정신의 모태인 너 그 이름 독도를

우리 정신의 모태인 너 그 이름 독도를

우리 민족의 가슴에 깃발 내 걸겠다

깃발 펄럭이겠다

천숙녀(千淑女) 지음(독도 시인, 한민족독도사관 관장)

독도는 우리 땅

울릉도 동남쪽 뱃길 따라 이백리
외로운 섬 하나 새들의 고향
그 누가 아무리
자기네 땅이라고 우겨도
독도는 우리 땅

경상북도 울릉군 울릉읍 독도리
동경 백삼십이 북위 삼십칠
평균기온 십이도
강수량은 천삼백
독도는 우리 땅

오징어 꼴뚜기 대구 명태 거북이
연어알 물새알 해녀 대합실
십칠만 평방미터
우물하나 분화구
독도는 우리 땅

지증왕 십삼 년 섬나라 우산국

세종실록 지리지 오십 쪽의 셋째 줄

하와이는 미국 땅

대마도는 몰라도

독도는 우리 땅

러일전쟁 직후에 임자 없는 섬이라고

억지로 우기면 정말 곤란해

신라장군 이사부

지하에서 웃는다

독도는 우리 땅

박인호 작사(방송작가) / **정광태** 노래(가수)

책을 펴내며

금년은 대한민국 건국 이래 최다 득표율로 최초의 여성 대통령이 탄생한 역사적인 해다. 특히 그가 대통령으로 취임한 2월 25일은 매우 뜻 깊은 날이다. 1905년에 대한제국이 일본과 을사늑약을 체결함으로써 사실상 나라의 외교·군사권을 일본에 빼앗기고 경성의 치안권을 일본 헌병대장이 장악한 가운데 궁성을 일본군이 수비하는 등 국가주권 상실 지경에 이르자, 일본은 군사력을 배경으로 같은 해 2월 2일 우리의 고유 영토인 독도를 무주지 선점이라고 과도 합리화하면서 시마네현으로 편입시키는 불법 폭거를 자행하였다. 이로부터 180년이 지난 2013년 2월 22일, 일본은 시마네현 '다케시마의 날' 기념행사에 중앙정부 대표와 국회의원 다수가 참석하여 독도를 자기 영토라고 공식 선언하는 대한민국의 주권 침해 행위를 공공연하게 또다시 자행했다.

돌이켜 보건대 15세기부터 20세기 초로 이어진 폐쇄적 전제군주 국가 체제인 조선왕조는 27대 519년간 제대로 주권국가답게 국권과 국민 그리고 영토 수호와 보전의 국가안보 책무를 다하지 못한 채 오로지 왕권과 왕실의 이익을 지키는 데 급급했으며, 문무백관은 당리당략과 세력 다툼에 탐닉되어 국가의 내치와 외교는 안중에도 없었으니, 나라는 부정부패가 만연하고 안보 부재 속에 개문납적(開門納敵)의 사태로 치닫지 않을 수 없었던 것이다. 그 결과로 빚어진 망국적 사태가 임진왜란과 병자호란에 의한 국권 침탈과 민생도탄 그리고 1910년의 경술국치에 의한 일본 식민지화의 국권 상실이었다.

이 같은 불행한 역사적 경험에도 불구하고 대한민국 건국 후의 6·25전쟁 전야에도 유비무환과 무비유환의 교훈을 실감하지 못한 채 북한의 기습남침을 허용하여 3년여간의 전쟁에서 국토가 잿더미로 변하는 아픔을 체험하였다. 더욱이 오늘 이 시점에도 아직 전쟁이 끝나지 않은 휴전상태임에도 국가의 3요소인 영토와 주권 그리고 국민을 적의 위협으로부터 지켜 안전과 독립 그리고 자유란 국가안보의 3대 핵심가치를 보전하려는 국가의지와 능력이 결여되고 국민의 안보의식이 마비되어 있음을 자인한다.

새로이 18대 대한민국 국가지도자로 취임한 박근혜 대통령은 대선 공약 그대로 국군통수권자로서뿐만 아니라 국가안보회의 의장답게 취임사에서 국가안보와 관련하여 "북한에 의한 국민 생명과 국가 안전 위협 행위를 용납하지 않을 것이며, 확고한 억지력을 바탕으로 남북 간 신뢰를 쌓아 가겠다"고 하는 결의를 다진 바 있으니, 이는 선거공약에서 확고한 국방태세 확립, 포괄적 방위역량 강화, 혁신적 국방경영, 보람 있는 군 복무 그리고 명예로운 보훈이란 안보정책 방향을 제시한 바와 상통하는 표현으로서, 국정의 우선순위를 국가안보에 두고서 경제부흥과 국민행복 그리고 문화융성을 이룸으로써 국리민복과 국태민안을 추구할 것으로 기대된다.

새 국가지도자가 취임 후엔 우리의 현실적 국경선인 NLL을 북한의 침공으로부터 철통같이 수호하고, 우리의 고유 영토인 독도를 일본의 침탈 기도 분쇄로 반드시 지킨다는 강한 결의를 대한민국 헌법에 명시된 그의 책무인 국가영토 수호 차원에서 표명함으로써 독도의 경제직, 정치 사회적 그리고 군사 전략적 존재가치를 온 국민이 재인식하고 이의 고수방어를 위해 모든 가용 수단과 방법을 총동원 집중 투입하여 1905년 당시와 같이 일본에 다시 우리 고유 영토를 탈취당하지 않도록 최선의 노력을 다하려는 동기가 부여되어 국민 모두가 하나 되어 내 나라·내 땅을 지키고 사랑하는 소명의식의 컨센서스가 이루어지기를 바란다.

이와 같은 맥락에서 본서의 독자들은 독도가 어째서 우리 영토인지를 분명히 이해한 바탕 위에서, 현재 일본의 영토 확장 야욕이 얼마나 간교하고 치밀하게 진척되고 있으며, 이를 저지 분쇄하기 위해서 우리는 왜, 무엇을, 어떻게 해야 할 것인가를 깨닫고 실천하도록 전 국민이 한마음 한뜻으로 독도 수호에 성원과 협력을 함께 해주기를 소망한다.

독도를 우리 땅으로 굳히기 위해선 현상태로는 불완전하고 불가능하다. 현명하고 과감한 현상타파적 노력과 의지가 있어야 한다. 역사 지리적, 국제법적 및 국제정치적 여건과 형식적 실효지배만으로 대한민국 영토로 결코 보장되지는 않는다. 독도를 우리 국토의 일부로 응고시키기 위해서는 획기적인 새로운 조치가 시급히 시행되어야 한다.

본서가 그 현실적이고 구체적인 실효지배 강화 방안을 제시하고 있다. 국가정책수단인 해군과 해병대의 NLL과 서북도서 방어도 중요하지만, 독도 방어도 이에 못지않게 중차대하다. 특히 독도는 해양강국을 지향한 대한민국의 국력 신장과 국가발전의 초석이 되고 미래 선진 통일한국의 가치 창출을 위한 잠재력의 상징적 기반이 될 것이기 때문이다.

끝으로, 저자의 저서 발간에 대하여 매번 배려를 아끼지 않는 고향 동문인 팔복원 김기제 대표가 본서의 발행을 흔쾌히 수용해 준 것을 감사하며, 앞으로도 군사안보 관련 도서를 지속적으로 발간할 수 있도록 그 사업이 승승장구하기를 진심으로 기원한다.

2013년 4월 15일
해병대 창설 64주년에 즈음하여

이 선 호

추천의 글

아직도 군국주의 망상에서 벗어나지 못한 일본이 도처에서 시대 착오적인 영토 분쟁을 일으키고 있다. 러시아와는 쿠릴열도 문제로, 중국과는 댜오위다오섬 문제로, 그리고 우리 한국에는 독도 영유권을 주장하면서 생떼를 부리고 있다.

일본은 1905년 임자 없는 땅을 선점했다는 시마네현(島根縣) 고시를 들고 나오지만, 우리는 이미 7세기 초부터 1,400여 년 동안 중단 없이 지배 관리해 온 엄연한 역사를 이어오고 있으니, 저들의 망언은 일고의 가치도 없는 어불성설이다.

제2차대전을 도발한 전범국가인 독일은 피해를 입은 유럽 여러 나라에 대해 정중하게 사죄하고 보상을 하고 있음에 반하여, 같은 전범국인 일본은 진정어린 사죄는 고사하고 오히려 적반하장식의 작태를 보이고 있다. 나이 어린 소녀들을 일본군의 성 노예로 끌고 간 것을 자발적 취업 행위라니, 심지어 돈벌이를 위한 매춘행위라고 뒤집어씌우는가 하면, 수천 년 이래 우리나라의 고유 영토인 독도를 자기네 땅이라고 억지 쓰는 저들은 여전히 약육강식의 침략 근성을 버리지 못하고 있는 것 같다.

이러한 때 군사평론가이며 시사·안보문제 전문가이기도 한 이선호 박사가 〈독도를 일본에 빼앗기지 않으려면〉이란 제목의 저서를 간행하게 된 것은 매우 시의적절한 일로서 마음으로부터 축하해 마지않는다.

저자인 이선호 박사는 일찍이 국방대학원 교수를 역임한 해병 대령 출신이다. 격동기인 6·25 휴전 직후 군문에 투신하여 베트남전쟁에서 큰 전공을 세운 역전의 용사이다. 그는 예편 후에는 주경야독의 만학으로 학위를 취득하고 한국군사학회 부회장과 한국시사문제연구소장을 맡아 국가의 안보의식 고취와 안보이론 정립 그리고 나라사랑 정신의 함양을 위해 노심초사 최선을 다하였고, 현재는 한국안보평론가협회장 직을 맡고 있는 안보·국방·군사문제의 권위자이며 집념의 직업군인 출신으로서, 이 분야의 이론과 실무를 함께 갖춘 전문가이기도 하다.

그동안 펴낸 안보관계 저서와 역서가 근 30권에 이르고 있음을 보더라도 그가 얼마나 학구열에 불타는 문무겸전의 학자인가를 알 수 있다. 이미 고희를 넘어 망팔의 대열에 접어든 연치(年齒)임에도 강연과 집필 등으로 동분서주하는 활약상은 능히 그것을 입증하고도 남음이 있다 하겠다.

이번에 펴내는 그의 저서 〈독도를 일본에 빼앗기지 않으려면〉은 '독도 영유권의 역사적인 맥락과 고수방어를 위한 전략' 등 독도 문제를 다년간에 걸쳐 연구 분석한 결과물이다. 아무쪼록 이 저서가 터무니없이 독도 영유권을 주장하는 일본의 간계를 쳐부수고 역사적으로나 현실적으로 실제적 지배권을 행사하고 있는 우리나라의 고유 영토임을 전 국민과 세계만방에 확인시키고 독도 고수방어를 위한 해군력의 증강과 해병대 주둔의 필요성 및 당위성이 공론화되어 전환기의 대한민국 국가안보정책 수행에 크게 이바지하게 되기를 바라는 마음 간절하다.

끝으로 다시 한 번 본 저서 출간을 진심으로 축하하며 저자의 건승과 행운을 기원하면서 이 글을 맺는다.

김 병 권
수필가 · 전 한국문인협회 부이사장

CONTENTS

" 독도 수호 의지 결여와 일본의 독도 침탈 위기 도래란
긴박한 현실적 상황 아래에서 어떻게 하면 독도를
일본에 빼앗기지 않겠는가 "

제 1 부
프롤로그 : 일본의 독도 침탈 전략

　현대 국가 형성의 3요소 중 가장 중요한 상징적 사활적 가치가 영토(영공, 영해 및 영토를 포괄한 영역의 개념)이고, 동서고금을 통하여 전쟁 발발의 핵심요인이 영토 분쟁 때문임은 말할 것도 없다. 대한민국의 영토 규모는 현재 세계 104위에 불과하나, 해양의 영토화 추세에 부응하여 세계 중심 국가로서 통일한국의 기반 조성을 목표로 한 해상영토 보존 확대를 위해 우리의 고유 영토인 독도를 일본에 탈취당하지 않아야 국력신장·국가발전을 촉진 도모할 수 있을 것이라는 것은 당연하고도 자명하다.

　우리는 그동안 "독도가 역사적으로 그리고 국제법적으로 대한민국의 고유 영토로서, 일본이 아무리 도발적인 억지 영유권 주장을 해도, 조용한 외교로 현상유지만 하면 실효지배하고 있기 때문에 우리 영토로 굳어질 것이므로 과잉 대응이나 군대 주둔 등으로 오히려 국제 분쟁화를 촉발하여 국제사법재판소에 회부되는 요인이 되지 않도록 해야 한다"는 논리로 일관해 왔던 것이 사실이다.

이 논리가 과연 맞는 처방인가? 결론적으로 완전히 잘못된 것이며, 우물 안 개구리 식 사고의 자가당착이다. 우리는 조선왕조의 공도(空島)정책에 이어 현재 중대한 제2의 실책인 신한일어업협정을 울며 겨자 먹기로 수용하고 있어 독도의 영유권이 멸실되고 있는데도, 이를 실책인 줄 모르는 데 더 큰 문제가 있다는 것이다. 왜 그런가? 우리가 알거나 모르는 사이에 일본의 독도 침탈·탈환 4단계 전략이 현실로 진척되고 있기 때문이다. 우리가 자초한 결정적인 실책을 틈타 일본이 제2차대전 종식 이후 오늘에 이르기까지 시종일관 집요하게 추진 진행해 온 독도 재탈환 쟁취의 성공과 승리를 목전에 둔 유리한 상황으로 전개되고 있다고 믿는 그들의 의지와 능력을 우리가 모르거나 외면해 왔기 때문에 더욱 심각하고도 두렵게 그 진상이 가시화되고 있는 현실이다.

저자가 지난 수년간 독도 문제를 심층 진단해 온 바에 따르면, 일본의 독도 침탈 야욕은 약 100년 전후 청일전쟁과 러일전쟁의 승리 여세로 중국과 러시아의 일부 영토를 병합한 데 이어, 한반도를 탈취한 그 당시 일본제국의 식민주의 책략 망령이 또다시 되살아난 연장선상에서, 21세기 초 오늘의 세계 식량·기름·물이란 3대 부족 자원전쟁과 더불어 민주주의 국가의 탈을 쓰고도 영토 야욕이 재발현되고 있음이 확실시된다고 믿는다. 이와 관련하여 오늘날 해양영토 확장을 지향한 강대국의 국가의지를 반영하는 국제권력정치에는 여전히 약육강식과 힘의 정의실현에 의한 적자생존이란 속성이 잔존하고 있음에 일본이 고무되고 있는 것이다.

제2차 세계대전의 패전국인 일본이 미국의 자비와 안보 무임승차에 힘입어 반세기 만에 경제·군사·외교의 강자로 부활한 나머지 그 교만이 극에 달하고 있다. 일본은 독일이 피침국가에 행하였던 진정한 반성이나 사죄는 한 번도 한 적이 없으면서, 한국에 저지른 과거의 야만적인 침략과 수탈 행위를 재현하려는 듯하다. 대한민국이 해방되고 독립한 이후 1952년에 설정했던 평화선에 의한 해양주권을 지키기 위한 정당한 국가의지 표현을 트집 잡아 독도 영유권 시비를 본격적으로 제기한 이래 오늘에 이르기까지 점차 그 강도를 높이고 있다. 특히 최근 신설된 '영토·주권대책 기획조정실'은 일본 국내외를 상대로 독도와 쿠릴 4개 섬, 센카쿠열도가 모두 일본의 영토라는 주장을 정당화하기 위해 일본 정부 내 정책을 조정하고 전략을 만드는 역할을 맡는 국가기관이라니 대단한 영토욕의 집착과 표출이 아닐 수 없다.

현재 일본은 이른바 독도 영유권 논쟁을 국제분쟁화로 부상시켜 국제사법재판소에 회부하기 위한 국력의 대외적 투사에 올인하고 있다. 한국도 이에 대응한 총력전 태세를 갖추어 가고 있기는 하나, 일본에 비하여 대비태세가 매우 미흡하다는 것이다. 독도 문제와 관련하여 최근 〈타임〉지는 제2차 세계대전의 유산이 빚은 환란이라 했고, 〈뉴스위크〉지는 한국인의 새로운 민족적 자존심의 발로라고 표현했다.

한마디로 일본의 독도 침탈·탈환을 위한 **4단계 전략**은 다음과 같이 도발적 책동이 더욱 강도 높게 진전되고 있음을 뜻한다.

첫째 단계는 독도 영유권 자료 축적과 합리화이다.
이 문제에 있어 한국이 역사적으로 국제법적으로 유리한 고지를 선점하고 있는 것 같지만, 현재와 같은 당국의 무사안일한 행태와 관료적 병폐가 지속된다면 그 반대 현상으로 귀착되고 말지도 모른다. 일본은 나름대로의 영유권 주장과 대항논리를 개발 강화하여 그 정당성과 합법성, 그리고 합리성을 논리정연하게 재정비한 홍보·교육·선전 자료를 국제사회에 장기 지속적으로 대량 전파한 결과, 현재 전 세계의 지도나 교과서 그리고 인터넷 사이트 등에 동해와 독도 대신 일본해와 주도(竹島·다케시마)로 표기된 것이 80%에 육박하고 있다. 지극히 소수만이 동해나 독도로 단독 표기되거나 일본해와 죽도의 괄호 안에 병기되어 있을 뿐이다. 이것마저 우리 젊은 대학생으로 구성된 VANK(Voluntary Agency Network of Korea·반크) 용사들이 인터넷으로 전 세계 네티즌들에게 맹공을 가하여 일본의 일방적 표기공세를 다소 저지, 지연시키고 있기 때문에 겨우 현상유지 내지 부분적으로 반전되고 있을 뿐이다.

일본이 단지 지도 표기뿐만 아니라 전 세계인의 시청각 매체에 죽도가 일본 영토라는 것을 고압적인 대량 광고효과로 반복 각인시키고 있는 상황이다. 최근의 미국 뉴저지주와 한국 서울에서 일어난 위안부 추모비에 대한 독도 영유권 말뚝시위 하나만 보더라도 일본의 집요하고 공세적인 독도 침탈 총력전 태세를 충분히 알고도 남는다.

둘째 단계는 독도의 중립화·분쟁화이다.

SCAPIN 제677호 공포, 맥아더 라인과 방공식별구역(KADIZ) 그리고 평화선 설정, 독도의용수비대에 이은 경찰 배치, 한일 국교 정상화 등을 통한 우리의 단호한 대응에 따라 그동안 한일 간의 갈등과 시비 속에서도 독도의 배타적 영유권 행사와 실효지배는 계속되어 왔으며, 동의 반복적인 일본의 대응도 다소 소강상태를 유지해 왔다.

그러나 불행하게도 1999년 초의 신한일어업협정 체결로 이른바 중간수역(잠정조치수역 · 공동관리수역)이 독도 해역에 합법적으로 설정됨으로써 배타적 영유권이 치명적으로 훼손되어 독도 주변의 주권수역인 12해리 영해와 24해리의 접속수역이 사라져 일본이 노린 독도 관리의 중립화와 분쟁화가 사실상 성사된 것이다. 동해 전 해역이 피차의 200해리 EEZ 설정 시 중복되므로, 양국 간의 경계를 정식 획정할 때까지 피차가 연안으로부터 35해리(영해 12해리 별도추가) 전관수역을 설정하여 어로행위를 하되, 독도와 울릉도 일대의 중첩되는 해역을 중간수역(공동관리수역)으로 설정한 것이(울릉도에 한하여 한국은 34해리로 양보하고, 독도가 아닌 울릉도를 경계획정 기점으로 함) 이 협정의 요지이다. 이는 영토 상실을 자초하는 불평등의 굴욕적인 협정이었음에도, 김대중 정권이 이를 수용한 것은 IMF 극복을 위한 대일 차관 30억 달러를 얻기 위한 고육지책이었다.

신한일어업협정 체결로 오랫동안 노린 독도의 중립화와 분쟁화 획책을 관철한 일본은 기고만장하여 독도가 합법적으로 일본 영토가 된 것이나 다름없다고 단정하고서 EEZ 기선을 독도로 설정할 것을 일본 국회에서 통과 선포하고는, 초 · 중 · 고교 교과서와 외교 청서, 방위백서까지도 "죽도(竹島)는 일본 고유 영토이고 한국이 불법 점령하고 있다"는 내용으로 당당하게 기술하여 전 세계에 전파한 것이다. 과거 김대중 정권은 독도는 인간의 거주와 독자적 경제생활이 불가능하므로 암도가 아니고 암초에 불과하다고 단정하여 배타적 경제수역을 갖지 못하기 때문에 울릉도를 기점으로 하는 잠정수역 협정에 합의했다는 자가당착의 함정에 빠져 국익을 저버린 우를 범하고 말았다.

이 어업협정은 국제법이나 다름없고 특별법의 성격을 띠기 때문에 한국은 이를 국내법보다 우선 적용해야 하므로 독도 영유권의 절반을 일본에 합법적으로 이양한 것이나 다름없게 되었다. 이 같은 상태에서 10여 년 이상 이 협정이 발효 진행되다 보니 국제법상 '금반언의 원칙(estoppel)'에 따라서 영유권 상실 가능성이 점차 굳어지고 있는 것이다. 그럼에도 관료적 병폐에 찌든 외교 및 해양 당국은 이를 개의치 않고 어업협정은 영유권과 무관하다는 엉터리 주장을 펴면서 국민을 기만 오도해 왔으니 분개하지 않을 수 없다. 박근혜 정권의 가장 시급한 과제 중 하나는 우리 해양영토를 되찾기 위해 신한일어업협정을 파기하는 것이다.

신한일어업협정은 독도의 한국 영토로서의 존재 자체를 부정 배제한 채(섬의 지명이나 위치 표시 전무) 해역만 위도와 경도의 좌표로 표시 설정한 한일 중간수역 속에 우리 영토인 독도를 집어넣고 말았다. 이는 지난날 조선조가 무려 465년간 울릉도와 독도를 접근 금지하고 방치한 공도정책 기간 중 일본이 불법 침범하여 근 80년간 삼림과 어족 자원을 남벌·남획한 결과를 자초하면서도 우리가 실효지배를 계속했다고 오도한 실책에 이은 역사상 두 번째의 중대한 실책이었다.

특히 신한일어업협정은 독도가 발양하는 배타적 영유권(영해, 접속해역, 대륙붕, 배타적 경제수역 등)을 스스로 포기한 것은 물론, 역사적으로 영유권 주장의 가장 핵심적 논리로 되어 온 독도의 울릉도 속도(屬島)로서의 개념을 상실시키고, 국제법상 부여된 엄연한 독도에 대한 한국의 배타적 영해와 접속수역을 한일 양국이 공동 관리토록 제도화함으로써 쌍방이 자국 영역이라고 동등하게 1대1의 권리로 주장하도록 허용하는 결과가 되었다. 이는 설상가상으로 일본의 영유권 주장을 정당화함과 동시에 중립화에 따른 상호 이해 대립과 갈등을 초래하여 분쟁화를 스스로 유도하고, 우리의 오랜 기간 견지해 온 역사적 실효지배 효과를 무의미하게 만들고 만 중대한 잘못이라 하지 않을 수 없다.

셋째 단계는 독도 침탈·탈환이다.

과거 6·25전쟁 기간 중 일본은 국권 회복이 안 되고 군대가 없을 당시(1952년에 주권국가 회복, 1955년에 자위대 창설), 해상보안대와 민간단체가 독도를 일시 점령하여 자국 영토 표지를 설치하고 우리 어민들을 추방한 적이 있었다. 이에 분노한 우리의 제대군인으로 구성된 의용수비대가 공용화기까지 무장하여 3년 8개월간 자력 갱생으로 독도를 수호한 바 있다. 당시 일본 해상보안청의 순시선이 여러 차례 독도 상륙을 시도하자 화력으로 제압하고 많은 사상자까지 발생했었으나, 그때만 해도 일본이 한국전쟁을 빌미로 돈벌이에 정신 나가 있었고, 정규 군사력이 없을 때였으므로 상대적으로 한국보다 약자였기에 별로 반응을 보이지 않았던 것이다.

그러나 지금은 완전히 다르다. 세계 굴지의 막강한 해군·공군력을 가진 일본 자위대가 독도 근해를 엄호하는 가운데 훈련되고 준비된 적군파 등 극우 강경분자들의 독도 불시 침공이 예상되기 때문이다. 현재 자위대의 특수부대 출신 정예 요원으로 편성 훈련된 독도 탈환특수임무부대(가칭)가 초현대화된 첨단장비를 갖추고서 야간에 독도에 강습 상륙하여 한국 경찰을 제압 제거하고 독도를 탈환 접수한다는 계획이 공공연하게 준비되고 있다는 것을 유념해야 한다. 이들은 자위대의 군사적 지원과 암암리의 행동계획 지침에 따라 결정적인 탈환 시기를 노리고 있다. 일본은 일단 독도를 접수하면 결사적으로 이를 지킬 것이며 더 이상 양보하지 않을 것이다. 탈환한 독도를 막강한 해공군력으로 공중과 해상에서 엄호할 것이 틀림없다.

설마 그렇게 하겠는가? 이것은 우리의 안일 무사한 희망적 기대의 상황판단일 뿐, 일본은 절대 물러서지 않을 것이라 본다. 그들은 1954년에 독도에 대형(2천 톤급) 순시선 3척으로 상륙하려고 선착장 100미터까지 접근했다가 우리 의용수비대의 기관총과 박격포 집중사격을 받고 많은 사상자를 내고 대파된 배를 끌고 도주한 적이 있는데, 지금도 그 당시를 기억하면서 보복을 다짐하고 있다. 일본 헌법이 가까운 장래에 유엔 헌장에 따른 개별적 자위권 행사가 가능하도록 개정되고, 2013년엔 유엔 안보이사회 개편에 따라 독일과 함께 상임이사국 진출이 유망해지고 있음을 전제로, 독도를 물리적으로 침공해도 유엔 안보이사회에서 정당방위로 인정받을 것이며, 국제사법재판소 회부는 아무리 한국이 반대해도 일본의 입김으로 안보이사회나 총회 결의를 끌어내어 강제할 수 있다는 확신에 차 있다.

네 번째 단계는 국제사법재판소 회부 및 승소이다.

일본은 국제사법재판소에 이미 영토 문제로 3회나 제소하여 승소한 경험이 있으며, 한국을 1954년과 1962년에 제소한 적이 있고 최근 2012년에도 제소할 준비를 하고 있다. 현재 15명의 임기 9년 재판관 중 1명이 일본인이고, 과거 부소장과 재판관 2명을 배출한 바 있어 국제사법재판소에서의 강력한 조직 유대와 지지 세력의 전관예우 인맥을 형성하고 있으므로 승소를 자신하는 것이다. 현재 국제 여론이 압도적으로 일본 편이고, 현행 국제사법재판 패턴이 판례나 원칙보다는 힘과 여론에 따라 판결한 선례가 많으므로 한국의 미약한 국제사회의 입지로 봐 능히 일본이 제압 가능하다고 보는 것이다.

게다가 국제사법재판소의 심리는 역사적인 자료보다는 최근의 현실적 판단을 뒷받침하는 주로 영어와 불어로 된 완벽한 재판서류를 요구하며, 항소심이 없다는 것이 특징이다. 우리는 이 같은 여건에서의 준비가 매우 부실한 상태이며, 만약의 경우 재판에 회부되면 임시로 소송 당사국의 판사를 임명하여 송사를 진행하게 되는데, 그때 내세울 수 있는 우리의 실력자가 준비되어 있어야 하나, 이에 대한 철저한 사전 대비가 아직 없다. 설사 한국의 임시 판사가 위촉되어 재판이 진행되더라도 그 영향력은 일본의 15분지 1에 불과할 것이므로 너무도 불리한 여건이 된다. 그리고 유창한 영어와 불어로 장시간의 변론을 할 수 있는 우리 측이 내세울 국제법 학자나 변호사도 준비와 훈련이 전혀 되어 있지 않다.

또 한 가지 우려되는 것은 국제해양법재판소에 제소할 경우엔 국제사법재판소와는 달리 제소자의 일방적인 요구에 따라 재판이 성립될 수 있다는 사실이다. 영유권 문제는 국제사법재판소 소관이나, 앞으로 독도 문제가 영해와 배타적 경제수역(EEZ) 획정 문제로 연계되어 분쟁이 더욱 확대될 가능성이 남아 있기 때문이다. 다행히 현재 한국 판사 1명이 여기에 배치되어 있기는 하지만, 그것만으로 안심할 수는 없다.

하여간 일본은 이 같은 4단계 전략 중 2단계까지 만족스럽게 성취하고서 이제 3단계와 4단계의 실행을 위한 완벽한 준비 작업에 박차를 가하면서 전력투구하고 있는 것이 사실이다. 우리는 이를 전제로 적극적으로 대처할 사전 준비나 각오가 되어 있는지 자문자답해보아야 한다. 아직도 조용한 외교로 현상유지함으로써 시간이 시나면 저절로 해결될 것으로 믿고 있다면 큰 오산이다. 일본은 1998년에 독도 주변 해역까지 광케이블 설치 공사를 완료하고서 유사시 즉각 독도에 상륙하여 이를 통신수단으로 연결시킬 태세를 갖춰 놓고 있다는 것을 유념해야 한다.

그러나 불행하게도 2013년도의 국회 예산심의 과정에서 경북도청이 정부에 독도 영유권 강화와 관련한 12개 사업에 980억 6,000만원의 예산 배정을 요구했지만, 최종 확정 예산은 627억 원에 그쳤고 독도입도지원센터 건설예산 21억 원은 최종 예산안에서 전액 삭감됐다. 진행 중인 독도방파제 건설공사 예산 40억 원도 최종 예산 심의 때 삭감됐고, 27억 원을 요청한 국립 울릉도·독도 생태체험관 예산도 삭감됐다니, 한심한 국회의 포퓰리즘에 찌든 시대역행적 처사를 통탄하지 않을 수 없다.

다른 한편, 일본이 최근 독도 문제 전담 부서를 총리관저에 설치키로 함에 따라 독도 문제가 한일 갈등의 중핵으로 부상했다. 이는 아베 신조(安倍晉三) 정부가 독도 문제를 지방자치단체가 아닌 중앙정부 차원에서 다룰 것임을 의미하기 때문이다. 아베는 지난해 총선 과정에서 시마네(島根)현이 개최해 온 '다케시마의 날' 행사(2월

22일)의 중앙정부 행사 승격과 독도 문제의 국제사법재판소(ICJ) 제소 등을 공약했다가 취임 후 이를 유보하는 등 한국과의 갈등을 피하려는 모습을 보여 왔지만, 이제는 독도 문제를 전담할 영토·주권대책 기획조정실을 총리관저의 일부인 내각관방에 설치함으로써 독도 침탈 마각을 여실히 드러내고 있다.

아베 정권의 이 같은 태도 변화는 민주당 정권의 노다 요시히코(野田佳彦) 내각이 2012년 11월 말 다케시마 문제 대책 준비팀을 설치했을 때부터 사실상 예고돼 왔다. 영토 문제에 대한 강경 대응을 내세워 민주당 정권을 3년 만에 무너뜨리고 집권에 성공한 아베 총리로서는 지지 기반인 보수·우익의 독도 관련 요구를 외면하기 어려울 것으로 보인다. 그가 지난해 울릉도로 향하려다 김포공항에서 입국 거부당한 3명의 일본 국회의원 중 신도 요시타카와 이나다 도모미를 아베 정권 각료로 영입했음을 봐도 독도 공세는 더욱 거세질 것이 뻔하다.

일본에서 독도 문제가 관심을 끌기 시작한 것은 시마네현 의회가 2005년 '다케시마의 날' 조례를 통과시키면서부터다. 일본 정부는 한동안 직접 관여하는 것을 피해 왔으나, 2012년 8월 이명박 대통령의 독도 방문과 일왕 사죄 요구 발언을 계기로 한일 갈등이 불거지자 센카쿠열도(중국명 댜오위다오) 문제와 함께 정부 차원의 대응을 강화하려는 속셈을 행동화하며 독도 침탈 전략을 가시화하고 있는 것이다.

신설되는 '영토·주권대책 기획조정실'은 다케시마 문제 대책 준비팀을 강화한 조직이다. 이 준비팀에 쿠릴 4개 섬(일본명 북방영토) 문제를 다루는 내각부의 북방대책본부가 합쳐져 영토·주권대책 기획조정실로 재편된다. 외무성이 맡고 있는 센카쿠 대책 기능도 이 조직이 일부 흡수함으로써 앞으로 일본의 영유권 분쟁 조정의 사령탑 역할을 맡을 것으로 보인다.

드디어 2013년 2월 22일(다케시마의 날)에 시마네 현청 소재지 마쓰에(松江)에서 열린 기념행사장에 내각부 영토담당차관보인 시마지리 이이코가 참석해 정부 성명을 발표한 데 이어, 19명의 국회의원이 한마디씩 격한 발언을 쏟아냈다. 그리고 500여 명의 시민들이 참석하여 한목소리로 "다케시마는 일본 땅"이라고 외치면서 열을 올렸다. 또한 일부 극우단체는 욱일승천기가 그려진 버스를 몰고 다니면서 확성기로 "한국 사람을 모두 죽여라, 개새끼들, 바퀴벌레 같은 놈들"이란 욕설을 퍼부으며 행사 참여를 독려 호소하기도 했다. 이는 분명히 우리 주권 침해이고 내정간섭이며 국가모독이다. 일본 경찰은 이를 방관 방치했으며 시민들의 분위기는 심상치 않게 고조되었다. 이때가 바로 박근혜 대통령 취임 48시간 전이다. 이래도 우리는 조용한 외교로 무대응과 침묵으로 일관할 것인가?

미국의 버락 오바마 행정부는 과거 일본 정부가 일제 침략과 일본군 위안부 강제동원에 대해 사죄한 '고노 담화[1]'를 재검토하려는 아베 신조 정권에 대해 강력히 경고했다. 이와 관련하여 미국 고위 관계자는 "일본이 고노 담화를 수정할 경우 미국 정부로서 뭔가 구체적 대응을 하지 않을 수 없을 것이다"라고 전했다. 미국 행정부는

---

1 고노 담화 : 1993년 8월 고노 요헤이 당시 관방장관이 "위안부 문제 및 일본 관헌의 강제성과 문제의 본질이 중대한 인권 침해였다."고 인정하고 사죄한 것.

무라야마 담화 : 무라야마 도미이치 전 총리가 1995년 종전 50주년 때 "일본이 전쟁으로 국민을 존망의 위기에 몰아넣었고, 식민지 지배와 침략에 의해 여러 국가와 국민에게 많은 손해와 고통을 주었다."고 통절한 반성과 사죄를 표명한 것.

아베 정권의 극우 정치 행보가 오바마 정부가 중시하는 아시아·태평양 지역의 안정에도 악영향을 줄 것으로 예상했기 때문에 경고를 보낸 것으로 알려졌다.

미국의 일간지 〈뉴욕 타임스〉는 "범죄를 부정하고 사죄를 희석하려는 어떤 시도도 일본의 짐승 같은 전시 지배로 고통을 겪은 한국과 중국, 필리핀 등의 분노를 촉발할 것이며, 특히 아베의 수치스런 충동이 북한 핵 문제 등의 지역 이슈에서 중요한 협력관계를 위태롭게 할 것"이라고 사설을 통해 경고했다.

그런데 지난해 작고한 일본의 양심적인 독도 문제 전문가(시마네 현 대학 명예교수)인 나이토우 세이추(內藤正中) 박사는 2008년에 펴낸 저서인 〈죽도·독도 문제 입문(竹島·獨島問題 入門)〉에서 일본 외무성이 내놓은 10개 항의 독도 영유권 주장은 역사적 사실로서 증명 못 한 것이 많아 일본 국민으로서 수치심을 피할 수 없다고 단정하면서, 일본 당국이 필요한 증거 제시에 태만하고 있다고 강한 비판을 제기한 바 있어 일본의 식자들에게 경종을 울려주고 있다. 우리도 같은 맥락에서 가일층 분발하여 일본을 능가하는 반론 개발에 의한 연구 성과를 올리도록 해야 할 것으로 믿는다.

본서는 이와 같은 독도 수호 의지 결여와 일본의 독도 침탈 위기 도래란 긴박한 현실적 상황 아래에서 어떻게 하면 독도를 일본에 빼앗기지 않겠는가 하는 중차대한 당면과제를 중심으로 독도 문제의 모든 관련 현상을 분석 평가한 다음, 그 문제점을 도출하여 독도 영유권을 현상유지에서 현상개변 내지 현상타파로 획기적으로 전환하고, 실효지배를 대폭 강화한다는 대전제로 한 국가적 차원의 최적 대응방안을 모색 제시하고, 온 국민에게 우리 고유 영토 상실 위기의식을 고취하는 데 출간 목적이 있다고 하겠다.

제 2 부
독도 영유권의 역사적 맥락

독도의 역사적 주요 연표와 시설물 현황을 살펴보면 다음과 같다.

● 512년 : 우산국, 신라에 복속

　신라 지증왕 13년 아슬라주(阿瑟羅州 : 현재의 강릉) 군주 이
사부(異斯夫)가 우산국을 정벌하여 울릉도와 독도가 신라에
복속됨.

　참고문헌 : 〈삼국사기〉 권4 신라본기(新羅本紀)4 지증마립간
　　　　　　 (智證麻立干) 13년 6월조(條)

　　　　　　 〈삼국사기〉 권44 열전(列傳)4 이사부조(異斯夫條)

　　　　　　 〈삼국유사〉 권2 지철노왕(智哲老王)

● 1417년 : 주민 쇄환(刷還)정책 실시

　고려말~조선초 왜구가 노략질을 자행하자, 섬 주민을 보호하
기 위해 1417년(태종 17년) 조정은 무릉도(武陵 : 울릉도)에
주민의 거주를 금하고 거주민을 육지로 나오게 하는 쇄출(刷

出)정책을 실시함.

참고문헌 : 〈태종실록〉 권33, 34

● 1697년 : 수토(搜討)제 실시

1696년 일본 도쿠가와(德川) 막부가 울릉도와 독도를 조선 영
토임을 확인하고 일본 어부들의 월경(越境) 고기잡이를 금지
힌 직후, 1697년(숙종 23년) 조선 조정은 울릉도에 대한 쇄출
정책은 그대로 지속하되, 2년 간격(3년째마다 1회)으로 동해
안의 변방 무장(武將)으로 하여금 울릉도와 독도를 관리하기
위해 순시선단을 편성하여 규칙적으로 순찰하는 수토(搜討)제
도를 실시함.

참고문헌 : 〈숙종실록〉 권31

〈승정원일기〉 숙종 23년 4월 13일조(條)

〈변례집요〉 권17 잡조(雜條) 부(附) 울릉도(鬱陵島)

● 1882년 : 재개척령 반포

개항 후 일본인들의 울릉도 무단 입도와 불법 벌목이 극심해지
자, 1882년 고종은 이규원(李奎遠)을 울릉도 검찰사(檢察使)
로 파견하여 현지 검찰을 한 후 울릉도 재개척을 결정하고 도
장(島長)을 임명하여 울릉도를 관장함.

참고문헌 : 〈승정원일기〉 고종 19년 4월 7일조(條)

6월 5일조(條)

〈일성록(日省錄)〉 고종 19년 4월 7일조(條)

6월 5일조(條)

〈고종실록〉 권19, 이규원(李奎遠)의 〈울릉도검찰
일기〉 계본초(啓本草)

● 1895년 : 수토(搜討)제 폐지, 도감(島監)제 실시

1882년 이후 정부에서 울릉도 재개척에 힘쓴 결과 민호(民戶)와 농지가 늘어나는 등 상당한 성과를 거두게 되어 종래 실시하여 오던 수토제를 1895년에 폐지하고 도감제(島監制)를 실시하여 울릉도 도무(島務)를 관장함.

참고문헌 : 〈승정원일기〉 고종 32년 1월 29일조(條)

〈일성록〉 고종 32년 1월 29일조(條)

〈고종실록〉 권33

〈관보〉 개국 504년 1월 29일, 제139호 개국 504년 8월 16일, 제166호 9월 20일

● 1900년 : 대한제국 칙령 제41호 공포 : 울릉도(독도) 행정구역 편제

대한제국 정부는 1900년 10월 25일 칙령 제41호를 반포(관보 제1716호)하여 울릉도(鬱陵島)를 울도(鬱島)로 개칭하고 도감(島監)을 군수(郡守)로 바꿈. 울도군수(鬱島郡守)의 관할구역을 울릉전도(鬱陵全島)와 죽도(竹島·댓섬), 석도(石島·돌섬 : 독도)로 규정함.

참고문헌 : 우용정(禹用鼎)의 〈울도기(鬱島記)〉

〈고종실록〉 권40

〈관보〉 제1716호 광무 4년 10월 27일

● 1953년 : 독도 경비

1953년 4월부터 울릉도 거주민을 중심으로 간헐적인 독도 경비를 실시하다 1954년 4월 의용수비대로 확대(33명) 개편, 독도 상주 경비함.

● 1954년 : 독도 등대 설치

1954년 8월 독도 무인등대를 설치 점등하고, 세계 각국에 등
대 설치 사실을 통보함.

(1998년에 유인등대로 개수, 독도항로표지관리소로 개칭)

● 1956년 : 경찰, 독도 경비임무 인수

1956년 12월 독도 의용수비대의 경비임무를 국립경찰(울릉경
찰서)이 인수하여 오늘에 이르고 있음.

● 1982년 : 독도 '천연기념물 336호' 지정

1982년 11월 16일 동해안 지역에서 유일하게 바다제비·슴
새·괭이갈매기의 대집단이 번식하여 독도를 천연기념물 336
호 '독도 해조류번식지'로 지정하였으며 1999년 12월 독특한
식물들이 자라고, 화산폭발에 의해 만들어진 섬으로 지질적 가
치 또한 크고, 섬 주변의 바다생물들이 다른 지역과 달리 매우
특수하여 '독도 천연보호 구역'으로 명칭을 변경함.

● 1997년 : 독도 '특정도서 지정' 관리

1997년 12월 13일 제정한 「독도 등 도서지역의 생태계 보존
에 관한 특별법」(법률 제5447호) 및 2002년 8월 8일 환경부
고시(제2002-126호)에 의해 독특한 자연환경과 해양생물이
다양하고 풍부한 독도를 유지하기 위해 특정도서로 지정함.

● 2000년 : 독도리 행정구역 승격

2000년 4월 7일 울릉군 조례 제1395호로 독도리가 행정구역
으로 승격됨에 따라 독도의 행정구역이 종전의 경상북도 울릉
군 울릉읍 도동리 산42-76번지에서 경상북도 울릉군 울릉읍
독도리 산 1-37번지로 변경됨.

● 2005년 : 독도의 지번 등 변경

지번 조정, 지목 변경, 토지 분할 등으로 독도의 주소를 경상북도 울릉군 울릉읍 독도리 1-96번지로 변경함. 우편번호는 799-805.

● 2008년 : 동도[1]에 이사부길 조성 명명, 서도에 안용복길 조성 명명함

● 2012년 현재 : 서도[2]에 김성도 이장 외 1가구 12년째 거주

2,500세대가 본적지를 독도로 이전 등재함. 두 큰 섬인 동도와 서도를 포함하여 91개의 암도로 형성된 독도는 임야, 대지 그리고 잡종지로 분류되어 지적도에 등기되어 있는 엄연한 대한민국의 국토임.

이상의 시설물과 주요 연표를 중심으로 대한민국 역사를 통해 본 독도에 대한 영유권의 맥락은 이하 9단계로 연속되어 오고 있으나,

---

1 동도
· 선착장과 접안 시설(1997년 11월 완공, 1998년 8월 지적공부에 등록) 80미터로 500톤급 선박 접안 가능
· 유인등대 1기
· 경비 초소 : 1999년 건물 옥상(해발고도 95m)에 무인기상관측 장비(Automatic Weather System, AWS)를 설치하여 독도의 기온, 풍향, 풍속, 강수량을 매시간 측정하여 그 자료를 무선통신으로 울릉도로 송신하고 있음
· 막사 9동
· 등반로 610미터(이사부길)
· 독도 헬기장(ICAO 명칭 RKDD)
2 서도
· 어민 숙소 1동(2층, 약 36평, 120㎡)
· 등반로 550미터(안용복길)

중세와 근현세사에 와서 영유권이 훼손되는 상황이 있었지만, 1905 년부터 1945년까지의 일본 제국주의 세력에 의한 불법적인 영토 강탈로 국권이 중단된 기간 외에는 독도 영유권을 완전 포기하거나 상실당한 적은 없이 명맥이 유지되어 왔다.

그런데 한일 간 독도 영유권 논쟁은 전항에서 언급했듯이 1952년 1월 대한민국 정부가 「대한민국 인접 해양에 대한 대통령 선언」(통칭 평화선)을 발표함으로써 발단 점화되었다. 이 해상주권 선언은 한반도와 그 외측 부속도서인 제주도와 거제도 그리고 독도를 연하는 선과 일본의 외측 도서들 간의 연결선 중간으로 획정하였으며, 그 당시까지만 해도 12해리 영해나 24해리 접속수역 그리고 200해리 배타적 경제수역 개념이 도입 제도화되기 이전이므로 이는 국제관례상 자국 해안에 대한 대륙붕과 어업자원 보호를 위한 주권 보존과 행사로서 합당한 조치였었다.

그럼에도 불구하고 일본은 독도가 한국 측 경계선 내에 포함되어 있음에 과민 반응하여 독도를 자국 영토라고 억지 주장을 하면서 이의를 제기하기 시작하였던 것이다. 현재 일본은 독도를 시마네현 오키군 오키노시마정(町)에 죽도(竹島·다케시마)란 이름으로 불법 편입시켜 놓고 자기 땅인 양 허세를 부리고 있는 것이다.

그러면 이하에서 현존 독도의 대한민국 영유권의 일관된 내력을 소급하여 그 역사적 발원부터 살펴보기로 한다.

1

512년~1415년
신라 지증왕 13년인 512년에 이사부 장수가 우산국(울릉도와 우산도)을 점령 복속, 영토로 취득

한국이 주장하는 고유 영토로서의 독도 영유권 발원은 일본보다 1세기 이상 앞선 512년(신라 지증왕 13년)에 현재의 울릉도와 그 속도인 독도를 통칭한 우산국을 정벌 복속시킴으로써 신라의 영토로 편입된 이후 무려 1,500여 년간 오늘에 이르기까지 이어져 오고 있다. 이 사실은 〈삼국사기〉와 〈신라본기〉, 〈세종실록〉, 〈동국여지승람〉, 〈신증동국여지승람〉, 〈만기요람〉 등의 정부 차원 문헌 기록과 여러 가지 고지도에서 입증되고 있다.

특히 여기에서 주목할 것은 〈신증동국여지승람〉은 단순한 관찬(官撰) 지리서가 아니라 조선왕조 정부의 조선 영토에 대한 지리 해설서란 점이다. 여기에 부속지도인 「8도총도」가 나와 있다(현재 서울의 독도체험관 및 울릉도의 독도박물관에 비치되어 있음). 1531년에 편찬된 이 고지도 상에는 울릉도와 독도가 크기가 비슷하게 도시되고 그 위치가 서로 바뀌어 있어 일본이 이 고지도 자체를 모조품이라고 폄하하면서 이를 빌미로 한국의 독도 고유 영토 주장을 전적으로 부정하려 하는데, 이는 언어도단이다. 16세기 당시에 항해술이나 지도 작성기법과 방위판정이 부정확할 수 있으며, 독도의 존재 자체를 일본보다 1천여 년 이상 먼저 인식하였고(일본은 1618년경부터 조선왕조 시대의 독도 공도정책 기간 중에 처음으로 독도 인식), 당시의 무인 암도를 지도상에 도시했음이 더욱 중요한 의미가 있는 것이다. 콜럼버스가 세계 일주 항해 중 지금의 쿠바 근처 바하마제도를 1492년에 처음 발견하고서 인도인 줄 알고 있었으나, 사실은 신대륙의 발견이었음을 전제할 때, 512년에 본토에서 100여 마일이나 멀리 떨어진 위치의 두 섬을 영토로 복속시켰음은 대단한 대역사(大役事)이다.

신라에 이어 고려조(935년 건국)에서도 동북 여진족이 우산국을 침략함에 우산국 백성을 구출하고 간접 통치한 데 이어 울릉도·독도를 우릉성(또는 무릉도)으로 호칭하여 오늘의 강원도인 명주도에 편입시켰으며, 무릉도에서 바라볼 수 있는 곳에 거주가 불가능한 바위섬인 우산도가 있음을 확인한 사실이 〈고려지리지〉에 나와 있다. 조선조에 들어와 행정구역이 개편되어 강원도 울진현에 우산도와 무릉도의 두 섬이 부속도서로 존재한다는 것이 1454년에 편찬한 〈세종실록〉에 나와 있으며, 그 당시 우산도에 왜구와 여진족의 빈번한 침략이 있었음을 기술하고 있다.

우리 땅 독도가 신라 시대 이후 고려와 조선을 거치는 오랜 기간 '무릉도(武陵島)'라는 이름으로 불리고 표기돼 왔다는 문헌 해석이 학계의 관심을 끌고 있다.

독도 연구로 최근 성균관대 박사 학위를 받은 선우영준(전 수도권 대기환경청장) 씨는 최근 〈고려와 조선국 시대의 독도〉란 저서를 발간하면서 독도의 명칭과 영유권 연구 등에 대한 결과를 공개했다. 이 저서에 따르면 울릉도와 독도가 모두 한국 땅이라는 최초의 문헌적 근거는 고려사 태조 왕건 13년(930년) 기록에 나타난 '우릉도(芋陵島)'이다. 우릉도는 '우산무릉이도(于山武陵二島)'를 축약한 것으로 우산국(于山國·울릉도)과 무릉도(武陵島)의 두 섬을 하나의 명칭(二島一名)으로 줄인 것이다.

고려 시대(930년)에 "우릉도가 백길과 토두를 보내 토산물을 보내거늘 백길을 정위로, 토두를 정조로 삼았다(芋陵島遣白吉土豆貢方物拜 白吉爲正位土豆爲正朝)"란 문헌 기록이 있다. 이미 신라 시대에 정식 명칭인 '우산무릉이도'와 약칭인 '우릉도' 두 개가 함께 사용됐는데, '우산무릉이도'는 정식 명칭으로 문헌을 통해 전수되었고, 일상생활에서는 '우릉도'라는 축약 명칭이 사용된 것으로 확인됐다고 선우 박사는 주장했다. 서기 512년 이전에 울릉도에 나라를 세웠던 사람들은 독도를 인지하고 필수적인 영토로 이용하고 있었으며, 당시 '二島相距不遠風日淸明卽可望見(두 섬이 멀지 않아 맑은 날엔 볼 수 있다)'이란 개념 자체가 형성돼 있었다. 512년에 우산국이 신라에 복속되면서 '무릉도'라는 명칭이 형성됐고, 그 직후 '우산무릉이도재현정동해중(于山武陵二島在縣正東海中)'이라는 표현이 문자화됐다고 선우 박사는 소개했다. 신라와 우산국에서 울릉도와 독도를 지칭하는 우릉도라는 명칭이 사용되는 동안 강원 동해안 지역에서는 우릉도의 방언으로서 '울릉도(蔚陵島)'가 사용되기 시작했고, 서기 1018년 우산국이 멸망하면서 점차 강원도 지역 방언 명칭이 고려 시대에도 통용되게 됐다.

선우 박사는 결국 울릉도와 독도의 명칭이 무릉도(武陵島)→우산무릉이도재현정동해중(于山武陵二島在縣正東海中)→우릉도(于陵島)→울릉도(蔚陵島)→울릉도(鬱陵島)로 이어져 온 것으로 파악된다고 결론지었다. '울릉도(鬱陵島)'는 울릉도와 독도를 지칭하는 명칭으로는 가장 늦게 등장한 것으로 김부식이 〈삼국사기〉를 편찬하는 과정에서 '울릉도(蔚陵島)'를 '울릉도(鬱陵島)'로 착오해 쓴 것으로 추정된다는 것이다.

조선 후기 지도에서는 우산도가 울릉도의 댓섬(죽도)으로 표기됐
는데, 당시 정조와 고종은 송죽도라는 명칭이 독도에 해당한다고 보
고 독도의 관리 의사를 표명하기도 했다. 선우 박사는 "독도의 명
칭 변천 과정에 비춰 볼 때, 우산국 당시에 이미 완성된 독도 영유
권은 신라와 고려, 조선국까지 한 번도 상실된 적이 없이 지속적으
로 유지돼 왔다"며 "독도는 국제법적으로 한 번도 일본 영토가 된
적이 없고 일본은 오직 자국의 영토로 만들려다 실패했을 뿐"이라
고 강조하고 있다.

2

1416년~1881년 : 울릉도·독도 공도정책 기간 중 수토관 현지 정기탐사, 일본의 도해면허증 발급 에도 불구하고 안용복의 의거로 영유권 재확인

조선왕조 3대 왕인 태종은 무릉도 주민의 안전을 보장코자 1416 년에 이곳 섬 주민 모두를 본토로 쇄환(刷還)하는 공도정책(空島政 策)을 1416년에 시행하게 되었다. 그 당시 무릉도엔 15가구 80여 명이 살고 있었으며, 특히 조정이 공도정책을 펴게 된 이유는 이곳 으로 범죄자들이나 병역 기피자들이 잠입 은거하는 사례가 많았기 때문이다.

이 공도정책은 말 그대로 섬을 비우는 정책으로, 고려 말에서 조 선 초에 이르는 시기에 시작되었으며, 고려 말에 왜구의 침입과 약 탈로 고통을 받아 오던 중 모든 부속 도서 중에서 규모가 크고 인구 가 많아져 방어가 쉬운 섬과 도서를 제외하고는 이들 섬사람들을 내 륙으로 철수시키는 방어책을 시행함에 따라, 무릉도 조선왕조 초 기에 섬을 비우게 된 것이었다. 섬을 비워 둠으로써 약탈을 위해 상 륙하여 내륙으로 더 들어온 왜구를 효과적으로 저지 격퇴할 수 있었 으며, 조선왕조가 안정을 찾게 되자 왜관 무역을 통해 약탈을 어느 정도 진정 방지할 수 있었다.

그 당시 대체로 큰 섬들은 조선왕조 9대 왕 성종 때를 전후하여 다 시 주민이 거주하기 시작하였지만, 작고 외딴 섬들은 16~17세기에 야 사람이 거주할 수 있게 된 것이다. 제주도와 거제도 같은 큰 섬들은 공도정책이 시행되지 않았으며, 독도와 울릉도와 같이 비교적 멀리 떨어진 작은 섬들은 공도정책의 대상이었다.

그런데 이 공도정책 기간 중 조선왕조는 숙종 23년(1697년)부터 2년에 1회 또는 2회씩 수토관(搜討官)을 현지에 파송하여 실태를 조사 보고토록 했으나, 이 제도가 성공적으로 실효를 거두지는 못하였음이 사실이다. 그러나 일본 정부는 이 기간 중인 1600년 전후부터 약 80여 년간 자유자재로 울릉도와 독도에 침입하여 삼림을 남벌하고 어족의 남획을 자행했는데, 일본은 공공연하게 도해면허장(渡海免許狀)을 민간인에게 내주어 무주도인 울릉도와 독도를 일본이 선점 지배 경영했다고 주장하면서 이를 실효지배의 근거로 내세우고 있다. 그러나 조선의 수토제 때문에 독도의 영유권이 치명적으로 훼손되거나 영유권 자체가 방기된 적은 전혀 없었다. 이 문제와 관련하여 신용하 박사는 그의 저서 〈독도문제 130문 130답〉에서 다음과 같이 상술하고 있다.

일본 정부가 독도 영유권 근거라고 드는 것은 도쿠가와 막부(德川幕府)가 일본 어업가 오타니(大谷甚吉)와 무라카와(村川市兵衛) 두 가문에 1618년에 내어준 '죽도도해면허'(竹島渡海免許)와 1661년에 내어준 '송도도해면허'(松島渡海免許)이다. 이 두 개의 '도해면허'(渡海免許)는 언뜻 보면 '죽도'(울릉도)와 '송도'(독도)의 점유권을 일본의 도쿠가와 막부가 행사했던 것처럼 보일지 모르지만, 그 내용을 보면 도리어 '죽도'(울릉도)와 '송도'(독도)가 조선 영토임을 더욱 명확하게 증명해 주는 자료이다. 왜냐하면, 이 두 개의 '도해면허'는 '외국'에 건너갈 때 허가해 주는 외국에의 도해 '면허장'이기 때문이다. 자국 영토라면 왜 면허가 필요하겠는가?

공도정책 기간 중인 임진왜란(1592~98년) 직후 일본 호키주(伯耆州·지금의 시마네현)의 요나코(米子)에 거주하던 오타니(大谷甚吉)라는 사람이 에치고(越後)라는 곳을 다녀오다가 태풍을 만나 표류 중 '울릉도'에 닿았다. 오타니가 울릉도(죽도)를 답사해 보니 사람은 살고 있지 않았고 수산 자원이 풍부한 보배로운 섬이었다. 그러나 울릉도는 당시 사람이 살고 있지 않다 할지라도 조선 영토였으므로 울릉도(죽도)에 건너가 고기잡이를 하기 위해서는 먼저 막부의 허가가 반드시 필요하였다. 왜냐하면, 울릉도가 일본 영토가 아니라 외국(外國)의 영토이므로 국경을 넘어 외국으로 건너가 고기잡이를 해도 월경죄로 처벌받지 않으려면 막부의 공식 허가장이 필요했기 때문이었다.

그래서 오타니는 도쿠가와 막부의 관리들과 친분이 두터운 무라카와와 함께 1616년에 '죽도도해면허'를 신청하고 허가를 받으려고 교섭하였다. 그 결과 도쿠가와 막부의 관리로서 당시 호키주 태수(太守) 직을 맡고 있던 송평신태랑광정(松平新太郎光政)이 1618년에 오타니와 무라카와 두 가문에 '죽도도해면허'의 특혜를 주었다. 도쿠가와 막부 관리가 '죽도(울릉도)도해면허'를 일본인 두 가문에 내어주었다 할지라도, 이 막부 관리가 울릉도(죽도)가 일본 영토이고 조선 영토가 아니란 전제하에 '도해면허'를 내어준 것은 전혀 아니었다. 도리어 그 반대로 울릉도(죽도)가 일본 영토가 아니고 조선 영토라고 인정했기 때문에 이 '도해면허'를 내어준 것이었다.

그러므로 도쿠가와 막부 관리가 1618년에 두 일본인에게 내어준 '죽도도해면허'는 울릉도(죽도)가 '일본의 외국'인 조선 영토이고, 일본 영토가 아니라는 사실을 명확하게 증명하는 역사적 반증

자료인 것이다. 오타니와 무라카와 두 가문은 울릉도의 부속도이고 울릉도(죽도)로 건너가는 뱃길의 길목에 있는 독도(송도)임을 전제로 울릉도의 부속도서인 독도에 대하여 '송도(독도)도해면허'를 얻고자 막부에 신청, 1661년경 '도해면허'를 받아내는 데 성공하였다.

따라서 도쿠가와 막부가 내어준 1618년의 '죽도도해면허'나 1661년의 '송도도해면허'로써 독도를 일본 고유 영토라고 주장할 증명이나 근거가 전혀 될 수 없는 것이다. 도리어 이 두 개의 면허는 울릉도(죽도)와 독도(송도)가 일본 영토가 아니었고 조선 영토임을 증명하는 명백한 근거자료로서 17세기 당시의 도쿠가와 막부도 이 두 섬이 조선 영토임을 인정한 증거가 된다.

그렇다면 그 당시에 오타니(大谷)와 무라카와(村川) 두 일본인이나 '도해면허'에 관련된 자들은 독도가 울릉도의 부속도서임을 인지하고 있었는가? 물론이다. 오타니 가문과 무라카와 가문이 1661년 '송도도해면허'를 신청하기 직전에 무라카와 가문의 대옥구우위문(大屋九右衛門)에게 보낸 편지에서 "장차 그리고 내년(1661년)부터 竹島之內 松島(울릉도 안의 독도)에 귀하의 배가 건너가게 되면"이라고 썼다. 이는 '송도(독도)도해면허'를 막부에 신청한 근거가 '죽도(울릉도)도해면허'를 1618년에 이미 받았으므로 '울릉도 안의 독도(竹島之內 松島)'에 월경하여 건너가는 '송도도해면허'는 송도(독도)가 죽도(울릉도) 안에 속한 섬이므로 신청하는 것이 너무 당연하다는 입장을 명백히 밝힌 것이다.

이 무렵의 오타니 가문의 구산장좌위문이 무라카와 가문의 대옥구우위문에게 보낸 편지에서도 '죽도근변송도(竹島近邊松島 : 울릉도에 가까운 변두리 독도) 도해(渡海)의 건'이라고 하여, 독도를 '울릉도에 가까운 변두리 독도'라고 간주하였다. 그 때문에 '죽도(울릉도)도해면허'를 받은 두 가문은 '송도(독도)도해면허'도 받아야 한다고 생각하고 독도를 울릉도의 부속도서로 인지하였다.

이처럼 '송도도해면허'와 '죽도도해면허'는 '독도'(송도)와 '울릉도'(죽도)를 역사적으로 일본 고유 영토라고 주장할 근거와 증명이 전혀 되지 못하는 것이다. 따라서 오늘날 일본 정부가 1661년의 '송도도해면허'를 가지고 독도가 역사적으로 일본 고유 영토라고 주장하는 것은 천부당만부당한 것이며, 이는 '죽도도해면허'를 가지고 울릉도도 역사적으로 일본 고유 영토라고 주장하는 것만큼이나 어이없는 것이다. '도해면허'는 외국에 건너갈 때 발급해 준 면허였다는 점을 감안한다면, 일본 정부의 주장과는 정반대로 '송도도해면허'와 '죽도도해면허'는 '독도'(송도)와 '울릉도'(죽도)가 외국인 조선의 고유 영토임을 잘 증명해 주는 명백한 자료인 것이다.

1693년(숙종 19년) 봄 동래 · 울산 어부 약 40명이 울릉도로 고기잡이를 나갔다가 일본 오타니 가문에서 보낸 일단의 일본 어부들과 충돌하게 되었다. 수적으로는 우세했으나 울릉도가 조선 영토였으므로 일본 어부들은 조선 어부 대표를 보내면 협상하겠다고 대응하다가 안용복(安龍福)과 박어둔(朴於屯)이 대표로 나서자 이 두 사람을 납치하여 일본으로 싣고 가버린 것이 안용복의 제1차 도일 사건이었다.

안영복은 동래에서 대마도(쓰시마)와 무역을 할 수 있는 상인이었는데, 그들과 관련된 일을 하면서 일본어를 배웠다. 그가 일본 어부들에게 납치되어 인주(因州)로 끌려 간 사실이 호키주(伯耆州) 번주

(藩主)에 의해 막부에 보고되자, 막부는 그들을 설득하여 돌려보내라고 명령했다. 안용복 일행은 나가사키에 도착했다. 〈숙종실록〉에 따르면 안용복은 그가 호키주 태수와 담판을 벌여서 막부로부터 울릉도, 자산도(독도)가 조선령이라는 서계(외교 문서)를 받아냈는데, 나가사키에서 대마도 영주에게 빼앗겼다고 한다.

대마노주는 안용복 일행 편에 다케시마(竹島 ; 울릉도) 출어를 금지해 달라는 서찰을 보냈다. 조정은 대마도로 보낸 답변에서 울릉도와 죽도를 서로 다른 섬으로 잘못 표현했다. 대마도 영주는 '울릉도'라는 말을 싫어해서 그 표현을 지울 것을 조선 측에 주장했다.

당시 조선 조정에서는 일본에서 돌아온 안용복 등을 범법자로 가두어 둔 채, 좌의정 목래선(睦來善)·우의정 민암 일파의 대일 온건 대응론과 남구만(南九萬)·유집일(俞集一)·홍중하(洪重夏) 등의 대일 강경 대응론이 상호 대립하였다. 이에 대하여 국왕 숙종은 거센 비판 여론에 당황하여 강경론 건의를 채택하면서 남구만을 영의정에 임명하고, 기왕의 회답문서는 취소하여 회수함과 동시에 새로운 회답문서를 작성하여 쓰시마에 보내도록 명령하였다. 조선 조정과 강경 대응파가 작성하여 쓰시마에 보낸 이 새로운 회답문서는 '울릉도=죽도'의 1도(島)2명(名)임을 들고 울릉도=죽도가 조선 영토임을 명확하게 천명함과 동시에 일본 어민들이 울릉도에 왕래하지 못하도록 엄중히 다스려 줄 것을 요구한 당당한 외교문서였다.

일본 측에서는 조선과의 외교를 담당하고 있던 쓰시마 도주 종의륜(宗義倫)이 1695년에 죽고 그의 아우 종의진(宗義眞)이 도주가 되었다. 에도의 도쿠가와 막부에서는 1693년 안용복을 송환시킬 때 후대하면서 죽도(울릉도)가 일본 영토가 아님을 명백히 했었다. 막부는 조선과의 외교를 담당하는 쓰시마의 도주 종의륜이 안용복을 송환하면서 죽도(울릉도) 취득의 공격외교를 행하는 것을 무리한 일이라 생각하고 있었는데, 조선 측의 울릉도(죽도) 수호 의지가 매우 강경하다는 것을 듣고 쓰시마 도주가 조선과 일본 두 나라의 우호를 불필요하게 해치지 않을까 회의적으로 보았다.

쓰시마 도주 종의진은 1696년 1월 에도의 도쿠가와 막부 장군과 관백(關白·老中)에게 새해 인사 겸 새 도주 취임보고를 하러 에도에 올라가게 되었다. 막부 관백은 호키주(伯耆州) 태수 등 4명의 태수가 나란히 앉은 자리에서 울릉도(죽도) 문제에 대하여 쓰시마 새 도주 종의진에게 조목조목 날카로운 질문을 하였다. 종의진은 죽도(竹島)가 조선의 '울릉도'이고 그것이 조선의 영토임을 인정할 수밖에 없었다.

도쿠가와 막부 관백의 이 명령에 의하여 울릉도(죽도)와 그 부속도서는 '조선 영토'로 재확인되었고, 1618년의 '죽도도해면허'와 1661년의 '송도도해면허'는 취소되었으며, 일본 어민들은 조선 영토인 울릉도(죽도)와 그 부속도서인 독도(우산도·송도)에 건너가 고기잡이를 할 수 없게 금지되었다. 1696년 1월 28일 도쿠가와 막부 관백의 결정은 3년간 끌어온 울릉도·독도 영유권 논쟁에 종결을 찍은 것이었다. 이 모두가 안용복의 공로였다.

그 후 1696년에 안용복과 송광사 스님 등 16명 일행이 제2차 도일로 일본 중앙정부를 대행하는 호키주 태수와 만나 1차 도일 당시에도 막부로부터 받은 울릉도와 독도가 조선 땅임을 시인한 서계(외교문서)를 대마도주가 귀국 도중 탈취한 사실을 전제로 조선팔도지도를 내놓고서 울릉도와 독도가 조선 영토임을 재확인 주장하자 앞으로 대마도주를 포함한 누구라도 조선 땅에 월경하면 엄중 처벌하 겠다는 약속을 받아 내었다.

이 같은 안용복의 도일활동은 〈숙종실록〉, 〈승정원일기〉, 〈동국 문헌비고〉 등 한국의 관찬서와 〈죽도기사(竹島紀事)〉, 〈죽도도해유 래기발서공(竹島渡海由來記拔書控)〉, 〈이본백기지(異本伯耆志)〉, 〈인부연표(凶府年表)〉, 〈죽노고(竹島考)〉 등 일본 문헌에 대동소이 하게 기록되어 있음에도 일본에서는 이를 불신하고 있다.

그리하여 조선 조정 예조와 일본 도쿠가와 막부(쓰시마주 외교 대 행) 사이의 1669~1699년 외교문서 왕래를 끝으로, 일본 도쿠가와 정부는 조선의 울릉도·독도 영유권을 재확인하고 영원히 존중할 것을 외교문서로 약속한 것이다. 즉, 조선 예조참의 이선부와 일본 쓰시마 형부대보 평의진 사이에 두 차례 외교서한 왕래가 있은 후 에, 1699년 1월 일본 측으로부터 최후의 확인 공한이 도착함으로써 외교 절차가 모두 종결된 것이다.

그러면 공도정책이 시행되기 이전의 울릉도의 실태가 어떠했는지 를 알아본다. 그 당시에 울릉도와 독도 해역은 황금어장이어서 왜구 들의 침범과 우리 어민들의 납치도 많았다. 이에 앞서 1407년 대마 도주 소오사다시게는 부하를 조선에 파견, 토산물을 헌납하고는 서 계를 내놓았다. "왜구들이 울릉도 주민을 괴롭히고 납치하는 일까 지 있으니 울릉도에 대마도인을 이주하도록 허락하면 그 대신 납치 된 조선인을 풀어주고 왜구를 단속할 것이니, 울릉도 관리권을 대 마도주에게 일임해 달라"는 청원을 전하였다. 당시 조선 조정은 납 치해 간 조선인 몇 명과 울릉도·독도 일원을 맞바꾸자는 일본 측 의 간교한 술책임을 간파하고 이 청원을 일고의 여지없이 거부했던 것이다.

그 후 1614년 6월에는 대마도주가 막부의 지시라면서 "울릉도를 조사하려 하니 길 안내를 해 달라"는 문서를 보내왔다. 이때도 조선 조정은 임진왜란에 패한 일본이 국내 혼란을 수습하기 위해 재침략 준비를 하는 것으로 보고 단호히 거부했다. 대마도주는 이에 더욱 교묘한 수법으로 나왔다. 이듬해인 1615년에 "의죽도라는 섬을 탐험하겠다"면서 두 척의 군선을 파견했다. 조선 조정이 일본의 울릉도 해역 접근을 일관되게 거부해 오자 울릉도에 의죽도라는 가짜 이름을 붙인 것이었다.

한편 강원도 감사는 계속되는 왜구 침범에 고심하다가 이 해 조정에 울릉도 일원의 보호 대책을 건의하기에 이르렀다. 이에 강원도 관찰사를 지낸 호조참판 박습이 "이미 오래 전에 방지용이란 자가 15가구를 인솔해 울릉도에 들어가 살고 있는 것으로 알고 있다. 최근 왜구의 침탈 사건은 삼척 사람으로 전에 만호를 지낸 김인우와 지방인 이만이 잘 알 것이므로 이들을 불러 물어보고 대책을 세우기로 하자"고 주장했다.

조정은 이에 따라 김인우를 우산무릉등처안무사, 이만을 보좌관으로 임명해 병선 2척과 무기, 식량 등을 지급해 파견하고 울릉도 일원의 주민들을 설득해 소환해 오도록 결정했다. 김인우의 관직명에 주목할 필요가 있다. 굳이 '등처(等處)'라고 한 것은 '울릉도와 그 주변의 여러 곳'을 포괄적으로 지칭하고 있는 것이다. 따라서 독도는 물론 그 해역에 산재해 있는 30여 개의 크고 작은 바위섬과 암초들까지 조선 영토이므로 모두 조선이 관장한다는 의미로, 이 역시 독도가 우릉도에 속하는 우리 땅임을 입증하는 속도(屬島) 개념의 근거이다.

김인우는 울릉도에 남녀 86명이 거주하는 것을 파악했으나 이들이 "울릉도에 상주할 수 있도록 국왕에게 청원해 줄 것"을 호소함에 따라 20명만을 소환할 수 있었다. 그러나 공조판서 황희가 "왜구의 침탈 위험성도 있고 하니 모든 주민을 불러들여 공도화(空島化)하고 다만 주수(왕의 직속 군대)를 파견해 수시로 순찰하여 섬을 지키는 것이 타당하다"고 제안함에 따라 1416년부터 465년간이나 공도정책이 시행되어 왔던 것이다.

거듭 강조하지만 공도정책은 국가에서 섬을 관리하기 위한 행정조치의 하나로 영유권을 포기하는 것은 아니었다. 더욱이 군 병력이 울릉도와 독도 일원을 순찰까지 했던 것이다. 일본인들이 "조선이 울릉도를 순찰했다는 기록은 있으나 독도를 순찰했다는 기록이 없으니 독도는 조선 영토가 아니었고, 일본인은 독도를 어로기지로 활용했으므로 무주지 선점(無主地 先占) 원칙에 따라 일본 영토가 되었다"는 주장을 하며 최근의 영유의사 재확인 운운하는 것은 일고의 가치도 없는 허구임을 알 수 있다.

3

1882년~1904년 : 울릉도 개척령으로 주민 재이주, 독도를 속도로 장악, 칙령에 의거 울릉도 전도와 독도를 대한제국 영토로 재확인

1882년 고종은 울릉도 검찰사 이규원의 건의에 따라 일본인 불법 잠입 거주자 78명을 적발 추방하고 울릉도의 공도정책을 폐지키로 결단을 내렸다. 그 이듬해에 김옥균을 울릉도 개척사로 임명하고 처음으로 16가구 54명을 울릉도로 재이주시켰다. 1875년 일본 육군과 해군에서 발간한 대일본 육해전도 부속 조선전도에 의하면 독도와 울릉도는 분명히 조선 영토로 표시되어 있다. 그리고 1904년 초에 일본 군함 대마호가 울릉도와 독도 인근 해역을 러일전쟁 직전에 탐사한 조사보고서에 따르면, 울릉도에 있는 다수의 일본인 거주자들이 하절기엔 독도에 상륙하여 물개와 고기를 잡고 있다고 기록하고 있음을 보면, 공도정책이 종료된 이후에도 불법 벌목과 어로를 하는 일본인을 완전 추방하지 못한 당시 조선 정부의 무력한 공권력 행사 실상을 알 수 있다. 당국이 1889년에 일본에 정식으로 항의하고 울릉도 불법 침입과 재산 피해에 대한 배상청구를 요구하였으나, 그 조치 결과에 대해서는 알려지지 않고 있다.

1897년 당시 울릉도 신이주민은 12개 동리에 379호(인구 1,134명)로 급속히 증가하였는데, 이 당시가 조선의 국호를 대한제국으로 개칭하고 흥선대원군이 승하하는 등 변혁의 시기였다. 일본은 러일전쟁 승리로 기세가 등등해져 조선 침탈의 마수를 오래전부터 뻗치고 있었으니, 울릉도에서 물러날 의지가 없었던 것은 자명하다.

1900년 5월에 대한제국에서 현지조사단을 울릉도에 보내 실태를 파악한 바로는 200여 명의 일본인 벌채공이 섬에 들어와 대규모의 남벌을 마음대로 하는 무법천지였으나, 적수공권인 조선 관리들은 아무런 대응조치도 취하지 못하였다. 설상가상으로 1902년에 이들을 보호하고자 일본 경찰 4명이 파견 상주하게 되었으며, 일본인 학교까지 설립히였다. 1903년에 부임한 심흥택 군수의 일본인에 대한 벌목금지 요구는 마이동풍이었으며, 적반하장으로 서울의 일본 공사에게 자기들의 벌채 허가에 대하여 알아보라고 허세까지 부렸다는 것이다.

대한제국은 이미 1900년에 칙령 41호로 울릉도를 울도로 개칭하고, 도감을 군수로 격상하면서 석도(독도, 돌섬이란 뜻)까지 관할 구역으로 하도록 행정명령을 하달하였던 것이다. 오늘날 일본이 부정하고 있는 칙령 41호를 좀 더 구체적으로 진단해 본다.

대한제국은 1900년 10월 25일, 강원도 울진현 부속 섬이던 울릉도와 그 인근 섬들을 따로 분리하여 울도군(鬱島郡)을 설치하는 칙령 41호를 공포하였다. 여기에는 울릉도 본도 외에 죽도(竹島)와 석도(石島)를 포함한다고 하였다. 죽도는 울릉도 바로 곁에 붙어 있는 오늘날 죽도 그대로지만, 독도(우산도)는 보이지 않고, 한국 측은 석도(石島)가 곧 독도라고 하는데, 일본은 독도라는 증거가 없다고 한다. 한국 측의 주장은 1880년대 울릉도의 공도정책을 폐기하고, 본토민의 이주를 허용하면서 처음에 호남 사람들이 많이 이주하여 독도를 돌로 된 섬이라는 뜻으로 독섬(독은 돌의 호남 사투리)이라 부르게 되었는데, 이를 한자로 표기하면서 뜻을 따라 표기한 것이 石島(석도), 음을 따라 표기한 것이 獨島(독도)라는 주장이나, 일본 측은 이를 인정할 수 없다고 한다. 석도(石島)=독도(獨島)라는 논란의 여지 없는 명문 기록은 아직 나오지 않고 있다는 것이다.

그러나 1903년에 간행한 〈증보문헌비고(增補文獻備考)〉에 보면, 우산도(독도)가 울도군에 소속되어 있음을 가정사실화한 내용이 있다. 이것은 시마네현 고시(1905년)보다 2년 앞선 것이다. 따라서 시마네현이 1905년 독도를 편입할 때 명분인 무주지라는 것은 황당무계한 거짓 주장임이 분명하므로 이 시마네현의 고시는 원천 무효다. 그 당시 대한제국의 〈황성신문(皇城新聞)〉 울릉도 사항(1899년 9월 23일 자)을 보면, "울진지동해(鬱珍之東海)에 일도(一島)가 유(有)하니 왈(曰) 울릉(鬱陵)이라. 기(其) 부속(附屬)한 소륙도중(小六島中)에 최저자(最著者)는 우산도(于山島) 죽도(竹島)니 대한지지(大韓地誌)에 왈(曰) 울릉도는 고우산국(古于山國)이라"란 영토 관련 기사로 정확하게 그 내용이 표현되어 있음도 이를 입증한다.

일본의 각본에 따라 1904년엔 한일 의정서가 체결됨으로써 일본 육군 1개 사단이 인천으로 상륙, 서울로 진입하여 궁성을 수비하게 되면서 그 다음해엔 외교 및 치안권을 일본에 빼앗긴 채 을사늑약을 체결하게 되었던 것이다. 그리하여 1909년의 군대 해산과 사법권 이양 그리고 간도협약으로 사실상 대한제국은 허수아비 신세가 되어 1910년의 경술국치 조약으로 519년의 조선왕조가 종말을 고하게 되었으니, 울릉도와 독도의 운명도 마찬가지였다.

물론 일본은 울릉도와 독도를 근 80년간 공도정책 기간 전후에 실효지배했다고 큰소리치면서, 러일전쟁을 위한 망루 건설과 해저 케이블 설치 등 군사시설 공사를 차질 없이 시행하여 러시아의 발트함대를 대마도 해협에서, 우라지보스토크 함대를 독도 근해에서 각각 격멸하여 러일전쟁을 1905년 5월 27일 승전으로 장식하였으며, 그 여세를 몰고서 조선반도를 완전 침탈하는 데 성공하였던 것이다. 그러니 1904년에 독도를 시마네현으로 편입시킨 것은 한반도 식민지화의 첫 단계로서 예정된 침탈 시나리오였던 것이다. 그러고는 1년 후에 울릉군수에게 울릉도와 독도가 일본의 시마네현으로 편입되었다고 방문 통고하면서 약 50명으로 구성된 시마네현의 관리와 경찰, 우체국 직원, 지방유지 등 대규모 현지 방문단이 갑자기 배편으로 독도 경유 울릉도에 입도하여 군수에게 일본 영토이니 앞으로 협조 잘하라고 협박까지 하였다는 것이다.

전술한 바와 같이 일본 쓰시마 도주가 나가사키 태수와 결탁하여 조선의 울릉도·우산도를 탈취하려고 시작한 울릉도·독도 영유권 논쟁은 1696년(숙종 22년)에 이미 도쿠가와 막부 관백과 장군의 결정으로 완전히 끝났었다. 이에 관한 외교문서의 교환도 1699년 1월 최종적으로 마무리됐다. 물론 울릉도와 독도를 모두 조선 영토로 재확인한 것이었다.

그러나 그 당시 조선 측과 일본 측은 모두 울릉도와 독도의 가치를 오늘날보다 매우 낮게 평가하였다. 그렇기 때문에 조선 측도 울릉도 주민이 몇 번 왜구의 노략질을 당하자 섬을 비워 사람이 살지 않도록 하는 쇄환공도(刷還空島) 정책을 실시한 것이다. 1696년을 기하여 도쿠가와 막부에서 요나코(米子)의 일본 어부 두 가문에 이미 허가한 '죽도도해면허'(竹島渡海免許)와 '송도도해면허'(松島渡海免許)도 모두 취소됐다. 막부 장군에 의해 조선 영토로 재확인된 울릉도와 독도에 국경을 넘어 들어가 고기잡이를 하고 오는 일본 어부들은 발각되는 경우에 처벌을 받았다. 1699년 1월 도쿠가와 막부 장군이 울릉도 · 독도에 대한 조선의 영유권을 재확인한 결정에 의해 쓰시마 도주가 제기한 모든 영토 논쟁은 완전히 종결되었던 것이 분명하다.

오늘날 일본 정부가 독도를 '역사적으로 일본 고유 영토'라고 운운하는 것은 역사적 진실에 토대를 둔 발언이나 주장이 아니라, 한국 측이 진실에 근거하여 '독도는 역사적으로 서기 512년부터 한국의 고유 영토'라고 지적하니까, 이에 맞대응하기 위한 억지 주장에 불과한 것이다. 일본 측 고문헌들까지도 '독도는 역사적으로 한국의 고유 영토'임을 누적적으로 증명하고 있다. 일본 측 고문헌으로 독도가 역사적으로 일본의 고유 영토라고 증명하는 정부 차원의 자료는 아직까지 단 1건도 없으며, 일본의 고지도는 모두 독도와 울릉도가 조선 영토로 명기되어 있음을 유의할 필요가 있다. 그리고 일본은 자기들 주장에 불리한 자료는 절대로 정부가 발표하지 않으며, 우리의 고지도상 위치 착오 등을 트집 잡아 물고 늘어지는 비굴한 학자도 있다.

울릉도 '재개척 정책'은 1882년 채택되었지만 1883년부터 본격적으로 실행되었음을 주목할 필요가 있다. 국왕은 우선 1883년(고종 20년) 3월에 통리기무아문 참의 김옥균(金玉均)을 '동남제도개척사 겸 관포경사'(東南諸島開拓使 兼 管捕鯨事)에 임명하고, 임지로 떠날 때 일일이 웃어른들에게 인사하는 절차를 면제, 편리한 대로 왕래하면서 왕에게 직접 결과를 보고하도록 하였다. 여기서 주목할 것은 김옥균을 '울릉도개척사'에 임명하지 않고 '동남제도개척사'에 임명한 사실이다. 그 이유는 국왕이 울릉도 검찰사 이규원을 파견할 때와 보고를 받을 때 울릉도(옛 우산국)가 ① 울릉도 ②

죽서도(죽도 · 울릉도 바로 옆의 작은 바위섬) ③ 우산도(독도)의 3도로 구성되었음을 확인했기 때문이었다. 이 때문에 김옥균은 '울릉도' 재개척과 함께 '죽서도'와 '독도'(우산도) 재개척도 과업으로되어 동남 여러 섬(울릉도 · 죽서도 · 독도=우산도)의 재개척 사신으로 임명된 것이었다. 김옥균은 ① 울릉도를 재개척할 뿐 아니라② 울릉도 바로 옆의 작은 바위섬 죽서도(죽도)와 ③ 우산도(독도)도재개척하며 ④ 울릉도 · 독도 일대의 '고래잡이'도 관장하는 책임자가 된 것이었다. 당시 동해는 세계적인 고래잡이 어장이었다. 여기서 김옥균의 '동남제도개척사' 직책에 '독도=우산도 재개척과 관리'가 이미 1883년 3월에 포함되어 있었음을 주목할 필요가 있다.

김옥균은 최초의 이주 지원자를 모집했는데, 처음에는 16호(戶) 54명이 응모하였다. 이에 1883년 음력 4월, 최초의 이주민이 수백년 비워 두었던 울릉도에 도착해 마을을 만들고 농경지를 개간하기시작하였다.

김옥균 등 개화당은 '근대국가' 의식이 강했기 때문에 울릉도 · 죽서도 · 독도에 일본인들이 들이닥칠 것을 염려하여 재개척 사업에열정적이었다. 몇 가지 예를 들면 다음과 같다.

① 정부 주도하에 강원도 · 경상도 · 전라도 지역을 중심으로 이주 지원자를 모집하여 울릉도에 이주시키고 적극 후원하였다. 그 결과 이주민 수가 1883~1884년에는 급속히 증가하였다.

② 정부와 개척사가 일본 측에 일본인들의 울릉도 불법 침입에 강경하게 항의하고 요구하여 울릉도에 들어온 일본인들을모두 철수시키는 데 성공하였다. 일본 내무성은 1883년 9월

관리와 순경 등 31명을 태운 월후환(越後丸)이란 배를 울릉도에 파견하여 그동안 울릉도에 불법 침입해서 거주하기 시작한 일본인 254명 모두를 배에 태워 철수시켰다. 그 결과 울릉도에는 한 명의 일본인도 남지 않게 되었다. 이것은 개척사 김옥균의 울릉도·독도 재개척 사업의 큰 성과였다.

③ 개척사 김옥균은 정부의 허락도 없이 미곡을 받고 일본 천수환(天壽丸) 선장에게 울릉도 삼림 벌채에 대한 허가장을 발급한 울릉도 도장 전석규(全錫奎)를 파면하고 처벌하였다. 김옥균은 울릉도 삼림을 국가가 외화를 벌 수 있는 매우 중요한 자원으로 간주하였다.

④ 개척사 김옥균은 조선 정부가 울릉도 삼림을 벌채하여 일본에 수출하는 정책을 채택하여 개화당 백춘배(白春培)를 1884년 8월 일본에 파견해서 일본 만리환(萬里丸) 선장과 판매계약을 체약하였다. 김옥균은 울릉도 삼림 벌채와 임업·어업 개발에 필요한 자금 조달을 위해 울릉도 삼림을 담보로 차관 교섭을 하였다.

그 후 1884년 12월 갑신정변에 실패하여 김옥균 등이 일본에 망명하자, 개화당의 울릉도·독도 재개척 사업은 일단 장벽에 부딪히게 되었다. 명성황후 수구파 정부는 울릉도 개발에 별로 관심이 없었다. 그래서 명성황후 정부는 울릉도에 전임(專任) 도장을 두지 않고, 개항 이전 수토 제도 때의 평해군 월송포(越松浦) 수군만호(水軍萬戶)가 울릉도를 겸임으로 관리하게 하였다. 정부의 울릉도 재개척 사업은 열의가 식었지만, 일반 백성들 사이에는 남해안 다도해 지방에서 울릉도에 이주하는 백성들이 꾸준히 증가하였다.

1894년에 온건개화파들이 집권하자 1894년 12월 울릉도 수토 제도를 폐지하고 다시 전임 도장을 두었다가, 1895년 8월에는 도장을 도감(島監)으로 바꾸어 판임관(判任官) 직급으로 격상시키고, 초대 도감에 배계주(裵季周)를 임명하였다. 울릉도 재개척 사업은 다시 활기를 띠었다.

〈독립신문〉에 1897년 3월 현재 울릉도 재개척 사업 통계가 실려 있는데, 조성한 마을이 12개 동리, 호수가 397호, 인구가 1,134명(남자 662명, 여자 472명), 개간한 농경지가 모두 4,775 두락이었다. 그러나 1894~95년 청일전쟁에서 일본이 승리하자, 1895년 후반기부터 일본인들이 다시 울릉도에 불법 침입하여 삼림을 공공연히 도벌해 일본으로 싣고 가는 일이 급격히 늘었다.

그 후 러일전쟁에서 승리한 일본이 울릉도와 독도의 전략적 가치를 재인식한 나머지 1905년에 드디어 독도부터 일본이 집어 삼키고서 1910년에 한반도를 완전 병탄(倂呑)하였던 것이다.

4

1905년~1945년 :
독도를 일본 영토로 편입하고
한반도를 일본 식민지화

일본 외무성의 지속적인 거짓말은 다케시마가 일본의 한국 침략 이전에 평화적으로 편입되었다는 것이다. 현실적으로 일본이 1905년 다케시마를 편입했을 당시, 일본군은 이미 한국을 식민지화하기 위한 길을 가고 있었다. 조선의 독립은 이미 심각하게 훼손되었다. 미국 외교부 기록에 따르면, 1904년 2월에 한국은 군사적으로 점령당했으며, 그해 8월에 한국은 대외관계를 독자적으로 수행할 능력을 상실하였던 것을 지적하고 있다.

일본 외무성 또는 시마네현의 다케시마 홈페이지에서 발간한 모든 간행물을 읽어 보면, 그들은 제2차 세계대전 후 한국이 이승만 라인을 선언했을 때 독도-다케시마 문제가 발생하였다고 알리고 있다. 그러나 실은 독도 분쟁은 훨씬 이전인 일본이 한국을 식민지화하기 전부터 역사적으로 거슬러 올라간다. 현실적으로 이 분쟁은 조선 관리들이 일본의 독도 편입을 인식한 때부터 발생하였다고 보아야 한다.

이하 기사는 한국 정부와 언론이 어떻게 일본의 한국 영토 불법 침탈에 대응했는지를 보여준다. 아래는 일본의 다케시마 웹사이트가 제공한 뉴스 기사이다. 1906년 4월 1일 일본 지방 일간지인 〈산인신문(San-in Shimbun)〉의 이하 뉴스 기사를 보면 당시의 실상을 짐작할 수 있다.

"… 약 50명의 사람들이 27일 오전 8시에 다케시마에 도착하였다고 생각했다. 그들은 상륙한 후 수십 명의 여러 분야의 연구자들이 조사활동을 시작하였다. 이미 알려진 바와 같이 강치(물개)가 섬에 살고 있었고, 그 중에 살아있는 것을 포함하여 10마리를 잡았다. 어떤 것은 그물이나 총으로 그리고 어떤 것은 곤봉으로 때려잡았다. 그 강치들은 3대의 배에 나누어 싣고 오후 2시 30분에 다케시마를 출발하였는데 이 섬에는 김이 자라고 있는 것도 보았다고 한다.

그들은 울릉도의 저동(苧洞) 포구에 오후 8시에 도착해 정박하여 밤을 샌 다음 아침에 상륙하였다. 몇몇 일본 경찰관, 우체국 직원, 그리고 다른 도동(道洞)에서 온 사람들이 배로 올라와 환영을 하였다. 그 중 몇 사람은 을릉도에 상주하는 우체국장 카다오카의 집에 머물도록 주선하였으며 나머지 사람들은 날이 밝으면 상륙하도록 배에 머물러 있었다. 그들은 아침에 모두 군수(郡守)를 방문하였고 일본의 경찰이 통역관 역할을 하였다. 그들은 섬의 상황에 대하여 질문하였다. 당시 일부 사람들은 섬의 안을 조사하였으나, 나머지 사람들은 해안을 조사하였다. 다케시마에서 잡아 온 강치 중에서 한 마리를 요리하였다. 한 마리는 울릉도 군수, 그리고 다른 마지막 한 마리는 부두에서 위생연구를 위하여 남겨두었다. 그들이 울릉도 군수를 방문하였을 때, 일본 관리 진자이(神西)가 말하기를, '나는 일본제국 시마네현에서 온 관리이다. 여러분의 섬과 다케시마는 우리의 관할 아래에 있고 가까이 있다. 많은 일본인이 당신네 섬에 살고 있기 때문에, 우리는 여러분이 그들을 잘 돌보아 줄 것을 바란다. 만약 우리가 여기 올 것을 계획했다면 선물을 가져오려 했겠지만, 우연히 피난 오게 되어서 선물이 하나도 없다. 다행히 우리는 독도에서 잡은 강치를 가지고 왔으므로 여러분에게 드리고자 하니 받아주면 다행으로 알겠다'고 했다. 군수가 답하기를, 이 섬에 거주하는 일본인들에 대해서 말하자면, 저는 그들을 보호할 것이 무엇인지 알아보겠다. 그리고 강치 선물을 받아들이겠다. 만약 맛이 좋고 기회가 되면 다른 것도 받고 싶다 …"

비록 주된 기사 내용은 일본의 시마네현 대표가 울릉도를 방문한 것이지만, 1906년 당시 이미 일본은 울릉도에 관리를 파견하였고, 경찰과 우체국은 물론 수많은 민간인들을 조선의 섬에 주둔 거주시키고 있었음을 알 수 있다. 당시 63호에 달하는 일본 도해자들이 남의 나라에 불법 거주하고 있었다는 것은 놀라운 일이며, 비록 군수가 "…그들을 관찰…"하겠다고 하였지만, 일본의 관리들이 고압적인 자세로 특별한 허가도 없이 한국의 울릉도 모든 지역에 활보할 수 있었다는 것은 쇼킹한 일이다. 이날 일본의 대표들은 울릉도 입도 전에 남의 땅인 독도에 들러 사냥까지 하여 잡은 강치(물개) 요리를 군수에게 선물로 주었다는 자체가 참으로 오만 방자한 짓이었다.

위의 사실로 미루어 보아 울릉도는 1906년에 이미 일본의 완전 통제하에 있었으며, 울도(울릉도) 군수 심흥택은 일본에 의해서 조선 영토가 일본에 편입된 사실을 이미 알고 있었지만, 즉각 항의하거나 본국에 보고하지 못한 이유를 알 수 있다. 심흥택이 일본 방문단과의 기념촬영 때 태극기를 들고 있음을 봐 그의 심정이 어떠했는지 짐작이 간다.

1905년 2월 22일, 시마네현은 고시 40호를 통하여 리앙쿠르(Liancourt) 섬을 다케시마(竹島)로 칭하고 오키섬의 군수 관할로 둔다고 한 정식 문서를 울릉도 군수가 접하지는 못하고 견문으로 알고 있었음은, 일본 정부가 이 결정을 공식관보에 공개 게재하지 않았고, 중앙정부 차원에서 공표하지도 않았기 때문이다. 당시에 일본 정부는 깊이 관련된 영국 및 미국과 협상하고 난 후에 외국의 동의를 얻고 나서 결정하였다고 하였으며, 12개 유럽 국가들과 미국에 이 사실을 통지하였다고 강변한다.

일본은 울도 군수 심흥택이 일본의 독도 편입 현지정보에 대하여 묵살했다고 하나 이는 사실이 아니며, 그가 완강하였음이 아래의 역사적 문서 기록에서 입증되고 있다. 즉, 1906년 4월 진자이 유타로 외 50여 명의 일행이 군수 심흥택을 방문하고 일본의 독도-다케시마 편입을 통보하였다. 예상하지 못한 소식을 정식으로 접한 심흥택은 다음날 이 내용을 중앙정부에 알리면서 다음과 같이 언급하였다.

"… 독도는 본도에 속하며, 울릉도에서 바다 100리에 위치하고 있습니다. 일본의 기선이 우도에 있는 도동포에 정박하고 이날 오전에 일단의 일본 관리들이 저에게로 와서 말하기를, 우리는 독도가 현재 우리 영토이기 때문에 조사하러 왔다…고 하는 일인들의 주장을 반박하였습니다."

이때 군수 심흥택을 방문한 집단에는 시마네현 오키섬 관리 진자이 외 세무서장, 경찰파출소장, 헌병 및 경찰관 1명, 지방 의원, 의사, 기술자 그리고 약 10여 명의 심부름꾼들이 포함되어 있었다고 한다. 그들이 방문한 목적은 일본인 가구 숫자와 인구 그리고 생산물과 일본 상주 관리의 숫자와 비용 등을 조사하러 왔다는 것이었으며, 이와 관련한 제반 일본의 기록도 군수가 직속상관인 강원도지사에 보고하였으며, 다음과 같은 회답을 받았다고 기술하고 있다.

> "… 대한제국 지사 명령 3호 : 나는 이 보고서를 읽었다. 그들의 말에 의하면 독도가 일본 영토라는 것은 전적으로 근거를 알 수 없는 주장이니, 섬을 재점검하고 일본인들의 행동을 점검하라 …"

이와 관련하여 당시 〈매일신문〉은 다음과 같은 기사를 싣고 있다.

> "… 5월 1일(1906년) 울도 군수 심흥택이 내부대신에게 보고하기를 어떤 일본인 관리들이 울릉도 섬으로 와서 주장하기를 독도는 일본 영토이며, 섬을 측량하고 당시 가구 수를 조사하였다. 군수의 보고서에 대한 대답으로 내부대신이 말하기를 일본 관리들이 울릉도 지역을 여행하고 조사한다는 것은 예사로운 일이다. 그러나 독도가 일본 영토라는 주장은 전혀 맞지 않는 이야기다. 우리는 일본의 주장이 놀라운 일이라고 생각한다.…"

이리하여 독도를 포함한 한반도 전역이 실은 1910년의 경술국치 조약 이전인 1905년부터 이미 일본 수중에 들어가고 만 것이다. 현재 일본이 국제법상 무주지 선점 원칙을 적용하여 독도를 1905년 2월 2일 자로 시마네현 고시 제40호로 일본 영토로 편입한 것이라고 정당화하고 있는데, 그렇다면 그 이전엔 일본 영토가 아니었음을 자인하는 것으로, 그동안 역사적으로 영유권을 주장하는 여러 논거는 모두 허위임을 시인하는 자기모순에 빠지고 마는 것이다.

뿐만 아니라 최근에 와서는 말을 바꿔 "1905년 시마네현의 죽도 편입은 영유의식의 재확인이었다"는 엉뚱한 소리로 오리발을 내밀고 있다. 더 부연하여 "시마네현 오키섬 주민인 나카이 요자부로(中井養三郎)의 독도 영토 편입 청원을 접수한 일본 정부가 1905년 1월 각의 결정으로 독도를 영유한다는 의사를 재확인했으며, 같은 해 2월 시마네현 지사가 오키도사(隱址島司)의 소관이 되었음을 고시한 것이다"란 낯간지러운 궤변을 하고 있는 것이다. 민간인 돈벌이를 정당화시키고자 타국의 영토를 자국 영토로 불법 편입한 일본 중앙정부의 처사를 영유의식 재확인이라고 황당무계하게 소리치는 일본과는 '이는 이, 눈은 눈으로' 강경 대응하지 않을 수 없는 것이다.

그런데 당시에 일본은 중앙정부 관보에 발표하지 않고 대외적으로 비밀리에 했기 때문에 심지어 일본 군대에서도 이 사실을 잘 모르고 있었으므로 몇년 후인 1907년 일본 정부에서 공식 간행한 〈조선 신지리〉와 1933년 일본 해군 수로부에서 간행한 〈조선연안 수로지〉에는 독도가 한국령임을 분명하게 도시하고 있는 것이다.

1904년 6월에 행하여진 가스라-태프트 밀약에서 일본이 조선을 통치하는 대신 미국은 하와이와 필리핀을 통치하는 데 합의한 데 이어, 일본은 청일전쟁과 러일전쟁 승리의 여세로 미국과의 호의적 친화를 도모하게 됨으로써, 같은 해 8월 한일협약(한일의정서)의 결과로 일본에 매수되어 한국에 파견된 미국인 한국 외교고문 스티븐 슨이 한국의 외교실권을 장악하고 있었기에, 대한제국은 독도 침탈을 감히 일본에 정식 항의조차 못하게 되어 있었던 것이 분명하다.

설상가상으로 1906년 2월부터는 서울에 조선총독부의 전신인 일제 통감부가 설치되어 사실상 한반도에 대한 식민지 정책의 발판이 구축되기 시작한 것이다.

곧이어 대한제국 군대가 해산당하고 일본이 한국의 주요 항구와 전략적 요충지에 일본 군대를 합법적으로 파견 배치해 놓고 있었으므로 우리의 자주적 주권이 상실된 불가항력적 상황이 도래하였다. 일본 해군은 1904년 8월경 죽변, 원산, 울산, 제주, 절영도, 거문도, 홍도, 우도, 울릉도, 독도 등에 20여 개의 망루를 설치하려고 러일전쟁 과정에서 작업을 진행하던 중 우선 울릉도엔 동년 9월에 2개소의 망루를 설치 완료했으며, 11월엔 독도에 망루 설치 공사를 위한 지형 정찰을 끝낸 상태에서 1905년 5월 러일전쟁을 승리로 장식하였다.

러일전쟁이 끝나자 독도의 군사 전략적 가치를 더욱 높이 평가한 나머지, 일본 해군은 독도 망루를 그해 7월에 완공하고 죽변과 울릉도 그리고 독도를 경유하여 일본 본토의 서해안 항구인 마쓰에(松江) 간에 해저전선 케이블을 부설하였던 것이다.

5

1945년~1953년 :
일본 패전 직전 카이로 선언(1943.11), 포츠담 선언
(1945.7)과 일본 무조건 항복 문서(1945.9), SCAPIN 제
677호 및 제1033호(1946), 그리고 샌프란시스코 대일 강
화조약(1951)에 의해 독도는 한국 영토로 환원, 대한민국이
유엔 승인 주권국가로 출범(1948), 맥아더 라인(1946), KA-
DIZ(1951), 이승만 라인(1952), 클라크 라인(1952), 미 극동공군
독도 폭격훈련장 사용 중지(1953) 등으로 독도 영유권 재확
인 및 견지

(1) 카이로 선언

1943년 11월 27일 미·영·중의 3개 연합국이 이집트의 수도 카
이로에 모여 발표한 공동선언이 카이로 선언이다. 5일간에 걸친 회
담에는 루스벨트·처칠·장제스 등이 대표로 참가했으며, 회담 결
과 발표한 이 선언에서 연합국은 제2차 세계대전 발발 후 최초로 일
본에 대한 전략을 토의했다. 또한, 회담에서 연합국은 승전하더라
도 자국의 영토 확장을 도모하지 않을 것이며, 일본이 제1차 세계
대전 후 타국으로부터 약탈한 영토를 반환할 것을 요구했다. 특히
한국에 대해서는 앞으로 자유독립 국가로 승인할 결의를 하여 처음
으로 한국의 독립이 국제적으로 보장을 받았다. 그 주요 결의 사항
은 다음과 같다.

각 군사사절단은 일본에 대한 장래의 군사행동을 협정하였

다. 3대 동맹국은 일본의 침략을 정지시키며 이를 벌하기 위하여 이번 전쟁을 속행하고 있는 것으로, 위 동맹국은 자국을 위하여 어떠한 이익을 요구하는 것은 아니며 또 영토를 확장할 의도도 없다.

위 동맹국의 목적은 일본이 1914년 제1차 세계대전 개시 이후에 탈취 또는 점령한 태평양의 도서 일체를 박탈할 것과 만주, 대만 및 팽호도와 같이 일본이 청국으로부터 빼앗은 지역 일체를 중화민국에 반환함에 있다. 또한 일본은 폭력과 탐욕으로 약탈한 다른 일체의 지역으로부터 구축될 것이다. 앞의 3대국은 한국민의 노예상태에 유의하여 적당한 시기에 한국을 자주 독립시킬 결의를 한다. 이와 같은 목적으로 3대 동맹국은 일본과 교전 중인 여러 국가와 협조하여 일본의 무조건 항복을 촉진하는 데 필요한 중대하고도 장기적인 행동을 속행한다.

일본의 가세 도시카즈 총무국 참사관(1947년 당시)은 일본 정부 내부적으로 대일강화조약 체결을 논의하는 과정에서 카이로 선언은 일본 정부가 감수하기 곤란한 영토 조항을 담고 있다며 이를 배제해야 한다고 주장했다. 양제츠 중국 외교부장(장관)은 2012년 9월 27일 제67차 유엔 총회 일반 연설에서 "일본은 중국의 신성한 영토인 댜오위다오를 갑오전쟁(청일전쟁)이 끝난 1895년 불평등조약으로 부당하게 훔쳐갔다. (일본이) 중국 정부가 강제로 불평등 조약에 서명하게 만들었다"며 "그러나 제2차 세계대전 후 카이로 선언과 포츠담 선언은 일본이 댜오위다오와 그 부속도서를 중국에 돌려줄 것을 분명히 하고 있다"고 말한 뒤 "일본의 댜오위다오 국유화

조치는 반(反) 파시스트 전쟁 승리의 결과를 공공연하게 부정할 뿐
아니라 전후 세계 질서와 유엔 헌장의 취지 및 원칙에 대한 중대한
도전"이라고 말했다.

(2) 포츠담 선언

제2자 세계대선 종전 직전인 1945년 7월 26일 독일의 포츠담에
서 열린 미국 · 영국 · 중국 3개국 수뇌회담의 결과로 발표된 공동
선언으로서 그 주요 내용은 다음과 같다.

이는 한마디로 일본에 대해서 항복을 권고하고 제2차 세계대전
후의 대일 처리 방침을 표명한 것이다. 처음에는 미국 대통령 트루
먼, 영국 총리 처칠, 중국 총통 장제스(蔣介石)가 회담에 참가하였
으나, 얄타회담 때의 약속에 따라 소련이 대일 선전포고를 하게 되
어 소련공산당 서기장 스탈린도 8월 이 회담에 참가하고 이 선언문
에 함께 서명하였다.

이 선언은 모두 13개 항목으로 되어 제1~5항은 전문으로 일본의
무모한 군국주의자들이 세계 인류와 일본 국민에 지은 죄를 뉘우치
고 이 선언을 즉각 수락할 것을 요구하였다.

제6항은 군국주의의 배제, 제7항은 일본 영토의 보장점령, 제8항
은 카이로 선언의 실행과 일본 영토의 한정, 제9항은 일본 군대의
무장해제, 제10항은 전쟁범죄자의 처벌, 민주주의의 부활 강화, 언
론 · 종교 · 사상의 자유 및 기본적 인권존중의 확립, 제11항은 군수
산업의 금지와 평화산업 유지의 허가, 제12항은 민주주의 정부 수
립과 동시에 점령군의 철수, 제13항은 일본 군대의 무조건 항복을
각각 규정하였다.

특히 제8항에서는 "카이로 선언의 모든 조항은 이행되어야 하며, 일본의 주권은 혼슈(本州)·홋카이도(北海道)·규슈(九州)·시코쿠(四國)와 연합국이 결정하는 작은 섬들에 국한될 것이다."라고 명시하여 카이로 선언에서 결정한 한국의 독립을 확인하였다. 그러나 일본은 이 선언을 거부하였기 때문에 히로시마(廣島)와 나가사키(長崎)에 원자폭탄이 투하되었고 소련도 8월 8일 참전하였으며, 10일 일본은 카이로 선언을 수락, 14일 제2차 세계대전은 완전히 끝났다.

(3) 일본의 무조건 항복 문서

무조건 항복(Unconditional surrender)은 정치 용어로서 일반적으로 전쟁에서 승전국이 제시하는 항복 조건에 패전국이 그대로 승복하는 일을 말한다. 그러나 엄격하게 말하면, 군사적 의미의 무조건 항복과 정치적 의미의 무조건 항복이 있다. 군사적 의미의 무조건 항복은 병력과 무기 등 일체를 조건 없이 승전국의 권한에 맡겨 분쟁을 종결짓는 것을 뜻하며, 국제정치상의 의미로는 패전국이 조건 없이 승전국의 정치적 지배에 들어가는 것을 가리킨다.

제2차 세계대전을 종결시킴에 있어서, 연합국 측이 독일, 이탈리아, 일본 등에 대해 세운 전쟁 종결방침은 1943년 1월의 카사블랑카 회담 이래 정치적 무조건 항복이었으며, 독일과 이탈리아에 대해서는 그것이 그대로 관철되었다. 그러나 일본에 대해서는 1943년 11월의 카이로 선언에서 그 정책을 다시 확인해 놓고도 1945년 7월의 포츠담 선언에서 항복에 관한 조건을 사전에 명시하여 그에 의거해 항복이 이루어졌으므로, 그것은 군사적으로는 무조건 항복에 속하지만 정치적인 무조건 항복은 아니었다고 보는 견해가 있다. 하여간 일본은 항복과 동시에 카이로 선언과 포츠담 선언의 제반 조건을 수락함으로써, 특히 한국은 일본의 식민지 생활이 종식되고 한반도와 그 부속도서가 일본으로부터 한국 영토로 반환 회복된 것은 당연하다.

나라를 빼앗긴 일제 강점기 36년간의 세월을 되돌아볼 수 있는 당시의 '일본 항복 문서'에는 어떤 역사가 담겨 있을까?

1945년 8월 6일과 9일 일본 히로시마와 나가사키에 원자폭탄이 터졌다. 태평양전쟁의 종전을 알리는 신호이자 일본 제국주의가 무너지는 순간이었다. 일제는 1876년 강화도조약으로 조선에 대한 이권을 선점했으며, 청일전쟁과 러일전쟁의 승리로 한반도에 대한 절대적인 지배권을 확보했다. 을사늑약으로 외교권이 박탈되고 군대마저 해산되자 조선은 일제의 식민지로 전락하게 됐다.

가혹한 식민통치 아래에서 우리 민족은 3 · 1운동과 의병전쟁, 독립전쟁 등으로 일제의 식민통치에 저항했다. 일제는 허울뿐인 대동아공영권을 외치며 만주와 동남아 등지까지 식민지를 확대했다. 1941년 일제는 진주만을 공격함으로써 미국과의 전쟁에 나섰다. 이로 말미암아 조선에서의 수탈은 극에 달했으나, 악랄했던 일제는 미국을 주축으로 하는 연합국의 원자폭탄 투하에 결국 무릎을 꿇었다.

8월 15일 일본 천황은 라디오 방송을 통해 일본의 무조건 항복을 발표했다. 항복 문서가 조인된 것은 1945년 9월 2일의 일이었다. 도쿄만에 정박한 미 해군 전함 미조리호 선상에서 일본 정부 대표 '시게미쓰 마모루'(윤봉길 의사가 던진 폭탄에 중상을 입었던 인물)와 일본군 대표 '우메즈 요시지로'가 항복 문서에 서명했다. 연합군 측에서는 맥아더 원수가 연합군 총사령관 자격으로 서명했고 미국 ·

중국 · 영국 · 소련 등 승전국 대표들이 차례로 서명했다.

항복 문서에는 일본군과 일본의 지배 아래 있는 모든 무장 세력은 무조건 항복할 것, 연합군 최고사령관의 명령에 따를 것, 일본의 왕과 정부는 포츠담 선언의 조항을 성실히 이행할 것, 일본의 지배 아래 있는 모든 연합국의 포로와 민간인 억류자를 즉시 석방할 것, 일본의 왕과 정부의 권한은 연합국 최고사령관의 통제 아래 둘 것 등의 내용이 명시돼 있다.

일본이 항복과 함께 전쟁 당시 점령했던 모든 영토를 포기하게 됨으로써 우리는 길고 긴 어둠의 터널에서 벗어나 감격스러운 광복을 맞이했다.

(4) 연합국 최고사령부 지령문 제677호, 제1033호 그리고 대일강화조약

1945년 8월 15일 패전과 무조건 항복 선언 및 9월 2일 항복 문서 조인에 따라 1945년 9월 2일~1952년 4월의 기간 중 연합국 점령하에 놓인 일본은 연합국과 일본 사이의 강화조약(샌프란시스코 조약)에 미국인을 매수하여 적극 개입함으로써 독도를 자신들의 영토로 인정받으려고 했다. 복잡하게 진행된 당시의 강화조약에 대해 자세히 알아보기로 한다.

연합국과 일본 사이의 강화조약(샌프란시스코 조약)은 1951년 9월에 조인되었고, 1952년 4월에 발효되었는데, 당시 한국은 비조인국으로서 개입할 여지가 없었다.

이 강화조약 제2조 (a)항인 "일본국은 조선의 독립을 승인하여 제주도, 거문도 및 울릉도를 포함한 조선에 대한 모든 권리, 권원 및 청구권을 포기한다."에 SCAPIN(Supreme Command Allied Power Instruction) 제677호에 포함되었던 '한국의 영토' 조항 속에서 '독도'의 이름이 빠졌다. 이 사실을 두고 일본 정부는 독도는 일본 영토로 남았다고 주장한다. 그러나 연합국은 SCAPIN 제677호를 통해 이미 독도를 한국 영토로 환원토록 규정했으며, 이 강화조약에 독도가 누락되어 있다 해도 이보다 상위 선행문서인 SCAPIN 제677호가 일본이 정식 주권국가로 재출범할 때까지는 계속 유효할 뿐만 아니라, 동 지령문 제5조에 이 지령문의 내용 변경은 연합국 최고사령부의 승인에 의한 별도 지령문으로 하달하도록 규정하고 있어(The definition of Japan contained in this directive shall also apply to all future directives, memoranda and orders from this Headquarters unless otherwise specified therin) 샌프란시스코 강화조약에 독도를 언급하지 않았다고 해서 독도가 일본 영토로 잔존한다는 일본의 아전인수식 해석은 억지 논리이다.

뿐만 아니라 대한민국은 1948년 8월에 이미 유엔의 승인을 받은 주권국가로서 한반도와 그 부속도서가 합법적으로 한국에 귀속된 상태였으며, SCAPIN 제677호의 부도에 독도를 일본이 정치적·행정적 권력을 행사 못 하는 금지선으로 설정했다. 이에 근거하여 SCAPIN 제1033호로 1946년에 설정된 일본의 해상 어로한계선인 맥아더 라인과 1952년에 9월에 주한 미군·주한 유엔군 사령관에 의해 설정된 해상 봉쇄선인 클라크 라인 그리고 미 극동공군에서 1951년에 설정한 한국방공식별구역(KADIZ) 역시 독도를 한국 영역으로 포함하고 있기 때문에 대일강화조약이 이를 무효화시킬 수 있는 법적 근거가 전혀 없었던 것이다.

그리고 1951년 1월(대일강화조약 발효 이전)에 대한민국은 「인접 해양의 주권에 대한 대통령 선언」(평화선 또는 이승만 라인으로 통칭)을 공포하였으므로 당연히 독도가 한국 영역에 포함되어 있었던 것은 명명백백하다.

그러면 이 뜨거운 감자이며, 일본이 가장 강도 높게 정당화하려고 발악하는 대일평화조약 성안 과정을 살펴본다. 1차~12차 초안 작성 과정에서의 복잡하게 전개된 지그재그 현상은 이러하다.

① 1차~5차 초안 : 독도=한국 영토(1946~1949)

　　일본 정부, 미 국무성 정치고문 시볼드에 로비

② 6차 초안 : 독도=일본 영토(1949. 12)

　　　　연합국들의 반대

③ 7차 초안 : 독도=한국 영토(연합국 합의, 1950)

④ 8차~9차 초안 : 독도=일본 영토

⑤ 10~11차 초안 : 독도=한국 영토(유엔 합의에 의거)

⑥ 12차 초안 : 독도=일본 영토(1951. 4)

　　　　영국, 호주, 뉴질랜드 등이 이에 반대

특히 그는 "당시 영국이 독자적으로 작성한 초안(1951. 4)에는 독도는 한국 영토로 명백히 기재되어 있었으나, 이후 영국과 미국이 7차에 걸쳐 협의하여 독도의 이름이 없어졌다고 하며, 독도의 이름이 없어진 이유는 '일본에 심리적 압박을 가하지 않기 위해서'였고 (일본의 적극적 로비 주효), 독도가 한국 영토가 아니란 뜻이 아니었다(극동위원회 11개국이 영미합동초안에 최종적으로 합의)"고 역설했다. 한국의 당시 외교력 부재가 문제였다.

그 후 독도 문제가 누락된 결정적 요인은 일본 여인을 처로 둔 주일 미국 정치고문 시볼드(William J. Sebald)의 적극 로비와 극동 담당 미 국무차관보 러스크 서한에 "조선의 영토로 취급된 적이 없고, 1905년부터 일본의 영토로 되어 왔다"란 내용을 전적으로 미국이 신뢰했기 때문이라고 하겠다. 1951년 7월 19일, 한국 정부는 "독도를 한국 영토 조항 속에 포함해 달라"고 미 국무성에 요구했다. 이에 미 국무성은 주미 한국대사를 불러 덜레스 대사가 요구 내용을 들었다. 덜레스 대사는 "1905년 이전에 독도가 한국 영토였다는 것이 확실하다면, 한국 영토 조항에 그 섬의 이름을 기재하는 데 어려움이 없다"고 약속했으나, 그 후 이를 뒤집고 만 것이었다.

그 책임은 한국 측에도 있었다. 한미 양국은 독도의 위치를 정확히 확인하는 작업에 들어갔다. 미 국무성은 처음엔 독도를 다케시마와 같은 섬이라고 생각하지 않았다. 그러나 한국 외무부(양유찬 대사)에서는 이와 관련하여 그 후 15일 이상 경과해도 독도의 위치(경위도)를 정확히 미 국무성에 확인해주지 못했다.

이에 1951년 8월 7일, 미국은 '현시점'에서는 독도를 한국 영토로 기재하기가 어렵다고 판단했다. 동년 8월 7일, 미국은 이런 내용을 11개국의 연합국 회의에서 설명했다.

결국 미 국무성은 독도에 대해 한국에 있는 무쵸 미국 대사에게 조회하기로 했다(8. 7). 그런데 연합국 회의 후, 무쵸 대사의 답장을 받고 1951년 8월 10일 미 국무성은 독도가 다케시마라는 것을 알게 되어 "독도를 한국 영토 조항에 포함시킬 수 없다"고 한 러스크 서한 내용을 주미 한국대사관에 정식 통보하였다고 한다.

그러나 세종대 호사카 유지 교수(한국으로 귀화한 일본인 학자)

는 러스크 서한의 성격이 공식적이 아닌 비밀 서한이며 일본이나 연합국에 통보된 문서가 아니라 오로지 한국 정부에만 통보된 비밀문서였다는 점이 새로 밝혀졌다며, ① 러스크 서한은 비공개의 문서이고, 주한 미대사관은 오히려 독도는 한국 영토라고 알고 있었고 (1952. 11. 주한 미국 대사관이 미 국무성에 보낸 편지), ② 1953년 7월 22일에 미 국무성 내 비밀각서 「한일 간의 리앙쿠르락스(=독도) 논쟁에 대한 바람직한 해결책」이라는 문서 속에서 '러스크 서한'은 일본 정부에도 비밀로 되어 있는 문서라고 기록되어 있다는 것을 확인한 바 있다. 그리고 ③ 아이젠하워 대통령 특사 밴플리트 대사 귀국보고서(1953. 8)에 의한 독도가 일본 영토란 언급 역시 "독도에 대한 미국의 입장은 대한민국에 비밀리에 통보되었지만, 우리의 입장은 아직 공표된 바가 없다."고 불확실성을 나타내고 있다는 것 등으로 반박한다.

결국 러스크 서한은 연합국과 합의를 하지 않은 채 미국이 단독으로 비밀리에 대한민국에만 통보한 일종의 로비 문서였다며, 미국이 강화조약의 전제조건이 되는 포츠담 선언(연합국 합의로 일본 영토를 결정한다. 1945. 7)을 위반하였으므로 러스크 서한은 무효라고 호스카 교수는 강조하고 있는 것이다.

일본은 SCAPIN 제1033호의 제5조에 나와 있는 "이 허가는 해당 구역 또는 그 외의 어떠한 구역에 관해서도 국가통치권, 국경선 또는 어업권에 대한 최종적 결정에 관한 연합국의 정책의 표명이 아니다"란 내용을 근거로 독도가 일본의 행정구역에서 일시 제외되었다 해도 이는 잠정적인 조치였기에 일본의 샌프란시스코 강화조약을 근거로 한 영유권 주장을 부정하지 않는다고 강변하고 있다.

호스카 교수는 일본의 이른바 독도 영유권 주장 10개 항에 포함되어 있는 SCAPIN 제677호 및 제1033호와 대일강화조약에 대한 논리를 제압 가능한 한국 측 논리가 다소 미흡하므로 이를 보강하여 일본의 주장을 봉쇄할 수 있는 대응논리 개발이 시급하다고 재강조한다. 현재 일본은 동문서답식 주장을 펴고 있다. 1905년에 이미 독도기 일본 영토로 편입된 이상 되돌려 줄 한국 영토의 족보에서 이를 제외시킨 것은 지극히 당연한 강화조약에 의한 정당한 조치였으며, 그 당시 일본은 최악의 곤경에 처해 있던 시절인데 미국에 무슨 로비가 통할 수 있었겠느냐는 엉뚱한 소리를 하고 있는 것이다.

(5) 맥아더 라인

맥아더 라인은 독도를 한국 영토로 규정한 바 있다. 이는 1946년 1월 29일 자 연합군 최고사령부 포고령(SCAPIN) 제677호의 부도로 그 경계선이 함께 상세히 실려 있다. 제2차 세계대전의 두 전범국 독일과 일본은 패망 후 상황이 전혀 다르게 전개됐다. 독일은 전승국인 미국과 영국, 프랑스, 소련 등과 1947년 2월 파리 강화조약을 맺었다. 전쟁이 끝난 지 불과 2년 만에 강화조약을 체결해 별 잡음이 없었다. 반면 일본과의 강화조약은 무슨 이유에서인지 일본이 무조건 항복을 선언한 지 6년 만에 이뤄졌다. 강화조약 작업이 시작된 것은 1947년, 체결까지 무려 4년이나 끌었던 셈이다.

조약이 이처럼 지체된 원인을 더글러스 맥아더와 해리 트루먼의 관계에서 찾는 역사학자들도 더러 있다. 연합군 최고사령관이자 일본 점령군사령관으로 절대 권력을 휘둘렀던 맥아더와 군 통수권자인 트루먼 대통령과의 불편한 관계가 적잖은 영향을 미쳤다는 지적이다.

　일본을 개혁하고 평화헌법을 만들어 주는 등 2년 만에 일본의 민주화를 이끌어낸 맥아더는 더 이상 미국이 일본을 통치할 필요성을 못 느낀다며 트루먼에게 귀국할 뜻을 내비쳤다. 이에 놀란 트루먼은 맥아더를 설득, 계속 도쿄에 눌러앉게 했다. 트루먼은 맥아더를 자신의 재선에 위협적인 인물로 간주해 귀국을 적극 말렸다는 것이다. 역사에 가정법과거는 없다지만, 두 사람의 관계가 불편하지 않았다면 일본과의 강화조약도 독일과 비슷한 시기에 체결돼 독도 문제가 불거지지 않았을 것으로 추측된다.

　연합군 최고사령부(SCAP)는 1946년 1월 29일 포고령 제677호를 발령한다. 일본의 영토 경계선을 규정한 것으로 여기에서 리앙쿠르(Liancourt, 독도)는 제외됐다. 흔히 '맥아더 라인'으로 불리는 것으로 독도는 한국 점령군인 미 24군단(군단장 존 하지 중장) 관할로 명기돼 있었다. 사실상 한국 영토로 확인한 것이다. 미군은 제2차대전 때 일본군이 사용한 지도에 독도가 일본 관할 밖에 있어 이를 근거로 '맥아더 라인'을 설정한 것으로 보인다.

　그해 6월 발표한 포고령(SCAPIN) 제1033호에도 일본 어선의 독도 12해리 이내 접근을 금지하는 내용이 나온다. 미군은 1947년 4월부터 독도 인근 해상을 전략폭격기 B-29 폭탄 투하 훈련장으로 사용했다. 이 바람에 한국 어부 30여 명이 사망하는 참사가 빚어지기도 했다. 강화조약 초안 작업이 시작된 건 1947년 9월이다. 일본 외무성은 「일본 본토에 인접한 부속도서」 리스트를 작성해 SCAP의 외교국에 제출했다. 황당한 것은 일본이 독도뿐 아니라 울릉도까지 영유권을 주장했다는 사실이다. 이 문서는 워싱턴의 국무부에 그대로 전달됐다.

조약 체결 실무를 주도한 것은 국무부의 동북아시아국과 SCAP의 외교국이다. 공교롭게도 두 부서의 책임자가 모두 친일 성향의 외교관들이었다. 정작 당사국인 한국은 4년 후에나 이 문서를 접하게 돼 처음부터 불리한 상황이었다. 1949년 11월 14일 연합국 최고사령부(SCAP)의 외교국장인 윌리엄 시볼드(훗날 호주대사로 영전, 일본 여인이 처)는 국무부의 2인자인 존 덜레스(훗날 국무장관)에게 극비 서신을 보낸다. 이 편지에서 시볼드는 "일본의 독도 영유권 주장은 근거가 확실하다"며 "독도는 기상관측과 레이더 기지로도 적합해 미국의 이익에도 부합한다"고 설득했다.

시볼드는 1905년 러일전쟁 때 일본이 독도를 자국 해군의 전진기지로 삼기 위해 강제로 일본 행정구역으로 편입한 사실을 알고는, 미국도 소련과의 대치 상황에서 이를 활용하려고 일본 편을 든 것으로 분석된다. 미·일 동맹을 근거로 독도를 미군기지로 사용할 수 있다는 것이었다.

그러나 국무부 쪽과는 달리 미군은 1951년 여름까지도 독도를 한국의 영토로 간주한 것으로 드러났다. 주한미군 부사령관(존 쿨터 중장)은 당시 장면 총리에게 보낸 공문에서 독도를 사격장으로 쓰겠으니 허가해 달라고 요청하여 한국 정부가 이를 재가한 사실이 밝혀졌다는 설도 있다.

국무부가 공개한 자료에 따르면 덜레스가 양유찬 주미 한국대사를 처음 접견한 것은 1951년 7월 9일. 이 자리에서 덜레스는 양 대사에게 강화조약 초안 사본을 건넸다. 초안에는 한국 측 요구사항이 전혀 반영되지 않았다. 한국 정부는 '맥아더 라인' 준수와 함께 전쟁배상금을 요구했었다. 더구나 독도와 함께 파랑도(지금의 이어도)도 한국 영토에서 빠져 있어 충격을 받았다.

파랑도와 관련해서도 해프닝이 빚어졌다. 미국 측이 파랑도의 위치를 묻자 한국은 답변을 못해 결국 가상의 섬으로 결론 났다. 후에 알려진 사실이지만, 일본은 해저에 위치한 파랑도에 구조물을 덧씌워 영유권을 주장하려 했으나 태평양전쟁이 발발해 실패로 돌아갔다. 만약 그때 일본이 계획대로 추진했더라면 파랑도는 지금쯤 일본 소유로 돼 있을지 모른다.

이 같은 암울한 상황에서도 한 가닥 희망은 있었다. 국무부의 수석 지리학자인 새뮤얼 복스가 독도를 한국에 편입시켜야 한다는 주장을 폈기 때문이다. 이에 따라 국무부는 주한 미국대사관에 독도의 정확한 위치를 파악해 보고하라는 훈령을 내렸다. 존 무쵸 대사는 독도가 북위 37도 15분, 동위 131도 53분에 위치한다는 답신을 보냈다.

그러나 그해 8월 13일 딘 러스크 동북아시아담당 차관보는 독도를 한국 영토에 편입시켜 줄 수 없다고 한국 정부에 최종 통고했다. 그의 서한은 일본이 1947년 제출한 일본의 부속도서 주장과 거의 일치해 놀라움을 안겨 줬다. 러스크(당시 국무부 파견 육군 대령)는 2차대전 끝 무렵 소련이 일본에 선전포고를 하고 한반도에 진입하자 서둘러 38도선을 그어 분단의 주역이 된 인물이다.

그렇다고 미국이 일본 편을 들어준 것도 아니다. 독도를 둘러싸고 두 나라가 첨예한 대립을 보이자 논란을 잠재우기 위해 아예 독도를 대일강화조약 초안 원문에서 빼버렸다. 이 바람에 독도는 분쟁지역으로 남게 된 것이다.

결국 샌프란시스코 강화조약은 1951년 9월 8일 48개국이 서명한 가운데 정식 조인됐다. 태평양전쟁이 공식적으로 막을 내리고 일본도 미국의 군사 통치에서 벗어나 주권을 되찾았다. 미국은 전쟁이 끝난 후 일본을 6년, 한국은 이승만 정부가 들어설 때까지 2년 동안을 군정으로 통치했다.

(6) 한국방공식별구역(KADIZ)과 클라크(Clark) 라인

2012년 한일군사정보포괄보호협정(GSOMIA) 체결이 유보됨으로써 논란이 일고 있는 가운데 우리의 영토인 이어도 상공이 1969년에 일본이 설정한 일본방공식별구역(JADIZ: Japan Air Defense Identification Zone)에 포함된 지 60년이 넘었지만 해결되지 않고 있는 것으로 나타났다.

제주도 마라도에서 서남쪽으로 149km에 위치한 수중 암초인 이어도는 2003년에 해양과학기지가 건설된 명백한 대한민국 영토다. 하지만 이곳 하늘길을 항공기로 지나가거나 헬기를 이용해 과학기지에 가기 위해서는 사전에 일본 측 협조를 구해야 한다. 이어도 상공은 일본이 통제하는 항공식별구역(JADIZ)이기 때문이다.

이와 관련해 한 고위 군 당국자는 "이어도는 한국방공식별구역 범위에 포함되지 않는다"고 하며 "비행을 위해서는 사전에 일본 측에 비행정보를 제공하는 절차가 필요하다"고 설명했다. 또 "지금은 관행처럼 진행되고 있지만, 유사시나 필요에 따라서 일본 측이 협조를 하지 않거나 시간을 지연할 경우 문제가 발생할 수 있다"고 말했다.

한국의 방공식별구역(KADIZ:Korea Air Defense Identification

Zone)은 1951년 미 태평양 공군이 극동 방어를 위해 설정한 것으로 독도 상공은 포함됐지만, 이어도는 포함되지 않았다.

미 태평양 공군이 한국의 방공식별구역을 정한 이후 우리 정부는 방공식별구역 조정을 제대로 관리하지 않았다. 하지만 일본은 1969년 자위대법에 근거해 JADIZ를 설정할 때와 1972년 오키나와 반환에 따라 범위를 늘릴 때 독도 상공을 모두 제외하기도 했다.

제주도 남쪽 지역이 ICAO(국제민간항공기구)에서 정한 한국비행정보구역(FIR : Flight Information Region)과 한국방공식별구역 경계선이 일치하지 않는 문제가 발생하고 있다. FIR은 항공기 운항 중 특정 공역(空域)을 비행 중인 항공기가 그 공역 관할 국가의 요청이 있을 경우 조종사·탑재장비·비행목적·탑승자·탑승화물 등에 관한 제반 정보를 제공할 의무를 갖고 있는 공역으로서, 이 공역을 비행하는 항공기는 그 구역의 관할 국가가 요청하는 일체의 비행 정보를 제공해야 하며, 이를 이행하지 않을 경우 특정 지역으로의 강제착륙이나 지상 및 대공 사격 등 국제법상 특정의 비행구역에 해당하는 제한조치를 관할 국가가 취할 수 있다. 1983년 소련 공군에 의한 KAL기 격추사건은 그 원인이 정확하게 밝혀지지는 않았으나, 일반적으로 이러한 비행정보구역으로의 항로 이탈에 의해 이루어진 불상사의 대표적인 예라 하겠다.

그런데 한국비행정보구역과 일본방공식별구역 상당 부분이 겹치면서 이어도 상공을 비행할 때 민항기는 물론 군용기 활동에도 제약을 받고 있음이 문제이다. 그동안 정부는 비행정보구역과 방공식별구역을 일치시켜야 한다는 당위성을 인정하면서도 일본이 동해상에서 독도 문제를 거론할까 우려해 제대로 문제를 제기하지 않는 것으로 나타났다. 국방부는 2008년 7월 한국방공식별구역(KADIZ) 범위를 고시했다(국방부 고시 제208-27호). 고시에 따르면 방공식별구역에 진입하거나 구역 내에서 운항하는 모든 항공기는 국방부 장관에게 위치보고를 하도록 하고 있지만, 이어도는 대한민국 방공식별구역에서 제외된 상태로 고시됐다.

외국 항공기가 KADIZ로 진입하려면 24시간 전 우리 군 당국의 사전 허가를 받아야 한다. 우리 군은 미확인 항공기가 KADIZ 외곽 5마일(9km)까지 접근하면 공군 전투기를 출격시켜 요격에 나선다. 이처럼 KADIZ는 사실상 군사 안보적으로 준영공에 해당한다는 것이 군사 전문가들의 일반적인 견해다.

하지만 이어도 하늘길이 이처럼 일본의 방공식별구역에 포함된 것은 일본 측 준영공에 포함된 것이라는 우려를 낳기에 충분하다. 실제로 2004년 국정감사에서도 이 문제가 시급히 시정해야 할 부분이라고 지적이 있었지만 개선되지 않았다. 더욱이 이어도 상공이 JADIZ에 포함된 현실을 종합적으로 고려할 때 제주 해군기지가 건설된 후 해군의 작전에도 영향이 불가피하다. 제주 해군기지를 중심으로 남방해역을 작전권으로 갖게 된 군함이 초계활동을 할 때 항공기나 헬기를 사용해야 하는데, 일본과 미리 협의가 이뤄져야 하는 문제가 있다.

실제로 현재 제주에 배치된 P-3C 해상초계기도 이어도 상공을 지나는 작전을 펼칠 때는 일본 측에 사전 정보를 제공하고 있다. 남방해역 방어와 확대를 준비하고 있는 정부가 이어도 상공을 일본 측에 그대로 방치하고 있는 현재의 상태를 60년이 넘도록 정비하지 않고 있는 것에 대한 국가안보적 차원의 비판이 다시 한 번 제기될 필요가 있는 시점이다.

그런데 한국의 평화선이 선포 발효되자 바로 이어서 일본은 1952년 4월 28일 샌프란시스코 강화조약 발효와 함께 일본의 국가 주권이 회복됨으로써 SCAPIN 제677호와 맥아더 라인이 실효케 되었음을 기화로 동년 5월에 재빨리 시마네현 규칙을 개정하여 우리의 평화선을 무시하고 일본 어선의 독도 근해 출어를 허용한다는 공시를 하였다. 이로써 독도가 일본 땅이란 억지 주장을 펴기 시작하고 불법 출어를 촉진시킴으로써 한일 간에 분쟁이 일기 시작했다.

그 당시 한반도엔 처절한 남북 간의 전쟁이 진행 중이었는데, 1952년 9월 27일 맥아더 후임으로 주한미군·유엔군 사령관으로 취임한 클라크 대장은 공산오열의 잠입을 막고 전시 밀수품의 해상 침투를 봉쇄하고자 평화선과 비슷하게 한반도 해상방위수역으로 클라크 라인을 설정 선포했는데, 물론 독도가 한국 영토에 포함되어 있었다. 일본은 이에 앞서 평화선과 대항하고자 1952년 7월에 이른바 ABC 라인이란 것을 설정했는데, 그 속에 독도는 물론 우리 제주도까지 집어넣은 바 있으나, 클라크 라인이 설정됨에 따라 ABC 라인은 저절로 없어지고 말았다.

그럼에도 불구하고 일본은 평화선 배척운동을 전개하면서 미국에 강력한 로비를 하여 독도가 일본의 건의로 미 극동군의 폭격연습장으로 사용되었고, 이를 기화로 "다케시마가 미국에 의해 일본 영토로 확정되었다"고 선전하는 비열한 잔재주를 계속 부린 것이다.

(7) 평화선(「대한민국 인접 해양에 대한 대통령 선언」) 설정
평화선은 일본과 제2차대전 전승국들 간의 샌프란시스코 강화조

약이 발효되기 직전인 1952년 1월 18일 이승만 대통령이 「대한민국 인접 해양에 대한 대통령 선언」을 공표함으로써 설정된 대한민국과 주변 국가 간의 수역 구분과 자원 및 주권 보호를 위한 경계선이다. 미국, 중화인민공화국, 일본에서는 이승만 라인(Syngman Rhee line, 李承晩線, 李承晩ライン)으로 부른다. 이는 오늘날 배타적 경제수역과 비슷한 개념이다.

이 선언에 대해 미국과 일본은 반대하였는데, 특히 당시 일제 강점기 이후 외교관계가 정상화되지 않았던 일본과는 어로 문제, 독도를 포함한 해양영토 문제로 이후 분쟁을 불러일으켰다. 대한민국은 일본과 중국의 불법 조업 어선을 여러 차례 나포하였으며, 이 과정에서 어업 종사자가 죽기도 하고, 대한민국 경찰관이 중국에 납치되기도 하였다. 한국전쟁으로 인해 깊게 관련된 미국은 두 동맹국 간에 난처한 입장에 서게 되었지만, 대체적으로 중립적 입장을 지켰다.

평화선이 설정된 직접 동기는 맥아더 라인과 밀접한 관계가 있다. 종전 직후 미국을 중심한 연합국은 일본 어업이 세계 어장에 출어하여 남획하는 것을 막기 위해서 1947년 2월 4일 맥아더 사령부 명령으로 일본 어선의 출어금지선을 책정하였기 때문에 한국은 직접적으로 큰 혜택을 받아 왔다. 그러나 1951년 9월 8일 샌프란시스코 강화조약이 조인됨으로써 맥아더 라인은 자동적으로 철회될 운명(샌프란시스코 강화조약이 1952년 4월에 발효할 예정이었다)에 있었고, 그것은 곧 일본 어선의 한국 연안 대거 출어·남획을 가져올 것이 분명했기 때문에 한국 정부는 이에 대한 사전준비 대책으로 평화선을 사전 선포하게 된 것이다.

1952년 당시는 한반도는 한국전쟁 중이었다. 부산을 임시 수도로 한 대한민국의 대통령 이승만은 한국의 연안 수역 보호를 통해 수산 자원과 광물, 공산주의 국가로부터의 안보와 인근 국가로부터의 영토주권을 주장하기 위한 선언을 만들게 되었다. 공식명칭은 「대한민국 인접 해양에 대한 대통령 선언」으로서 1952년 1월 18일 국무원 공고 제14호로 선포되었다. 그 요약된 내용은 다음과 같다.

① 대한민국 정부는 국가의 영토인 한반도 및 도서의 해안에 인접한 해붕(海棚)의 상하에 이미 알려진 것과 또 장래에 발견될 모든 자연자원, 광물 및 수산물을 국가에 가장 이롭게 보호·보존 및 이용하기 위하여 그 심도 여하를 막론하고 인접해양에 대한 주권을 보존하며 또 행사한다.

② 평화선 안에 존재하는 모든 자연자원 및 재부(財富)를 보유·보호·보존 및 이용하는 데 필요한 다음과 같은 한정된 연장해양에 걸쳐 그 심도 여하를 불문하고 인접국가에 대한 국가의 주권을 보지하며 또 행사한다. 특히, 어족 같은 감소할 우려가 있는 자원 및 재부가 한국 국민에게 손해가 되도록 개발되거나, 또는 국가에 손상이 되도록 감소 혹은 고갈되지 않게 하기 위하여 수산업과 어로업을 정부의 감독하에 둔다.

③ 상술한 해양의 상하 및 내에 존재하는 자연자원 및 재부를 감독하며 보호할 수역을 한정할 경계선을 선언하며 또 유지한다. 이 경계선은 장래에 구명될 새로운 발견·연구 또는 권익의 출현으로 인하여 발생하는 새로운 정세에 맞추어 수정할 수 있다.

④ 인접 해안에 대한 본 주권의 선언은 공해 상의 자유 항행권을 방해하지 않는다.

정부는 동 선언 제3항 규정에 따라 1952년 12월 12일 「어업자원보호법」을 제정, 동선 내의 해양의 어업자원 보호를 위한 관리 수역을 명시하고(제1조), 동 수역 안에서 어업활동을 하려는 자는 주무장관의 허가를 받아야 한다고 규정함으로써(제2조), 국적 여하를 불문하고 한국 정부의 허가를 받아야 하며, 이를 위반하면 처벌받도록 하였다.

한국 정부는 이러한 전례가 없다는 일본의 주장에 대해 1945년 미국의 트루먼 대통령에 의한 「연안어업에 대한 선언」과 「해저와 지하자원에 관한 선언」, 그리고 아르헨티나(1946년), 파나마(1946년), 칠레(1947년), 코스타리카(1948년), 엘살바도르(1950년), 온두라스(1951년), 칠레, 페루, 에콰도르(1952년) 등 다른 나라에서 채택한 유사한 사례가 있다고 대항 주장하였다.

이 선언은 이후 한국의 수역 내에서 외국 선박의 불법 어로 행위를 단속하는 근거가 되었다. 일본은 평화선의 선언에 대해 민감한 반응을 보이며 공해자유의 원칙을 내세워 반대하였다. 선언 직후인 1952년 1월 24일 성명을 통해 다음과 같이 발표하였다.

① 미국·캐나다·일본의 어업 협정에서 공해의 자유가 인정된 것과 같이 공해 자유의 원칙이 인정되어야 한다. ② 공해에 국가 주권을 일방적으로 선언한 전례는 없다. ③ 한일 양국의 친선을 위해 이는 신중히 검토되어야 한다.

한국보다 발달한 수산업으로 이 지역에서 당시 연간 23만 톤 이상의 어획량을 올려오던 일본으로서는 경제적 타격과 함께 영토의 위협으로 여긴 여론이 민감하게 반응하였다. 또한, 1월 28일에는 일본의 자국 영토라고 주장하는 독도를 경계선 안에 넣은 것은 한국의 일방적인 영토 침략이라고 주장하였다.

대한민국은 선언 이후 1952년 10월 14일 대통령 긴급명령 제12호로 「포획심판령」을 제정 공포하고 포획심판소 및 고등포획심판소를 개설하였으며, 1953년 해양경찰대 설치계획을 수립하고 이 해 말에 180톤급 경비정 6척으로 부산에서 한국해양경찰대를 창설하여 평화선을 침범하는 외국 선박과 밀무역을 단속하도록 하였다.

평화선 설정 이후 한국 정부는 동 어로저지선을 침범하는 일본 어선을 나포하였다. 이에 일본은 해태 등 어로장비의 대 한국 수출금지 등 보복조치를 취하였다. 한일 조약이 체결되어 어업 문제가 해결될 때까지 평화선 문제는 한일 양국 간에 최대의 분쟁거리가 되었다. 그 후 1997년 일본은 일방적으로 직선기선을 선포해 어업 중인 우리 어선을 나포하는 등 끊임없는 문제를 제기하고 있다.

1952년 2월 4일 일본 어선 제1대방환호와 제2대방환호가 제주도 남쪽 해안의 평화선을 넘어 조업하다가 경찰에 적발되어 나포 도중 총격으로 제1대방환호의 선장 세토 준지로(瀨戶重次郎)가 숨지는 사고가 일어났다. 이후 대한민국 영해를 넘나드는 일본 선박에 대해서는 체포, 억류 등의 강경 대응을 하여 1965년 한일 국교 정상화로 평화선이 새로운 한일 어업협정으로 대체되기 전까지 한국 해경은 328척의 일본 배와 3,929명의 선원들을 나포, 억류하였으며, 나포한 일본 배를 해양경비대의 경비정으로 쓰게 하기도 했다.

1952년 5월 28일 일본 시마네현 어업시험장 소속의 시험선 '시마네마루(島根丸)'가 평화선을 넘는 일이 있었으며, 6월 25일에는 일본의 수산시험선이 독도에 정박해 승조원을 상륙시켜 '시네마현 은지군 5개촌 다케시마(島根縣 隱地郡 五箇村 竹島)'라고 쓰여 있는 나무 기둥을 세운 사건이 일어났다. 이때는 독도에 의용수비대가 배치되기 이전이었다.

이승만 대통령은 1952년 7월 18일 불법 침입하여 조업하는 외국 어선을 나포하라는 지시를 내렸다. 이에 일본 정부는 9월 20일 일본 어선을 보호하기 위해 해상보안청 감시선을 출동시켜 한국의 경비정과 마찰을 빚있다. 이후 유엔군 사령관 클라크 장군이 개입하여 북한에 대한 방어와 밀수출입을 봉쇄하기 위한 '클라크 라인'이라 불리는 해상방위수역을 동년 9월 27일 선포하였는데 이는 평화선과 비슷한 범위였다. 이후 일본과의 마찰은 줄어들게 되었다.

1965년 한일 국교 정상화가 이루어지고 동시에 새로운 한일어업 협정이 성립되기 전까지 이를 위반한 328척의 일본 선박과 3,929명의 일본인이 한국에 의해 나포되었으며 이 과정에서 44명의 사상자가 발생했다.

1955년 12월 25일 대한민국의 해양경찰대 866정은 흑산도 서남방 근해에서 평화선을 침범 조업 중이던 중국 어선 15척을 발견하였다. 이 중 1척을 나포하였는데, 이 과정에서 5~6척과 총격 교전이 있었다. 이때 4명의 대한민국 경찰관이 중국 배에 납치되어 중국으로 피랍되었으며, 이후 12년 5개월간 수감 후 1967년 4월 22일 귀환하였다. 1960년 1월 10일 대한민국의 해양경찰대 701정은 서해 서청도 서방 62마일 해상에서 어선단을 발견하고 검문 중 총격전이 벌어졌다. 이 과정에서 2명이 순직하고 3명이 부상을 입었다.

평화선과 이에 따른 독도 문제 등에 대한 대한민국과 일본 사이의 영토분쟁은 침략 배상 문제, 오무라 강제수용소 문제, 구보타 씨의 발언 문제와 함께 한일 관계 정상화에 커다란 걸림돌이었다. 1960

년 3월 19일, 주미 한국대사 양유찬은 일본 공동통신 기자와의 회견에서 한일 간의 여러 문제에 관하여 다음과 같이 말하였다.

△ 한일 문제 : 양유찬은 한국과 일본이 1960년 3월에 억류자를 상호 석방하기로 한 합의는 양국 간의 주요한 여러 가지 문제 해결에 더 한층 진전을 약속해 주는 것이라고 말하였다. 한 인터뷰에서 양유찬은 기타 모든 조건에 합의가 이루어진다면 논쟁 중인 한일 간의 어로 문제의 만족할 만한 조정이 회담석상에서 이루어질 것이라고 말하였다. 그러나 양유찬은 어로선 문제가 토의되기 전에 적어도 다음과 같은 일곱 가지 문제가 해결되어야 한다고 언명하였다. ① 제2차 세계대전 전 또는 대전 중에 일본으로 끌려간 한국인 노동자들에 대한 보상 문제, ② 한국으로 송환되는 재일 한국동포들이 재산을 반출할 수 있도록 하는 협정, ③ 일본에 남아 있기를 희망하는 한국동포들에게 강제송환의 공포를 없애기 위한 정당한 거주권의 인정, ④ 한국 국보의 반환, ⑤ 일본에 있는 한국 재산권의 해결, ⑥ 일본에 가져간 한국 선박 7만 5천 톤의 반환, ⑦ 한일 간의 해저전신에 관한 문제의 해결.

△ 영해 문제 : 이상의 조건 수락으로 평화선 문제는 해결되나 평화선 문제와 영해 문제는 별개의 것으로 계속 남는다.

△ 해양법 회의 : 한국 정부는 해양법 회의에서 미국 안을 지지하도록 대표들에게 훈령하였다. 그러나 평화선 문제는 영해 문제와는 별도로 한일 양국 사이에서 해결되어야 한다.

양유찬은 이상 조건을 일본이 수락한다면 한일 관계는 정상화되고 평화선 문제와 어로 문제는 해결될 것이라고 말하였다.

이러한 우여곡절을 겪은 후 1965년 6월 22일 한일 국교 정상화가 이루어지고 동시에 「대한민국과 일본국 간의 어업에 관한 협정」이 이루어지게 되었다.

그 내용은 다음과 같다. ① 어업에 관한 수역으로서 12해리까지는 자국의 배타적 관할권을 행사할 수 있다. ② 한국의 관할수역 밖의 주변에 공동규제수역을 설정하고, 이 수역에서는 주요 어업의 어선 규모·어로기·최고 출어 어선 수·집어등(集魚燈)의 광도(光度)· 총어획 기준량 등이 규제된다. ③ 공동규제수역 외연(外延)인 동경 132° 서쪽으로부터 북위 30° 이북에 공동자원조사수역을 설치한다. ④ 한국 측은 수산업협동조합중앙회, 일본 측은 대일본수산회의 두 나라 민간단체로 한일 민간어업협의회를 설치하여 조업질서의 유지와 사고처리에 관한 결정과 실무처리를 담당한다.

평화선 설정 후 한국의 강력한 사후조치에 따라 일본의 독도 영유권 주장은 그 당시만 해도 배타적 경제수역 개념이 존재하지 않는 상황이라서 경제적 가치가 크지 않음으로, 최초의 강렬한 문제 제기가 다소 완화되었으며, 1965년의 한일 국교 정상화에 따라 한일어업협정이 체결됨으로써 평화선은 철폐되었지만, 독도 문제 등 양국의 국경 분쟁이 야기될 경우엔 국제사법재판소가 아닌 상호 조정으로 해결한다는 원칙이 명문화 합의됨에 따라 사실상 독도 문제는 이 이후 소강상태 내지 하향 국면으로 치닫고 있었다.

(8) 독도 미국 공군 폭격연습장 사용 중지

최근 국사편찬위원회는 미 국립문서보관청(NARA)으로부터 비밀 해제된 독도 관련 문건을 입수했다. 이 자료에는 1952년 9월 15일에 발생한 독도폭격사건의 전말을 알 수 있는 다량의 문건이 포함돼 있다. 〈시민의 신문〉이 국사편찬위원회를 통해 입수한 독도폭격 사건 자료를 바탕으로 당시 사건 발생과 해결까지를 재구성해본다.

한국전쟁이 교착상태에 빠진 1952년 9월 15일, 대한민국 독도 상 공에 정체불명의 단발 프로펠러 전투기 한 대가 나타났다. 이 항공 기는 몇 차례 독도 상공을 선회하다 독도 부근에 4발의 폭탄을 투 하하고 일본 방향인 남쪽으로 재빨리 사라졌다. 당시 부근에서 조 업 중이던 광용호 선원과 해녀 23명이 이를 목격했다. 마침 학술 연 구 목적으로 울릉도에 머물던 독도탐험대장 홍종인 등이 정부에 폭 격 사실을 보고하고 동아일보가 당시 신문을 통해 '미군기로 생각 되는' 군용기의 독도폭격사건을 보도했다.

자칫 1948년 6월 8일, 미군 폭격기의 독도 폭탄 투하로 20여 명 의 사상자를 낸 독도폭격사건이 재현될 수 있는 상황이었다. 한국 정부는 1952년 11월 외무부 명의로 당시 부산에 있던 주한 미국대 사관에 독도폭격사건에 유감을 표명하고 재발 방지에 나서 줄 것을 요구했다.

"이 사건을 지켜봄에 깊은 유감을 표명하며 한국 정부는 미국 대사관이 수집한 세부적인 정보를 한국 정부에 알리고, 그와 같은 사건의 재발을 막기 위해 필요한 조치를 취해줄 것을 요청한다."

한국 정부의 항의와는 상관없이 미국 행정부와 군 당국은 우선 1952년 10월경으로 추정되는 마크 클라크(Mark W. Clark) 당시 미국 육군 대장이 앨런 라이트너(Allan Lightner) 주한 미국대사관 참사에게 보낸 편지(미국 극동사령부 발)에서 "미국 육군사령부가 9월 15일에 있었던 미국 군용기에 의한 독도 폭격이라는 허황된 주 장의 사건에 대해 신경을 쓸 필요가 있다는 요청을 수일 전에 받았다"며 "내가 조사를 해서 당신에게 필요한 대응 방법을 알려 주겠다"고 밝히고 있다.

이후 미국 정부와 군 당국은 한국과 일본에 있는 미국대사관을 통해 긴밀한 협조 체계를 이룬다. 수시로 문서를 교환하고 대응 방법을 모색해 간다. 이 과정에서 라이트너 참사가 한국 정부를 담당하는 창구로서의 역할을 하게 된다. 주한 미국대사관이 작성한 문건으로 추정되는 10월 15일의 각서(memorandum)의 내용은, 앞으로 미국 정부가 독도 폭격연습장에 대한 입장을 정리하는 단초가 된 것으로 보인다.

실제 「폭격지대로서의 분쟁영토(독도)의 사용」이라는 제목의 이 문서에서 미국 정부는 크게 두 가지 판단을 하게 된다. 하나는 '분쟁영토'인 독도를 계속해서 폭격연습장으로 사용한다면 미국이 한일 양국의 분쟁에 개입하겠다는 뜻으로 해석될 수 있다는 사실과 폭격이 계속될 경우 발생하게 될 민간인의 사망과 부상이 미국 정부를 곤란하게 만들 수 있다는 사실이다.

한국 정부로부터 항의 문서를 받은 후 라이트너 참사는 마크 클라크 대장에게 한국 정부의 항의 문서를 전달한다. 이 문서에서 라이트너 참사는 한일 양국이 독도를 자신의 영토라고 주장하고 있다는 사실을 전하고 행정부의 조언을 요구하게 된다.

이로부터 3주가량 지난 후 한국 정부가 항의 문서에 대한 최초의 공식적인 입장을 밝히게 된다. 주한 미국대사관 명의로 발송된 이 문서에서 미국은 시간이 흐르고 제한된 정보로 인해서 조사가 어렵다는 의견을 밝혔다. 그리고 재발 방지를 위한 조속한 조치를 취할 예정이라고 알려 왔다.

그러나 독도의 한국 영유권 주장에 대해서는 1951년 딘 러스크 미국 국무부 차관의 문서에서 미국의 입장이 언급됐다며 확답을 회피했다. 딘 러스크는 1951년 7월 19일 독도의 한국 영유권 내용이 누락된 미·일 강화조약 초안에 대해 양유찬 주미대사가 문제를 제기하자 같은 해 8월 10일 "독도는 지금까지 한국이 영토로 주장한 바가 없었던 것으로 보인다"며 한국의 영유권을 인정하지 않은 바 있다. 즉 미국은 1952년 9월 15일에 있었던 독도폭격사건에 대해서는 시간과 자료 부족을 근거로 어떤 책임 있는 답변도 한국 정부에 하지 않았다. 단지 '사건이 있었는지 확실치 않은 상태에서 재발 방지 노력'만을 약속했을 뿐이었다.

동년 12월 4일 독도폭격사건에 대한 미국의 입장을 한국 정부에 전하기 위해 라이트너 참사는 미군 책임자와 수시로 의견을 주고받았다. 당시 미국 극동사령부 참모장이었던 힉키(Doyle O. Hickey) 중장은 라이트너 참사에게 보낸 공문에서 "사건이 발생한 지 두 달이 넘어서 사건에 대한 결론이 쉽지 않다"며 "이 기간 동안 우리 항공기가 이 지역을 사용 요청한 기록도 없다"고 밝혔다. 또한, 그는 "폭격 연습은 해당국인 한국 정부에도 미리 알려졌을 것"이라며 "독도 영유권에 대해서는 권한 밖의 일"이라고 답변했다.

라이트너 참사는 독도 영유권 문제에 대해서는 미국 행정부 극동아시아담당 부서의 영(Kenneth T. Young) 국장에게 조언을 받았다. 힉키 중장에게 편지를 보낸 날, 라이트너 참사는 영 국장에게 "한국 정부가 독도 영유권 등 미·일 평화조약에 자신의 입장을 담으려는 요구를 알고 있다"며 "당신의 편지 내용으로 미 행정부가 한국 정부의 요구에 대해 거절하고 있음을 알게 됐다"고 밝혔다. 라이트너 참사는 이런 과정을 거친 후 폭격사건 발생 3개월 19일 만인 동년 12월 4일 한국 정부에 미국 행정부의 공식입장을 밝히게 된다.

이후 미국 정부는 한국 정부에 입장을 밝힌 것과는 별개로 독도 폭격연습장에서 철수할 계획을 세우게 된다. 1952년 12월 9일 자 주일 미국대사관의 터너(William T. Turner) 참사는 라이트너 참사에게 보낸 편지에서 "극동사령부가 잠정적으로 대체 장소를 물색할 때까지 독도 사용을 멈출 것을 희망했다"고 밝혀 독도 폭격연습장은 사실상 이때부터 폐쇄된 것이다. 라이트너 참사는 후방지역 군단장이었던 헤렌(Thomas W. Herren) 소장과 상의한 후 이듬해 1월 20일 독도 폭격장 사용 중단 결정 공문을 한국 정부에 전달했다. 그리하여 1953년 3월 29일(사건 발생 9개월 5일 만임) 미·일합동위원회에서 독도가 미군의 폭격연습장에서 최종 해제됐다.

이보다 훨씬 이전인 1948년 6월 미군의 폭격연습장 지정 사실을 모르고 독도에 출어한 우리 어민 16명이 사망하고 6명이 중경상을 입은 대형 참사가 발생하자, 미군 당국은 비로소 일본의 꾀임에 빠져 한국 땅을 폭격장으로 사용했음을 알고서 한국 정부에 사용 중지 통보와 함께 피해보상을 해줌으로써, 뒤늦게 독도가 한국 영토임을 추인하였던 역사적 사실을 왜 미군과 국무성 당국이 모르고 있었는지 이해가 안 간다. 이것이 바로 약소국가의 슬픔이라고 하겠다.

일본 측은 독도가 1952년 주일미군의 폭격훈련구역으로 지정되었기에 일본 영토로 취급되었음은 분명하고, 미·일행정협정에 입각하여 주일미군이 사용하는 폭격훈련구역의 하나로 독도를 지정함과 동시에 외무성에서 이를 고시하였던바가 일본 영토라는 증거라고 주장한다.

그러나 일본 주장의 허구성은 이러하다. 미국 공군이 한국의 항의를 받고 독도를 폭격훈련구역에서 해제하고, 그 사실을 한국 측에 공식적으로 통고해 왔다. 또한, 독도가 그 당시 미군이 합법적으로 설정한 한국의 방공식별구역(KADIZ) 내에 있었고, 일본방공식별구역(JADIZ) 밖에 있었다는 것도 독도가 한국의 영토임을 전제로 한 조치임을 다시 한 번 확인시켜 주고 있는 것이다.

6 1953년~1956년 : 독도의용수비대의 일본 침공 저지 격퇴, 물리적 실효지배 강화

1950년 6·25전쟁을 전후로 일본이 독도에 도발하는 사건이 일어났다. 6·25전쟁 발발로 우리 정부의 행정 및 군사력이 독도에 미칠 수 없다는 것을 간파하고 일본은 독도에 빈번히 상륙하였으며, 우리 어민을 협박하고 자기 영토 표지까지 설치하는 횡포를 자행하였다.

이에 대응하여 1952년 1월 18일 우리 정부는 「대한민국 인접 해양에 대한 대통령 선언」(일명 평화선, 혹은 이승만 라인)을 공포하여 독도가 우리의 영토이며, 그 주변 12해리가 우리의 영해임을 확고히 하였다. 이는 SCAPIN 제677호와 제1033호에 배치되지 않는 우리의 정당한 주권 행사였다. 일본은 같은 달 28일 이를 인정할 수 없다는 반박성명을 우리 정부에 보내왔으나 우리 정부는 정당성을 재확인하는 성명으로 대응하였다.

그런데 1953년부터 1956년에 걸쳐 독도에서 일본의 불법 점령을 막아낸 것은 울릉도 출신 예비역 군인들로 구성된 독도의용수비대 대원들이었다. 제대군인 33명으로 구성된 이들 의용수비대는 일본의 독도 해역 불법어로와 영토 침범에 분개하여, 1953년 4월 독도에 입도한 후, 1956년 12월 25일까지 3년 8개월간 악전고투하면서 수차에 걸친 일본 해상보안청 함정의 접근과 상륙 시도를 저지 격퇴하였다. 이들의 제 비용은 수비대장 홍순칠의 개인 유산을 처분한 자금으로 조달되었으며, 무기(박격포, 기관총 및 소총)는 부산 국제시장 군수품 암거래 장터에서 특별 구입하고 일부 소총과 탄약은 울릉도 경찰서에서 지원해 주었다.

의용수비대는 1952년 4월 20일부터 1956년 12월까지 독도에 침입하는 일본 어선과 순시선 등에 맞서 독도를 지켜 낸 순수 민간조직(향토예비군 울릉도지회 소속 대원)으로서, 조일7년전쟁(임진왜란)시의 의병이나 승병 같은 준군사부대의 역할을 수행하였다.

특히 1953년 6월 28일부터 7월 1일까지 독도에 빈번하게 무단 상륙하는 일본인을 제압 축출하고, 그들이 은밀하게 설치한 일본 영토 표지를 철거했으며, 미국 성조기를 달고 잠입하는 일본 순시선과 여러 차례 총격전을 벌이기도 했다. 일본이 항공기로 자주 위협해 오자, 울릉도에서 실어 온 큰 나무에 검은 칠을 해 '모의 고사포대'를 만들어 섬 정상에다 방열함으로써 일본의 경비행기가 대형 고사포인 줄 오인하여 겁먹고서 접근하지 못하고 도망가게 했다. 특히 1954년 11월 21일엔 일본 해상보안청 순시선 3척(PS 9, 10, 16)이 새벽에 동도 해안에 근접하여 닻을 내리는 순간 모든 가용 화기를 총집중 사격하여 순시선 1척이 대파되고 많은 사상자가 발생하자 불타는 배를 이끌고 도주한 사건이 있기도 했다. 일본은 라디오 방송에서 한국군이 독도에서 일본 순시선을 포격하여 사상자 16명이 생겼다면서 엄중 항의하는 보도가 있었을 뿐 다른 후속 조치는 없었다. 그때만 해도 일본은 아직 군대(자위대)가 없을 때이고 휴전 직후라 한국의 전쟁 분위기를 인지하고 있었기 때문이다.

최근 이명박 대통령이 독도를 방문하여 유서깊은 동도 암벽에 '韓國領(한국령)'이라 새겨 놓은 바위를 쓰다듬은 바 있는데, 이 역시 독도의용수비대가 자체 조달한 돈으로 석공을 불러 조각한 것이었다. 이들은 독도의 작은 한 곳의 샘물이 수질이 좋지 않아 빗물을 받아 저장하여 생활용수로 사용하였고, 보급품이 떨어져 며칠씩 굶는 일도 많았으며, 홍순칠 대장의 부인은 울릉도와 독도를 발동선을 타고 매일 드나들면서 생필품을 보급하는 맹렬 여성대원으로 헌신적인 활동을 했다.

국가정책이 결정됨에 따라 휴전 후 한참만인 1956년 크리스마스를 기하여 울릉경찰서에 독도 수비 임무를 인계하였으며, 수비대원 중 일부 희망자(10명)는 울릉도 경찰 요원으로 특채되어 독도 고수방어 임무수행이 간단없이 이루어져 오늘에 이르고 있다.

1966년 4월 이들 대원 전원에게 방위포장이 수여되었고, 홍순칠 대장은 1986년 2월 사망 후에 보국훈장이 추서되어 국가유공자가 되었다. 그 후 「독도의용수비대 지원법」이 제정되고 「국가유공자 등에 관한 예우 및 지원에 관한 법률」의 일부 개정에 따라 생존자는 국가유공자가 되고 그 유족들에게 혜택이 돌아가게 되었으며, 사후 국립묘지에 안장할 수 있게 되었다.

만약 한국전쟁 기간 중 의용수비대가 독도를 지키지 않고, 일본이 점령하도록 방치하여 현재까지 일본의 군사력에 의해 점거되고 있는 상황이라면, 그들의 강력한 지금의 해공군력을 전제할 때, 우리가 결코 탈환할 수 없는 상태에 놓여 있을 것이 자명하다. 자발적 희생과 애국적 사명감으로 우리 영토인 독도를 지켜낸 재향군인회 울릉도지회 요원들이었던 독도의용수비대의 의거와 홍순칠 대장의 공로는 아무리 강조해도 조금도 지나치지 않을 것이다.

7 1956년~1999년 :
대한민국 경찰 독도 상주배치 경비, 한일 국교
정상화로 독도 문제 조정 방식으로 해결 합의

독도의용수비대로부터 1956년 12월부터 울릉경찰서가 독도경비 임무를 인수한 이후 1984년 7월에 제318 전투경찰대가 창설되어 독도 경비 임무를 수행해 왔으며, 1996년 6월부터 경북경찰청에 울릉경비대(대장 경정)를 신편하여 그 예하에 4개의 독도경비대(대장 경감 외 44명)가 편성되어 2개월간씩 독도에 배치되어 교대 근무를 하도록 하고 있다. 그런데 특별한 인사제도로 울릉경비대장과 독도경비대장은 모두 전 경찰에서 지원자를 공모해 선발하고 있다는 사실이다.

독도 해역 경비는 1946년 6월부터 해군의 전신인 해방병단 조선해안경비대가 담당했으며, 1952년 1월부터는 평화선 선포에 앞서 해군이 경비를 강화하여 담당하게 되었다. 그 후 1954년부터 해양경찰이 그 임무를 인수하여 동해의 평화선을 경비하였으며, 1973년부터는 해군 경비함이 독도 해역에 상주 배치되었다. 그리고 1996년 이후 5천 톤급의 해경 경비정이 해상 경비를 담당해 왔으며, 2002년부터 독도 방문객이 증가함에 따라 5천 톤급의 해경 구난함을 추가 배치해 놓고 있는 등 독도의 육지 및 바다에 대한 계속적인 실효지배를 확인하고 있다. 일본의 독도 야욕은 지금도 지속되고 있다. 2012년 한 해만 해도 79척의 일본 선박이 독도 영해 근처까지 접근했다가 경고 신호를 발하자 물러갔다고 한다.

1952년 4월에 샌프란시스코 강화조약이 발효됨으로써 맥아더 라인(CASPIN 제1033호)이 철폐되고 일본이 완전한 주권국가로 재기하게 되었지만, 이보다 3개월여 전에 이미 우리의 평화선이 선포됨으로써 일본에 독도 영유권 주장의 빌미를 결코 주지 않았다. 그리하여 1965년 한일기본조약이 체결될 때까지 13년간 독도를 포함한 이 평화선은 엄격하게 준행되어 불법 어로 일본 선박을 나포하는 등 배타적 해상 영유권을 손색없이 한국이 지켜냈던 것이다.

1960년대의 제3공화국 정부에서, 경제 개발을 신앙으로 삼은 박정희는 그 재원 조달을 위해 한일회담을 추진하고 나섰다. 그러나 한일회담은 단지 경제 개발을 위한 재원 조달에만 목적이 있었던 것은 아니었다. 미국의 아시아 정책이 그것을 강력하게 원하고 있었다. 그것은 박정희가 간절히 원했던 5 · 16 군사혁명에 대한 미국의 승인을 얻어낸 조건 중의 하나였다. 미국에 있어 한일회담은 중국과 베트남 등 미국이 보기에 안보상의 불안 요소들에 대응하는 전략의 전제 조건이었다. 미국에서는 지나친 베트남전쟁 개입에 대한 반성, 달러 위기 등으로 일본의 이기적인 행위에 대한 비난과 일본의 방위 부담 증가, 아시아 평화에의 기여 등을 요구하는 소리가 높아지고, 그 일환으로 한일회담 타결 요구가 강력히 대두되었다.

이에 따라 일본에서는 이케다 하야토 내각이 1962년 말부터 회담 조기 타결을 지향하게 되었으며, 1964년에 성립된 사토 에이사쿠 내각은 한일 국교 정상화를 최대 과제로 내걸고 이를 추진하게 되었다. 한편 한국에서도 민주당 정권 시부터 대일정책에 유연성이 나타나기 시작했으며, 특히 5 · 16 군사혁명 후에 성립된 공화당 정부는 예상되는 미국의 군사 · 경제원조 감소라는 어려운 여건 속에서 공산 위협에 대한 한일 양국의 결속과 자립경제 체제 확립을 위한 경제협력을 위해 다소 성급한 감이 들 정도로 회담 타결을 강력히 추진하였다.

그 결과 국내에서는 일본의 경제 진출을 둘러싼 반대 여론이 비등하였으나, 1961년 11월 박정희·이케다 회담에서 회담 촉진 분위기가 조성되고, 1962년 11월 12일 김종필 중앙정보부장과 오히라 마사요시 일본 외상 간에 일본이 한국에 무상으로 3억 달러를 지급하는 동시에 정부차관 2억 달러를 연리 3.5%, 7년 거치 20년 상환조건으로 제공하며 1억 달러 이상의 상업차관을 제공한다는 소위 '김·오히라 메모'를 작성하여, 청구권 문제의 해결 원칙에 합의를 보았다.

한일기본조약은 대한민국과 일본이 서로 간에 일반적 국교관계를 규정하기 위해 1965년 6월 22일에 조인한 조약으로서 4개 협정과 25개 문서로 구성되어 있다.

「대한민국과 일본국 간의 기본관계에 관한 조약」이 정식명칭으로서 양국 간에 외교 및 영사관계를 수립하고, 1910년 8월 22일 또는 그 이전에 대한민국과 일본국 간에 체결된 모든 조약 및 협정은 무효로 하며, 대한민국 정부가 국제연합 총회의 결의 제195조 3호에 명시된 바와 같이 한반도에 있어서의 유일한 합법정부임을 확인한다는 것이 주요 골자로 되어 있다. 이 기본조약 외에 법적 지위 문제와 청구권 문제 해결 및 경제협력, 어업 문제에 관한 협정이 체결되었다.

특히 한일기본조약은 한일기본조약 및 한일어업협정이란 큰 두 가지로 되어 있는데, 1965년 6월 22일 한일 간에 정식 체결되었다.

이에 따라 한일 국교 정상화가 이뤄지게 되었으며, 이의 협정 과정에서 한국은 일본이 집요하게 독도 문제 연관 조항을 삽입고자 압박했음에도 불구하고, "독도 문제란 없다"는 주장으로 일관하여 문제 제기시는 상호 조정으로 해결한다는 우리의 주장을 관철했다.

비록 한일기본조약으로 불만족스러운 액수의 보상금과 차관으로 식민지 시대의 대가를 치르는 불만족스러운 조약이 체결되기는 했지만, 독도 문제는 더 이상 국제 문제로 거론 못하게 못 박음으로써 일본이 사실상 독도를 포기한 것이나 다름없게 궁지에 몰아넣은 것이었다.

일본은 독도 문제 해결 방안으로 국제사법재판소에 회부하지 않을 경우, 구속력이 있는 '중재'를 한국에 제안했지만, 한국은 이를 거부하고 최종적으로 독도에 대한 언급 자체를 조약문서에서 빼고 양국 간의 포괄적인 분쟁 해결방법을 외교상의 경로(구속력이 없는)와 '조정' 방식으로 한다는 데 합의함으로써 일본이 사실상 더 이상 독도 문제를 거론 못하게 봉쇄한 것이었다. 오늘날 독도를 국제사법재판소에 회부한다고 엄포를 놓는 교활한 일본의 일구이언의 작태는 한일기본조약 자체를 원천 무효화하겠다는 소리나 마찬가지로서 이는 일본이 자승자박하는 것이고 우리의 또 다른 대일본 공격 호재가 아닐 수 없다.

미국의 평가를 보면, 일본이 국제사법재판소행을 한국에 제안한 것은 과거지사로, 한일기본조약의 교환공문 상에 일본이 국제사법재판소행을 제외했지만 지금 국제 위상이 높아지고 보니 일본은 과거 약속 사실을 은폐하고서 한국을 속일 수 있는 상대로 얕보고 있는 것이란 지적이다.

최근 왜곡 발행된 일본 교과서가 일본의 전국 초·중·고등학교에 배포되면서, 독도 문제가 더욱 심각하게 청소년의 뇌리에 각인되지 않을 수 없게 된 것이다. 일본 외무성 사이트에는 독도에 관한 내용이 20페이지가 넘는 데 비해, 우리 외교부 사이트에 독도의 내용은 4페이지에 불과하다는 사실을 전제로, "독도에 관한 내용을 대폭 수정 보강해야 한다. 국제법상으로 우위를 차지할 수 있도록 일본의 논리를 반박할 수 있는 명확한 증거자료 확보와 논리 개발이 필요하다. 독도는 우리 땅이라는 한국 국민들의 확고한 신념이 일본인들의 신념을 압도해야 한다"는 등 호지카 교수의 날카로운 지적을 당국이 유념 수용해야 할 것이다.

8

1999년~2011년 :
신한일어업협정 체결로 독도의 배타적 영해권 상실, 일본의 독도 영유권 주장 묵인 응고 중

(1) 중간수역 설정으로 독도의 배타적 영유권 상실 위기 자초

우리 헌법재판소가 2001년 3월 21일 독도를 중간수역에 포함시킨 1999년의 신한일어업협정이 영토권 등을 침해했다며 제기된 헌법소원 사건에 대해 각하 및 기각 결정을 내림으로써 독도의 영유권 상실을 촉진시켰다. 재판부는 "독도가 한일 간 중간수역에 속해 있더라도 협정의 대상이 어업 문제에 국한된다고 규정되어 있어 독도의 영유권이나 영해 문제와는 직접 관련이 없는 만큼 영토권이 침해됐다고 볼 수 없다"고 밝혔다. 그리고 또 재판부는 "한일 양국이 마주 보는 수역이 400해리에 미치지 못해, 각국의 200해리 배타적 경제수역을 설정하는 과정에서 중첩되는 부분이 나타나 독도가 중간수역에 포함됐다"며 "협정으로 인해 어민들이 손실을 입는 것은 신한일어업협정 때문이 아니라 국제해양법 기준을 적용한 데 따른 것"이라고 덧붙였다.

김대중 정부가 체결한 신한일어업협정에는 분명 대한민국 독도의 영유권에 의문을 갖게 하는 몇몇 조항이 내재되어 있으며, 적어도 차후에 제기될 일본의 독도 영유권 주장에 대해 우리에게 해롭게 적용될 여지가 있는 조항이 있음을 부인하기 어렵게 되어 있음에도, 정부 당국은 물론 사법부까지 혹세무민에 가세하고 있으니 일본이 회심의 미소를 짓고 있을 법하다.

신한일어업협정에 따르면 독도는 동해의 '중간수역' 내에 위치하고 있다(제9조 제1항). 이 중간수역 내에서 이른바 기국주의(基國主義)에 따라 각 체약국은 타방 체약국의 어선에 대하여 어업에 관한 자국의 법령을 적용하지 아니한다. 즉 "각 체약국은 이 수역에서 타방 체약국 국민 및 어선에 대하여 어업에 관한 자국의 관계 법령을 적용하지 아니한다"(부속서 I, 제2항 가호)라고 규정하고 있으나, 매우 큰 문제로 제기되는 것이다.

이 중간수역은 독도의 영해에 어떠한 영향을 주는 것인지 명확하지 아니하다는 점이다. 즉 중간수역 내에 위치한 독도의 영해도 중간수역으로 되어 독도는 영해를 갖지 못하는 것으로 해석되는 것인지, 아니면 독도의 영해는 그대로 존속하는 것인지가 명백하지 않다는 것이다. 따라서 중간수역이 대한민국의 독도 영토에 대한 배타적 주권 행사가 제한된다는 해석이 가능한 것이다.

중간수역은 한일 양국의 200해리 배타적 경제수역의 외측 한계선이 서로 중첩되거나 200해리 측정을 위한 영해기선을 정하는 것이 쉽지 않아서 일정한 수역을 정하여 일단 어업에 관해서는 양국의 국민과 어선들이 그곳에서 조업 가능하도록 타방 체약국의 국민과 어선에 대하여 어업에 관한 자국의 관계 법령을 적용하지 아니하도록 한 잠정조치인 것이다. 이러한 점들은 이 협정에서의 이른바 중간수역에 대해서도 동일하다고 할 것이므로 "독도가 중간수역에 속해 있다 할지라도 독도의 영유권 문제나 영해 문제와는 직접적인 관련을 가지지 아니한 것임은 명백하다"는 정부의 억지 주장은 다음과 같은 비판에 대한 반론이 무엇인지 궁금해진다.

첫째로, 도서가 영해를 갖는다는 것은 일반 국제법인 1958년의 「영해접속수역협약」(제10조 제2항)과 1982년의 「유엔해양법협약」(제121조 제2항)에 의해 인정되는 것이며, 독도의 주변수역이 중간수역으로 된다는 것은 특수 국제법인 「신한일어업협정」에 의하는 것이다. 전자는 일반법이고 후자는 특별법이므로, 일반법과 특별법이 저촉될 경우에는 '특별법 우선의 원칙'에 따라 후자가 우선적으로 적용되게 되므로, 독도는 중간수역만을 갖지 독도의 영해는 배제된다는 것이다.

둘째로, 신한일어업협정은 "이 협정은 대한민국의 배타적 경제수역과 일본국의 배타적 경제수역(이하 '협정수역'이라 한다)에 적용한다."라고 규정하고 있으므로(제1조), 독도의 영해에 이 협정은 적용되지 아니하며 독도의 영해에 어떠한 영향을 주지 아니한다."는 주장이 있으나, 독도의 영해가 중간수역으로 탈바꿈한 이상 독도에 대한 주권적 권리(영토권)가 침해되었음은 너무도 자명하다.

제1조에 있어서 협정수역을 배타적 경제수역으로 한다고 괄호 안에 부연한 것은 영토 침탈의 저의를 숨긴 함정인 것이다. 왜냐하면, EEZ는 영해기선이 전제되므로 피차가 고기잡이를 위해 협조하여 정한 해역이므로 어업권에 국한하지 어업권+해저광물 탐사권+해저개발조사권 등이 포함될 수 없을 뿐만 아니라, 그 설정원칙이 영해기선+일정해역이라고 유엔해양법협약에 규정되어 있는데도 이를 어긴 것이다. 이를 근거로 지금 일본은 독도를 EEZ 기선으로 일방적으로 설정하고 말았다.

일본이 이른바 중간수역(공동관리수역, 장점조치수역)이 한국의 독도 영해 및 접속수역까지를 포괄한 EEZ로 둔갑시키고자 아전인수식으로 확대해석 적용하고 있으나, 한국은 어로수역은 영해와 다르고 여기에서 말하는 EEZ는 일반적 개념이기 때문에 유엔해양법 협약의 원칙에 따라 쌍방이 합의하지 않았으므로 독도의 영해와 접속수역은 여전히 살아 있고, 중간수역은 공해적 성격을 띠므로 기국주의가 적용 안 된다고 일본을 대변하는 황당무계한 소리를 하고 있으니 참으로 눈뜬장님 같은 헛소리이다.

중간수역에 대해서는, "각 체약국은 이 수역에서 타방 체약국 국민 및 어선에 대하여 어업에 관한 자국의 관계 법령을 적용하지 않는다."(부속서 I 제2, 3항)고 규정하고 있다.

이는 양국의 배타적 경제수역의 경계 획정이 용이하지 않을 뿐만 아니라 그 협상이 결실을 보는 것도 단기간 내에는 예상하기 쉽지 않아, 우선 잠정적으로 어업에 관한 사항에 대해서는 일종의 완충 지역을 설정하여 한일 양국이 서로 상대방의 국민과 어선에 대하여는 어업에 관한 자국의 법령을 적용하지 않도록 함으로써, 이른바 중간수역에서는 연안국의 어업에 관한 주권적 권리의 행사가 제한되고 양국의 어선은 연안국의 허가 없이도 자유롭게 조업을 할 수 있도록 하였다고 하지만, 독도가 발양하는 배타적 영해와 접속수역이 연안주의가 아닌 기국주의 원칙에 따라 공해도 아니고 영해도 아닌 공동관리 해역으로 쌍방이 절반씩 권리를 공유하게 된 것이 큰 문제이다.

다시 말해 신한일어업협정은 동 협정이 체결되기 이전에 인정되었던 독도의 배타적(전속적)인 경제수역을 부정하고 있는 것은 다음의 설명에서 합당하다고 본다.

① 신한일어업협정은 중간수역 내에 편입된 독도의 배타적 경제수역 내에서 일본의 어업권을 인정하여, 결과적으로 한국의 배타적

인 어업권이 부정되고 일본의 어업권이 인정되게 되었다는 사실이다.

② 신한일어업협정은 중간수역 내에 편입된 독도의 배타적 경제수역 내에서 일본의 '해양생산물자원 보존 및 관리 조치권'이 합법적으로 인정되게 되었다.

그럼에도 불구하고 당국은 본 협정은 배타적 경제수역을 직접 규정한 것이 아닐 뿐만 아니라, 배타적 경제수역이 설정된다 하더라도 영해를 제외한 수역을 의미하며, 이러한 점들은 이 사건 협정에서의 이른바 중간수역에 대해서도 동일하다고 할 것이므로 독도가 중간수역에 속해 있다 할지라도 독도의 영유권 문제나 영해 문제와는 직접적인 관련을 가지지 아니한 것임은 명백하다는 헛소리를 계속하고 있다.

이와 관련하여 헌법재판소 및 정부의 잘못된 법리 해석과 주장을 재비판하면서, 다음 세 가지로 문제를 제기한다. 당국의 동문서답은 더 이상 통하지 않을 것이다.

① 중간수역에 있어서 한국과 일본에 대해 인정된 관할권이 공동관할권이든 아니든 불문하고, 신한일어업협정 체결 전에 한국만 배타적으로 관할권을 행사하던 것이 협정에 의해 일본과의 공동관할권이 인정되었다는 것이다. 이러한 결과는 장차 한국이 이를 부정하는 주장을 할 때 일본은 국제법상의 '금반언의 원칙(estoppel)'으로 이 주장을 배척할 수 있으며, 방치해 두면 일본의 주장이 정당화 응고되고 말 것이다.

② 협정 제15조의 배제원칙은 한국의 입장에서 보면, 한국의 독도에 대한 영유권에 어떠한 영향을 주는 것이 아니라는 의미가 되

고, 일본의 입장에서 보면 일본의 독도에 대한 영유권 주장을 한국이 수용한다는 의미로도 해석되기 때문에 오히려 한국 측에 결정적으로 불리할 수도 있다. 이 같은 NC · ND적 접근은 일본의 간계에 말려든 결과인 것이다.

요컨대 이 협정이 결국 독도의 영해에서 조업하는 일본의 어선에 대해서 대한민국의 관계 법령을 적용하지 아니한다는 해석이 되므로 이는 한국 정부 스스로 독도 영해를 부인하고 일본 영유권 주장을 시인한 것으로 독도 영유권의 절반을 일본에 상납한 것이나 다름없다.

(2) 울릉도를 기점으로 잠정수역 설정한 회복 불능의 실책

한국과 일본 양국이 각기 이미 선포한 200해리의 배타적 경제수역이 동해의 전 수역에서 중첩되므로 양국은 신한일어업협정의 체결 협상 과정에서 배타적 경제수역의 범위를 각각 35해리로 할 것과 배타적 경제수역의 기점을 한국은 울릉도로 하고 일본은 오키(隱岐)섬으로 할 것에 처음엔 합의를 보았다.

한국 측의 기점을 독도로 하는 데 일본이 동의하면 중간수역을 설정할 필요도 없었고, 독도의 영유권은 한국에 있는 것으로 확정되는 셈이 된다. 일본 측이 독도를 기점으로 하는 데 동의하지 아니하므로 한국 측은 대폭 양보하여 울릉도를 기점으로 후퇴하면서 오히려 35해리를 34해리로 양보하여 합의함과 동시에 중첩 부분을 중간수역이라 얼버무려 일본에 선심을 쓴 것이다. 이는 독도의 영유권을 포기한 것으로 해석되고도 남음이 있다.

이에 따른 일본의 간교한 술책은 이렇다. 울릉도와 독도 간 거리가 47.5해리인 바, 35해리의 전관수역 설정 시엔 영해 12해리+전관수역 35해리=47해리로 거의 해역 공간도 없이 독도가 한국의 전관수역과 접속하게 되므로, 일본이 1해리를 양보 받아 34해리로 울릉도 전관수역을 후진시킨 다음 독도 영해를 온전하게 한일 공동관리수역으로 정함으로써 울릉도와 완전히 분리하려고 흑심을 품었는데도 이를 눈치채지 못했던 것이다.

그리하여 장차 한일 간 정식으로 배타적 경제수역(EEZ)의 경계획정 협정에 있어서도 일본은 신한일어업협정의 선례를 따르자고 주장할 수 있는 빌미를 제공했다. 또한, 독도의 영유권 귀속 문제가 국제재판소에서 다루어지게 될 경우에도 일본이 이 선례를 근거로 독도의 영유권이 한국에 귀속되지 아니하는 것이라고 합법적으로 정당화할 가능성이 충분히 있다. 한심하게도 이에 대한 당국의 변명은 이러하다.

① 울릉도를 기점으로 한 것은 독도 영유권을 포기한 것이 아니며, 유엔해양법협약에서 섬은 배타적 경제수역을 가지나(제121조 2항), 인간이 거주할 수 없거나 그 자신이 경제활동을 할 수 없는 암석(rocks)은 배타적 경제수역을 갖지 아니한다고 규정하고 있는 바(제121조 제3항), 독도는 배타적 경제수역을 갖지 아니하는 암석으로 인정함이 올바르다는 것이다.

② 독도가 배타적 경제수역을 갖지 아니하는 암석으로 보는 것이 유엔해양법협약의 충실한 해석이고, 또 그러한 입장이 명분과 실리면에서도 유리하다는 것이다.

이 같은 정부의 견해는 한마디로 국익을 팽개친 패배주의적 자기기만이며 우행이었다. 독도는 유엔해양법협약 제121조 해석상의 섬의 제 요건에 부합하며, 실제로 현재 경비요원과 등대지기, 어부 등 30여 명이 상주하고 있는 유인도이고 경제적 활동이 충분히 가능한 섬이므로 암석이 아니라 암도이다. 그리고 독도가 배타적 경제수역을 갖지 아니하는 암석이라고 정당화하려는 것은 언어도단이며 스스로 국권과 공익을 포기하여 상대방을 돕는 것으로서 이적행위나 다름없다. 독도를 포기하면 남해의 배타적 경제수역 획정 시 일본이나 중국이 다수의 무인도를 포기하고 한국에 유리하게 협력할 것이란 어리석은 기대를 했다면 큰 오산이다. 일본은 독도보다 훨씬 적고 멀리 떨어진 많은 섬에 대해 인공적인 설비로 보강하여 영해와 배타적 경제수역을 선포하고 있는 사실을 당국이 부인 외면하고서, 보물섬 독도를 일본에 빼앗겨도 전혀 무관하다는 뜻인지 참으로 통탄스러운 일이다.

현재 섬에 관한 법 조항인 유엔해양법협약 제3조는 애매모호하여 200해리 EEZ 선포 시 세계 각국이 무인고도(無人孤島)나 바위섬을 기선으로 EEZ를 다투어 선포하고 있으나 이를 규제할 길이 없다. 각국은 자국 실리를 내세우고 있으나 관계 당사국 간에 서로 분쟁이 없으면 문제가 안 되는 것이다. 일본의 오키노도리섬이 그 대표적 사례이다. 독도가 우리에게 절대적으로 유리한 여건임에도 불구하고 김대중 정권은 간교한 박춘호의 엉터리 섬 논리에 매료되어 독도를 일본에 양보함으로써 장차 남서해역에서의 이어도 문제 등이 걸린 일본과 중국과의 협정 시에 상대방의 요구를 거부할 수 없는 선례를 남겨 막대한 해저자원을 빼앗기게 되었다.

이 문제와 관련하여 신한일어업협정의 전항에서 언급했듯이 독소 조항인 15조의 엉터리 해석·적용도 큰 문제로 부각되고 있다. 한마디로 당국이 이 조항에 근거하여 독도 주변 12마일 영해가 중간 수역인바 살아있다고 엉터리 주장을 하지만, 일본은 잠정조치수역 내지 공동관리수역으로 못 박고서 기국주의(基國主義) 원칙을 내세워 한국의 연안주의에 의한 배타적 영유권을 부인하고 있으므로, 일본의 위법 어선에 대한 한국 법령 적용 행사가 제한당하는 것이다.

이 근거는 "본 협정이 이띠힌 규정도 이업에 관한 사항 이외의 국제법상 문제에 관한 각 체약국의 입장을 해하는 것으로 간주하지 않는다."라는 제15조의 애매모호한 양가론적(兩價論的) 표현이 이 현령비현령의 아전인수식 해석을 가능하게 하기 때문인 것이다. 한마디로 이는 독도 영유권과 어업 문제의 별도 분리라고 하는 우리의 입장과는 달리 일본에 영유권을 똑같이 주장할 수 있도록 공인한 결과가 되고 말았다. 일본은 한국에 영유권을 주장할 수 있는 증명력 배제 조항이 누락되었음을 위장했던 것이다. 다시 말하자면, 이 조항이 어업권과 영유권은 완전히 분리된다는 명확한 강제조항이 아니란 것을 알고도 한국이 따지지 않도록 미리 침을 놓은 것이나 다름없다.

이와 관련시킬 경우, 현행 남극조약 제4조엔 "… 본 조약 시행 기간 중 남극지역에 있어서 영토적 주권을 새롭게 하거나 기존의 영토적 주장을 확대하기 위한 어떤 주장도 하지 못한다."라고 배제를 위한 증명력을 절대 시현하고 있어, 어느 나라도 남극에서는 영토 취득이 불가능한 것이 현실이다.

우리 당국은 애써 국민을 과도 합리화 설득시키고자 어업권과 영유권은 무관하다고 하지만, 이는 상호 불가분의 관계를 지니는 바늘과 실의 관계나 마찬가지이다. 환경보존, 자원보호, 해운 문제는 어업권과 관련이 있지만, 영유권과도 직결된다. 왜냐하면, 결국 이러한 제반 문제가 배타적·독립적 국가이익 수호에 관련되고 영유권 행사의 일부분이 되기 때문이다. 한일어업협정은 일종의 국제법적·특별법적 성격을 띠므로 이를 우선 적용해야 하고 어업권의 공동행사는 결국 영유권의 공동행사로 응고되기 마련이다. 신한일어업협정은 독도의 주권적 권원(權源) 부인을 자초하게 된 것이다.

어업협정과 관련한 국제사법재판소의 판례 한 가지를 소개한다. 1953년 영국과 프랑스 간 망끼오-에끄레오섬의 영유권 분쟁에 있어서 프랑스가 1939년에 체결된 어업협정에서 이 섬이 공동어로구역에 포함되었는데, 그 이후 영국의 영유권 주장과 행사는 부당하다고 법정에서 주장하였으나, 국제사법재판소는 오히려 영국의 실효지배를 인정하여 승소 판결을 하였다.

같은 맥락에서 일본은 지금 실효지배의 불완전한 허점을 부각 심화시켜 어업협정의 정당성을 전제로 독도를 국제법적으로 자기 영토로 귀속시키려 하고 있다는 것을 유념해야 한다.

(3) 독도의 울릉도 속도(屬島) 개념 상실

신한일어업협정에 따르면 울릉도와 독도 중 독도만이 중간수역 내에 포함되어 있으므로(제9조 제1항) 독도와 울릉도는 국제법상 별개의 도서로 취급되게 되었다. 따라서 울릉도의 영유권이 한국에 귀속되어 있으므로 울릉도의 속도(屬島)인 독도의 영유권도 한국에 귀속된다는 이른바 역사적 사실에 의한 가장 설득력 있는 '속도이론'에 의한 독도 영유권 주장의 근거를 상실하게 되었다.

1951년의 대일강화조약에 일본으로부터 분리되는 한국의 영토가 일본의 대미 로비로 말미암아 제주도, 울릉도, 거문도 등 대표적인 섬만 열거되어 있으나 우리는 독도가 울릉도의 속도이므로 당연히 한국의 부속도서라고 당당하게 주장한다. 이는 신라 시대 이후 고려와 조선 시대까지 한결같이 고문서나 지도 등 자료에 속도로서의 개념이 굳어져 왔으며, SCAPIN 제677호와 제1033호는 물론 평화선 설정 때에도 독도를 속도로 인정하여 직선을 그으면서 동쪽으로 독도를 포함시켜 볼록하게 도시한 것을 볼 수 있다.

일본은 한국의 독립을 승인하고 제주도, 거문도 및 울릉도를 포함하는(including the Island of Quelpart Post Hamilton and Degalet) 한국에 대한 모든 권리 · 권원 및 청구권을 포기한다(제2조 a항)는 연합국의 대일평화조약 제2조에도 독도란 별도 언급이 없지만, 당연히 한반도 주변 2,800여 개의 많은 섬 중에 비교적 본토로부터 멀리 떨어져 있고 과거에 연합국 측이 일시 점령했던 섬 3곳만 언급했지만, 독도의 울릉도 속도 개념은 확고부동하여 이를 일본의 영유권 주장에 맞서는 효과적인 대항무기 체계로 사용해 왔다.

그러나 8 · 15와 더불어 독도는 울릉도의 속도이므로 울릉도와 함께 일본으로부터 분리된 한국의 영토라는 우리의 정당한 논거는 신한일어업협정 발효 이후에는 더 이상 주장하기 어렵게 되었다. 뿐만 아니라 〈삼국사기〉의 신라 지증왕 13년(512년)에 이사부가 우산국을 정복하여 신라에 복속되었다는 우산국 영토 신라 편입설도 사실상 깨지게 된다. 그리고 조선 중종(1531년) 때 편찬된 〈신동국여지승람〉 강원도 울진현조(권45)에 "우산과 울릉은 본래 한 섬이라고 한다"는 기록에 의해 인정된 역사적 사실을 부정하는 결과도 초래된다는 사실을 김대중 정부는 알기나 했는가? 불행하게도 이에 대한 당국의 해명이나 변명은 한마디도 없이 꿀 먹은 벙어리이다.

(4) 유명무실한 대응책

신한일어업협정은 "이 협정은 발효하는 날로부터 3년간 효력을 가지며, 그 이후에는 어느 일방 체약국도 이 협정을 종료시킬 의사를 타방 체약국에 서면으로 통고할 수 있다"고 규정하고 있으며(제16조 제2항 전단), 또한 "이 협정은 그러한 종료통고가 있는 날로부터 6월 후에 종료하며, 그렇게 종료하지 아니하는 한 계속 효력을 가진다"고 규정하고 있다. 벌써 14년이 되었으니, 평화선이 유지된 기간보다 더 오래 독도 영유권 절반을 잃은 기간이 지속되고 있어, 일본의 독도 영유권 주장이 '금반언의 원칙'에 의해 유리하게 응고되어 가고 있음이 틀림없다.

한국의 독도 영유권 귀속에 의문을 갖게 하는 제 조항에 대한 우리 정부의 위에 설명한 견해를 보강할 수 있는 법 이론을 속히 개발·정립해야 한다.

독도가 "인간이 거주할 수 없거나 독자적 경제활동을 유지할 수 없는 암석"이 아닌 배타적 경제수역을 가질 수 있는 섬(島)의 지위를 갖게 되는지에 관해 전문가와 학자의 의견을 충분히 수렴한 후, 독도가 배타적 경제수역을 가질 수 있는 유리한 조건을 갖도록 유인도화(有人島化)를 촉진하면서 실효지배를 한층 강화하는 것이 시급하다. 이는 국가이익과 국가안보를 위한 당연지사다.

한국 정부와 국민 모두는 독도가 이제 단순한 섬의 영유권 문제만이 아니라 한민족의 자존심 문제로 전환되었음을 정확히 인식하고, 독도에 대한 주권과 함께 민족의 자긍심과 국익이 더 이상 훼손당하지 않도록 역사적 · 법적 · 국제적 명분과 자료를 철저히 준비하고 일본의 국제법적 · 국제정치적 독도 침탈 야욕을 적극적으로 대처할 필요가 절실하게 요청되고 있다. 그러나 이 화급한 대응책이 낮잠 자고 있다.

지난날 이승만 대통령은 전쟁 중에 샌프란시스코 강화조약 체결 과정에서 참전국으로서 참여하려고 애를 썼으나 국력의 열세로 무위가 되어 조약 초안 최종 작성 때 일본의 로비에 의한 독도의 한국영토배제 책동을 저지하지 못했으나, 평화선 설정으로 맞서 일본의 독도 접근을 원천 봉쇄했으며, 박정희 정권은 한일 국교 정상화 교섭 과정에서 독도 문제의 양국 간 조정해결 원칙을 고수함으로써 사실상 일본의 분쟁화와 국제사법재판소 회부 의도를 차단했던 것이다.

그러나 김대중 정권은 굴욕적인 신한일어업협정 체결로 독도의 배타적 영유권을 결정적으로 훼손하여 일본과 한국이 대등하게 국제법적으로 독도 영유권 주장이 가능하도록 일본의 위상을 격상시켜 주었다.

신한일어업협정을 1999년 이래 이대로 응고시킬 경우, 장차 타율적으로 국제사법재판소에 회부되는 사태가 초래될 때에는 결정적인 불이익의 판결을 감수해야 하는 것이 명약관화한 데도, 2012년의 대선 후보자 어느 누구도 이 문제를 입 밖에 꺼내지도 않았으니 통탄스러울 따름이다.

9

2012년~현재 :
일본의 독도 침탈 야욕 발현과 분쟁 지역화로
국제사법재판소 회부 강요

　1999년의 신한일어업협정 체결로 독도 영유권 주장을 합법화할 수 있는 명분과 실리를 챙긴 나머지, 일본 정부가 2000년대부터 독도 영유권을 강화하는 내용의 교과서 검정 결과를 내놓은 것은 궁극적으로는 독도를 '분쟁지역화'하겠다는 독도 침탈 4단계 전략의 일환으로서 그 저의가 숨어 있는 것이다. 이미 체결된 불평등하고 굴욕적인 한일어업협정으로 인하여 한국이 문제를 제기하고 있다(노무현 대통령이 정권 말기에 독도 문제의 심각한 국내 반론을 의식하여 선언적인 효과에 불과하지만, EEZ 최종 획정 시엔 울릉도를 기점으로 한다는 선언을 한 바 있음). 일본은 한일 간에 불화와 갈등이 조성되고 있음을 기화로 더욱 강력한 독도 영유권 주장을 내세워 현 분쟁 상황을 국제사회에 부각시켜 국제사법재판소(ICJ)로 가려는 속셈인 것이다.

　물론 한국의 실효적 지배 현실을 일거에 무효화하기는 어려운 만큼 분쟁 강도를 상승시키면서 그 누적적 효과를 통해 현상 타파를 꾀하려는 것이 1차 목표이다. 일본 당국은 2012년 8월 10일의 이명박 대통령의 독도 방문을 "한국 대통령 시마네현 상륙"이라고 폄하하고, 일본 천황 방한은 독립운동가에 대한 사죄가 선행되어야 한다는 우리 대통령 발언을 "예의를 잃은 짓"이라고 격렬하게 반발하면서, 주한 일본대사를 소환하고 독도 문제를 국제사법재판소에 회부한다고 큰소리쳤다. 그 다음 날 일본이 실효지배하고 있는 센가쿠열도에 중국 국기를 든 민간인 14명이 상륙하여 소란을 피우다 일본 경찰에 체포되었으나, 전원 국외추방 형식으로 안전하게 석방하였으니, 강자에게는 굴종하고 약자에게는 무자비한 횡포를 자행하는 일본의 섬나라 근성이 재현되고 있는 것이다.

일본 정부의 한국에 대한 강경한 자세의 배경에는 2011년 중국·러시아와의 영토분쟁을 겪으면서 더 이상 밀리지 않겠다는 정치적 판단도 깔려 있는 것으로 보인다. 2011년 9월 센카쿠열도 중·일 선박충돌 사건과 11월 러시아 메드베데프 대통령의 쿠릴열도 방문 등 일련의 사태에 대한 반작용으로 독도 문제에 대한 입장을 강화한 것은 국내정치용임이 틀림없다.

하지만 '독도 교과서' 문제는 이런 외적 조건보다는 일본 정부가 장기간에 걸쳐 기획해 온 '국가주의적 교육개편'의 결과물로 보는 것이 타당하다. 그 좌표격인 교육기본법은 2006년 자민당 아베 신조 총리 당시 개정됐다. 개정법은 교육목표를 "전통과 문화를 존중하고 그것을 길러온 나라와 향토를 사랑함과 동시에 다른 나라를 존중하는 태도를 기름"이라고 규정하는 등 국가주의 색채를 강하게 띠고 있다.

2009년 8월 집권한 민주당 정권은 역사 문제 등에 대해서는 유연한 태도를 보였지만, 영토 문제에서만큼은 자민당에 못지않은 강경태도를 보이고 있음도 같은 맥락이다. 실제로 문부과학성은 2011년 3월 초등학교 5학년 사회 교과서 검정 과정에서 지도상의 독도와 울릉도 사이에 일본의 국경선을 넣도록 수정지시를 내린 바 있다. 지난해 작성된 방위백서도 "우리나라 고유 영토인 북방영토와 다케시마의 영토 문제가 여전히 미해결 상태로 존재하고 있다"며 영유권 주장을 되풀이하여 강조 기술했다. 이는 다분히 신한일어업협정의 파급효과가 아닌가 한다.

일각에선 2011년 후쿠시마 대지진·해일 사태 이후 경황이 없는 상황을 감안하면, 일본 정부의 의중이 주도면밀하게 관철됐다고 보기 어렵다는 분석도 나온다. '문부행정 매뉴얼'에 의해 정해진 일정을 정치적 검토 없이 이행했다는 시각이다. 일본 정부는 이 검정이 1년 전 고시된 일정이고 민간인 교과서검정심의회가 결정하기 때문에 정부의 개입 여지가 없다는 해명을 우리 정부에 전한 것으로 알려졌다.

한국 내에서는 독도 문제를 국제사법재판소로 가져갈 경우 우리에게 매우 불리할 것으로 생각하고 있다. 반면 일본은 자신들이 국제사법재판소행을 제안했으나 한국이 응하지 않고 있어 선언적 효과 이상은 별로 소득이 없다. 실제로 1965년 한일 수교 이전까지 일본은 매년 "한국이 독도를 불법으로 점거하고 있다"는 내용의 항의를 보냈으나, 한일기본조약 체결 이후 몇 년간은 항의서를 보내지 않았다. 이는 그동안 평화선이 응고되어 온 효과도 작용했을 것이다. 그러다가 1970년대 이후 야당의 공세에 밀려, 특히 1970년대 후반부터 200해리 EEZ 시대가 시작돼 독도의 경제적 가치가 커지면서 다시 일본의 돈벌레 같은 근성이 나타나 독도의 경제적 가치를 전제로 한 영유권 주장을 강화하고 나선 것이다.

그리고 이와 관련하여 우리의 미흡한 독도에 대한 전략적 커뮤니케이션 실태를 지적하지 않을 수 없다. 현재 외교부를 비롯해 동북아역사재단과 같은 공신력 있는 사이트에 독도 영유권에 관한 한국의 구체적 논거들을 계속 갱신하여 올려야 한다. 그리고 필요한 부분은 적극적으로 홍보를 해야 한다. 현재 독도 문제에 관한 양국의 공식 인터넷 웹사이트를 비교해 보면 일본 측의 근거와 논리가 한국 측에 비해 훨씬 치밀하고 공세적이다. 우리는 민간학자들의 성과나 동북아역사재단의 건의를 정부가 시의적절하게 국내외 홍보 및 교육정책으로 반영 시행하지 않고 동의 반복적인 기존 논리의 현상유지에 급급하고 있을 뿐이다.

예를 들자면, 일본은 자국에 불리한 사항 중 「태정관 지령문」과 시마네현 편입(일제 침략 행위) 등 2개 항에 대해서만 침묵을 지키고 있는 반면, 한국은 '러스크 서한'이라든가 '국제사법재판소 회부 문제', '밴 플리트 귀국보고서', '샌프란시스코 강화조약' 등에 대해 무대응이나 수동적 소극 대응으로 외면하고 있으나, 일본은 새로운 논리를 개발하여 전 세계 매스컴에 적극 전파하고 있다.

이런 상황이라면 세계인의 눈에 한국이 밀리는 것으로 보일 수밖에 없다. 실제로 냉정하게 말해 한국 측 논리보다 일본 측 논리를 받아들이는 세계인들이 훨씬 많다는 현실이다. 우리는 한국 측 논리가 일본 측 논리보다 더 세계적으로 인정받을 수 있게 최선의 노력을 다해야 한다. 일본처럼 독도 문제 전담기구가 속히 헌법기관이나 중앙부처의 특별기관으로 편성, 설치 가동되어야 할 것이고, 국제법 전문가를 여기에 배치하여 독도 문제(일본 측 주장과 판례 등)를 정부 차원에서 집중 연구 분석 홍보토록 해야 한다. 동북아역사재단 같은 반관반민 기구로써는 무력하다. 국제사법재판소 회부 문제도 사전 준비를 완벽하게 갖추어야 한다.

국제사법재판소(International Court of Justice)는 상설 국제

법원으로서 국제연합 헌장에 근거하여 1946년에 설립된 국제연합 자체의 사법 기관이며, 6개 주요 기관 중의 하나이다. 재판소는 네덜란드 헤이그의 평화궁에 소재한다. 분쟁 당사국들이 합의하여 재판소에 부탁하여야 관할권을 행사할 수 있으며, 분쟁을 국제법에 따라 재판하는 것을 임무로 한다. 국제연합 총회 또는 안전보장이사회는 법적 문제에 대해 재판소에 유권 해석을 내려줄 것을 요청할 수 있다.

재판소는 국적에 관계없이 덕망이 높은 자로서 각 국가에서 최고 법관으로 임명될 자격이 있거나 국제법에 권위 있는 법률가 중에서 선출되는 독립적인 재판관으로 구성된다. 재판관은 15인이며, 2인 이상이 동일 국가의 국민이어서는 안 된다. 재판관의 임기는 9년이며 재선될 수 있다. 3년마다 5명씩 개선하며, 임기가 종료된 경우에도 후임자가 충원될 때까지 계속 직무를 수행한다. 충원 후에도 착수한 사건은 완결지어야 한다. 임기가 종료되지 않은 재판관의 후임으로 선출된 재판관은 전임자의 잔여 임기 동안만 재직한다. 재판소는 임기 3년의 소장 및 부소장을 선출하며 재선될 수 있다.

재판관은 상설중재재판소의 국별 재판관이 지명한 자를 대상으로 국제연합 총회와 안전보장이사회에서 각각 독자적으로 선출하며 절대 다수표를 얻은 후보자가 당선된다. 안전보장이사회에서의 재판관 선출 과정에서 상임이사국의 거부권은 인정되지 않는다. 국제연합 회원국이 아니라도 재판소 규정 당사국은 총회에 참석하여 재판관을 선출할 수 있다. 재판소 규정에 달리 명문의 규정이 있는 경우를 제외하고는 원칙적으로 재판관 15인 전원이 출석하는 전원재판부에서 재판을 행하며, 전원재판부의 최소 정족수는 9인이다.

판결은 출석한 재판관의 과반수에 의하며, 가부동수인 경우에는 소장 또는 소장을 대리하는 재판관이 결정 투표권을 행사한다. 분쟁 당사국의 국적을 가진 재판관이라도 특별한 기피 사유가 없는 한 재판에 참여할 수 있다. 이와 같은 국적재판관(national judge)은 자국 정부가 제기한 소송에서 심리에 참여할 권리를 보장받고 있다. 국적재판관이 없는 경우 당사국은 당해 사건에 한하여 1명의 임시재판관(ad hoc judge)을 임명할 수 있다. 이때 분쟁 당사국의 국민을 선정해야만 하는 것은 아니고 제3국인을 선정할 수도 있다.

제 3 부
일본의 독도 영유권 주장 궤변 반박

최근 일본이 단골 메뉴로 내놓은 것이 「다케시마 문제 이해의 10 포인트」란 소책자이다. 이 책자는 10개 국어로 번역되어 전 세계에 무차별적으로 대량 배포되어 있고, 일본 외무성 홈페이지에 공시되어 있다. 그 주제는 다음과 같다.

(1) 일본은 옛날부터 독도의 존재를 인식하고 있었다.

(2) 한국이 옛날부터 독도를 인식하고 있었다는 근거는 없다.

(3) 일본은 17세기 중엽에 독도의 영유권을 확립했다.

(4) 일본은 17세기 말 울릉도 도해를 금지했지만, 독도 도해는 금지하지 않았다.

(5) 안용복의 진술은 신빙성이 없다.

(6) 1905년 시마네현의 독도 편입은 영유 의사의 재확인이었다.

(7) 샌프란시스코 강화조약 작성 과정에서 미국은 독도가 일본의 관할 하에 있다는 의견을 냈다.

(8) 주일미군이 독도를 폭격훈련 구역으로 지정했던 것은 일본의 독도 영유권을 인정한 증거이다.

(9) 한국은 현재 독도를 불법으로 점거하고 있다.

(10) 일본은 독도 영유권 문제를 국제사법재판소를 통해 해결하자고 제안했으나 한국이 이를 거부하고 있다.

이상의 10가지 일본이 금과옥조로 내세우고 있는 영유권 주장의 궤변을 한국의 독도 연구 및 교육 전담 정부출연 민간기구인 '재단법인 동북아역사재단'에서는 최근 「일본이 모르는 10가지 진실」이란 제하에 다음과 같이 반박하는 내용으로 '일본의 주장은 이래서 거짓이다'란 제목으로 그들의 10포인트 주장을 조목조목 부인 논증하고, 이를 일본어로 작성하여 일본 전역에다 배포하기도 했다. 그러면 먼저 동북아역사재단에서 발간한 책자의 반박 내용을 그대로 전문을 반복하여 제시한 다음, 저자의 견해를 적절하게 여기에 가필 보완하기로 한다.

1 "일본은 옛날부터 독도의 존재를 인식하고 있었다"

"나카쿠보 세키스이(長久保赤水)의 「개정 일본여지노정전도」(18 46년 판) 등 일본의 각종 지도와 문헌을 통해 일본의 독도 존재를 인 식하고 있었다는 사실을 확인할 수 있다."

일본의 주장은 이래서 거짓이고 모순당착(矛盾撞着)이다.

한국은 일본보다 1천여 년 먼저 독도를 정복하여 고유 영토로 만 들었다.

일본 정부는 1846년 판 「개정 일본여지노정전도」를 일본이 자신 들의 영토로 인식했다는 근거로 내세우고 있다. 그러나 1779년 초 판을 비롯한 정식 판본에는 울릉도와 독도가 일본 경위도선 밖에 그 려져 있다. 이는 관찬(官撰)이 아니고 사찬(私撰) 지도에 불과하여 공신력이 없는 것이다. 또한, 일본의 서북쪽 경계를 오키섬이라고 한 〈은주시청합기〉(1667년)의 문구도 기록돼 있다. 즉 울릉도에서 고려를 바라보는 것은 운슈(현재의 시마네현)에서 인슈(현재의 오키 섬)를 바라보는 것과 같다는 표현이 되어 있는 것이다. 이것은 독도 를 일본의 영토로 인식하지 않고 있었다는 것을 의미한다.

그리고 이노 다다타카(伊能忠敬)의 「대일본연해여진전도」(1821 년)를 비롯한 일본의 관찬 고지도들은 울릉도와 독도를 일본의 영토로 표현하지 않았다. 오히려 1876년 일본 육군 참모국이 발행한 「조선전도」는 물론 일본 해군성의 「조선동해안도」(1876년)에도 독도를 조선 소속으로 명기하고 울릉도와 함께 조선 영토에 포함시켰다.

일본의 공식문서에도 1905년 일본이 독도를 불법으로 편입하기 전까지는 독도를 일본 영토로 인식하지 않았다는 사실이 명백하게 드러나 있다. 일본 외무성 관리(사다 하쿠보, 모리야마 시게루, 시이토 사카에)가 조선의 사정을 조사한 후 제출한 보고서 〈조선국교제시말내탐서〉(1870년 4월)는 '죽도(울릉도)와 송도(독도)가 조선의 부속이 된 경위'라는 제목으로 울릉도와 독도에 관한 내용을 기록하고 있다. 이는 독도를 일본의 영토가 아닌 조선의 영토로 인식했음을 보여준다. 붓글씨의 초서로 쓴 내용이라 해독하기 어려운데 이를 전문가가 번역한 것이 다음과 같다.

송도는 죽도 옆에 있는 섬이다(이 당시 일본은 울릉도를 죽도, 독도를 송도라 불렀음). 송도에 관해서는 지금까지 기록된 바가 없으나, 죽도에 관한 기록은 원록연간(元錄年間)에 주고받은 서한이 있다. 원록연간 이후 한동안 조선이 사람을 파견해 거류하게 했으나 이제는 이전처럼 무인도가 됐다. 대나무와 대나무보다 두꺼운 갈대가 자라고 인삼도 저절로 나며 그 외 어획도 어느 정도 된다고 들었다. 이상은 조선의 사정을 현지에서 정찰한 내용으로 그 대략적인 것은 기록한 대로다. 일단 귀국해서 사안별로 서류, 그림, 도면 등을 첨부해 보고하겠다. 이상.

1877년 당시 일본의 최고 권력기관이었던 태정관은 울릉도와 독도를 시마네현의 지적(地籍)에 포함시킬지 여부를 질의한 내무성에 대해 17세기 말에 에도(江戸) 막부가 내린 울릉도 도해(渡海) 금지 조치 등을 근거로 "죽도(竹島) 외 1도(一島 : 하나의 섬)는 일본 영토와는 관계가 없음을 명심하라"는 지령을 내렸다. 일본은 이 지령에 나오는 1도는 독도가 아니라 울릉도 인근의 한 섬이라고 주장하지만, 시마네현이 내무성에 제출한 「기죽도약도(磯竹島略圖)」를 보면 이 1도가 송도, 즉 독도라는 사실이 명백하다. 여기에 도시한 글에 죽도(울릉도)와 거리를 두고 송도(독도)를 그려 놓고는 "일일기죽도(一日磯竹島)"라고 쓴 것은 울릉도와 독도가 당시 하루 뱃길이란 뜻이며, 일본 전역은 채색을 했으나 울릉도와 독도는 자국 영역이 아니므로 색깔이 없는 것은 물론이고, "기죽도(울릉도)에서 조선을 바라보면 서북에 해당되며 해상으로 50리 정도이고, 송도(독도)에서 기죽도(울릉도)까지는 서북쪽 40리 정도이며, 오키섬에서 송도까지는 서북쪽 80리 정도"라고 써놓은 것 역시 상관 거리와 방향을 봐 일본 영토로 인식하지 않고 있음을 입증한다.

뿐만 아니라 일본 해군성이 1876년에 발간한 「조선동해안도」와 같은 관찬 지도들은 오히려 독도를 한국의 영토로 도시해 놓고 있다. 설상가상으로 일본이 독도에 대한 인식을 제대로 하지 못한 증거는 1696년 도쿠가와(德川) 막부 정권이 일본 어민들의 울릉도 도해를 금지한 이후, 두 섬에 대한 인식이 흐려져 독도를 송도, 리앙쿠르 암, 죽도 등으로 혼동 호칭하고 있었던 자체가 독도의 지리적 위치나 존재 자체를 잘 모르고 구전으로 알고 있었던 정도라 할 수 있다. 일본의 독도 인식은 겨우 17세기 말 정도이나, 우리는 5세기 초 신라 시대(417년)에 이미 우산국을 정벌하여 영토로 복속시킨 역사적 사실이 국가 차원의 문서인 〈삼국사기〉, 〈고려사〉, 〈세종실록〉 등에 분명하게 나와 있다.

2

"한국이 옛날부터 독도를 인식하고 있었다는 근거는 없다"

"한국은 우산도가 독도라고 주장하고 있으나, 우산도는 울릉도와 같은 섬이거나 실제로는 존재하지 않는 섬이다."

일본의 주장은 이래서 거짓이고 아전인수이다.

한국의 명백한 독도 인식은 고문헌과 고지도가 증명하고 있다.

독도는 맑은 날이면 울릉도에서 육안으로 볼 수 있다. 이러한 지리적 특성(독도와 울릉도는 47해리이나 일본 오키섬과 독도는 85해리나 됨)으로 봐 일본보다는 한국이 훨씬 접근성이 용이하고, 역사적 사실로 봐서라도 우리는 5세기부터 독도를 영토의 일부로 차지해 왔는데 반하여, 일본은 17세기에 조선의 공도 기간 중에 비로소 독도에 불법 침입하여 노략질을 한 것이다. 특히 〈세종실록 지리지〉(1454년)는 "우산(독도)과 무릉(울릉도) 두 섬이 현의 정동쪽 바다에 있다. 두 섬이 서로 거리가 멀지 않아 날씨가 맑으면 바라볼 수 있다. 신라 때에는 우산국이라 칭했는데, 울릉도라고도 한다."고 기록해 울릉도에서 독도가 보인다는 사실과 우산도가 우산국의 소속이었음을 밝히 말해 주고 있다.

우산도가 독도라는 기록은 〈신증동국여지승람〉(1531년), 〈동국문헌비고〉(1770년), 〈만기요람〉(1808년), 〈증보문헌비고〉(1908년) 등 한국의 많은 관찬 사료에서도 찾아볼 수 있다. 특히 〈동국문헌비고〉, 〈여지고〉 등의 "울릉과 우산은 모두 우산국의 땅이며, 우산은 일본이 말하는 송도(松島)다"란 기술을 보면 우산도가 울릉도의 속도인 독도임은 자명하다.

그런데 〈신증동국여지승람〉에 첨부된 「팔도총람」이란 지도에 보면 동해에 울릉도와 우산도의 두 섬을 대등한 크기로 서로 위치가 바뀐 그림으로 표시되어 있는데, 이를 보고 일본은 엉터리라거나 가짜라고 생트집을 잡지만, 그 당시의 과학기술 수준으로 봐 두 섬을 인식했다는 것이 중요하지 섬의 크기나 위치는 차이가 날 수도 있는 것이다. 그렇다고 해서 일본이 억지 쓰듯 한국은 예부터 독도를 인식하지도 못했다고 하는 주장은 언어도단이고 어불성설이다. 지금 울릉도 박물관과 서울의 독도체험관에 이 지도가 걸려 있으나, 이는 일본에 공격의 빌미를 제공하는 자료가 될 것이므로, 게시하지 말고 학술적 논증에만 사용토록 보관해 두는 것이 좋을 것이다. 그러나 동국지도 등 18세기 이후의 지도는 모두 우산도를 동쪽에 그리는 등 독도의 위치와 형태도 점차 정확해지고 있음을 본다.

그리고 2005년 일본의 오키섬에서 발견된 안용복 관련 조사보고서인 「원록 병자년 조선주착안일권지각서」란 제목의 자료에 보면, 안용복이 2차 도일(1669년) 당시 휴대한 지도에 울릉도와 독도를 조선의 강원도에 부속된 섬으로 명기하고 있음을 이 문서에서 확인할 수 있다(朝鮮之八道 …… 江原道 此道中 竹島 松島 有之…). 일본이 어느 날 갑자기 독도를 죽도로, 울릉도를 송도로 바꿔 이름을 달아 죽도를 자기 영토라고 우기는 것은, 중국 고사에 나오는 사슴을 말이라 칭하고(指鹿爲馬) 까치를 까마귀라고 속여 부르는(鵲胃之烏) 짓이나 무엇이 다른가?

3

"일본은 17세기 중엽에 독도 영유권을 확립했다"

"에도(江戶) 시대 초기(1618년), 돗토리번(鳥取藩)의 요나코 주민 오타니(大谷), 무라카와(村川) 두 가문은 막부로부터 울릉도 도해(渡海) 면허를 받아 울릉도에서 독점적으로 어업을 하며 전복을 막부에 헌상했다. 독도는 울릉도로 가는 길목에 있어 항해의 목표나 도중의 정박장으로, 또는 가지어나 전복 포획의 좋은 어장으로 자연스럽게 이용됐다. 이렇듯 일본은 늦어도 17세기 중엽에는 독도의 영유권을 확립했다."

일본의 주장은 이래서 거짓이고, 적반하장이다.

그 당시에 일본 막부와 돗토리번은 울릉도와 독도를 한국 땅으로 인식하고 있었다!

도해면허는 자국 섬으로 도해하는 데는 불필요한 문서이므로 오히려 일본이 울릉도, 독도를 일본의 영토로 인식하지 않고 있었다는 사실을 반증하고 자인하는 것이다. 도쿠가와 막부가 공도정책 기간인 1618년과 1661년에 죽도 도해면허와 송도 도해면허를 오타니와 무라카와 두 가문에 특별히 발급해 주었다. 이는 쇄국정책 아래 외국 국경선을 월경 도해하여 고기잡이를 해도 처벌하지 않는다는 허가장으로서, 당연히 송도가 죽도와 같이 외국인 조선령임을 인식했던 증거인 것이다. 자국 영토라면 어업허가증이면 족하지 왜 도해면허가 필요한가?

17세기 중엽의 일본 문헌인 〈은주시청합기〉(隱州視聽合記：1667년, 국립중앙도서관 소장 중)에는 일본의 서북쪽 한계를 오키섬으로 한다고 기록되어 있다. 이는 당시 일본이 울릉도를 자국의 영토로 여기지 않았음을 뜻하는 증거이다.

또한, 안용복 도일 사건으로 조선과 일본 양구 간에 영토 문제기 대두되자 에도 막부는 돗토리번에 "죽도(울릉도) 외에 돗토리번에 소속된 섬이 있는가"라고 질의서를 보냈을 때, 돗토리번은 중앙정부에 "죽도(울릉도)와 송도(독도)는 물론 그 밖에 소속된 섬은 없다"고 1695년의 답변서에 명백히 밝히는 다음과 같은 내용의 6개 항으로 된 붓으로 쓴 한문 초서의 답변서가 지금 일본에 보관되어 있는데, 약간 난해하여 곡해할 소지가 있으나 그 공인된 해석은 아래와 같다.

"죽도(이나바)는 이나바와 호키(돗토리번) 소속이 아닙니다. 호키국 요나코의 상인 오타니 규에몬과 무라카와 이치베리라는 자가 도해하여 어업을 하는 것을 마쓰다이라 신타로가 다스리고 있을 때, 봉서를 통해 허가받았다고 들었습니다. 그 이전에도 도해한 적이 있다고 듣기는 했으나 그 일은 잘 모릅니다. … 죽도와 송도는 물론 그 외 양국(이나바와 호키)에 부속된 섬은 없습니다. 이상"

이러한 조사 결과를 토대로 에도 막부는 1696년 1월에 일본인들의 울릉도 방면 도해를 금지하는 도해금지령을 내렸는데, 지금 일본은 울릉도에 대한 금지령은 내렸지만 독도는 여기에 포함되지 않았다는 궁색한 변명을 하면서 이때부터 독도가 일본의 영토화되고 있는 것이라고 주장한다.

일본 측 자료인 〈조선통교대기〉(朝鮮通交大記) 제2권에 따르면 1696년에 도쿠가와 막부의 관백이 고시한 공문서의 내용이 다음과 같음을 주목할 필요가 있다.

① 죽도를 인번주(因幡州)에 속하게 할 수 있다고 하지만, 원래 요나코의 어민이 그 섬에 가서 고기잡이를 하겠다고 출원하여 허가를 내 준 것에 불과하다.

② 죽도의 지리를 보면 인번주로부터 160리, 조선과는 40리인 바, 조선 영토임이 의문의 여지가 없다. 죽도지내송도(竹島之內松島)도 조선 영토임이 명백하다.

③ 당초에 죽도를 조선으로부터 빼앗은 것이 아니니, 지금 이 섬을 돌려준다는 말을 할 수 없다. 일본인들이 이 섬에 건너가 더 이상 고기잡이하는 것을 금지한다. 단지 쓸모없는 작은 섬을 가지고 이웃 나라와 우호를 잃는 것은 좋은 계책이 아니다.

그리고 이보다 앞서 1695년에 나온 〈기죽도사략〉(磯竹島事略)에 보면, "울릉도와 독도는 돗토리번 땅이 아니고, 그 외의 돗토리번에 속하는 섬은 없다"고 에도 막부의 질의에 돗토리번에서 정식으로 답변을 제출한 기록이 있다.

남의 나라 섬에 가서 어로작업을 하도록 특정 어민에게 선심을 쓴 국제적으로 불법인 도해허가를 해준 사실을 두고 일본이 영유권을 확립했다는 소리는 언어도단이고 어불성설이다. 또 그것을 조선 조정의 항의를 받고는 취소한 난센스는 무엇인가? 이로써 독도가 조선 영토였고 울릉도의 부속도서였음이 일본 스스로가 입증 시인한 명백한 역사적 사실로 확인되었는 데도, 지금 오리발을 내밀고서 일본 정부가 엄연한 조선 섬을 무주지 선점에 의한 고유 영토론으로 과도 합리화하고 지난날의 중앙정부인 막부의 문서로 봐 허위 날조임이 명명백백한 데도 집단의식에 함몰된 일본 국민 다수가 부끄럽게도 이에 과잉 동조하고 있는 것이다.

그 후 일본의 에도 시대의 메이지 정부가 1870년에 외무성과 내무성에 내린 「조선국교제시말내탐서」(朝鮮國交際始末內探書)란 공문을 보면, 울릉도와 독도의 위치를 정부 당국이 조사한 결과를 시달하면서 독도와 울릉도가 일본 영토가 아님을 확인하고 있으며, 1877년에는 내무성이 시마네현에서 독도와 울릉도의 소속을 질의한 공문의 답변서에서 "울릉도와 독도는 일본과 관계가 없음을 명심하라"는 지령이 하달되기도 했다. 이 문서의 부도에는 두 섬의 위치가 명시되고 한국령임을 정확하게 도시해 놓고 있다.

4

"일본은 17세기 말 울릉도를 도해 금지했지만, 독도는 일본 영토이기에 도해 금지하지 않았다"

"1696년 막부는 울릉도가 조선 땅이라고 판단해 울릉도 도해를 금지했지만, 독도 도해를 금지하지는 않았다. 이는 당시 일본이 독도를 일본의 영토로 생각했기 때문이다."

일본의 주장은 이래서 거짓이고 어불성설이다.

독도는 역사·지리적으로 울릉도의 조선의 부속도서였으므로 일본이 자기 영토임을 전제로 도해허가와 도해금지 조치를 내릴 때, 두 섬을 각각 언급할 필요가 없는 것은 자명하다.

오늘날 한국과 일본 두 나라에서 발굴되고 있는 고문헌과 고지도 등 자료들은 모두 독도가 한국 영토임을 입증하는 것들이고, 이들 자료는 한국 것은 관찬 자료가 대부분이지만, 일본 것은 사찬 자료나 개인의 기록물이다. 또한, 일본은 자기들의 거짓 주장이 탄로 날까 봐 불리한 자료는 절대 공개하지 않으며, 심지어 양심적인 일본 학자들의 증언에 따라 일부 성실한 국회의원이 "독도가 일본 고유의 영토"란 주장에 대한 허구성을 정부에 지적하여 질문을 하면, 아직 조사 중이라고만 하고 더 이상 답변을 회피하고 있다는 것이다.

이에 대하여 세종대학교 교수이며 귀화한 일본인 호사카 유지 박사가 그의 저서인 〈대한민국 독도〉에서 구체적으로 밝히고 있다. 일본의 시마네대학 원로교수인 나이토우 세이추(內藤正中) 박사는 생존 시에 〈독도문제입문〉이란 저서에서 죽도가 역사적으로 국제법적으로 일본 고유의 영토라는 주장에 근본적인 의문을 제기하는 저서를 한일 양국어로 최근에 번역 출간하였는데, 특히 새로이 발견된 돗토리현의 고문서를 통하여 일본 정부의 안용복 언행 자체를 부정 부인하는 공식 입장에 대하여 날카롭게 비판하고 있음을 본다.

뿐만 아니라 1693년 안용복이 1차 도일 때 울릉도와 우산도(독도)가 조선 영토임을 강력하게 주장함으로써 막부에서 이를 시인하는 서계를 작성 전달한 바 있으며, 제2차 도일(1696년) 때는 독도가 울릉도의 속도로서 강원도에 속함을 도시한 지도를 제시하고 당당하게 일본 당국자를 설득하였으며, 울릉도와 독도의 남벌과 불법 남획을 규탄한 나머지 같은 해에 도쿠가와 막부가 일본 어부의 출어를 금지시켰다. 독도가 울릉도의 속도임은 당시 일본의 공문서를 보면 "죽도 외 1도"라고 표현하고 있는 것이 일본 스스로가 시인하고 있다는 단적인 사례이다.

그 훨씬 후인 1875년, 1878년, 1904년, 그리고 1933년에 일본 육군과 해군이 제작한 조사보고와 수로지 등에서 울릉도와 독도를 나란히 그리고 한국령으로 도시하고(일본 영토와 다른 색깔로 채색) 있음에 대하여는, 일본은 편찬자의 불찰이었다고 오리발을 내밀고 있는 것이다. 특히 주목할 것은 1904년 11월(독도 편입 직후) 일본 군함 대마도호가 울릉도와 독도를 조사하고 난 뒤 귀국보고서에 "울릉도의 다수 주민이 매년 하절기에 독도에 상륙하여 그 섬 근방에서 어로에 종사하고 있음"이란 내용을 봐도 독도가 울릉도의 속도임은 의심의 여지가 없다.

이보다 더욱 확실한 것은 512년에 신라가 우산국(울릉도와 독도)

을 정벌하여 복속시킴으로써 합법적인 영토가 된 이후 고려와 조선 시대에는 독도와 울릉도 일대를 우산국, 삼봉도, 가지도 등으로 통합 호칭 관리해 왔으며, 〈세종실록〉과 〈동국여지승람〉에는 독도가 강원도 울진현에 소속된 속도임을 명기하고 있는 것이다. 그러나 일본은 우산도와 독도가 동일 섬이라고 우기면서 우리의 역대 왕조가 최고의 석학들을 동원하여 집대성한 실록까지도 사실 기록이 아니라 정치적 기록이라고 폄하하는 교만함을 표출하고 있다. 1928년의 국제사법재판소 판례에 따르면 정부문서와 공공기록이 가장 큰 증거력을 갖는다고 판시하고 있다.

일본은 3차에 걸쳐(1796, 1870, 1877년) 독도가 조선 영토임을 중앙정부가 공문으로 입증 시달한 역사적 기록이 있는데도, 지금 일본이 그 원본을 숨겨 놓고 공개 않고 있음을 호사카 교수가 폭로한 바 있다(돗토리현 박물관의 비밀서고에 보관 중).

5 "안용복의 진술은 신빙성이 없다"

"한국이 독도 영유권 주장의 근거로 인용하는 안용복의 진술은 사실과 부합하지 않는 것이 많고, 일본의 기록에는 없는 내용도 있다."

일본의 주장은 이래서 거짓이고 언어도단이다.

안용복의 진술은 한국과 일본 양국 문헌에 대동소이하게 사실임이 입증되고 있음에도 일본이 왜곡 은폐하고 있다.

독도의 현재는 당시의 상황과 지금의 상황이 하등의 차이가 없다고 생각한다. 왜구 침입 등의 이유로 울릉도, 독도에 대해 공도(空島)정책을 펼쳤던 당시의 상황과 일본과의 외교 마찰로 국민들의 독도 입도를 지극히 제한하는 지금의 상황은 참으로 비슷하다.

우리 측 사료는 거의 대부분이 안용복이 일본에 다녀온 후 비변사에서 심문 내용을 담은 내용이며, 아울러 일본 측 학자들이 안용복 자료를 비판할 때, 한국 측에서 내세우는 자료는 안용복 사건 심문 과정에서 죄인들의 설명이었으므로 그 자료적 가치를 원천적으로 부정하고 있는 실정이다.

최근 일본 정부는 독도가 일본의 '고유 영토'라 주장하면서 내세우는 근거로 일본이 17세기 초엽인 1618년부터 약 80여 년간 울릉도(당시 일본 호칭 죽도)와 독도(당시 일본 호칭 송도)를 실효적으로 지배하고 점유했다는 것이다.

문제는 오늘날 안용복의 1차 도일 때 울릉도와 독도가 조선 영토임을 시인하는 서계를 막부에서 작성해 안용복 귀국 시에 지참토록 했다는 기록이 일본의 어떤 고문서 자료에도 나온 적이 없으므로 이는 안용복이 범법자로서 취조 과정에 임의로 조작한 내용이란 주장을 내세우고 있는데, 이를 반박할 확실한 근거 자료를 한국에서는 아직 찾지 못하고 있다. 그래서 일본은 역대 왕조실록조차 불신하게 된 것이다. 특히 안용복을 막부가 월경 침범의 죄인으로 취조했지만, 요나코와 돗토리에서 후대를 받은 것은 사실이다. 그러나 울릉도와 독도가 조선령이란 내용의 서계를 막부가 작성하여 정식 외교관도 아닌 범법자 안용복에게 전달할 하등의 이유가 없다는 것이다. 이때 막부는 조선 조정에 조선인의 죽도 도해금지를 요청할 정도로 죽도에 대한 영유권을 인식하고 있었던 것이다.

그때 대일 강경파의 집권으로 영의정 남구만은 1차 회답서를 고쳐서 "울릉도가 일본이 말하는 죽도로서 1도2명임을 명확히 하고, 일본인들이 조선 영토에 들어와 안용복 일행을 데려간 것은 실책"이라고 하였다.

조선과 일본의 논쟁이 계속되고, 특히 대마도주가 집요하게 울릉도를 탈취하려는 것을 보고, 안용복 일행(11명)은 직접 일본에 건너가 담판을 짓기로 결심하고 1696년(숙종 22년) 봄에 다시 울릉도로 갔다. 울릉도, 독도에서 어로 중인 일본인들을 접한 안용복 일행은 그들을 꾸짖고 일본 어부들을 쫓아 일본 오키섬에 도착하였다. 이 안용복의 2차 도일 시기는 일본 막부의 외교문서를 정리해 놓은 「통행일람」에 따르면, 막부에 의해 '울릉도 도해금지령'이 내려진(1696

년 1월) 직후였다.

오키섬에 도착한 안용복은 스스로를 '울릉·우산 양도의 감세 장'이라고 관명을 사칭하고, 돗토리번(호키주) 번주와 면담할 것을 요 구했다. 일본 측 자료 「인부연표」(1696년 6월 4일)에 따르면 "죽도 에 도해한 조선의 배 32척을 대표하는 사선 1척이 호키주에 직소를 위해 들어왔다"고 기록되어 있다.

이후 안용복은 돗토리번에서 돗토리번(호키주) 태수와 면담을 하 고 "전날 양도의 일로 서계를 받았음이 명백한 데도 대마도주는 서 계를 탈취하고 중간에 위조하여 여러 번 차왜(사절)를 보내서 불법 으로 횡침하니 내가 장차 관백(막부)에게 상소하여 죄상을 낱낱이 진술하겠다"고 따졌다. 이때 안용복이 송도(독도)가 조선령임을 입 증하는 「조선지팔도」란 문서를 지참 제시한 기록이 2005년 오키 섬에서 뒤늦게 발견되었는데, 이는 일본이 작성한 안용복의 구술조 서 일부에 나와 있는바, 〈숙종실록〉이 사실임을 뒷받침하는 소중한 일본 문서이다.

안용복의 상소가 막부에 보고되어 취해진 조치는 아니지만, 일본 은 이미 울릉도 도해금지령을 내린 지 얼마 안 된 시점이라, 이때에 국경을 침범하여 울릉도에 들어갔던 일본인 15명을 적발하여 처벌 하였던 것이다.

1696년 1월, 대마도의 새로운 도주 '종의방'은 신임 인사를 겸하 여 강호의 도쿠가와 막부 장군에게 입관했다가 호키주 태수 등 4인 이 있는 자리에서 관백으로부터 죽도일건(竹島一件)에 대한 질문을 받게 된다. 이 자리에서 대마도주는 사실에 근거한 답변을 하게 되 고, 도쿠가와 막부는 "영구히 일본인이 가서 어채함을 불허한다"라는 결정을 내리게 된 것이다.

이러한 막부의 결정은 대마도의 '영유권 강탈 야욕'으로 발생한 조선과 일본 간의 울릉도ㆍ독도 영유권 논쟁을 종결시키게 되었으며, 막부의 결정은 죽도(울릉도)와 송도(독도)가 조선 영토임을 확인하고 결정하는 획기적인 문서로 받아들여진다.

이 같은 안용복의 두 차례에 걸친 일본 도해 활동은 조선 태종 이래(1416년) 실시된 공도정책으로 사실상 방치되어 있던 울릉도와 독도를 일본의 영토 야욕으로부터 지켜내는 결정적 계기가 되었으며, 일본 최고 권력기관으로부터 울릉도와 독도가 조선의 영토로 인정받는 획기적 계기를 마련하였다.

근래에 일본 측 학자들은 당시 도쿠가와 막부가 "조ㆍ일 간의 울릉도 분쟁으로 울릉도 포기를 평화적으로 결정하여 울릉도에 대한 도항을 금지시켰지만, 이때 독도에 대한 도항까지를 금지시키는 것이 아니기 때문에 독도까지 포기한 것은 아니었다"고 주장한다. 물론 당시의 도쿠가와 막부 문서에서 '송도(독도)'를 가리키는 명확한 지명이 발견되지 않는 것은 사실이다. 하지만 당시의 일본 문헌을 통해 간접적으로 '독도'를 조선의 영토로 혹은 울릉도의 부속도서로서 인식하고 있었음을 확인할 수 있다.

그 하나가 도쿠가와 막부 시대의 대표적 지도인 일본 임자평의 「삼국접양지도」(1785년), 「대일본지도」(1785년)이다. 여기에는 국경과 영토를 명료하게 나타내기 위하여 나라별로 채색을 하면서 조선을 황색으로, 일본을 녹색으로 나타내었는데, 울릉도와 우산도(자산도 : 독도)를 정확한 위치에 그려 놓고 두 섬을 모두 황색으로 표기하여 '독도를 조선의 영토'로 인식하고 있었음을 확인할 수 있다. 또한, 같은 시기의 일본지도인 「총람도」도 마찬가지이다. 일본이 안용복의 언행을 일본이 갖고 있는 기록만을 신뢰하면서 우리의 왕조실록을 부정함은 언어도단이며, 불리한 고문서나 정부 차원의 기록을 감추고 있는지도 모른다는 의구심이 든다.

양심적인 일본 돗토리대학 명예교수인 나이토우 세이추(內藤正中)는 이미 고인이 되었지만, 그의 저서 〈독도논리〉에서 일본의 독도 영토 주장을 역사적 사실에서 근본적인 의문을 제기한다고 전제하고서 안용복 연구의 재검토를 촉구하고 있음을 봐도 알 수 있다.

조선 후기 실학자 이익은 안용복을 칭송하기를 "… 한 울릉도를 빼앗기면 이는 하나의 대마도를 불어나게 하는 것으로 앞으로의 재앙을 어찌하랴? … 안용복은 울릉도를 지킨 영웅이다. 군대 대열에서 발탁하여 장수 급으로 등용해야 마땅하다."는 취지로 강조 역설하였다.

1976년에 박정희 대통령도 안용복을 높이 평가하여 '국토수호기공불멸(國土守護其功不滅)'이란 휘호와 함께 장군으로 추서 호칭하였다. 그리하여 울릉도와 부산 수영에 추모비가 건립되었다. 그러나 일본의 독도 영유권 주창자인 시모조 마사오(下條正男)는 그의 저서에서 안용복의 진술을 "일본에 밀항한 한 사람의 병사로서 위증을 하였을 뿐"이라고 폄하하고 있는 것이다. 그는 한일 간의 독도 문제가 영토 문제가 아닌 역사인식 문제라고 전제하면서, 한국의 독도 영유권에 대한 역사적 접근 자체를 불확실한 과도 합리화라고 보는 고자세의 선입관을 갖고 있는 것 같다. 그는 일본의 독도 영유권 주장이 전혀 사리에 맞지 않은 헛소리이고 제멋대로 큰소리치며 시비하는 짓인 줄 모르는 모양이다.

6

"1905년 시마네현의 독도 편입은
영유 의사의 재확인이었다"

"시마네현 오키섬의 주민인 나카이 요자부로(中井養三郎)의 독도 영토 편입 청원을 접수한 일본 정부는 1905년 1월 각의 결정으로 독도를 영유한다는 의사를 재확인했다. 같은 해 2월 시마네현 지사는 독도가 오키도사의 소관이 되었음을 고시했다."

일본의 주장은 이래서 거짓이고, 1905년의 영토 편입은 원천 무효이고 불법이다.

일본은 1905년에 러일전쟁 중 영토 야욕이 발동하여 불법으로 독도를 침탈한 다음, 1910년에 조선을 병탄하여 식민지로 만들었다.

국제법상 영토 취득은 점령(occupation), 정복(conquest), 시효(prescription), 할양(concession), 자연적 형성(natural formation)의 4가지 외에는 없다. 일본의 독도 편입은 그 어느 경우에도 해당되지 않는 명백한 불법적 변칙 형태의 강도 행위였다.

일본은 1904년의 대한제국 패망 직전의 혼란기를 틈타 장기간 획책해 온 독도 침탈 기도를 실행코자 중앙정부의 결정에 따라 독도를 강제로 시마네현에 편입시키면서 정부 차원의 관보에 공시하지도 않고 겨우 시마네현의 고시로 형식적 절차를 밟았다. 관련국이나 당사국과 사전 협의나 통보도 전혀 없었으며 일방적으로 비밀리에 군사력을 배경으로 강제조처를 시행한 다음, 조선의 독도 관할 행정 책임자인 울릉군수에게 1년 후(1906년)에 시마네현 관리와 경찰 그리고 헌병을 앞세운 50여 명이 위력을 과시하면서 입도하여 독도가 시마네현에 속한 일본 영토임을 선언한 것이다.

이는 고대나 중세의 무주지(無主地)에 먼저 깃발을 꽂고 영토로 삼는 선점(先占)이나 약소국을 정벌하여 복속시키는 등의 경우인 점령도 아니고, 전쟁을 하여 승전국이 패전국을 병합하거나 영토 일부를 전리품으로 취득하는 정복도 아니며, 불법적 또는 합법적으로 점령한 땅을 상대방의 반대나 항의가 없이 평화적인 상태로 50년 이상 보유함으로써 권원(權源)이 형성된 경우의 시효가 지난 상태도 아닌 것이다. 뿐만 아니라 쌍방이 평화적인 협상이나 보은(報恩)의 차원에서 선의로 일방이 타방에게 영유권을 이양하는 할양의 경우도 아니며, 영토 일부가 천연적인 힘에 의해 저절로 생겨난 섬의 자연적 형성도 아니다. 논리에 궁하니깐 이제는 말을 바꿔 "영유권의 재확인"이란 소리를 하면서 경제적 동물의 본성을 여지없이 드러내고 있다.

울릉도의 속도인 독도의 대한민국 고유 영토로서의 지위는 확고부동하며, 일본이 주장하는 역사적·국제법적 고유 영토론은 김대중 정권 때 잘못 맺어진 굴욕적인 신한일어업협정 때문에 힘을 얻게 되었지만, 그들의 주장이 사실의 공정성과 현실적 실효성 및 정당성 그리고 신의성실의 원칙에 어긋난 이상, "시마네현 편입을 독도 영유의사 재확인"이라고 우기는 자체가 난센스이고, 힘의 정의 실현을 노리는 제국주의 침략 근성의 재현(再顯)이라 하지 않을 수 없으므로 국제사법재판소 억지 회부 전략은 시대착오적 발상이다.

일본은 뻔뻔스럽게도 임자 없는 독도를 일본 영토로 편입한 그 당시 조선의 항변이나 저항이 전혀 없이 수용되었다고 하는데, 그 실상은 이러하다. 1900년 10월에 대한제국이 칙령 제41호로 울릉도를 울도로 개칭하고 도감을 군수로 격상시키면서 군수의 관할 지역에 독도를 포함시킨바 있으며, 일본은 독도 편입 사실을 대한제국 당국에 전혀 통고한 적이 없으면서, 그 관할권자인 울릉군수를 1년여 후인 1906년 3월에 시마네현 관리들이 찾아가 영토 편입 사실을 알림에, 충격을 받은 군수가 직속상관인 강원도 관찰사와 중앙정부(내무대신과 참정대신)에 즉각 보고했으나, 그 당시 중앙에서는 이미 을사늑약으로 외교권이 박탈된 상태라서 아무런 대외적 조치를 취할 수 없었던 것이다.

이와 관련하여 일본 정부가 1905년 단행한 독도 시마네현 편입 조치의 불법성과 '독도 고유 영토설'의 허구성을 재음미해 본다.

일본 외무성은 1877년 메이지(明治) 정부가 "독도와 울릉도는 일본 영토가 아니다"고 확실히 인정한 「태정관 지령문」을 어떻게 생각하느냐는 연합뉴스의 서면 질의에 대해 "현재로서는 답변할 수 없다"고 밝혔다. 이 지령문이란 메이지 시대의 최고 국가기관이었던 태정관(太政官·다조칸)이 독도와 울릉도가 일본 영토인지를 조사한 뒤 1877년 3월 "독도와 울릉도는 일본 영토와 관계가 없음을 명심하라(竹島外一島之義本邦關係無之義ト可相心得事)"고 내무성과 시마네현에 지시한 공문서다. 이는 1696년 일본이 울릉도와 독도를 조선 영토로 인정한 울릉도쟁계(鬱陵島爭界)의 결론에 따른 결정이었던 것이다. 한국 학계는 이 문서를 일본 정부가 독도를 조선 영토로 공식 인정한 결정적 사료로 보고 있다.

일본 외무성의 이 같은 궁색한 답변은 "「태정관 지령문」이 사실이라면 '늦어도 17세기 중반에는 일본이 독도를 실효적으로 지배해 영유권을 확립했고, 1905년 각의 결정을 통해 영유권을 재확인했다'는 일본의 주장은 완전히 허구가 아니냐"는 국내 학계의 지적을 사실상 침묵으로 인정한 것이나 마찬가지다.

연합뉴스는 아소 다로(麻生太郎) 일본 전 외상과 자민, 민주, 공산, 사민, 공명당 대표 앞으로 「1905년 일본 각의의 독도 시마네현 편입 결정에 관한 질의서」를 보낸 바 있다. 그 주된 질의 내용은 △「태정관 지령문」이 존재한다는 사실을 알고 있었는지, △알고 있었다면 독도 영유권과 관련해 매우 중요한 문서인 「태정관 지령문」에 대해 지금까지 왜 한 번도 언급하지 않았는지, △「태정관 지령문」에 따르면 "17세기 중반까지는 독도 영유권을 확립했다"는 일본 정부의 주장은 허구가 되는데 어떻게 생각하는지, △1905년 일본 각의의 독도 시마네현 편입 결정 문서는 「태정관 지령문」을 변경시키는 문서임에도 불구하고 「태정관 지령문」을 검토한 흔적이 전혀 없는데 이것이 의도적인 행위였는지 등이었다. 이 질의서에는 일본 국립공문서관에 보관돼 있는 「태정관 지령문」 복사본(B4용지 14쪽)을 첨부했으며, 각 정당에는 「태정관 지령문」 내용에 대해 국회에서 정부에 질의해 줄 것을 요청했다.

이 같은 날카로운 질의에 대해 일본 외무성은 몇 차례나 "검토 중이니 조금 기다려 달라"고 계속 답변을 회피하거나 시간을 끌다가 질의서를 보낸 지 60여 일 만에 △"「태정관 지령문」의 존재는 알고 있다"△"그 역사적 사실 등에 대해서는 지금 조사, 분석 중이어서 현시점에서는 일본 정부 입장에서 코멘트할 수 없다"는 내용의 궁색한 답변을 보내왔던 것이다.

일본 정부가 「태정관 지령문」의 존재 사실을 공식 인정하고 이에 대해 입장을 밝힌 것은 처음이다. 한일 양국은 1950년대 초 독도 영유권을 놓고 정부 차원에서 문서를 주고받으며 격렬한 논쟁을 벌였지만 「태정관 지령문」은 거론되지 않았다.

이에 앞서 자민당은 "자민당 차원에서 (「태정관 지령문」에 대해) 통일된 정식 견해가 없기 때문에 현시점에서는 답변을 보류한다. 자민당 입장은 기본적으로 정부 견해에 준한다."는 답변을 보내왔다. 이와 관련해 자민당의 한 관계자는 「태정관 지령문」이 "일본 국내적으로 '독도는 일본 영토가 아니다'라고 말했지 한국에 대해 그렇게 말한 것은 아니지 않느냐"고 말해 「태정관 지령문」을 심각하게 받아들이고 있음을 짐작케 했다. 일본 공산당도 이와 관련한 답변에서 "일본이 메이지 시대에 독도가 일본 영토와는 무관하다고 인정한 「태정관 지령문」의 존재를 알고 있다. 독도 문제에 대해서는 검토해야 할 자료가 많이 있으며, 「태정관 지령문」도 그 중 하나라고 생각하고 있다"고 밝혔다. 공산당의 이 같은 답변은 일본의 독도 영유권 주장에 문제가 있음을 인정한 것이었다. 그러나 민주, 사민, 공명당은 답변을 끝내 회피했다.

일본 국내 학계는 정부가 현재 국립공문서관에 엄연히 보관되어 있는 「태정관 지령문」에 대해 "조사, 분석 중이어서 현시점에서는 답변할 수 없다"고 밖에 회답 못한 것은 결국 태정관 문서가 일본의 독도 영유권 주장에 큰 타격이 된다는 점을 의식했기 때문인 것으로 받아들이고 있다. 한 양심적인 일본 독도 문제 전문가는 "이미 1980년대 초 일본에서 존재가 알려진 「태정관 지령문」을 일본 정부가 '알고 있다'고 밝힌 것은 그동안 많은 조사가 이루어졌음을 의미한다"면서 "그런데도 외무성이 '조사 중'이라고 한 것은 태정관 문서가 한국에 결정적으로 유리하다는 판단 아래 애매모호한 일본식 언어 사용으로 답변을 의도적으로 회피한 것이나 마찬가지"라고 부연해 설명했다.

일본 외무성의 이 같은 답변은 그동안 일본 정부가 "일본이 독도를 실효적으로 지배해 영유권을 확립하기 이전에 한국이 독도를 실효지배했음을 나타내는 명확한 근거를 한국 측이 제출한 적이 없다"고 버젓이 공식 홈페이지를 통해 호언해 온 것과는 대조적이다.

호사카 유지(保坂祐二) 세종대 교수는 "일본 정부와 어용학자들은 그동안 태정관 문서의 존재를 의도적으로 은폐, 왜곡함으로써 국제사회는 물론 일본 국민까지 기만해 왔다"면서 "이 문서를 은폐해 온 이유는 일본이 지금까지 주장해 온 '독도 고유 영토설'이 무너지는 것을 우려했기 때문"이라고 뼈있는 지적을 했다. 그리고 그는 "일본 정부가 문서 내용을 인정할 경우 1905년의 독도 편입이 태정관 문서를 무시한 채 자행된 제국주의적 약탈 행위로 원천적으로 무효임을 자인하는 결과가 되기 때문에 앞으로도 지령문 자체를 인정하거나 그렇다고 반론을 펴거나 하지는 못할 것"이라면서 "일본이 태정관 문서를 상쇄시킬 수 있는 기록을 억지로 들고 나오거나 관련 사실을 날조할 가능성도 있다"고 경고했다.

이석우 인하대 교수(국제법)는 "한일 간의 독도 영유권 논쟁을 국제법상으로 봤을 때 한국은 1905년 일본이 독도를 편입했을 당시 독도가 한국 영토였음을 반드시 입증할 필요가 있다"면서 "「태정관 지령문」은 한국의 입장을 지지할 수 있는 결정적 문서이자 반대로 일본에는 '아킬레스건' 같은 문서"라고 거듭 강조 지적했다.

한마디로 일본의 주장은 아침저녁으로 바뀌는 말장난으로서, 까마귀의 머리에 흰 털이 나고 말의 머리에 뿔이 돋는(烏頭白馬生角) 이 세상에서 절대로 있을 수 없는 일을 꿰어 맞추려 하는 짓으로 원천 무효가 되어야 마땅하다. 특히 1905년에 일본 영토로 편입했다면서 왜 이제 와서는 그것을 "영유 의사의 확인"이란 이상한 말로 바꿨으며, 한일 국교 정상화 협정에서 독도 문제는 양국 간의 조정으로 해결한다고 약속하고서 이제 와서 왜 국제사법재판소 회부니 미국 중재니 하면서 오리발을 내미는 것인가?

7

"샌프란시스코 강화조약 작성 과정에서 미국은 독도가 일본의 관할 하에 있다는 의견을 냈다"

"샌프란시스코 강화조약 초안 작성 과정에서 한국은 일본이 포기해야 할 대상의 영토에 독도를 포함시키도록 요구했으나, 미국은 최초엔 독도를 포함시켰지만 러스크 서한을 통해 이 요구를 거부하고 독도를 제외한 제주도와 울릉도 및 거문도만 최종적으로 포함시킨 동 조약이 1951년 9월에 체결된 바 있어 독도는 일본 영토로 확정된 것이다."

일본의 주장은 이래서 거짓이고 오만불손한 과도 합리화의 전형이다.

샌프란시스코 강화조약은 이 조약 이전의 한국 영토를 환원하라는 기본 원칙과 한국 영토의 범위를 규정한 제반 선행 국제규범의 연장선상에서 일본이 군정 하에서 독립국가로 거듭나는 연합국과 일본 간의 국제조약인바, 카이로 선언, 포츠담 선언, 일본 천황의 항복 선언문, SCAPIN 제677호, SCAPIN 제1033호 등과 동일 맥락으로 결정된 것으로, 일본이 대미 로비로 그 문맥이나 기술(記述)상 자국에 유리하게 유권적 해석이 가능한 대목이 있다고 해서 그 근본이나 대원칙이 바뀔 수는 없는 것이다.

역사적·현재적 조건에서 독도가 대한민국의 독점적 주권이 미치는 대한민국의 영토임이 분명하므로, 독도가 자국 영토라는 일본 측 망언에 감정적으로 대응할 필요는 없을 것이며, 이 섬을 우리가 합법적으로 지배 점유하고 있는데 일본 측 주장에 부화뇌동할 까닭이 우리에게는 없기 때문이란 것이 독도 분쟁에 대한 한국 정부의 공식 자세이기도 하다.

그렇다면 일본은 도대체 무엇을 근거로 '다케시마' 발언을 계속하고 있는가? 이유나 근거는 여러 가지가 있으나 결국은 그들의 주장은 늘 여기에서 출발해 여기로 다시 돌아온다. 여기란 바로 샌프란시스코 강화조약이다. 한마디로 역사적 맥락에서는 한국의 사료를 당하지 못하니 국제법적인 허점을 여기에서 찾아 아전인수식으로 과도 합리화하여 정당화하려는 속셈인 것이다.

샌프란시스코 강화조약은 과연 무엇이며, 도대체 거기에서 무슨 일이 다뤄졌기에 이를 빌미로 일본은 독도를 자국 영토가 되어야 한다고 집착하는가? 샌프란시스코 강화조약(Treaty of Peace with Japan)은 '1951년 제2차대전 전승국인 연합국과 일본 간의 샌프란시스코 강화조약'(San Francisco Peace Treaty with Japan in 1951)으로서 연합국들이 일본과 전후처리 방안에 대해 합의하고 이를 통해 항구적 평화를 달성하기 위해 체결한 국제조약이다.

이 조약이 왜 중요한지는 여기에서 규정된 국제질서가 바로 현재의 동아시아 국제질서의 근간을 이루고 있다는 점 하나만으로도 단적으로 확인된다. 근간이 된다 함은 그것이 현재도 구속력이 있다는 의미와도 통한다. 현재의 국가 간 동아시아 각국의 영토 범위도 이 샌프란시스코 강화조약을 통해 획정된 경계선에서 크게 변함이 없다고 해도 과언이 아니다.

1951년 9월 4일에 시작해 그달 8일에 끝난 이 강화조약은 협상 주체가 명목상 52개 연합국과 패전국 일본의 양측으로 돼 있으나 실제는 미국과 영국이 주도했다. 이 샌프란시스코 회담에서 연합국 중 인도와 유고슬라비아, 버마(현 미얀마), 중국은 대표를 보내지 않았다. 9월 8일 조인되고 이듬해인 1952년 4월 28일에 발효된 이 강화조약에 체코슬로바키아와 소련, 폴란드의 3개국을 제외한 49개국이 서명했다. 일본에서는 요시다 시게루 수상이 서명했다.

이 강화조약은 전문과 본문 7장(chapter)으로 구성되며, 본문 7장은 다시 27개에 달하는 조(article)로 세분된다. 각 장과 조는 편목이 다음과 같다.

△ 1장 평화(PEACE) : 제1조
△ 2장 영토(territory) : 제2~4조
△ 3장 안보(security) : 제5~6조
△ 4장 정치·경제조항(political and economic clauses) : 제7~13조
△ 5장 청구권과 재산(claims and properties) : 제14~21조
△ 6장 분쟁해결(settlement of disputes) : 제22조
△ 7장 결론조항(final clauses) : 제23~27조

하지만 2차대전 전후처리와 각종 분쟁 해결을 표방한 이 강화조약은 이후 그 해석을 둘러싸고 격렬한 논쟁을 유발한다. 그 중의 하나가 바로 영토 분쟁이다. 샌프란시스코 강화조약이 영토를 어떻게 획정했기에 그럴까?

먼저 제2장 '영토' 제2조에서는 △한국에 대한 독립을 인정하고 한국에 대한 모든 권리(right)와 권원(title)과 청구권(claim) 포기

△대만(Formosa)과 팽호도(the Pescadores)에 대한 모든 권리 포기 △쿠릴열도와 사할린 및 그(사할린) 부속 섬들에 대한 모든 권리 포기 △태평양제도에 대한 권리 포기와 유엔의 신탁통치 실시 인정 △남극에 대한 모든 권리 포기 △남사군도(Spratly Islands)와 서사군도(the Paracel Islands)에 대한 모든 권리 포기라는 6개 항을 규정하고 있다.

이어 같은 장 제3조에서는 난세이열도 남쪽, 류큐열도와 다이토열도를 포함하는 북위 29도 이남 지역에 대한 유엔의 신탁통치를 규정하고 있다. 요컨대 샌프란시스코 강화조약은 과거 일본이 강제로 침탈하고 강제로 점유한 지역(혹은 국가)들에 대한 영토는 일본에 의한 강제 침탈 또는 점유 이전 상태로 돌리는 것을 목적으로 삼았음을 알 수 있다.

이는 널리 알려져 있듯이 1943년 12월 1일, 루스벨트 미국 대통령과 처칠 영국 수상, 장제스 중국 국민정부 주석의 이름으로 발표된 카이로 선언을 계승하고 있다. 즉, 이 선언에서는 "일본은 또한 폭력과 탐욕에 의해 탈취한 모든 지역에서 구축되어야 한다"(Japan will also be expelled from all other territories which she has taken by violence and greed)라고 규정했던 것이다.

그런데 샌프란시스코 강화조약에 포함된 이들 지역 그 대부분이 현재까지도 격렬한 영토 분쟁에 휘말려 있으며, 더구나 이들 모든 분쟁지역에 일본이 항상 개입돼 있다는 사실은 매우 주목해야 할 대목이다. 독도의 경우 그 정당성 문제야 차치하고라도 한국과 일본 간의 문제이지만, 일본은 독도뿐 아니라 쿠릴열도 4개 섬에 대해서는 러시아와 쟁투를 벌이고 있고, 중국, 대만과는 댜오위다오(센카쿠열도)에서 일전을 감행하고 있다.

따라서 일본에 현재 개입돼 있는 영토 분쟁은 독도 하나만의 문제로 접근해서는 안 된다는 점이 명백하고, 나아가 그런 분쟁의 모든 씨앗이 샌프란시스코 강화조약에서 기인한다는 점을 유념해야 한다. 중·고교 역사 관련 수업에서나 한두 번 듣고 말았을 법한 샌프란시스코 강화조약은 영토 문제를 비롯해 이처럼 현재의 동아시아 국제질서를 규정·구속하고 있는 거대한 밑그림이다.

그렇다면 샌프란시스코 강화조약은 한국과 관련된 영토를 어떻게 규정하고 있는가? 그것은 앞에서 지적했듯이 제2장 제2조 (a)항에 다음과 같은 내용이 담겨 있다.

> "일본은 한국의 독립을 인정하면서 퀠파트와 해밀튼 항구와 다줄렛과 같은 여러 섬을 포함하는 한국에 대한 모든 권리, 권원과 청구권을 포기한다." (Japan recognizing the independence of Korea, renounces all right, title and claim to Korea, including the islands of Quelpart, Port Hamilton and Dagelet.)

퀠파트(Quelpart)는 제주도이며, 해밀튼 항구(Port Hamilton)는 거문도, 다줄렛(Dagelet)은 바로 울릉도를 가리킨다. 모두 서구에서 명명한 이름이다. 독도가 빠져 있다. 일본의 독도 영유권 주장은 바로 이 조항에서 출발한다. 독도를 한국 영토로 규정한 곳이 없다는 것이다.

이에 대한 한국 측 반박 논리 중 하나가 독도를 일본 영토로 규정하고 있지도 않다는 것이다. 예컨대 수천 개에 달하는 일본의 섬들은 개개 이름을 열거하면서 그것들을 일일이 일본 영토로 규정하고 있는가를 묻는다. 대마도의 경우도 그것이 일본 영토에 속한다는 규정이 없다. 같은 논리대로라면 대마도는 한국 영토가 될 수도 있다.

독도를 포함해, 샌프란시스코 강화조약을 빌미로 일본이 각지에서 제기하고 있는 영토 분쟁은 사실 강화조약 그 자체가 제공하고 있다고 해도 과언이 아니다. 그것은 다른 무엇보다 이 강화조약에 국가 간 영토를 지도로 표시하지 않았기 때문이다. 한국에 대한 영토 규정도 조약 그 자체로는 모호하기 짝이 없는 것도 부인할 수는 없다. 몇천 개의 한반도 부속 섬 중에서도 유독 제주도와 거문도와 울릉도의 3개만을 거론함으로써 거기에서 제외되는 다른 섬들의 귀속 논쟁을 불러일으킬 수 있는 여지를 그대로 노증하고 있기 때문이며, 실제 이런 조약 그 자체 상의 미비점을 빌미로 일본은 독도 분쟁을 계속 유발하고 유리한 방향으로 끌고 가려고 하고 있는 것이다.

샌프란시스코 강화조약 당시 미국과 일본의 주역이었던 자는 덜레스 미국 국무장관, 시볼드 주일 미국대사, 요시다 시게루 일본 총리 겸 외상이다. 특히 일본은 샌프란시스코 강화조약 이전에 미국에 밀사를 파견, 대미 비밀외교에 승리함으로써 미·일 동맹 구조를 굳건히 한 결과 패전으로 인한 손해를 최소화하고 일본을 재건시키는 교두보를 마련했다고 자만한 바 있다.

1951년 9월 8일 제2차 세계대전 참전 연합국 49개국과 일본 사이에 전쟁상태를 종결시키기 위한 강화조약(샌프란시스코 평화조약)이 체결됐는데, 샌프란시스코 강화회의는 미국과 영국이 공동주최국이 돼 주도했다. 주요 의제는 전후 일본의 영토 범위, 군사력 규모, 그리고 일본이 침략한 나라에 대한 배상 등이었다.

당초 회의 초청장은 55개국에 발송됐다. 그러나 인도, 미얀마, 유고슬라비아는 회의에 불참했다. 인도는 강화 내용이 오키나와를 미국 지배하에 두려고 한다는 점, 일본이 미국과 안전보장조약을 체결하고 미군 주둔을 인정했다는 점 등을 들어 반대했다. 이 점이 다시 아시아의 평화를 위협하는 요인이 된다고 우려한 것이다. 미얀마는 일본의 배상책임이 너무 가볍다고 불만을 표시했다. 강화회의는 이들 세 나라의 불참으로 처음부터 난항을 겪었다. 물론 한국은 일본의 식민지로서 참전한 주권국가가 아니었으니 포함될 수 없었다.

52개국의 참가로 시작된 회의에서는 불만이 속출했다. 뉴질랜드, 오스트레일리아는 일본의 군비를 일체 제한하고 있지 않은 점은 일본 군국주의 부활로 이어진다고 반대했다. 인도네시아, 필리핀은 배상이 필요한 것은 자신들과 같은 작은 나라임에도 대국 중심의 내용이 돼 있다고 반발하고 한때 조인을 보류할 태도를 비치기도 했다. 소련은 먼저 미국과 영국을 중심으로 추진되는 회의를 비판하고 남사할린, 쿠릴열도를 소련 영토로 할 것, 일본 군비의 상한선을 둘 것, 원폭, 세균, 화학병기 등의 실험 보유를 금지할 것 등 13개 항의 수정의견을 제출했다.

그러나 미국은 일본을 패전케 한 주역은 미국이며 회의 중심이 되는 것은 당연하다며 소련의 수정안을 묵살했다. 결국 같은 해 9월 8일 소련과 폴란드, 체코슬로바키아 등 공산권 3국이 불참한 상태에서 49개국과 강화조약이 조인됐다.

이 강화회의에는 중대한 결함이 있었다. 일본과 전쟁으로 가장 피해가 컸던 중국, 한국, 그리고 몽골이 초청되지 않았던 것이다. 이러한 상황에서 결정된 조약은 일본이 일으킨 전쟁의 해결책이 되는지, 그리고 아시아와 세계 평화와 연계되는 것인지 일본 국내에서도 논란이 됐다.

도쿄대학 총장 난바라 시게루(南原繁)는 미국과 영국 중심의 서방 제국만의 '단독강화'에 반대하고 전쟁과 관련한 모든 나라와의 '전면강화'를 주장하고 운동을 전개했다. 그러나 세계대전이 끝난 지 6년밖에 되지 않았음에도 미국과 소련을 축으로 하는 냉전이 시작됐다. 당시 일본 수상 요시다 시게루(吉田茂)는 난바라를 "세계의 움직임을 모르는 학자"라고 비판했다. 세계, 특히 아시아에서 전쟁을 없애기 위해 결정해야 할 샌프란시스코 강화회의는 냉전적 사고와 이해관계에 휩싸여 본래의 목적을 달성하지 못했다. 결국 샌프란시스코 강화조약은 냉전과 맞물려 일본을 패전의 굴레에서 자유롭게 해방시켜준 요식적인 절차에 불과했다. 이렇게 조약이 일본에 유리하게 전개되었던 것은 일본 측의 치밀하고 집요한 대미 설득에 힘입은 바가 매우 크다.

일본은 2차대전 패전 직후 외무성 조약국을 중심으로 1945년 11월 21일 외무성 내에 '평화조약문제 연구간사회'를 설치했으며, 1946년 1월 제1차 간사회가 개최된 이래 '평화조약 체결문제 기본방침', '동 문제의 향후 진전의 관측' 등 약 30개 항목의 연구 과제를 결정, 16회에 걸친 심의 끝에 1946년 5월 조약체결 기본문제, 일본 측 준비시책, 방침, 연합국 조약안 상정 및 이에 대한 대처방침 등으로 구성된 보고서를 채택했다. 패전 탈출을 진두지휘한 것은 요시다 시게루 총리 겸 외상이었다. 패전으로 인한 피해와 희생을 최소화하기 위한 조건에서 강화하는 관대한 강화를 목표로 했다.

요시다는 그의 회고록 〈회상10년(回想十年)〉에서 "최대의 관심사는 강화에 의해 가혹한 조건, 특히 앞으로 영구히 국가의 독립과 자립을 속박하는 불리한 조건을 강요받는 것을 회피하는 데 있었다"고 밝히고 있다. 거액의 배상과 영토 할양이 강제되면 일본은 재기불능에 빠지는 것은 필연이었다. 외국으로부터는 전쟁책임을 추궁당하고 있고 동서냉전 상황에서 미국과 소련의 균열이 일본에 유리하진 않았다. 국내에서는 앞서 말한 바와 같이 동서 양 진영과 동시에 강화하자는 전면강화와 서방 제국과의 강화를 주장하는 단독강화론이 대립하고 있었다.

일단 요시다는 패배를 인정하는 모양새를 취하기로 한다. 요시다는 "전쟁에 진 이상 구질구질하게 굴지 말고 받아들여야 할 것은 받아들이는 좋은 패자로서 처신해야 한다"고 외상 취임에 즈음해 말하고, "연합국에 대해 재군비 포기, 철저한 민주화 완성으로 안심시킬 필요가 있다. 이들 과제가 근본법으로 헌법상 확립돼야 한다."고 구상했다.

요시다는 입장을 일체 표명하지 않고 국제정세를 관망했다. 1951년 중·소 동맹이 성립되고 일본은 이들의 가상적국이 됐다. 요시다는 전면강화는 있을 수 없다고 판단, 독단으로 미국에 밀사를 파견했다. 미국과의 밀약은 관대한 강화를 체결함으로써 일본의 안전보장 문제 해결을 관철시키는 비책이었다. 일본은 미국을 움직였고 강화움직임은 급속히 유리하게 진전됐다.

대일강화조약 체결 과정에서 한국 측은 참여 자체부터 배제됐다. 한국의 조약 참가 여부를 놓고 미국 국무부 극동조사과(Division of Research for Far East)는 1949년 12월 12일 의견서(Participation of the Republic of Korea in the Japanese Peace Settlement)를 작성 제출했다.

의견서에 따르면, 한국 측이 요청한바 "일본과 교전 중인 중국군의 전투에 참여, 수년에 걸쳐 항일 게릴라가 만주에서 전투를 벌였으며, 또한 한국군 부대에 의해 최고의 권위를 명백히 인정받은 대한민국 임시정부가 중국에 존재한다는 점"이 바로 한국이 교전국임을 입증한다며 이를 근거로 협상이나 협의에 한국도 참여시켜 줄 것을 희망했다.

그러나 미국 측은 한국 측의 조약 참여 의도가 일본으로부터 식민지 지배에 대한 배상을 받아내려는 데 있다고 결론짓고, 아래와 같은 이유를 대며 한국이 교전국이라는 주장을 반박하였다. 이는 전적으로 일본의 간교한 로비의 결과였다.

"교전 당사자 지위의 주장을 뒷받침하기 위하여 한국민들이 제시한 증거도 받아들일 가치가 없는 것은 아니지만, 한국 주장에 대한 반대 증거가 보다 더 설득력 있는 것 같다. (법적 지위와 관련된 정보가 제시되고 있다 해도 한국 측의 법적 지위를 확립하기 위한 노력이 이뤄지지 않았다는 점이 여기서 주목되어야 한다) 1910년 조약에 의한 일본의 한국 병합은 미합중국을 포함한 거의 모든 국가들에 의하여 승인되었으며, 1948년이 돼서야 한국이라는 국가 혹은 정부에 대한 일반적 승인이 이뤄졌다. 한국 내에서 일본 통치에 대한 저항은 국지적이거나 단시간의 소요에 한정되었고, 마지못하긴 하지만 한국민들은 대체로 일본 총독부의 통치를 받아들였다. 대부분 제1차 세계대전 후에 경쟁적으로 국외에 형성된 한국 민족주의자 단체들은 어떠한 국제적 승인도 정식으로 받지 못했고 모국에 별로 영향력을 갖지 못했던 것 같다."

이 같은 극동조사과의 보고 내용은, 1951년 4월 23일 요시다 시게루(吉田茂) 당시 총리 겸 외상이 존 덜레스 미국 국무부 특별고문과의 비밀 회담에서 '한국 참여 불가론'을 담은 문서를 제시한 사실과도 부합된다.

요시다는 "한국은 일본과 전쟁상태에 있지 않았기 때문에 연합국으로 인정할 수 없으며, 만일 한국이 조인국이 되면 재일 한국·조선인들은 연합국 시민들과 동등하게 재산과 보상금의 권리를 주장할 것"이라고 밝힌 것으로 전해졌다. 요시다는 또 "재일 한국·조선인이 1백만 명에 달하며, 이들이 증명할 수 없는 과잉 보상청구를 해오면 혼란을 피할 수 없다"고 주장했다.

그 결과 미국 측은 샌프란시스코 조약에 한국을 조인국으로 참여시키려던 당초 입장을 바꿔 참여시키지 않기로 하는 각서를 일본 측과 체결했던 것이다. 훗날 요시다 시게루는 "전쟁에 졌지만, 외교에 승리한 역사였다"고 자평할 정도로 일본의 의도는 만족스럽게 실현됐다.

당시 한국 정부도 손 놓고 이를 방치한 것은 아니었다. 나름대로 미국을 상대로 끈질긴 설득을 했으나 외교 경험의 부족, 극소수의 인력으로는 불가항력적인 상황이었다. 국제정세도 우리에게 불리했다. 북한의 남침으로 인한 한반도 상황 악화는 미국의 대일 경사를 결정적으로 초래했다. 결국 1951년 9월 서명된 샌프란시스코 강화조약은 조선의 독립에 관한 일본의 승인을 규정함과 동시에 일본이 포기해야 하는 지역으로 '제주도, 거문도 및 울릉도를 포함한 조선'이라고 규정하였다. 이 부분에 관한 영·미 양국의 초안 내용을 알게 된 한국은 같은 해 7월 양유찬 주미 한국대사가 애치슨 미국 국무장관에게 서신을 제출하였다. 그 내용은 "우리 정부는 제2조 a항의 '포기하다'에 해당하는 말을 '일본이 조선 및 제주도, 거문도, 울릉도, 독도 및 파랑도를 포함하는 일본이 조선을 병합하기 전에 조선의 일부였던 섬들에 대한 모든 권리, 권한 및 청구권을 1945년 8월 9일 포기하는 것을 확인한다'로 변경해 줄 것을 요망한다"는 것이다. 이러한 한국 측의 의견서에 대하여 미국은 같은 해 8월 러스크 극동담당 국무차관보를 통해 양유찬 대사의 서신에 대하여 다음과 같은 회신을 보내어 한국 측의 주장을 명확히 부정하였다.

> "… 미합중국 정부는 1945년 8월 9일 일본이 포츠담 선언을 수락한 사실이 그 선언에서 언급한 지역에 대한 일본의 정식 또는 최종적인 주권 포기를 구성하는 것이라는 이론을 샌프란시스코 강화조약이 반영해야 한다고는 생각하지 않는다. 독도, 또는 다케시마 혹은 리앙쿠르 바위로 알려진 섬에 관해서 말하자면, 통상 사람이 살지 않는 이 바위섬은 우리가 아는 바에 의하면 조선의 일부로 취급된 적이 결코 없었으며, 1905년경부터 일본의 시마네현 오키섬 지청의 관할 하에 있다. 이 섬은 예부터 조선이 영유권을 주장해 왔다고는 볼 수 없다. …"

이상의 문서 교환으로부터도 알 수 있듯이 미국은 다케시마가 일본의 영토임을 인정해 왔음은 명백한 사실이다. 샌프란시스코 강화조약 초안 작성 과정의 상세한 경위는 전항에서 설명한 바 있지만, 러스크의 보고서는 물론 밴플리트 대사의 귀국보고에서도 "다케시마는 일본 영토이며, 샌프란시스코 강화조약에 따라 포기한 섬들에는 포함되지 않는다"는 내용이 미국 측의 결론을 내리는 요인이었으며, 당시 전쟁 중인 한국은 미국에 운명을 위탁한 상황이라 독도 문제 때문에 한·미 관계를 악화시킬 수 없었던 불행한 운명의 시기였던 것이다. 마치 1905년에 일본이 일방적으로 독도를 자국 영토로 편입했음에도 외교적 권능이 상실되어 정식 항의조차 제대로 못한 사례와 대동소이한 처지였다.

이와 관련하여 앞에서 말했듯이 SCAPIN 제677호는 1952년 4월 28일 일본이 정식 주권국가로 다시 태어날 때까지 국제법적으로 전후 세계질서 처리 과정에서 유효했던 최고의 권위와 구속력을 가진 규범으로서, 그 내용을 수정하려면 연합국 최고사령관의 승인에 의한 다른 지령문(SCAPIN)이 공포되어야 가능하도록 제5조에 규정되어 있음을 주목해야 한다. 한마디로 샌프란시스코 강화조약은 SCAPIN 제677호 내용을 변동 없이 그대로 계승 존속하는 다른 형식의 일본의 영토범위를 규정한 국제법적 조약문서로서, 비록 그 표현 방법이 SCAPIN 제677호와 다르다 해도 SCAPIN 제677호의 부속문서(지도)와 더불어 독도의 영유권이 한국에서 일본으로 소속변동을 재초래한 것이 아니기 때문에 조약의 문맥상의 해석이 옳지 일본의 아전인수식 왜곡 해석은 부당한 것이다.

그 당시 한국은 일본보다 먼저 이미 유엔이 승인한 주권국가로 존재하고 있었으며, SCAPIN 제677호에 의거 일본으로부터 반환받은 한반도와 그 부속도서 전체에 대하여 배타적 주권 행사를 하고 있었던 것이 사실이고, 일본은 대한민국이 선포한 평화선과 맥아더 최고사령부가 설정한 맥아더 라인(SCAPIN 제1033호) 속에 독도가 포함되어 있음을 확인하고 이를 용납, 준수해 왔던 것이다.

한국은 이 문제를 좀 더 설득력 있는 논리로 정당화하여 영어·일어·독일어·프랑스어로 된 대일본 반박 자료를 심층 연구 정립하여 일본의 주장을 제압하고 국제사회의 공감을 얻도록 다각적이고 효과적인 홍보·외교 전략을 전천후로 펴야 할 것이다. 그래야 상대방을 무시하고 자기에게 유리하도록 억지로 고집부리면서 자기 주도로 끌고 가려는 안하무인격인 일본 주장을 무력화시킬 수 있을 것이다.

8 "미 공군의 독도 폭격연습장 지정은 미국이 일본의 독도 영유권을 인정한 증거이다"

"1952년 7월 미·일 행정협정합동위원회는 미·일 행정협정에 입각하여 독도를 주일 미국 공군(미 극동공군사령부가 일본에 주둔 중)이 사용하는 폭격훈련 구역의 하나로 지정했다. 일본 외무성은 이를 관보에 공시했다."

일본의 주장은 이래서 거짓이며 간교한 술책이다.

일본의 간교한 술책의 로비에 말려든 미군이 우리 영토인 독도를 무인도이고 일본 영토인 줄 알고 항공폭격 연습표적으로 지정했다가 불의의 폭격사고로 한국 어민 다수의 사상자를 내게 되자, 미군 당국은 당황하여 곧 손해배상을 함과 동시에 사용을 중지한다는 공문을 한국 정부에 보내왔으니, 참으로 간교하고 음흉하게도 미국의 등에 업혀 비위를 맞추며 행한 일본 영토 야욕의 궤계를 경계하지 않을 수 없다. 적반하장도 유만부동이다. 무고한 한국 어민 수십 명을 항공폭격 및 기총소사에 의해 살상토록 한 원인 제공자가 바로 일본임을 명심해야 한다. 남의 영토를 자기 것이라 속여 상전 같이 섬기던 미국에 선심공세로 약자를 짓밟으며 강자에게 아부와 굴종으로 수단과 방법을 안 가리고 국익을 추구함은 추악한 섬나라 근성 발로의 한 단면이다.

독도는 한국 어민들의 중요한 어로 활동 구역이었다. 그러나 일본 정부는 독도에 대한 영유권을 주장하기 위해 독도에서 조업 중이던 한국 어민들이 많은 피해를 입을 가능성이 있음에도 불구하고 자기 영토도 아니면서 미군에게 무인 암도이니 항공폭격연습장으로 안성맞춤이라고 감언이설로 부추겨 성사시킨 잔인무도하고 간악한 족속이다. 이 사실은 일본 국회의 기록에서도 확인 가능하다.

이하는 1952년 5월 23일 중의원 외무위원회에서 시마네현 출신 야마모토 도시나가(山本利壽) 의원의 질의에 이시하라 간이치로(石原幹市郎) 외무차관이 답변한 내용이다.

질의 : 금번 일본 주둔 미 공군의 폭격연습장 지정에 있어서 다케시마 주변이 훈련구역으로 지정되면 다케시마를 일본 영토로 확인받는 데 유리하다고 바라는 뜻에서 외무성이 훈련구역으로 지정토록 추진한 것인지에 대하여 말씀하시오.

답변 : 대체로 그러한 발상에서 다방면으로 추진 중입니다.

이는 마치 구약 성서에 나오는 일화로서, 다윗왕이 궁궐에서 벌거벗고 모욕하는 한 여인의 나신을 관찰하고서 음욕이 발동하여 그녀를 불러와 겁탈하고는 자기 휘하 장수의 아내란 사실을 알고나서 그 장수를 특별한 이유 없이 격전지에 보내는 명령을 내려 전사케 한 다음, 그 여인을 자기 아내로 삼은 것이나 무엇이 다른가? 그러나 다윗왕은 후일 크게 회개하여 이스라엘의 성왕이 되었는데, 일본은 제국주의 식민정책으로 한국을 유린한 과거사를 반성조차 않고서 또 독도 침탈의 잔꾀를 부린 것이며, 지금도 그 연장선상에서 독도 탈환을 호시탐탐 노리고 있다.

그러면 미 극동공군 제93폭격대대가 1948년에 행한 독도 폭격의 실상을 알아본다.

> "6월 8일 오전 11시 30분께 울릉도 동방 39해리(독도)에 국적 불명 비행기 몇 대가 출현하여 폭탄을 투하한 뒤 기관총까지 쏘아대고 사라졌다. 고기잡이와 미역을 따고 있던 울릉도와 강원도의 20여 척 어선이 파괴되고 어부 16명이 즉사, 다수가 중상을 입었다. 급보를 받은 울릉도 당국은 구조선 2척을 현장에 급파했다."

1948년 6월 11일 자 일간신문에 실린 이 기사가 사흘 전 발생한 독도폭격사건을 세상에 알렸다. 생존자의 증언이 속속 나오면서 폭격기가 미 공군 소속이라는 사실이 밝혀졌다. 6월 17일 일본 도쿄의 미국 극동공군사령부는 B-29 폭격기가 폭격훈련을 실시했음을 인정했다. 다만 고공에서 날았기 때문에 어선을 보지 못했으며, 폭격 30분 뒤 정찰기가 촬영한 사진을 분석한 결과 현장에 작은 선박 여러 척이 있었다는 사실을 알았다는 것이 미군 당국의 발표였다. 이후 생존자들은 약간의 보상을 받았고, 이 사건은 금방 잊혀지고 말았다.

그런데 대한민국의 정부 수립 직전인 1948년 1월 23일과 2월 17일에 남조선 과도입법의원에서 대마도 반환 요구를 일본에 제기할 것을 결의하여 출범하는 한국 정부의 공식정책으로 채택도록 한 바 있으며, 특히 독도폭격사건을 계기로 동년 8월 5일 신탁통치 반대 진영에 속한 우국노인회에서는 독도가 한국령임을 재확인하고 대마도와 파랑도(이어도)도 한국 영토이므로 이를 인정하라는 청원서를 맥아더 사령부에 발송한 바 있어, 독도에 대한 영토 인식은 건국 초부터 고양되기 시작했던 것이다.

그런데 잊힌 독도폭격사건이 재조명된 것은 1998년경 한 미국인이 내놓은 '독도폭격사건에 대한 심층 연구' 논문과 여러 자료를 통해 사건처리 과정의 여러 의문점이 세상에 알려지게 되었다. 10여 년 전 한국에서 영어교사로 2년간 근무하며 인연을 맺었던 마크 로브모가 이 논문의 주인공이다. 그는 독도와 관련된 미국 정부의 각종 문서를 입수해 이를 바탕으로 독도폭격사건을 분석했다.

로브모는 비밀 해제된 미 공군의 문서를 분석한 결과, 문제의 폭격훈련을 한 부대는 미국 공군 제93폭격대대였다는 사실을 밝혀냈다. 이 대대는 원래 캘리포니아주 캐슬 공군기지에 주둔하고 있다가 1948년 4월 15일 3개월간의 임시배치명령을 받고 일본 오키나와의 가데나 기지로 이동했다. 당시 미국 전략공군사령부는 B-29로 이뤄진 비행대대의 전반적인 전시 대비체제를 점검하기 위해 폭격대대 순환근무를 실시하고 있었다. 제93폭격대대는 사건이 발생했을 때 일본에 주둔한 유일한 B-29 운용 부대였다.

1948년 5월 말 배치가 끝난 제93폭격대대(93rd Bombardment Group)의 임무는 21개의 훈련을 완수하는 것이었다. 독도 폭격훈련은 그중 3번째 과정이었다. 독도에 폭격기당 1,000파운드 폭탄 4개를 투하하고, 다른 두 곳은 카메라로 촬영하라는 명령이 떨어진 것은 6월 7일. 정찰기를 포함해 총 24대가 훈련에 참가하게 돼 있었다. 그러나 2대는 기계 결함으로 이륙하지 못했고, 1대는 도중에 연료 문제 때문에 임무를 취소했다.

독도 근처는 시계가 양호했다. 오전 11시 47분쯤 목표 지점에 도착한 폭격기 20대는 약 1분 간격으로 폭격을 시작했다. 이 대대의 예하인 제330, 제328, 제329폭격대 순으로 오전 11시 58분 30초, 12시, 12시 1분에 연달아 폭탄을 투하했다. 총 76개의 폭탄(약 1천 파운드)은 목표물 반경 90m 안에 명중했다. 이 중 첫 폭격에 실패한 3대의 비행기는 편대에서 벗어나 개별적으로 폭격을 실시했다. 결국 모두 4번의 폭격이 이뤄진 셈인데, 당시 목격자들의 증언도 거의 일치하고 있다. 보고서에 따르면, 이날 폭격은 성공적이었다는 평가를 받았다. 평화롭게 어로작업 중인 어민들에게 날벼락이 떨어진 것이다.

당시 폭격훈련에서 정찰기도 폭격기도 어선을 보지 못했다는 것이 미국 극동공군 사령부의 공식 발표였다. 30분 먼저 이륙한 정찰기는 6회나 독도 부근을 살펴봤지만 훈련을 진행해도 무방하다는 보고를 올렸다. 폭격 대상이 될 다수의 작은 섬이 있는 만큼 어선들도 섬으로 잘못 간주한 것 같다는 주장이었다. 과연 미 공군기가 어선을 보지 못했을까. 말도 안 되는 소리다.

폭격기가 어선을 봤는지 여부를 확인하기 위해서는 폭격기의 고도를 파악해야 한다. 고도는 기총사격 여부와도 관련이 있다. 고도가 높으면 기총사격을 할 수 없기 때문이다. 사건이 발생하고 난 뒤 울릉도의 한 경찰관은 폭격기 날개 아래쪽에 그려져 있는 동그라미와 별, 즉 미군의 기장을 보았다고 전했다. 생존자들도 600m 이내의 저공에서 폭격기가 기총사격을 했다고 전했다. 이들 주장대로라면 폭격기가 어선을 바위로 착각했다는 것은 말이 안되는 이야기다.

당시 미군 측은 비행고도가 6,600m에 달했기 때문에 어선을 확인하지 못했다고 주장했다. 주장이 엇갈리는 셈이다. 아쉽게도 이 때 폭격훈련의 기록인 '93폭격대대 역사'에는 당시 폭격기의 고도를 구체적으로 적지 않았다. 기록에는 단지 선두의 330폭격대가 중간고도, 가운데의 328폭격대가 가장 낮은 고도, 뒤쪽의 329폭격대가 최고 고도에서 비행했다고만 적혀 있다. 기총소사 연습까지 했으니 구경 50 중기관총이라면 그 유효사정이 2,000미터 이내이다.

이에 로브모는 실제 승무원으로부터 상황을 들었다. 1951년부터 3년 동안 B-29기에서 근무한 경험이 있는 그는 인터뷰에서 "B-29기는 절대로 600m 상공에서 폭탄을 투하하지 않는다"고 말했다. 그렇게 낮은 고도에서 떨어뜨리면 우선 폭탄이 터지지 않을 뿐 아니라 아군기에도 피해를 줄 수 있기 때문이다. 다만 그는 "기총소사는 있을 수 있다"며 "실제 사격을 연습하기 위해 낮게 비행하는 경우가 있다"고 소개했다. 이런 이야기는 개인의 경험을 바탕으로 한 것이므로 독도폭격사건에 적용하기는 어렵지만, 가능성은 충분히 제시하고 있다.

독도폭격사건 당시 제329폭격대 폭격수로 근무하던 장교는 로브모와 인터뷰하며 독도 폭격과 비슷한 훈련을 떠올렸다. 하지만 독도나 울릉도 등의 명칭은 물론이고, 임무를 수행했던 날짜도 기억해내지 못했다. 로브모는 폭격 목표였던 섬의 형태에 대한 묘사와 그가 보았다는 선박 등을 근거로 독도폭격사건과 유사점이 많다는 평가를 내렸다.

그 전직 장교는 "어느 섬의 모래톱을 폭격하려고 했으나 6m 정도 빗나갔고, 섬의 만 위로 떨어졌다"며 "그 작은 만에 선박이 있었다"고 말했다. 그 선박이 마약 밀수선이라는 이야기를 들었다고 그는 전했다. 설사 당시 수행된 작전이 독도폭격사건과 관련이 없다고 하더라도 그가 8,400m 상공에서 작전을 수행하고 있었던 점은 큰 시사점을 갖는다. 그보다 낮은 6,000m라면 충분히 선박을 식별할 수 있다는 주장이 가능하기 때문이다.

미군이 어선을 보고도 훈련을 감행했는지 여부는 여전히 알 수 없다. 하지만 미군이 당시 선박이 있는 곳에 폭탄을 투하한 것만은 틀림없는 사실이다. 이런 까닭에 진상 규명을 요구하는 목소리가 높아질 수밖에 없다. 한국 정부는 독도가 폭격훈련장이라는 점을 몰랐다 한다. 현장에서 폭격을 목격한 한 생존자는 "폭격 연습한다는 말도 없이 어선을 폭격하고 기관총까지 쐈다니 정말 억울하기 짝이 없는 일"이라며 울분을 터트렸다. 과연 우리 정부는 독도가 폭격훈련장으로 사용된다는 사실을 몰랐을까. 일단 울릉도 경찰은 몰랐으며, 어민들에게 경고한 적이 없다고 한다.

미군이 독도를 폭격훈련장으로 사용했다는 내용은 1946년 1월부터 일본을 점령한 연합군 최고사령부에 의해 일본 정부에 SCAPIN 제1778호로 지령을 내려 알려졌다. "독도가 폭격훈련장으로 지정됐다"며 "일본 서해안에 사는 주민은 폭격훈련 전에 통보를 받을 것"이라고 밝혔다. 이 문서에서 한국 정부에 대한 내용은 언급되지 않았다. 또한, 한국 정부에 대해 독도를 폭격훈련장으로 사용하겠다고 밝힌 내용도 알려지지 않았다. 참으로 분통 터지는 일이다. 그때까지도 미군정 당국은 한국을 준식민지 상태로 취급한 것이 아닌가?

이상한 점은 연합군 최고사령부가 이런 사실을 밝히기에 앞서 독도에 일본인의 접근을 금지했다는 사실이다. 즉, 1946년 1월에 이미 SCAPIN 제677호로 맥아더 라인을 설정하였고, 비슷한 시기에 설정한 한국방공식별구역(KADIZ) 내에 독도가 위치함으로써 한국령임을 해상 및 공중경계선으로 명시해 놓고도 1948년 8월에 독도가 일본 땅이란 일본의 꼬임에 빠져 한국에는 알리지도 않고 폭격연습장 사용 결정을 내린 것인가? 그리하여 일본에는 독도를 폭격훈련장으로 사용하겠다고 친절히 예고했지만, 한국에는 일언반구도 알리지 않은 것이다.

이에 대해 로브모는 당시 최고사령부의 더글라스 맥아더 사령관과 한국의 미군정 사령관 존 하지 중장이 껄끄러운 관계였다는 점에 주목했다. 연합군 최고사령부가 한국 미군정 당국에 전달했을 가능성도 간과할 수 없다. 전달했지만 혼란스럽던 국내 상황 때문에 제대로 전달되지 않았을 수도 있기 때문이다. 어쨌든 폭격 사실은 우리 어민에게 전달되지 않았고, 비극적인 사건은 발생했다.

그러면 진상 규명은 왜 제대로 이뤄지지 않았나? 1948년 6월 15일 제헌국회는 제11차 본회의를 열고 독도폭격사건을 의제로 다뤘다. 진상을 규명하자는 긴급동의가 나왔기 때문이다. "진상조사위원 5명을 선정하자"는 정준 의원의 의견에 이어 "외무국방위원회에 일임하기로 하고 토론을 종결하자"는 윤재근 의원의 의견이 있었는데, 결국 윤 의원의 의견이 채택됐다.

이튿날 미군정 당국은 외무위원회 소속 장면 의원에게 성명서를 보냈다. "조사 중이며, 만약 미군에 책임이 있으면 손해를 보상하는 등 모든 조치를 취하겠다"는 내용이었다. 이후 우리 국회가 이 사건을 조사했는지 여부는 불투명하다.

이에 대한 미군정 정보 당국의 평가가 흥미롭다. 폭격사건이 알려진 뒤 한국인들이 분노했으나, 동년 6월 16일 하지 중장이 성명서를 발표하자 미국에 대한 비우호적인 여론이 사라졌다고 평가했다. 이런 평가를 받아들인 탓인지 다음날 극동공군사령부는 우발적인 사고였다는 내용의 조사결과를 발표했고, 미군정은 6월 29일 조사결과 발표 대신 보상이 이뤄지고 있다는 사실만 밝혔다. 당시 언론은 정확한 진상 규명을 요구했으나 결국 흐지부지 마무리됐다.

하여간 일본의 농간으로 미 공군기에 의해 한국 어부가 떼죽음을 당한 것이 사실이다. 역사는 그것을 독도 오폭사건이라고 기록하고 있다. 실수로 폭격했다는 것이다. 하지만 단순한 실수였는지, 의도적인 폭격이었는지는 아직도 밝혀지지 않고 있다.

폭격에서 천우신조로 살아남은 어민들은 옷가지를 찢어 상처를 동여매고, 총알이 지나간 뱃전은 헝겊으로 구멍을 막아 울릉도로 도망쳐 왔다고 한다. 당시 생존자 고(故) 김도암 씨는 "태극기를 흔들며 목메어 소리쳤지만 야속한 비행기는 아랑곳하지 않고 계속 총을 쏘아댔다"고 증언했다. 그러나 피해자의 숫자 등 폭격의 실상이 상당 부분 숨겨져 있는 것으로 드러났다. 지난 1995년 '푸른 울릉·독도 가꾸기 모임'과 한국외국어대 '독도연구회'가 생존자와 유가족의 증언을 청취한 결과, 폭격사건으로 피해를 입은 어민은 공식 보도인 16명 사망과 6명 중경상만이 아니고 30여 척의 어선이 침몰하고 무려 150여 명에 달하는 인명 피해가 추정되었다.

당시 한 생존자의 실상 증언은 다르다. 당시 미군정은 사건 발생 8일이 지나도록 폭격 사실 등을 부인했다. 그러다 미 공군 극동사령부를 통해 미 제5공군 소속 B-29 폭격기가 어선들을 바위로 오인해 연습폭격을 했다고 발표했을 뿐 진상을 공개하지 않았다.

1948년은 미군이 이 땅의 모든 것을 쥐고 있을 때였다. 우리는 항의할 정부조차 없었다. 사건 직후 미군 당국은 소청위원회를 구성, 울릉도와 독도에서 피해 내용을 조사했고, 1명을 제외한 피해자들에게 소정의 배상을 완료했다고 발표했다. 그러나 배상 내용, 독도를 연습대상으로 지정한 경위, 사고에 따른 내부 처벌 등의 내용은 미군 당국으로부터 공식 발표되지 않았다.

독도의용수비대 홍순칠 대장의 자서전에 따르면, 공식적으로 확인된 바는 아니나 당시 어른은 500환, 미성년자에게는 300환의 위자료를 어업조합으로부터 수령했다는 것이다. 이 돈은 당시 돼지 1마리 값에 해당하는 가치에 불과했다고 한다. 미군 측에서 보상금과 물건이 나왔는데 희생당한 사람들의 영혼을 위로하는 위령제 경비로 다 쓰이고 희생자 가족에게는 실제 지급된 보상금은 몇 푼 되지 않았다는 것이다. 그 당시 미군 당국은 사건이 고의적이 아니고 우발적이었음을 강조하면서 공개사과는 하지 않았고 주한미군 소청위원회가 강원도와 울릉도 현지를 직접 방문하여 피해액을 조사한 다음 피해액의 절반만 보상하고 사후 처리를 끝냈다. 서울신문과 새한민보의 보도에 따르면, 죽변 어업조합 관내 피해액 520만 환 중 248만 환, 묵호 어업조합 관내 피해액 800만 환 중 325만 환을 각각 미군 당국으로부터 수령했다고 한다.

1950년 6월 초에 독도 현지에서 경북도지사가 참석한 가운데 희생당한 어민들을 위한 위령비 제막식이 거행되었으며, 동도에 세워진 이 비석은 6 · 25전쟁 기간 중 우리 의용수비대가 독도를 지키기 이전의 어느 날 일본 과격 우파단체가 은밀히 상륙하여 파손해 버려 현재는 흔적조차 없는 상태이다. 1950년 4월 25일 대한민국 수립 후 정부는 미 제5공군에 이를 조회했다. 미군은 같은 해 5월 4

일 자로 "독도와 그 근방에 출어가 금지된 사실이 없었다"는 것과 또 "독도는 극동공군의 연습 목표로 되어 있지 않았다"는 동문서답의 공식 회신을 내놓았다.

그러나 그 후 미군기에 의한 독도폭격사건은 한국전쟁 기간인 1952년에도 또 있었다. 1952년 9월 한국산악회가 제2차 울릉도 독도 학술조사단을 파견했는데, 미군기의 독도 폭격으로 독도에 상륙하지 못하고 중도에서 포기해야만 했다. 당시 독도에는 어민 23명과 해녀들이 있었으나 다행히 인명 피해는 없었다. 우리 정부는 전쟁 중이었지만, 독도가 미 공군의 연습폭격장으로 재차 선정되었음에 대하여 뒤늦게 같은 해 11월 미군 측에 정식 항의했으며, 미군 당국은 즉각 독도가 미군 훈련장에서 제외되었음을 미국 대사관을 통하여 공식적으로 통보해 왔다.

이보다 앞선 1950년 6월 8일 당시 경북도지사였던 조재천 씨 (1970년 사망)가 울릉도 주민 100여 명과 함께 독도 현지의 위령비 제막식에 참가하여 헌화를 한 뒤 조사를 낭독하는 장면의 사진첩을 이인수 박사(이승만 전 대통령 양아들)가 2005년도에 울릉도박물관에 기증함으로써 위령비의 실상이 정확하게 알려지게 되었다. 그 사진첩 속엔 독도의용수비대를 이끈 고 홍순칠 의용수비대장의 할아버지 홍재현 옹의 모습도 보인다. 위령비 비문에는 "이 비(碑)의 건립 의도는 위령(慰靈) 이외에 일본이 독도 영유권을 주장함에 대해 독도가 대한민국의 영토임을 재천명하는 데 있다"라고 쓰여 있다. 당시 90세이던 홍 옹도 이 제막식에서 조사(弔辭)를 낭독하는 장면이 있다. 참으로 아이러니한 과거사이다. 아무리 정부 수립 이전이고 전쟁 중의 사건이었다 하지만, 우리 영토가 연합국의 폭격연습장이 되어 다수 국민이 희생당하고, 희생자 유족들이 보상금 일부를 염출하여 세운 위령비 제막식에 도지사가 참석하는 데도 정부 당국이 적법 조치를 취하지 못하고 장기간 손 놓고 있었으며, 2년 후에 또다시 미군 항공기가 폭격을 했다는 사실이 우리를 슬프게 한다. 전쟁 중인 국가 존망지추의 위급 상황에 처한 약소국을 짓밟으면서 남의 땅을 자기 것이라 속여 자국 상전 노릇 하는 미국에 알랑거려 선심 쓰고 잔재주 부린 꼼수의 달인 격인 일본의 못된 버르장머리를 반드시 고쳐 놓아야 할 것이다.

9 "한국은 독도를 불법으로 점거하고 있다"

"한국은 국제법상 아무런 근거도 없이 독도를 불법적으로 점거
하고 있다. 따라서 한국이 독도에서 실시하고 있는 모든 조치는 법
적인 정당성이 결여돼 있다. 일본은 한국의 조치에 대해 엄중하게
항의함과 동시에 철회를 요구하고 있다."

일본의 주장은 이래서 거짓이고 표리부동이다.

**독도에 대하여 대한민국은 정당하고 합법적인 영토주권 행사를 위
해 실효지배하고 있을 뿐이다.**

일본은 역사적으로 어느 시기에도 독도에 대한 영유권을 확립한
바가 없으며, 일본은 여러 차례에 걸쳐 독도가 한국 영토임을 정부
공식 문서로 공시하였을 뿐만 아니라, 일본의 어떤 고문서나 고지도
에도 독도가 일본 영토임을 정확하게 명기·명시한 자료가 없는 데
도, 오늘날 일본의 억지 주장은 오히려 대한민국의 고유 영토주권
을 침해하는 일방적이고 불법적인 영토 침탈 야욕의 발로일 뿐이다.
415년 신라 시대에 울릉도의 속도인 독도를 포함한 우산국을 정벌
복속시킨 이래 일제 식민지 기간 36년을 제외하고는 역사적으로 단
한 번도 독도의 실효지배나 영유권을 포기한 적이 없다.

일본이 영유권을 주장함은 두 가지다. 첫 번째는 1905년 국제법
상으로 원천 무효에 해당하는 독도 불법 영토 편입을 고유 영토라고

우기고, 두 번째로 샌프란시스코 강화조약에 일본이 불법 점령했다가 포기해야 할 대상의 섬들 중에서 독도가 누락되었음을 기화로 독도는 일본의 고유 영토임을 연합국이 재인정했기에 독도가 일본 것이라는 엉터리 주장이다.

1545년의 〈세종실록지리지〉, 1808년의 〈만기요람〉, 1900년의 대한제국 칙령 제41호, 1696년의 일본 에도 막부의 도해금지령, 1946년의 SCAPIN 제677호 및 제1033호 등 한국과 일본 그리고 연합국 사령부 문서에 분명하게 독도가 한국 영토임을 명확하게 기술·도시하고 있지 않은가?

우리 땅에 우리가 배타적인 영유권 행사를 위해 한때는 의용수비대가 전쟁 기간 중 일시적으로 점령 방어했지만, 그 후 대한민국 경찰이 정정당당하게 배치되어 우리 국민의 생명과 재산을 보호하기 위해 배치되어 있음은 실효지배를 평화롭게 그리고 영속적으로 유지하기 위함인데 일본이 무슨 헛소리하고 있는가? 앞으로 필요하다면 서해 5도와 같은 차원에서 군대를 배치하여 정식으로 군사적 방어작전을 전개한다고 해도 일본이 간섭할 하등의 이유가 없다.

대한제국이 패망하기 직전 외교권과 군사권이 상실된 상황인 1905년에 일본이 정부 차원도 아닌 한 지방정부인 시마네현의 고시로 독도를 일본 영토라고 얼버무리고는, 뒤이어 1910년에 무력으로 우리나라를 강압 병탄한 이후 조선총독부에 의해 한국은 일본의 식민지로 편입되고 말았으니, 독도를 포함한 한반도와 그 부속도서 전체가 일본 영토로 바뀌게 된 것은 사실이다. 그러나 1945년에 연합국이 승리함으로써 패망한 일본으로부터 한반도가 조국의 품으로 되돌아온 것이다. 이때 독도도 당연히 우리 땅이 되었으며, 1948년

8월 대한민국이 정식으로 유엔이 승인한 독립국가로 일본보다 먼저 출범함으로써(일본은 1952년) 독도를 경북 울릉군 남면 도동리 1번지로 행정 지번을 부여해 오다가, 2004년 4월 1일 행정구역 개편에 따라 울릉군 울릉읍 산 1-37번지로 지번을 재부여하고서 영토로서 주권을 행사해 왔다. 그동안 연합국은 물론 일본도 아무런 이의를 제기하지 않았다. 지극히 당연한 주권국가의 배타적 영유권 행사이며, 입법·사법·행정권의 정상적인 시행일 뿐이기 때문이었다.

현재 독도엔 소수의 주민이지만 서도에 2세대가 거주하면서 경제생활을 영위하고 있으며, 비상주 인구로서 본적 이적 등록자는 1천여 명으로 날로 늘어나고 있다. 경찰과 공무원이 상주하여 독도를 수호함은 물론 유인등대와 방사능 감지기, 레이더와 헬리콥터 착륙장, 선착장 등 여러 시설을 설치 운용 중이고, 울릉도를 모항으로 하는 관광선이 울릉도와 독도 사이를 정기 및 부정기적으로 운행 중이며, 매년 10만 명이 넘는 국내외 관광객이 독도를 방문하는 명소로 부각되고 있다.

그리고 정부는 독도의 천혜의 자연환경과 생태계를 보존하기 위하여 1982년부터 독도를 천연기념물로, 1999년엔 천연보호구역으로 지정하여 정부 차원에서 보호 보존하고 있음을 일본이 불법 운운하면서 내정 간섭하는 것은 어이없는 일이다.

거듭 강조하지만, 대한민국은 1948년 정부 수립 이후로 이 섬에 대한 실효지배를 단계적으로 강화하고 있다. 국제법상 평화적인 지배를 계속하는 것이 영토권을 주장할 수 있는 가장 확실한 근거라고 판단하여 섬에 대한 외교적 공론화를 위해 현재는 외교부와 국토해양부 홈페이지에 섬에 대한 분쟁 문제를 일본과 맞대응 제기 변론하고 있다. 일본 언론은 2005년을 기점으로 섬에 대한 문제를 확대하여 영토 분쟁 지역으로 보도하고 있으며, 시마네현을 비롯한 주변의 현(縣)이 연합하여 섬에 대한 영유권을 주장하고 있으니 참으로 가소롭다.

2006년 노무현 대통령은 한일 관계 특별담화를 발표하고 일본에 진정한 사과에 부합하는 행동을 촉구하였다. 그는 특별담화에서 "독도는 우리 땅입니다. 그냥 우리 땅이 아니라 40년 통한의 역사가 뚜렷하게 새겨져 있는 역사의 땅입니다. 독도는 일본의 한반도 침탈 과정에서 가장 먼저 병탄되었던 우리 땅입니다. 일본이 러일전쟁 중에 전쟁 수행을 목적으로 편입하고 점령했던 땅입니다."라고 말하였다. 또한, 일본이 독도에 대한 권리를 주장하는 것은 "제국주의 침략 전쟁에 의한 점령지 권리, 나아가서는 과거 식민지 영토권을 주장하는 것이기 때문에 독도는 완전한 주권 회복의 상징"이라고 말하였다. 양국의 외교관계는 급랭하였고, 노무현 정부는 주일대사를 소환하였다. 2008년 2월 일본 외무성이 이 섬에 대한 일본의 영유권을 주장하는 책자를 발간하여 배포하자, 대한민국의 동북아역사재단과 한국해양수산개발원은 이를 반박하는 자료를 발표하였다.

2008년 7월에는 일본 정부가 중학교 사회 교과서 학습지도 요령 해설서에 이 섬을 일본 영토로 표기하여 2012년부터 이 섬에 대해 '다케시마는 일본 고유의 영토'라는 내용을 교육할 것이라 발표하였고, 이는 즉시 대한민국 정부로부터 항의를 받았다. 독도 표기 문제에 대한 논란이 제기되자 대한민국 정부에서는 이에 대한 대응도 고려하고 있다. 2012년 이명박 대통령의 독도 방문에 앞서 2008년 7월 29일에는 한승수 국무총리가 대한민국 정부 수립 이후

현직 국무총리로는 처음으로 이 섬을 방문하기도 했다.

일본은 조선이 공도정책을 편 기간인 1416~1881년의 465년간의 말기 약 80년간을 자기들이 무인도 선점 원칙에 따라 독도를 실질적으로 어부들에게 도해권을 내어주고 조업과 벌채를 중앙정부에서 허가한 바 있어 섬을 경영했으므로 실효지배한 것으로 정당화하고 있으며, 그 후 1905년부터 합법적으로 1945년까지 일본 영토로 편입하고는 1910년부터 식민지로 지배 통치한 바 있기 때문에 독도에 대한 영유권을 확립한 이상, 한국이 1945년 이후 독도를 자국 영토라고 불법 점유함은 국제법상 아무런 근거가 없는 불법 점령이며 법적인 정당성이 없다고 주장하고 있는 작금의 작태는 적반하장이다. 비록 공도정책 기간 중 정부의 울릉도와 그 부속도서인 독도에 대한 통치가 소홀한 것은 사실이지만, 독도를 영토로서 계속 관리 유지해 왔으며, 신라 시대 이후 단 한 번도 포기한 적이 없다.

1545년의 〈세종실록지리지〉, 1808년의 〈만기요람〉, 1900년의 대한제국 칙령 제41호는 물론, 1696년의 일본 에도 막부의 도해금지령, 메이지 정부의 1870년 〈조선국교제시말내탐서〉, 1877년의 「태정관 지령문」 등에도 일본 스스로 독도를 한국 영토로 시인하여 행정적 처리를 시행했으며, 1949년의 SCAPIN 제677호, 제1033호 등 연합국 총사령부 지령문에도 독도가 한국 영토임을 명기하고 있으므로 일사부재리 원칙상 비록 샌프란시스코 대일강화조약 상에 독도가 명기 안 되었다 해도 독도가 울릉도의 부속도서이고 1,500여 개의 한반도 부속도서를 하나하나 다 명기할 필요 없이 대표적으로 연합국에 잘 알려져 있는 제주도, 울릉도, 거문도 등 3도서만 거명한 것일 뿐, 일본이 불법 탈취하여 점령했던 원래의 한국 영토가 원상태로 반환된다는 것은 당연한 이치이다.

뿐만 아니라 이미 과거에 일본 최고 지도층에서 독도를 일본 영토가 아니라고 세 번이나 결정 고시까지 한 바 있으면서, 이제 와서 오리발을 내밀고서 남의 영토를 재침탈하려고 '다케시마의 날' 행사를 치르는 것 자체가 국제법상 주권 침해이며, '금반언의 원칙'을 위반한 처사이기도 하다. 역사적으로 교묘하게 상대방을 속이고 계략을 꾸며 도리에 벗어나는 행동을 태연히 해온 일본으로서는, 이 같은 국제사회의 규범가치나 원리원칙을 범해도 상대적으로 약자인 한국에 대하여 가책을 느끼지 못하는 것은 어찌 보면 당연하다.

10

"일본이 독도 영유권 문제를 국제사법재판소를 통해 해결하자고 제안했으나, 한국은 이를 거부하고 있다"

"일본 정부는 1954년 9월과 1962년 3월에 독도 영유권 문제를 국제사법재판소에 회부하자고 제안했다. 그러나 한국 정부는 이 제안을 거부했으며 지금도 받아들이지 않고 있다."

일본의 주장은 이래서 거짓이며 호가호위(狐假虎威)이다.

독도는 대한민국의 고유 영토이고 주권의 상징인바, 국제사법재판소에 회부할 어떠한 이유도 없음이 명백하다.

독도는 역사·지리적으로 그리고 국제법적으로 명명백백한 대한민국 고유의 영토로서, 현재 대한민국이 독도에 대하여 입법·사법·행정적인 주권 행사는 평화적으로, 계속적으로 충분하게 행하여지고 있다. 특히 울릉도의 속도로서의 독도 위상은 대한민국의 오랜 전통적·역사적 권원(權源)의 핵심으로서 사실상의 공정성이나 실효성 및 정당성 그리고 신의와 성실의 원칙상 전혀 하자가 없다. 독도는 울릉도의 속도로서 신라 지증왕 때인 415년에 신라가 우산국을 정복 병합한 지 이미 법정시효(prescription)인 50년을 몇십 배 넘긴 장기적인 지배로 대한민국 영토로서 응고된 지 1,500여 년이 지났다.

뿐만 아니라 1965년의 한일 국교 정상화 당시 국제사법재판소에 회부하자는 일본 측 제의 자체를 원천 봉쇄하여 양국 간 현상유지를 전제로 한 조정으로 해결하기로 못 박은 이상, 지금 국제사법재판소 운운하는 것은 한일기본조약을 파기하겠다는 의도 외는 아무것도 아니다. 진실로 일본이 그렇게 하기를 원하는가? 우리로서는 손해 볼 것이 하나도 없다. 더 많은 보상과 위안부 문제 등 미해결 과제를 해결 가능한 절호의 찬스가 오는 것이다. 조정(Mediation)이란 분쟁을 법원의 판결에 의하지 않고 중립적인 위치에 있는 제3자(조정위원)의 권고에 의하여 양 당사자가 서로 양보하여 당사자의 합의로써 해결하는 대체적 분쟁 해결이다.

일본의 국제사법재판소 회부 제의는 사법 절차를 가장한 또 하나의 다른 허위 시도에 불과하다. 독도는 일본의 한국 침략 최초의 희생물이라, 한국의 자존심을 훼손시키려는 것이다. 최근 독도를 분쟁 지역으로 만들기 위한 일본의 움직임이 가시화되고 있다. 일본 정부가 1954년 · 1962년 이후 50년 만에 다시 국제사법재판소 제소 카드를 꺼내 든 셈이다. 그간 한국 정부는 국제사법재판소행을 모두 거부해 왔다. 한국은 이번에도 국제사법재판소행을 거부할 방침이다. 한국이 독도를 실효지배하고 있는 만큼 제안에 응할 필요가 전혀 없기 때문이다.

그런데 국제사법재판소 제소가 불가피한 상황이 닥칠 수도 있을까? 가능성은 제로에 가깝다. 국제사법재판소는 원칙적으로 당사국이 명시적 합의를 통해 재판소에 사건을 부탁해 오는 경우에만 재판 관할권을 행사한다. 국제사법재판소 규정 중 '강제관할권'이라는 선택조항에 따라 재판에 회부될 가능성도 낮다. 국제사법재판소 규정 제36조 2항은 어느 한쪽 국가가 제소를 했을 경우 피소국이 재판에 응하고 싶지 않아도 국제사법재판소가 재판을 진행할 수 있다고 규정하고 있다. 이 조항을 수락한 국가 간에는 강제관할권이 성립된다. 하지만 일본과 달리 한국은 이 선택조항을 수락하지 않았다. 따라서 한국 정부가 합의·동의하지 않는 한 독도 문제로 국제사법재판소에서 심판을 받게 될 가능성은 거의 없다는 의견이 지배적이다.

그럼에도 국내 법학자들은 국제사법재판소행에 대한 사전 대비책을 비롯해 국제법적으로 통용될 수 있는 대응 논리를 개발해야 한다고 지적한다. 독도 문제를 10년 이상 연구해 온 국내의 한 법학자는 "일본이 국제사법재판소로 가자고 큰소리치는 법적 근거가 뭔지 제대로 파악할 필요가 있다. 국제법 연구 면에서 우리가 밀린다. 한국의 독도 연구는 역사학적 고증에만 열중하는 경향이 있다."고 말했다. 국제사법재판소는 소장 1명을 포함해 15명의 재판관으로 이뤄져 있으며, 임기는 9년인데 3년마다 선거를 실시해 이 가운데 5명씩을 바꾼다. 재판관은 유엔 안보리 상임이사국인 미국·중국·러시아·영국·프랑스에 1명씩, 남은 자리에 아시아 2명, 아프리카 3명, 유럽 및 기타 3명, 중남미 2명씩 나눠 뽑게 된다.

실제 만에 하나 독도가 국제사법재판소에 올라갈 경우, 한국의 완벽한 승리를 장담하기는 쉽지 않은 상황이다. 국제적 역학 관계에서 한국이 일본에 많이 뒤처지는 데다 한국은 국제사법재판소 소송 경험이 전혀 없기 때문이다. 게다가 국제사법재판소 재판은 한 번 패소하면 다시 제소할 수도 없다. 국제사법재판소 판사 대부분이 과거 제국주의 국가 출신이라는 점도 간과할 수 없다. 일본도 현 재판관 1명과 과거 3명의 재판관이 재직한 바가 있어 인맥이 막강하다.

최근 도서 영유권과 관련한 국제사법재판소의 견해를 엿볼 수 있는 분쟁 중 하나가 바로 싱가포르와 말레이시아 사이에 있었던 '페드라 브랑카(Pedra Branca) 분쟁'의 판례이다. 말레이시아에서는 '풀라우 바투 푸테(Pulau Batu Puteh) 분쟁'이라 불린다. 페드라 브랑카 분쟁이 양국 간 공식 의제가 된 것은 1979~1980년이다. 말레이시아가 1979년 출판한 정부 간행 지도에 페드라 브랑카 섬을 풀라우 바투 푸테라고 명명하면서 자국의 영해 내에 속하는 섬으로 표시한 것이 문제가 됐다.

1980년 싱가포르가 서면으로 항의했으나 그 뒤로도 약 10년간 양국 간 합의는 원만히 진행되지 않았다. 이에 싱가포르가 1989년 섬의 영유권이 어느 쪽에 있는지를 국제사법재판소 판결에 맡기자고 먼저 제의한다. 1994년 말레이시아가 이를 받아들임으로써 2003년 국제사법재판소에 소장이 접수됐다.

페드라 브랑카는 거리상으로는 말레이시아에 더 가깝다. 이 섬은 길이 137m, 평균 폭 60m의 무인도로, 싱가포르 동쪽으로 약 24해리, 말레이시아 조호르 지방에서 약 7.5해리 떨어져 있다. 말레이시아는 이 섬이 '기억할 수 없이 오래 전(time immemorable)'부터 자국의 고유 영토였다고 주장했다. 17세기 중반 네덜란드의 동인도회사가 싱가포르 해협에서 선박을 나포한 사건에 대해 조호르 왕이 네덜란드 총독에게 항의 사절을 보내고, 19세기 동인도회사가 페드라 브랑카에 등대를 건설·운영할 당시 조호르 왕국의 허가를 얻었다는 사실 등도 근거로 내세웠다.

그러나 싱가포르는 등대 설치가 이뤄졌던 1847년 당시 페드라 브랑카가 무주지(無主地) 상태에 있었다는 점을 강조했다. 영국의 허락을 받아 페드라 브랑카에 등대를 설치하면서 무주지였던 섬에 영유권이 확립되었는데, 영국을 승계한 싱가포르가 이 영유권을 승계

한다는 논리였다(당시 말레이시아는 영국의 식민지였고, 싱가포르가 말레이시아 연방에서 탈퇴한 것은 1965년이다). 이후 등대의 운영이나 섬 방문 등을 규율하는 법률을 시행했을 때 말레이시아가 항의한 적이 없었다는 점도 논거로 들었다.

지리적·역사적으로 말레이시아가 유리하다는 의견이 우세했지만 2008년 5월 23일 최종 판결에서 국제사법재판소는 싱가포르의 손을 들어줬다. 국제사법재판소는 페드라 브랑카 섬의 '본원적 권원'이 1844년까지는 말레이시아에 있었으나 이후 싱가포르의 실효적 지배에 의해 영유권이 싱가포르에 귀속됐다고 판결을 내렸다. 기존 말레이시아의 영유권 인정과 이후 싱가포르에의 영유권 귀속 인정에 실효적 지배가 중요한 잣대로 작용한 것이다. 국제사법재판소의 다른 영유권 분쟁 판례들도 실효적 지배를 중요시한다.

관련 증거가 모호한 역사적 근거보다는 현재의 실제 점유를 중요한 요소로 고려한다는 뜻이다. 페드라 브랑카 사건이 독도 문제에 주는 시사점은 무엇일까. 독도조사연구학회 김명기 명예회장은 "독도의 영유권과 관련해서도 한국의 실효적 지배가 중요할 것이다. 따라서 한국 정부가 독도에 대한 실효적 지배의 사실을 연대순으로 총정리하는 등 체계적으로 정리할 필요가 있다. 1948년 정부 수립 이후부터 1953년 독도의용수비대 파견 이전까지 기간에 실효적 지배가 있었음을 입증할 증거 등을 충분히 확보해야 한다."고 말했다.

실효적 지배는 분쟁 상대국의 묵인이 있어야 인정받기에 유리하다. 페드라 브랑카 분쟁 시 싱가포르는 자국 대통령과 정부 관리들이 페드라 브랑카를 방문할 때 말레이시아의 대응이 없었다는 점을 실효적 주권 행사의 근거로 삼았다. 이와 관련하여 일본은 이 대통령의 독도 방문 당일인 2012년 8월 10일 신각수 주일 한국대사를 불러 항의의 뜻을 전달하고, 8월 13일에는 한국 외교부에 항의구상서를 전달하고, 전국 도처에서 항의시위를 하고 요란한 언론 보도를 통하여 자국 영토의 불법 점유라고 맹비난 항의하였다. 이 모두가 독도를 국제사회에 분쟁지역으로 기정사실화 부각시키려는 저의인 것이다.

일본이 독도 문제를 국제사법재판소(ICJ)로 가자는 제안을 검토 중이라는 보도가 있었으나, ICJ 회부는 상대국이 동의하지 않으면 불가능하다. 그럼에도 일본이 이렇게 나오는 이유가 뭘까? 근본적으로 그들이 자꾸 이의를 제기하는 이유는 법률적인 것이다. 입국거부된 일본 국회의원 3명은 자기 개인의 정치적 전략이 있었겠지만, 일본 정부는 이의 제기하지 않으면 실효지배를 묵인하여 한국 영토로 응고시킬 수 있기 때문에 정기적으로 문제를 제기하여 분쟁 기록으로 남기려는 것이다.

유엔 헌장 36조에 보면 안보리가 분쟁 해결을 위해 가급적 ICJ행을 권고해야 한다는 조항이 있다. 이미 1970년대 그리스-터키 분쟁 때나, 40년대 영국-알바니아 분쟁 때도 안보리가 소집되어서 ICJ에서 해결하라고 권고한 적이 있다. 안보리에서 가라고 하면 훨씬 압박이 강해지는 것이다. 일본이 1백 년간 분쟁지역화를 시도해도 못 얻을 효과를 단번에 얻는다. 우리가 안 간다고 해도 분쟁지역이라는 낙인이 찍혀 피할 수 없게 된다.

한 작가의 픽션인 〈독도 인 더 헤이그〉에서는 일본 자위대가 우세한 해공군력으로 독도를 점령한 민간단체를 보호코자 섬 주변을 포위하고 안보리에 사태를 보고하게 되면, 국제사법재판소(ICJ)로 가는 결의안이 통과되는 것으로 돼 있다.

국제사회의 무법자인 이스라엘이나 북한은 안보리에서 결의안이 나와도 자기 맘대로 한다. 그러나 한국은 유엔 회원국으로서, 유엔 사무총장이 배출된 국가로서 유엔의 결의를 준수해야 한다. 국제사법재판소에 소송을 하면 우리는 국제사법재판소에 판사가 없으므로 국제적으로 권위 있는 국제법 교수들이 소송을 대리하는데, 우리나라 국제법 교수가 있긴 하지만 영토 분쟁을 전공한 사람이 일본에 비해 부족하다. 일본은 이미 세 번이나 국제소송을 해본 경험이 있으나 우리는 전혀 없다.

실효적 지배는 평화성, 즉 평화로운 상태에서 주권을 행사하는 것이 중요하다. 현재는 평화성이 위협받고 있다. 또한 '결정적 시점'이란 개념도 중요하다. 결정적 시점이란 분쟁이 발생한 시점을 먼저 확정하고 그 시점을 기준으로 영유권이 어느 쪽에 있는지 판단하는 기준이다.

따라서 신라, 조선 시대 때부터 실효지배했다는 것이 중요하다. 독도는 우리 땅이다. 울릉도를 가진 쪽이 독도를 가져야 한다고 본다. 일본 스스로도 독도는 과거 울릉도에 가기 위한 기착장으로 이용했다고 한다. 독도에만 가려고 한 적은 별로 없다. 일본 외무성 홈페이지에도 그렇게 돼 있다. 결국 독도는 울릉도의 속도이므로 떼어 놓고 얘기할 수 없다. 그러나 법정으로 가서 중요한 것은 다른 문제다. 독도가 우리 땅인 것은 맞지만, 심증을 갖는 것과 법정에서 입증하는 문제는 별개인 것이다. 국제사법재판소 법정에서의 입증이 강자에게 정의를 실현해 주는 요식행위가 될 수도 있기 때문이다.

지난 20세기 초반의 근세사를 반추해 볼 때, 일본은 분명히 양두구육(羊頭狗肉)에 양질호피(羊質虎皮)의 호랑지국(虎狼之國)이었으니, 그 속성을 아직 버리지 못하고 있으므로 우리는 한시라도 과거사를 잊어서는 안 될 것이다. 마치 여우가 호랑이의 힘을 빌려 약자인 토끼에게 위세를 부리듯 하는 작금의 국제사법재판소 회부 강요 작태는 국제사회에 큰돈을 기부하여 환심을 사고는 양의 탈을 쓴 늑대처럼 본능을 위장하고 있을 따름이다. 겉모양은 번드르르하게 보이지만 먹이를 찾는 황야의 무법자로서 언제고 야수의 본성이 발작할 것은 너무도 뻔하다.

제 4 부
독도 방어를 위한 국가 정책·전략 대안

    ※ *제4부의 이하 4개 분항인 ① 독도의 존재가치 재인식, ② 실효지배의 획기적인 대폭 강화, ③ 문화·교육·홍보·외교 활동 극대화, 그리고 ④ 독도 고수방어 태세 강화 및 확립의 4개 항을 보면 ①, ③, ④항은 ②항(실효지배의 획기적인 대폭 강화)에 포괄될 수 있는 범주의 의미상관성을 지니고 있으나, 그 분량과 내용의 중요성 및 특수성에 비추어 이를 각각 분리하여 독립된 항목으로 제목을 설정 기술하였음.*

1 독도의 존재가치 재인식

(1) 경제적 가치

황금어장으로서 수산 자원의 보고란 차원도 중요하지만 화석 연료의 고갈에 직면한 지구촌의 자원 전쟁을 전제할 때, 독도 주변 해역에 천연가스층이 존재한다는 것은 경이적인 사실이다. 1997년 12월 러시아 과학원 소속 무기화학연구소에서 연구 중인 경상대 화학과의 백우현 교수는 연구소장 쿠즈네초프(Kuznetsov)로부터 '한국의 동해 한 지점에 붉은색으로 하이드레이트(hydrate) 분포 추정지역임을 분명히 표기하고 있는 지도'를 선물로 받았다.

'하이드레이트'란 메탄이 주성분인 천연가스가 얼음처럼 고체화된 상태로서, 기존 천연가스의 매장량보다 수십 배 많은 데다가 그 자체가 훌륭한 에너지 자원이면서도 석유 자원이 묻혀 있는지를 알려 주는 '지시자원'이라고 한다. 1998년 5월 백우현 교수가 러시아를 재방문했을 때 '동해에 관련된 하이드레이트의 자세한 정보'를 부탁하자, 쿠즈네초프 소장은 다음과 같은 의미 있는 답변을 했다고 한다. "우리 연구소 규칙상 공개할 수 없는 자료입니다. 그런데 일본이 동해의 독도 영유권을 끈질기게 주장하고 있다지요?"

〈신동아〉는 이 부분의 이야기를 매우 충격적으로 다루고 있다. "지금까지 일본이 한국의 영토인 독도를 자기네들 땅이라고 우겨 온 중요한 이유가 동해 상의 풍부한 해양자원 확보를 염두에 둔 전략이라는 항간의 소문이 근거 있는 것임을 보여주는 대목"이라고 밝혔다.

현재 하이드레이트의 개발 수준은 그 매장량이 막대한 데도 개발 기술이 초보 단계이므로 러시아를 제외하고는 상업적 생산이 이루어지지 않고 있으며, 일본은 하이드레이트층에 대한 축적된 탐사자료를 통해 1999년(신한일어업협정 체결)에는 난카이 해구에서 시험 생산 체계에 돌입한다고 했다.

그 당시(1997년 기준) 우리의 원유 소비량은 전 세계 6위이며, 원유 수입량은 세계 4위이고, 에너지의 해외 의존도는 97.8%라고 했다. 이러한 이유로 당시 정부는 1970년부터 30만㎢에 달하는 대륙붕에 7개의 광구를 설정하여 해저탐사를 벌여 왔으며, 실제 1989년과 1993년에는 비록 경제성이 미흡했지만 동해 중심 해역에서 가스층이 발견되었으며, 1998년 7월에는 울산 남동쪽 50km 해상의 대륙붕에서 이전의 것과는 비교도 안 될 정도로 뛰어난 천연가스층이 발견되기도 했다.

실제 국내 대륙붕 및 인접 중국과 일본의 석유 발견 지점을 지도에서 보면, 동중국해에서 동북 방향으로 울산 남동쪽을 거쳐 독도 인근 해역을 거쳐 일본 서부연안을 향해 유전지대가 펼쳐진다고 한다. 30만㎢의 광활한 대륙붕에서 단지 30개의 시추공만을 꽂았을 뿐이며(일본은 38만㎢의 대륙붕에서 175개의 시추공을 꽂았다), 이 중 12개는 외국계 회사가 국내에 석유를 팔려면 의무적으로 한반도 대륙붕에서 석유를 탐사해야 한다는 의무조항 때문에 그나마 형식적으로 시추공을 박았다고 한다.

러시아 과학원의 연구소에서 제공한 동해의 '하이드레이트(hydrate)층'의 분포 추정 지도나 석유 발견 지도의 경향을 보았을 때,

독도 주변 해역의 해양석유 자원의 보유 가능성은 매우 명확하다고 하며, 그 경제적인 가치 또한 매우 높다고 하겠다. 일본의 경제 동물적 속성이 독도 영유권 주장에서 드러나는 대목이다.

뿐만 아니라 독도 자체는 어업 해역의 경제성뿐만 아니라, 동해 안의 어업 전진기지로서 무한한 가치를 지니고 있다. 독도 인근 수역의 석유 매장 가능성 등이 점쳐지고 있는 오늘날, 해양주권의 확립을 위해서도 독도에 대한 더욱 신중하고 다각적인 접근이 필요하다 하겠다.

한편 울릉도·독도는 천혜의 관광 자원을 지니고 있으며, 동해 한가운데 위치하고 있다는 점을 고려할 때, 환동해권의 관광 중심지로 개발될 여지가 충분하다. 독도에는 17종의 조류가 서식한다고 기록되어 있으나 실제 관측된 조류는 22종에 달한다. 그 중 슴새·바다제비·괭이갈매기 등 3종의 조류가 군집하여 집단으로 번식하고 있다. 이들 조류는 동북아시아에 국한하여 번식하고 있는데, 그 번식지를 보호하기 위해 1982년 문화재보호법에 따라 천연기념물 제336호 독도 해조류 번식지로 지정되었다. 경제적 효과를 지향해 관광 자원화할 경우, 환경 보존과 개발이 병행되어야 하므로 매우 신중한 접근이 필요하다. 특히 거의 멸종되다시피 한 강치는 독도에 집단 서식했던바, 1900년대 초에 일본이 남획할 당시 한 해에 2천여 마리 이상을 사냥했는데, 그때 시가로 강치 한 마리의 가격이 황소 한 마리 값과 맞먹었으니, 일본이 독도를 탐낼 만했던 것이다.

현행 유엔해양법협약은 과거의 전통적인 해양체제와 비교할 때 무해통항(無害通航)을 비롯하여, 통과통항(通過通航), 군도수역(群島水域), 200해리 배타적 경제수역(EEZ), 대륙붕범위, 심해저 규정

등 중요한 내용을 담고 있다.

유엔해양법협약은 영해기준선으로부터 200해리 이내에서 해저, 지하, 상부 수역의 자원 개발 및 보존, 공해방지에 관련된 연안국의 배타적 권한을 인정하는 EEZ 개념을 도입하였다. 선박의 항해 및 그 상공의 비행에 대해서는 공해와 마찬가지로 제3국의 자유가 보장된다. 또한, 대륙붕을 육지영토의 자연적 연장 부분이라 할 수 있는 대륙변계(大陸邊界)의 외측까지 또는 대륙변계의 외측이 200해리까지 미치지 않는 경우에는 영해기준선으로부터 200해리까지의 거리에 있는 해저 및 지하로 정의하고 있어 독도의 경제적 가치는 더욱 확장된다.

(2) 정치 사회적 가치

일본은 최근에 와서 팽창주의 정책을 강화하고 있으며, 과거의 침략정책·전쟁도 잘못이라고 인정하지 않는 풍조가 확산되고 있다. 일제의 1905년 독도 침탈 시도는 국제법상 정당한 것이었다고 주장한다. 이는 일제의 1905년 11월 대한제국 외교권 침탈이나 1910년 한반도 전체의 침탈도 당시의 국제법상 정당한 행위였음을 암묵적으로 전제한 주장이다. 그래서 독도는 영토 이전에 한국민의 일본 노예생활을 상기시키는 공분의 민족 자존심 문제로 부각되지 않을 수 없는 것이다. 21세기 대명천지의 자유민주주의의 신세계질서하에서도 일본이 과거의 식민통치와 약소국 침략 근성을 부활 정당화하고 호도하려 하기 때문이다.

일본 정부 각료와 정치인들이 끊임없이 망언을 되풀이하고, '독도 영유 실현'을 선거 공약화하고 있을 뿐 아니라 독도 영유권의 평화적 실현을 외교지침의 하나로 설정한 것 등은 오늘날 일본 정부가 한국에 대해 1905년 구제국주의 외교를 계승, 신제국주의 외교에 적용하고 있음을 뜻한다.

왜 한국 정부는 울릉도와 똑같은 한국의 고유 영토인 독도 수호를 위해 강경 대응책을 채택하지 못하는가? 어느 외교관이 말하기를, "일본 정부의 그러한 공약과 지침은 일본 국내 무마용이라 하니 너무 과민하게 대응하지 말고, 침묵하는 것이 일본을 자극하지 않는 현명한 방법"이라고 하였다. 참으로 한심하고 비겁한 사대주의와 패배주의 사상의 발로이다.

현재까지 양국이 발굴한 자료에 따르면 독도는 100% 한국 영토임이 자명하다. 일본은 역사적인 접근으로는 더 이상 당할 수 없게 되었다. 1905년 독도 강제 편입 이전의 일본 문헌이나 고지도엔 한결같이 독도가 조선 영토임을 입증하고 있기 때문이다. 그러나 그들은 국제법적으로 날카로운 공격의 마수를 뻗치고 있다. 1951년의 대일평화조약과 1999년의 신한일어업협정을 주 무기로 하여 일본은 상투적인 영토 주장을 계속적으로 반복함으로써 국제분쟁화를 통한 자기들 주장을 보편화, 관례화하여 관철시키려 하고 있는 것이다.

특히 신한일어업협정 체결 이후엔 종래의 수동적인 자세에서 전환하여 적극적이고 공세적인 행동에 나선 것이 분명하다. 그리고는 구체적인 조치에 착수하여 독도와 인근 해역을 공동수역임을 전제로 해상자위대의 작전지역 내로 편입 확정하고 한국 해군의 통과나 주둔을 실력으로 저지함으로써 물리적 충돌을 유인하려 할 것이다. 최근 일본 노다(野田) 전 총리가 "한국에 대한 보복 대책을 ALL

JAPAN 차원에서 신속하게 마련해야 한다"고 각료회의에서 선언한 것은 일본인의 집단 히스테리적 근성의 발작이기도 하지만, 과거 태평양전쟁 때의 가미가제(神風) 특공대를 앞세운 국가총력전 체제를 방불케 하는 독도 탈환을 위한 공세적 분위기 조성이라 하지 않을 수 없다.

일본의 현집권 엘리트는 유명한 마쓰시다(松下) 정경숙(政經塾) 출신의 40~50대의 100여 명으로 된 극우성향 집단으로서 3가지 정도의 국가정책에 합의하고 있다는 것이다.

첫째, 한국과 중국에 대한 피해보상이나 사과는 더 이상 불필요하며, 둘째, 미·일동맹에만 의존하지 말고 특히 중국과의 지역 패권 경쟁에서 이기려면 강력한 독자적 군사력이 필요하고, 셋째, 평화헌법을 개정하여 보통국가로서의 국방군을 보유함과 동시에 개별적 자위권을 동북아 전역으로 확대 행사토록 하고, 비핵 3원칙도 탄력적으로 운용해야 한다는 것이다. 여기에서 특히 주목할 것이 바로 마지막 부분인데, 독도 침탈을 개별적 자위권 행사 차원에서 정당화하겠다는 저의라고 하겠다.

어느 날 갑자기 우세한 해·공군력을 배경으로 그들의 숙원사업인 독도 탈환·접수를 일방적으로 감행하고는 "다케시마를 한국의 불법 점령으로부터 탈환했다"고 대내외적으로 선포함으로써 영토 편입을 강권적으로 실현시킬 가능성이 농후하다. 이 과정에서 일본 정부는 지역 어민과 극우단체 등을 동원하여 독도 편입을 유리하게 사전 여론화하는 한편, 국제사회의 여론과 유엔의 입김을 자기편으로 끌어들이는 노력을 더욱 강화할 것 또한 분명하다. 독도 영유권은 국가이익은 물론 민족 자존심과 국민 사기에 직결되는 정치·

사회·심리적으로 사활적 중요성이 매우 크다는 것을 재강조한다.

(3) 군사전략적 가치

한반도에서 동해는 해양으로 진출하기 위한 군사력을 집결하고 전개시키는 기동공간이기 때문에 러시아, 중국 등 대륙국가들이 해양으로 진출하기 위한 주요 활동무대이며, 해양국인 일본이나 미국이 대륙 세력을 견제하기 위한 전략적 요충지라는 점에서 독도는 마치 지브랄터섬과 같이 해상세력축의 역할을 하고 있다. 이러한 이유로 독도는 동해를 지배하는 데 필요한 발판으로서 우리에게 러시아 극동함대는 물론이고 일본의 해상자위대를 감시하고 견제할 수 있다는 점에서 매우 중요한 군사전략적 가치를 지닌다.

구체적인 가치를 평가해 보면 다음과 같다. 이는 러일전쟁을 전후하여 일본이 독도와 조선반도 동해안에 다수의 망루를 설치하고 울릉도와 독도 경유 일본 본토까지 해저 케이블을 부설한 것으로도 입증된다. 먼저 영토로서의 독도는 동해 중심부에 지름 12해리의 영해를 확보하게 함으로써 한국의 군사적 활동영역을 확장해 주고 한국 작전수역 및 방공식별구역을 설정하는 근거를 제공해 준다. 이로 인해 훨씬 더 원거리에서 북한, 일본 및 러시아의 군사활동을 감시 견제할 수 있는 역할을 수행하게 된다.

둘째, 조기경보를 위한 전초기지 역할을 기대할 수 있다. 현재 한국 해군의 해안 감시 및 정찰시설은 주로 서해안에 편중돼 있기 때문에 울릉도와 독도 주변 해역을 비롯한 동해안에 대한 해상감시 및 조기경보 능력은 매우 취약한 상태에 있다. 현대전은 정보전자전이라 할 만큼 정보 우위가 작전의 승리 관건이 된다. 특히 바다와 같이 지형지물의 이점 이용이 제한된 공간에서는 적의 동태를 감시하고, 적의 접근에 조기경보를 발령할 수 있는 능력이 필수적이다.

이미 러일전쟁 당시 일본이 독도를 러시아 해군을 감시하고 정보를 교환하기 위한 통신기지로 사용했다는 사실에서 조기경보와 통신기지로서의 역할이 가능하다는 것이 입증된 바 있다. 한국군이 만약 독도에 대함 및 대공 감시 레이더 등의 첨단 레이더와 소나와 같은 잠수함 감시체계 등 입체적인 군사 감시체계를 설치한다면, 러시아의 태평양함대와 일본 및 북한 해·공군의 이동 상황을 손쉽게 파악해 국가안보에 필요한 군사전략 정보를 수집할 수 있을 것이다.

또한, 앞으로 해양과학기지를 설치해 독도 주변 해역의 해양상태를 정확하게 파악해 보다 적중률 높은 기상예보가 가능함은 물론, 지구환경 연구, 해양산업 활동 지원과 해양 오염방지에 효율적으로 대처할 수 있을 것이며, 대북 전략·군사정보의 분석·평가·해석·전파에도 크게 기여할 것이다.

셋째, 해상교통로의 결집점(nodal point) 또는 요충점(choke point)으로서 기능을 할 수 있다. 말래카해협과 연결된 동해의 해상교통로는 대합해협을 거쳐 연해주·북해도 및 북한의 동해안 연안 항구도시로 연결되기 때문에 독도 주변은 해상교통의 중심이다. 아울러 독도 주변에는 러시아의 태평양함대가 인도양으로 나가기 위한 통로가 대한해협을 포함해 4개가 있으나, 대한해협을 제외한 3개의 통로(시베리아·사할린 간의 타타르해협, 사할린·북해도 간의 소야해협, 북해도·일본 혼슈 간의 쓰가루해협 등)는 우회통로로서 시간과 경비, 제반 여건 등이 부적합하므로 대한해협이 갖는 이점을 따를 수 없다. 이처럼 독도는 해상교통로의 길목에 위치해 해상교통로 통제는 물론이고 러시아 함대를 감시하기에 중요한 천혜의 명당자리가 될 것이다.

넷째, 한반도의 서해안은 비교적 수심이 낮고 굴곡이 심하여 잠수함과 상륙함선의 기동 및 접안이 곤란하나 동해안은 정반대이며, 한반도 장차전에서 필요불가결한 대적 상륙작전이 동해안에서 전개될 것이다. 그렇기 때문에 독도는 해군 선견부대의 탐색작전은 물론 잠수함의 대잠작전을 위한 전진기지 역할과 함께 수상함정의 해상 결전 시엔 불침항모 역할로 안성맞춤이다.

독도 주변 해역이 만들어내는 소용돌이 현상은 잠수함의 탐지와 식별을 곤란하게 만들기 때문에 잠수함이 활동하기에 좋은 지역이다. 동해는 북쪽에서 한류가 내려와 남쪽에서 밀려 들어오는 난류와 만나는 지점이며, 이로 인해 울릉도와 독도 사이에서 특이한 소용돌이 현상이 존재한다. 이 소용돌이는 잠수함에서 발생하는 음향을 산란시켜 잠수함의 위치 파악을 어렵게 만들기 때문에 독도 주변 해역은 잠수함이 활동하기에 적합한 천혜의 활동공간을 제공한다. 이러한 공간에 잠수함을 활동하게 함으로써 우리 잠수함의 전략적 가치를 높일 수 있다.

다섯째, 독도는 긴급대피 및 정박기지로 활용이 가능하다. 독도의 위치로 볼 때, 긴급대피 및 정박기지, 긴급해난 구조기지, 항공기 · 군함 · 잠수함 운항의 유도기지 등으로 긴급 · 비상 시 활용이 가능하다. 독도 주변 해역에서 작전 중인 군함이나 조업을 하는 어선 등이 기상 악화나 피치 못할 천재지변으로 인해 긴급한 상황이 발생했을 경우 대피하거나 정박기지로 활용할 수 있다는 것이다.

끝으로 동해는 한국, 일본, 러시아의 3개국이 접하고 있는 바다이기에 해상통제권 확보가 지역안보에 미치는 영향력은 매우 크다고 할 수 있다. 독도라는 도서 그 자체는 매우 작지만 동해의 중심에 위치하고 있는 지리적 조건 때문에 동해의 길목을 쉽게 지킬 수 있는 전략적 요충지이다. 독도를 지배하는 국가는 주변국의 해군활동을 감시하고 견제할 수 있는 위치를 점유하게 되며, 유사시 해상교통로에 대한 영향력도 행사할 수 있다.

이러한 맥락에서 독도가 군사·안보적으로 매우 적절하게 활용될 수 있는 조기경보기지, 대공·대함·대잠 작전기지 등 다양한 전략·전술적 목적을 충족할 수 있다. 냉전 시대에 미국은 동해에 정보함을 배치해 러시아 해군에 대한 첩보를 수집했고, 한반도에 위기 상황이 찾아올 때마다 미국은 항공모함을 동해 상에 배치하면서 강압 외교를 펼쳐 왔다. 미국이 바다로부터 육지에 대한 세력투사 의사를 밝히면서 미국의 영향력 행사를 시도했다는 점은 독도가 한국은 물론이고 주변국인 일본과 러시아, 그리고 미국의 해군 작전에도 중요한 의미를 가지고 있다는 것을 뜻한다.

만약 일본이 무력으로 독도를 탈취한다면 우리에게 어떤 불이익이 나타날 수 있을까? 일본이 독도를 무력으로 점령했다는 가정을 해보면 독도의 군사적 가치는 더욱 분명하게 인식될 수 있다. 만약 독도가 일본의 수중에 들어가면 울릉도는 일본의 직접적인 위협을 받게 될 것이며, 일본은 독도를 중심으로 한 12해리의 영해를, 그리고 200해리의 배타적 경제수역을 획득하게 된다. 그러한 상황이 발생하면 독도 주변 우리의 영해와 배타적 경제수역 중 상당 부분이 일본의 영역으로 변하게 될 것이다. 아울러 일본의 고성능 잠수함들은 독도 주변 해역이 제공하는 천혜의 잠수함 활동구역에서 러시아에 대한 견제와 해상교통로에 대한 위협이 가능하기 때문에 일본이 동해의 해상통제권을 손쉽게 확보할 수 있게 된다.

왕년의 해군대국이던 일본이 독도를 탐내는 것은 비군사적 측면보다 군사적 차원의 더욱 절실한 요청 때문이라고 본다. 일본은 이러한 독도의 군사적 가치를 인식하고 있으며 침략적 전략 기조도 변하지 않고 있기 때문에, 일본은 앞으로 독도 영유권 주상을 포기하기보다는 오히려 강화할 것으로 예상된다. 우리의 안일 무사한 독도 대응전략이 한심할 뿐이다. 특히 18대 대통령 대선 출마자 중 어느 누구도 독도의 존재가치를 재인식하여 그 국가안보적 차원의 중요성을 제시하는 자가 없었으며, 당선인도 마찬가지이니 참으로 한심할 뿐이다.

허문도 전 통일부장관은 몇 해 전 모 월간지에 게재한 글에서 "일본은 독도를 러일전쟁 승리의 역사적 사실에 기인한 내셔널리즘의 발로로 독도를 절대 놓치지 않으려 할 것"이란 주장을 다음과 같이 폄으로써 독도의 군사전략적 중요성을 환기시켜 주고 있다.

"일본 연합함대 사령관 도고 제독은 함대를 정비하기 위해 규슈(九州) 서쪽의 사세보 기지로 이동시킨 후, 1904년 12월 30일 전황보고를 위해 동경의 대본영에 나타났다. 일본인들이 사상 유례 없는 천재 작전참모라고 칭송하는 아키야마 사네유키(秋山眞之) 중좌가 동행했다. 러일전쟁을 다룬 시바 료타로(司馬遼太郎)의 대하소설 〈언덕 위의 구름〉은 동경에 온 아키야마의 행적을 이렇게 그리고 있다.

1년 전에 결혼한 그에게는 동경 시내 아오야마(靑山)에 신부가 기다리는 새집이 있었다. 동경에 있는 동안 아키야마는 해군 군령부에 매일같이 잠깐 얼굴을 비치고는 이내 집에 와서는 군복을 입은 채 벌렁 드러누워 늘 볶은 콩을 씹으며 바둑판처럼 구획된 판자 천장을 끝없이 응시하며 작전구상에 골몰했다는 것이다. 일본의 연합함대는 러시아의 발트함대가 통과할 것으로 예상한 제주도 근해에서 시작하여 동해를 거쳐 블라디보스토크까지 전 동해를 위도·경도 각 10분씩 바둑판으로 세분한 지도책을 작성하고, 그 바둑 칸 하나하나에 일련번호를 붙였다. 적 함대를 발견했을 때 하나의 숫자를 대는 것만으로 위치 전달이 족했다는 것이다.

이 아이디어는 일본 각의가 독도 귀속을 결정한 1905년의 1월 한 달을 동경 새집의 바둑판 천장을 바라보며 작전구상에 빠져들었던 아키야마의 머리에서 나왔다는 것이다. 동해를 세분하는 작전지도를 만드는 과정에서 일본 해군은 너무도 자연스럽게 독도의 존재에 눈이 갔을 것이고, 국가의 흥망이 걸린 대해전이 벌어질 전장 한복판에 있는 바위섬인 독도의 전략 가치에 괄목했을 것이다. 그리하여 1905년 5월 동해 해전에 앞서 일본은 독도에 망루를 세우고, 무선전신 기지를 설치했다.

일본 각의가 어민의 어로를 위해 독도 영유를 결정했다는 1905년 1월 하순경, 육전에서는 만주 요 양의 북서쪽 흑구대 부근에서 러시아군 대병력과 일본군 수개 사단이 혹한의 풍설 속에서 치열한 전투를 벌이고 있을 때였다. 러시아군의 반격은 저지되었으나, 일본군 1개 사단의 3분의 1에 해당하는 5,000여 명의 사상자와 동상자가 발생했다.

만주 벌판의 전황은 전신을 통해 동경의 대본영으로 즉각 전달되고 있었다. 동복이 무진장 아쉬웠고, 화약이 모자랐고, 전비가 달렸다. 온 정부가 전쟁 뒷바라지에 매달려 있던 것이 일본 각의가 독도 귀속을 결정하던 1905년 1월 29일 전후의 상황이다. 도고 제독은 1905년 문제의 1월 한 달을 꼬박 동경에 머물면서 야마모토 곤베이(山本倦丘衛) 해군싱 등 해군 수뇌부와 작전계획을 세웠다.

이때 결정된 대작전 원칙은 '함대의 전력을 대한해협에 두고 기(機)에 응해 행동할 것'이었다. 일본 해군은 동해에서 발트함대와 결전을 치르기로 결정한 것이다. 발트함대가 블라디보스토크로 향하는 수로로는 사할린과 북해도 사이의 소야(宗谷)해협, 북해도와 혼슈(本州) 사이의 쓰가루(律輕)해협 등 두 개의 수로가 더 있었다. 도고는 군함 29척, 수송선 40척, 승조원 1만 명의 대함대가 이들 수로로 통과하는 것은 어렵고, 지구를 반 바퀴 도는 긴 항해에 지친 함대가 지름길인 대한해협을 택할 것이라 판단했던 것이다.

이때 독도의 운명도 결정되었다. 동해해전을 앞둔 일본함대가 망루와 무선기지를 설치할 곳으로는 독도만큼 좋은 곳이 없었기 때문이다. 기략이 풍부한 야마모토 곤베이 해군상은 해군 수뇌부의 작전의지에 맞춰, 각의에서 '어로작업' 명분으로 독도 귀속조치를 취했던 것이다. 동경을 떠난 도고 제독은 정비를 마친 연합함대를 끌고 진해만으로 이동했다. 연합함대는 5월 말의 해전 때까지 석 달 내내 함포사격 연습만 했다고 한다. 거제나 웅천이나 다대포의 우리 어민들은 생업을

닫고 밤낮없이 천지가 진동하는 굉음에 떨었을 것이다. 일본 연합함대와 발트함대가 조우한 곳은 부산과 일본 야마구치현의 서북 끝을 연결한 중간 지점쯤 된다.

20시간 남짓한 동해의 해전에서 발트함대는 괴멸되었다. 블라디보스토크로 탈출하는 데 성공한 러시아의 함정은 순양함 한 척과 구축함 두 척뿐이었다. 동해해전의 결전은 독도 근해에서 벌어졌다. 27척의 연합함대 함정들이 전함 두 척을 포함하는 다섯 척의 발트함대 함정을 원거리에서 포위했다. 러시아함대에 백기가 올랐고 나포 절차가 진행되었다. 동해해전은 결국 독도에서 끝났다. 독도가 동해해전에서 일본 해군에 얼마나 유용하게 활용되었던가를 상상하는 것은 어렵지 않을 것이다. 일본인들은 오늘날도 메이지 일본의 영광의 정점에 러일전쟁사를 두고 있다. 그들은 러일전쟁을 '민족 서사시'라고 찬양하고 있다."

일본의 꼼수를 하나 더 추가 부연한다면, 일본의 모든 저서나 공식자료 그리고 홈페이지에는 일본 본토에서 독도까지의 거리가 한국 본토에서 독도까지보다 더 근거리인 것같이 도시해 놓고 있다. 이는 거리측정 단위인 km와 육상 마일 그리고 해리의 차이와 환산 시의 착오일 수도 있으나, 그 진의는 지리적 근접성이 곧 역사적으로 자국 영토일 가능성이 크다는 것을 설득하기 위한 계산된 꼼수이다. 이와 관련하여 한국의 여러 학자나 관계기관의 자료에도 단위와 거리가 중구난방인데, 해상 거리는 공인된 해리로 표기함을 원칙으로 하되 참고로 괄호 안에 km로 표시하도록 제도화해야 혼동을 막을 수 있을 것이다. 독도의 지리적 위치를 흔히 km나 마일 또는 해상마일(nautical mile)로 각각 상이한 도량형 단위로 표시하고 있어 그 거리 수치의 차이로 인한 위치판단에 혼란이 초래되고 있으며, 특히 일본은 독도가 일본에 더 근접해 있는 것처럼 오기한 것을 방치하는 경우도 있다. 특히 대한제국의 칙령 제41호(1900년 10월 25일)에 표현된 거리 단위가 리(1리=0.4km)로 나와 있고 일부 구간의 합산 거리가 총거리와 상치하여 독도와 울릉도 간의 서리인지 울릉도 전역의 범위인지 불명확하여 독도의 울릉도 속도 여부에 대하여 일본과 논란이 일고 있음을 봐도 공식문서 상의 정확한 공간거리 표시가 절대적으로 중요함을 알 수 있다.

정확히 말하면 1지상마일은 1.607km이고, 1해상마일(nautical mile)은 1.85km로 서로 큰 차이가 있는데, 12마일 영해나 200마일 경제수역 등 표현은 엄격하게 말하자면 해상마일(해리)로 표기하고 있음에도 이를 지상마일로 오인하거나 혼동하여 착각을 일으키고 있는 것이다. 그래서 본서에서는 독도에서 한국 본토 최단거리 항구인 울진까지를 70해리, 독도에서 울릉도까지를 47해리로, 독도에서 일본의 오키섬까지는 85해리, 오키섬에서 일본 본토의 가장 가까운 항구 마쓰에까지는 50해리로서, 이 독도와 관련한 거리 단위는 해상마일로 통일하여 기술하기로 한다. 독도를 한국과 일본까지의 중간 섬을 경유한 본토 항구까지의 직선거리로 따지면 독도에서 울진이 117해리이고, 마쓰에까지가 135해리로서 한국 측이 훨씬 가깝다.

일본의 오키섬이 독도와 마쓰에 간의 일직선 상에 있지 않기 때문에 마쓰에에서 독도까지의 직선거리를 따지면 울릉도를 경유하지 않고 울진에서 독도까지의 직선거리보다 약간 짧다. 이를 근거로 독도가 일본에 더 가깝게 있으니 일본 영토란 주장을 펴는가 하면, 최근엔 울릉도와 독도 간의 가장 깊은 수심이 오키섬과 독도 간의 가장 깊은 수심보다 약간 깊다는 것을 이유로 일본 대륙붕의 연장선상에 독도가 존재하며, 독도의 동식물 생태계가 울릉도와 전혀 다르고 오히려 오키섬의 것과 대동소이하다는 것을 전제로 영유권을 주장하는 요미우리신문사의 나카노미요 마사키(中名生正昭)란 언론인까지 나타나 소란을 피운다.

　해상에서 목적물의 지리적 위치는 군사전략적 임무수행 시 정확한 상황판단을 위한 시공간 산출에 결정적인 중요성을 지니고, 수심은 대잠작전을 위한 중요한 고려 요소가 되므로 이에 대한 철저한 검정과 확인이 요구된다.

2 실효지배의 획기적인 대폭 강화

(1) 굴욕적이고 불평등한 신한일어업협정 즉각 파기해야

1965년 어업협정은 제3공화국 때 한일 국교 정상화의 일환으로 행해진 것이다. 박정희는 대선 승리를 위해 서둘러 어업협정을 체결하였으나 공개 시기를 늦추었다. 1963년 일본 측의 요구를 수용한 한일어업협정의 발표를 미룬 정황도 드러났다. 정부는 그 해 7월까지만 해도 "12마일 전관수역 방안으로는 영세어민의 생활이 어렵기 때문에 40마일 전관수역을 확보해야 한다"는 입장을 일본에 전달했다.

하지만 이후 일본 측의 12마일 전관수역 주장을 수용할 의사를 밝히고 이를 공개하지 아니하는 방안을 논의하기 시작했다. 특히 최고회의, 중앙정보부, 외무부 당국자들이 참석한 7차, 9차 한일문제 대책회의 문서에서는 대선을 고려한 정략적 논의도 드러났다. 이후 평화선이 철폐되고 독도 인근이 공해가 되었다. 성능이 좋은 일본의 어선이 동해의 물고기를 거의 싹쓸이하다시피 하였다.

1961년부터 시작된 6차회담 기간에 평화선에 기초한 40해리를 주장하던 한국 정부의 입장에 변화가 생겼다. 외무부와 중앙정보부는 대한민국 국민들의 반대에도 박정희의 대선일정 등을 감안해 '12해리 전관수역' 입장으로 물러섰다. 이 기간 한국은 일본 측에 1억 1천4백만 달러의 어업협력금을 정부차관 형식으로 공여기간 3년, 이

자 3.5%, 3년 거치 후 7년간 균등상환 조건으로 요구했으며 일본은 민간차관 형식으로 7천만 달러를 고집했다.

특히 일본은 차관 등 청구권 문제의 대가로 평화선 문제를 해결하려고 했다. 우리 정부는 평화선 문제에 신축성을 보일 수 있다고 입장을 표명했다. 또한, 일본은 1963년 6월 7일 어업협력에 따른 청구권은 5억 달러 이내로 하되 12해리 전관수역의 합의 또는 평화선 철폐와 어선 나포 방지를 전제조건으로 제시했다. 이에 따라 같은 해 7월 12일 전관수역을 12해리+α로 하기로 양국 간 의견 조율이 이뤄졌다.

한편 대한민국 정부는 대한민국이 한반도의 유일한 합법정부라는 원칙에 입각해 북한 연안에 대해선 언급하지 말자는 입장을 고수했다. 이 문제와 관련한 국제해양법협약의 발효에 따른 일본의 발빠른 움직임을 알아본다.

일본은 1994년 발효된 유엔해양법협약에 근거해 근해의 작은 섬들을 직선으로 연결, 영해기선을 새롭게 설정하고 1997년 1월 1일을 기해 시행에 들어갔다. 1997년 5월 당시 유종하 외무장관은 미국 방문길에 수행기자단과의 간담회에서 "어업 문제에 대한 일본의 요구가 더 이상은 버티기 어려운 상황에 이르러 있다"고 토로하기도 했다. 1997년 7월 배타적 경제수역(EEZ)의 기점을 울릉도로 하는 발표를 하고 1997년 10월 당시 김영삼 정권은 잠정공동수역안(잠정조치수역은 독도 중간수역)을 공식적으로 받아들여 독도를 중간수역으로 하기로 일본과 합의하였다.

1998년 1월 23일 일본 측이 일방적으로 기존 어업협정을 파기했다. 그러자 한일 두 나라는 새로운 상황에 맞게 영토 문제와는 상관

없는 어업협정을 우선 체결하기로 해 17차례에 걸친 실무자회의와 고위급 회담을 거쳐 1998년 9월 25일 기본원칙에 합의했다. 또한, 상대국 EEZ(배타적 경제수역)의 입어조건에 대해서도 1999년 2월 5일 양국 수산당국자 간 합의로 완전히 타결됐으나 1999년 2월 5일 합의된 실무협상에서 발생한 쌍끌이어업 누락 등의 문제를 해결하기 위해 1999년 3월 8일부터 10일간 일본 도쿄에서 추가협상을 진행, 1999년 3월 17일 쌍끌이어업, 복어채낚기, 갈치채낚기 등의 입어척수(총 137척)를 추가로 확보했다.

신한일어업협정은 1998년 9월에 체결된 뒤 이듬해 1월 정식 발효돼 현재에 이르고 있다. 협정 체결 당시 일각에서는 "DJ의 방일을 앞두고 한국 정부가 양국 정상회담의 걸림돌을 없애기 위해 서둘러 어업협정을 체결했다"는 비판도 적지 않았다.

1998년 11월 한일 양국 외무부장관이 서명하고 국회의 동의 절차를 거쳐 비준된 신한일어업협정은 울릉도, 독도가 전혀 다르게 취급되었다. 즉, 울릉도와 별개로 독도는 중간수역에 포함되었으며, 이러한 관계는 협정만으로 보자면 독도가 울릉도의 부속도서로 취급된 것이 아니고 울릉도와 분리되었다. 독도는 아직 국제법상 섬으로 인정받지 못하였기 때문에, 유인도만이 EEZ의 기점이 될 수 있는 사정상 양자 간 논란의 여지가 있었다. 결국 협상의 장기화를 막고자 현상태를 준용하여 어업에만 협정의 효력을 한정하기로 하였으며, 협정의 만료일을 3년으로 정하고, 그 이후에는 한쪽이 일방적으로 파기할 수 있도록 하는 조항을 넣었다. 따라서 현재의 어업협정은 2001년 이후 일방의 의지만으로 파기가 가능하다.

〈손자병법〉의 저자인 손자 왈, "적의 성을 함락시키려면 적보다

10배의 군사력이 뒷받침돼야 가능하다"고 했다. 이 말은 "지배하고 대비하고 있는 상대의 성을 뺏기란 녹록치 않다"라는 의미인 동시에 "정면 돌파보다 상대의 내분이나 배신자를 활용한 간계(奸計)가 더 효과적일 수 있다"는 훈수가 내포돼 있다.

현재 한일 간에 벌어지고 있는 독도 논란은 수성(守城)하는 우리가 훨씬 유리한 고지를 점령하고 있음을 알 수 있다. 문제는 철저한 대비가 이뤄졌느냐인데, 솔직히 확답이 어려운 게 사실이다. 특히 김대중 정권의 대표적 실정(失政)인 '신한일어업협정'은 당장 파기해야 마땅하다.

그 내용이야 삼척동자도 아는 사안이니 넘어가고, 문제의 핵심인 "독도 인근 바다를 일본과 공동으로 향유해도 좋다"라는 이 얼빠진 합의문을 갈기갈기 찢어버리는 것이야말로 독도 수호의 첫 단계라 하겠다. 더욱이 좌파 10년 정권과 이념 노선이 확연히 다른 이명박 정권마저 이 졸속 처리된 신한일어업협정을 묵인했으니, 차후 독도 사태는 걷잡을 수 없는 최악의 상황으로 치달을 것임을 누구도 예측할 수 있다.

혈맹국이라 자처하는 미국이 보다 못해 거들기를 "독도 해역은 현재와 같이 한일 두 나라가 공동으로 관리하는 전제하에, 서도는 한국이 동도는 일본이 영유하라"는 일본을 편드는 듯한 우스개 발언을 한다니 기가 찰 노릇이다. 이는 과거 정부 수립 직전에 미국이 일본의 꼬임에 빠져 독도를 항공폭격연습장으로 지정하여 우리 어민을 희생시킨 일이나, 샌프란시스코 강화조약의 체결 과정에서 미국이 일본의 로비에 매혹 당하여 27개국이나 되는 대일 참전국 내지 일본의 피해국 대열에 한국을 포함시켜 조약 서명국으로서의 자격을 갖도록 해주지 않았으며, 독도를 끝내 일본이 침탈한 영토의 반환 목록에서 제외한 역사적 사실을 상기할 때, 한일 간 독도 분쟁 시에 결코 한국 편이 되어 주지는 않을 것으로 예상되므로 신한일 어업협정을 지체 없이 파기하여 우리의 해양주권을 스스로 확립하도록 해야 할 것이다.

또한, 일본은 간교하게도 독도 문제를 국제사법재판소에 회부하자는 제의에 한국이 응하지 않아 양국의 으뜸가는 동맹국인 미국에 중재를 요청했다는 일본 측의 주장을 못 들은 척할 수만 없으니, 동해를 일본해로 인정한 미국의 실리적 우방국 지지 행태는 독도에도 예외일 수 없으므로 우리의 고민이 클 수밖에 없다. 아무리 생각해도 신한일어업협정은 세계사에 유례가 없는 얼빠진 협정이고 일본에 놀아난 '바보들의 행진'이었다. 아니, 독도에 우리 주민이 생활하고 있을 뿐 아니라 경찰(치안은 매우 중요한 사안)까지 주둔하고 있는 엄연한 섬임에도 독도를 섬이 아닌 바위 덩어리라 전제하여 우리 측 어업전관수역(34해리)의 기점을 독도가 아닌 울릉도로 후퇴 설정하는 데 합의하다니 이게 정신 나간 짓이 아니고 무엇인가?

당시 협정에 합의한 김대중 정권은 언론과 각계 전문가의 우려를 "독도는 우리가 영유하고 있는 땅인데 어업협정과 무슨 관계냐?"며 되레 면박 주기 일쑤였다. 더욱이 "이번 합의로 어자원이 증가했다"는 헛소리로 어민들을 기만하기도 했다.

아니, 어느 나라 국민이 자신의 영토를 공동관리 구역으로 만들어 버린 합의문에 박수를 치겠는가? 만약 이 협정을 독도 영유권 회복의 위대한 업적을 한 고 이승만 대통령이 안다면 뭐라 하겠나? 아마 땅을 치며 탄식할 것이다. 이 엉터리 협정을 이명박 정권조차 파기하지 않고 5년을 허송세월했으니 몇십 년간 끈질기게 준비해 온 일본의 영유권 주장에 날개를 달아준 꼴이 된 셈이다.

신한일어업협정이 김대중 정권과 야합한 야간 날치기 국회에서 일방적으로 비준 발효된 1999년 당시, 배타적 경제수역 설정 및 독도 영유권 문제와 관련해 "최소한의 조치로서 한일어업협정을 파기하고 재협상해 문제를 해결해야 한다"고 문제를 제기한 정몽준 새누리당 의원은 "다른 지역은 배타적 경제수역(EEZ)을 35해리로 하면서도 울릉도 기점에서는 34해리까지만 설정해 독도를 우리 어업전관수역과 완전 분리시킨 저의가 무엇인가? 일본이 국제사회에 독도가 일본 영토라고 주장하도록 빌미를 제공한 신한일어업협정을 파기하고 재협상해야 한다."고 강력하게 주장했다. 또한, 어업협정 폐기 우려 여론과 관련해 "지금 당장 협정 파기를 선언하더라도 6개월 동안은 기존 협정이 유지되고, 설사 재협상이 늦어져 다소의 혼란이 오더라도 독도 영유권이 흔들리는 사태에 비교할 수 없는 것이다"라고 같은 당 정문헌 의원이 거들었다.

2012년 이명박 대통령의 독도 전격 방문과 관련, 여야 의원들은 외교부 장관, 국방부 장관, 통일부 장관, 국무총리를 불러 '해병대 독도 상륙훈련 취소', '이명박 대통령의 독도 방문' 등을 질의했다. 특히 예년 실시되는 독도 상륙훈련에서 해병대가 제외된 것에 대해서는 여야 모두 그 배경을 따져 물으며 정부의 대일 외교 정책을 비판했다.

민홍철 민주통합당 의원은 "독도 상륙훈련을 취소해 달라는 일본 측의 요청을 우리 외교부가 받아들였다는 정보가 있고, 아시아태평양경제협력체(APEC) 정상회담을 앞두고 미국 측이 입김을 넣었다는 의혹도 있다"며 "25년간 연례적으로 실시해 온 훈련 취소 배경을 명확히 밝혀야 한다"고 말했다. 송영근 새누리당 의원도 김성환 외교부 장관에게 "우리 땅인 독도에서 해병대가 훈련을 못 하는 어이없는 일이 벌어진 데 이어 지난번 한일군사정보보호협정은 파행을 거듭했다고 지적하고, 김 장관의 역사의식과 외교정책 추진의 무능함을 개탄한다"고 일갈했다.

이미 예상되었던 대로 일본 정부가 2012년에 각료회의를 열고 마침내 '다케시마가 일본의 고유 영토'라는 주장을 저들의 교과서에 명기하기로 결정하고, 그러한 결정을 이미 한국 정부에 통보하였으며, 마치무라 노부타카(町村信孝) 관방장관과 도카이 기사부로(渡海紀三郎) 문부과학상을 통해 이를 공식 발표까지 한 바 있다. 이 같은 일련의 사태가 모두 신한일어업협정의 잘못으로 인해 일본의 콧대가 높아진 때문임을 안다면, 새정부는 지체없이 신한일어업협정을 파기해야 한다.

(2) 독도의 영해와 접속수역 선포

독도 영유권 문제는 어제오늘의 문제가 아니지만 일본 문부과학성이 2012년부터 적용되는 일본의 독도 영유권 주장에 대해 한국교총과 전교조가 계기수업을 진행하기로 했고, 일본이 중학교 학습 지도요령 해설서에 독도가 '일본의 영토'라고 명기키로 함으로써 한동안 잠잠했던 독도 대책이 쏟아지고 있다. 독도에 대한 실효적 지배 및 생태계 보존을 강화하는 내용도 포함되어 있다.

한나라당 이혜훈 의원을 비롯한 여야의원 33명이 2008년에 독도에 대한 한국의 실질적 영유권을 명기하는 「독도 영유권 선포에 관한 특별법」(이하 「독도 영유권 선포 특별법」)을 발의한 바 있다. 이는 독도에 대한 대한민국의 실질적 영유권을 선포하고, 독도 기선 외측 12해리선까지 수역을 독도 영해, 외측 24해리까지를 독도 접속수역으로 각각 규정하고 외측 200해리까지는 배타적 경제수역으로 명시하였다.

당시 국회 검토보고서(통일외교통상위원회)에서는 동 법률안이 독도 영유권을 명시적으로 규정함으로써 국제사회에 우리의 영토주권을 재확인시킨다는 의미가 있을 수 있으나, ① 영해 및 접속수역에 관한 일반법으로서 「영해 및 접속수역법」이 시행 중에 있고, 이 법에 의하여 독도는 이미 영해 및 접속수역이 설정되어 있어 우리의 관할권이 행사되고 있으며, ② 특별법의 입법 취지에도 불구하고 오히려 국제법적으로 불필요한 오해를 야기할 가능성이 있고, 독도의 국제분쟁지역화를 가속화할 우려가 있다고 판단하였다. 그간 독도는 영해 및 접속수역을 가지지 못하였고 별도의 입법조치를 통해 선포되고 나서야 영해 및 접속수역을 가지게 된 불완전한 영토라는 인상을 줄 우려가 있다고 지적하기도 했던 것이다.

「독도 영유권 선포 특별법」 제정안에는 독도의 배타적 경제수역에 대하여 「배타적 경제수역법」에도 불구하고 「대한민국과 일본국 간의 어업에 관한 협정」에 우선한다고 정하고 있다. 이에 대해 위의 국회 검토보고서는 ① 독도의 배타적 경제수역은 「영해 및 접속수역법」, 「배타적 경제수역법」에 따라 당연히 인정되고 있다는 점, ② 일본과 구역이 중첩되는 부분에 대하여는 양국 간 경계획정을 위한 합의에 따라 결정(「배타적 경제수역법」 제2조 제2항, 「유엔해양법협약」 제74조 제1항)되는데, 이를 정한 「대한민국과 일본국 간의 어업에 관한 협정」에 우선한다는 규정은, 「조약법에 관한 비엔나협약」상의 "어느 당사국도 조약의 불이행에 관한 정당화의 방법으로 그 국내법 규정을 원용해서는 아니 된다"는 규정(제27조)에 저촉된다는 취지의 판단을 하였다.

이와 관련하여 주무부처인 외교부의 관료적 병폐는 여전했다. 독도에 영해를 선포하자는 주장에 대하여 "1977년 「엉해법」(95년 「영해 및 접속수역법」으로 개정)이 제정됨에 따라 독도를 포함해 우리나라 모든 연안에 영해가 설정됐고, 오늘도 독도 영해를 우리 해군과 해경이 굳건히 지키고 있다. 따라서 최근 독도 영해를 선포하자는 주장은 관련 법령에 대한 오해에서 비롯된 것으로 생각된다"는 동문서답을 합리화시키고 뒷짐만 지고 있었던 것이다.

현행 「영해 및 접속수역법」 제1조에는 "대한민국의 영해는 기선으로부터 측정해 그 바깥쪽 12해리의 선까지 이르는 수역으로 한다"고 규정돼 있다. 기선에는 통상기선과 직선기선이 있다. 통상기선은 해안의 저조선(低潮線)을 말한다. 직선기선은 해안선의 굴곡이 심하거나 해안에 여러 개의 섬이 밀집해 있는 곳에서 가장 외곽지점을 적절히 잡아 직선으로 연결한 것을 말한다. 「영해 및 접속수역법 시행령」에 직선기선의 기점이 되는 좌표 23개가 열거돼 있다. 이에 따라 영일만, 울산만과 남해안, 서해안에 직선기선이 설정됐다. 직선기선이 설정되지 않은 해안에서는 저조선이 자동적으로 통상기선이 되므로 동해안과 제주도, 울릉도, 독도 등에는 해안의 저조선을 통상기선으로 하여 영해가 설정된다는 논리였다.

"독도 영해를 선포하자는 얘기는 왜 나오는 걸까. 아마도 「영해 및 접속수역법」에 '독도'라는 이름 두 글자가 보이지 않으니까 그렇게 생각하는 것이 아닌가 짐작된다. 하지만 법의 적용에도 제주도와 울릉도 주위에도 영해가 없다는 결론에 도달하게 된다. 또 2,000여 개 가까운 우리나라의 섬은 우리 영토가 아니고, 기본권 조항에 내 이름이 없으니까 나의 기본권이 보장되지 않는다는 얘기가 된다. 영해 선포의 입법 기술상 무수히 많은 해안의 지명이나 좌표를 일일이 열거할 수 없기 때문에 '기선'이라는 개념을 도입하고, 그로부터 일정한 폭의 수역을 영해로 설정하는 것이 영해 입법의 세계적 표준이다."라고 당국은 원론적인 주장만 편다.

영토가 바다와 접하는 부분에는 통상기선이든 직선기선이든 반드시 기선이 있기 때문에 기선으로부터 일정한 폭을 영해로 한다는 선언에 모든 것이 포함돼 있다는 것은 누구나 안다. 그러나 독도는 특별한 해역이기에 별도 영해 선포가 필요한 것이다.

"독도는 우리 영토임이 분명하므로 우리 영토의 다른 부분과 동등하게 취급하는 것이 독도에 대한 최상의 대우다. 독도를 분리해 특별 취급을 하면 독도를 우리 영토의 다른 부분과 차별화하게 되고, 결국 그것은 하향 차별화일 수밖에 없게 된다."는 주장을 이에 덧붙이기도 하지만 설득력이 전혀 없다.

영토와 불가분의 일체를 이루지 못하고 특수한 지위에 있는 섬에 대해 별도로 영해를 선포한 사례를 많이 볼 수 있다. 미국은 1988년 로널드 레이건 대통령의 포고령으로 12해리 영해를 선포했다. 이 포고령에서 미국 영토와 불가분의 일체를 이루는 부분에 대해서는 어떤 지명도 명시하지 않았다. 하지만 푸에르토리코, 괌, 미국령 사모아, 미국령 버진아일랜드 등의 지명은 별도로 명시해 영해를 선포했다. 이 섬들은 미국 영토와 불가분의 일체를 이루지 못하고 특수한 지위를 가지는 자치령이다. 따라서 미국 영토에 12해리 영해를 선포하더라도 이 섬들 주위에도 12해리 영해가 설정되는지 의문이 들 수 있어 이 섬들 주위에도 12해리 영해가 있다고 별도로 명시한 것은 너무도 당연하다.

이처럼 독도 영해를 별도로 선포한다면 독도는 대한민국 영토와 불가분의 일체를 이루지 못하고 특수한 지위를 가지는 섬이 아닌가 하는 의문을 국제사회에 던져줄 것이란 것은 기우에 지나지 않는다. "국제법상 영해를 가지지 못하는 섬은 없다. 유엔해양법협약 제121조에는 '모든 섬은 영해를 가진다'고 규정돼 있다. 영해는 영토에 종속된다. 따라서 섬의 주인이 결정되면 그 섬에 종속된 영해는 자동적으로 종속된다."는 논리는 독도와 같이 한일 간 분쟁이 일고 있는 특수 지위의 섬에 보편타당성 있게 적용이 되지 않는 것이다.

1977년 미국지명위원회가 독도를 리앙쿠르 락스로 변경하고 주권 미지정 지역으로 설정하고 1988년 미국지리원이 독도의 표기를 리앙쿠르 락스로 변경하였으나 2006년 원래대로 한국 영토로, 독도로 표기하였다는 사실은 이해가 간다. 그만큼 독도의 국제적 지위는 예민한 것이다.

독도를 둘러싸고 한일 간 감정이 고조된 1995년 11월, 당시 대통령 김영삼은 장쩌민 중화인민공화국 주석과 정상회담 후 가진 공동기자회견에서 일본의 버르장머리를 뜯어고치겠다고 한 바 있다. 이 발언은 1965년 체결된 구 한일어업협정에 대한 일본의 일방적 파기에 영향을 끼쳤다. 이에 대해 YS 정권 당시 정부 당국자는 "YS의 그 발언 때문에 우리가 얼마나 애먹었는지 압니까? 일본의 어업협정 파기가 치밀하게 계획된 수순이며, YS 발언에 대한 보복이었다."고 단언했다. 일본은 한일어업협정을 파기하고서 일본이 이른바 '직선영해기선'을 적용, 한국 어선들을 나포하기 시작했다. 임기 말에 IMF 위기란 환란을 당한 YS는 이중, 삼중고를 겪어야만 했다.

일본은 1994년 발효된 유엔해양법협약에 근거해 근해의 작은 섬들을 직선으로 연결, 영해기선을 새롭게 설정하고, 1997년 1월 1일을 기해 시행에 들어갔다. 1997년 5월 당시 유종하 외무장관은 미국 방문길에 수행기자단과의 간담회에서 "어업 문제에 대한 일본의 요구가 더 이상은 버티기 어려운 상황에 이르러 있다"고 토로하기도 했다.

1964년 한일기본조약이 준비되는 동안 어업협정 역시 양국 간에 논의되었으며, 1965년 4월 가조인되었고 한일기본조약과 함께 조인되었다. 한일기본조약 협상 과정에서 기존의 평화선은 무력화되었으나, 독도 문제를 기본조약에 언급하지 않도록 못 박았고, 만약 문제가 제기되면 양국 간 조정으로 해결한다는 것을 명문화함으로서 국제사법재판소행을 배격했음은 참으로 현명한 예방책이었다.

그러나 한일 어업협정 이후에도 어로 구획은 지속적으로 한일 간의 갈등의 원인이 되어 왔고 드디어 1995년 일본은 한일어업협정을 일방적으로 파기하였다. 이에 따라 김대중은 IMF를 맞은 김영삼 정권을 인수함으로써 1998년 독도해역의 잠정공동수역안을 수용한 신한일어업협정으로 오늘에 이르고 있다.

요컨대 독도는 대한민국 영토로서 한반도와 이격되어 일본 본토와 등거리에 위치함으로써 상호간의 영유권 분쟁이 제기되고 있는 특수 도서이므로 본토와 불가분의 일체를 이루도록 하기 위해서라도 현행 협정에 따라 신한일어업협정 파기와 동시에 타 연안 도서와는 달리 별도로 영해와 접속수역이 필요한 독도에 서둘러 해양주권을 확립하기 위한 조치로서 영해와 접속수역을 선포하는 것이 국내법이나 국제법상 전혀 하자가 없는 지극히 타당하고도 안전한 주권 행사임에도 이상한 회피논리를 동원하여 한사코 영해·접속수역 선포를 거부하려는 당국의 잘못 길들여진 지금의 처사는 참으로 비굴하다.

(3) 독도 기선의 EEZ 획정 협상 재추진

한국에서는 일본을 '작은 섬나라' 등으로 생각하고 있지만, '해양세력'으로서의 일본의 위상은 좀 달라진다. 일본의 국토(육지) 면적은 약 38만㎢로 세계 60위 정도의 크기이지만, 영해와 EEZ(배타적 경제수역) 등의 수역 면적 약 447만㎢와 국토 면적을 합치면 중국, 인도에 이어 세계 9위가 된다. 일본 해상보안청이 작성한 일본의 해양 수역을 나타낸 최신 지도를 보면 대단히 불쾌하게도 독도를 자국령으로 표시하고 있다.

① 영해 : 육지의 기선으로부터 12해리(1해리는 약 1,852m)까지의 범위의 수역

② 접속수역 : 영해와 접한 바깥쪽에 있는 기선으로부터 24해리의 범위에 있는 수역으로 당사국은 출입국 관리에 대한 권한도 가지고 있다

③ 배타적 경제수역 : 육지 기선으로부터 200해리의 범위에 있는 수역을 말하는 것으로, 이 경제수역에는 영해, 접속수역을 포함한다. 당사국은 배타적 경제수역 안쪽에 있는 어업, 광산물, 유전 등의 모든 경제적 자원을 관리하는 권리나 의무를 가지나

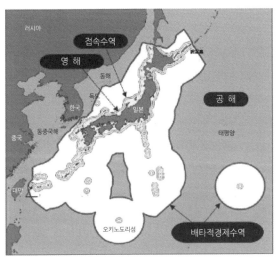

해상 영토 확장으로 세계 9위의 위상을 자랑하는 일본의 지도

영해 이외의 배타적 경제수역에서는 수면상이나 수면 아래 통과 등에 대해 규제나 금지는 할 수 없다.

위 지도를 보면, 일본은 해양세력으로서 한국, 북한, 중국, 러시아 등의 해양 진출을 둘러싸고 있는 형태인데, 일본 해상영역의 영향권은 왼쪽 끝의 대만에서부터 오른쪽 위의 러시아 사할린에 이르기까지 펼쳐져 있다. 이들 나라가 대양으로 진출하기 위해서는 일본을 직간접적으로 통과해야 한다는 것이다. 일본은 해양 초강대국이며, 일본의 후견국인 미국은 일본의 존재가치를 높이 평가할 것이다. 미국의 세계 전략 그리고 태평양지역 전략에서 보자면, 일본은 놓치고 싶지 않은 소중한 전략적 존재가치를 지니고 있다. 한일 간에 독도 분쟁이 심화될 때 미국은 중립적 자세를 취하겠지만 내심으로는 일본 편을 들게 될 것이다.

한일 정부는 1996년 1차 배타적 경제수역(EEZ) 경계획정 회담을 시작으로 2010년 11차 회담까지 한일 간 바다의 경계선을 정하기 위한 EEZ 회담을 가졌다. 하지만 번번이 양국 간의 의견 차이만 확인했다는 것이 외교부 측의 설명이다. 외교부 관계자는 "한일 EEZ 회담에서 독도 문제가 매번 가장 큰 걸림돌이었다"고 했다. 일본은 회담 초기부터 "독도는 일본 땅"이라는 주장 아래 '울릉도와 독도 중간선'을 EEZ 경계로 하자고 주장해 왔다.

우리 측은 처음에는 '울릉도와 일본 오키섬의 중간선'을 제시했다. 유엔해양법협약에서 민간인의 거주 또는 독자적 경제활동을 지속할 수 없는 돌섬(rocks)은 EEZ나 대륙붕을 가질 수 없다는 규정을 염두에 둔 바보스러운 판단이었다. 울릉도와 오키섬 중간선으로 EEZ를 정한다고 해도 독도가 한국 측에 속하는 것이다. 그러나 간교한 일본은 중간·등거리 선이 아닌 연안 35해리 선을 들고 나오자 이에 말려들어 한국이 울릉도에는 34해리를 적용하는 이상한 흥정을 수락하고 만 것이다.

현재 한국과 일본이 EEZ 문제와 관련해 접점을 찾지 못하면서 앞으로 회담이 장기화될 것이라는 관측이 많이 나오고 있다. 일각에선 우리가 한일 EEZ 획정을 서두르기보다는 대륙붕 문제를 포함한 치밀한 전략을 만드는 데 외교 역량을 집중시켜야 한다는 견해도 제시하고 있다.

그런데 울릉도를 기점으로 해야 더 넓은 EEZ를 확보할 수 있다는 어리석은 소리를 하는 자도 있으니 한심하기 이를 데 없다. 물론 울릉도 주변의 12해리 영해를 가산하여 외곽선이 독도보다 더 넓게 확대되는 것은 사실이나 보물섬 독도에 대한 속도 개념 상실로 영유권 자체가 위태로워진다는 것을 모르고 있는 데 문제가 있다. 과거 김대중 정부가 울릉도를 기점으로 해야 한다고 한 엉터리 논리는 다음과 같다.

첫째, 울릉도를 기점으로 해도 독도는 한국의 EEZ 내에 들어온다.

둘째, 독도 영유권 문제는 협상 타결 가능성이 없으므로 EEZ 경계획정을 먼저 하는 것이 바람직하다. EEZ 획정은 영유권과 별개로 보고 있다.

셋째, 독도는 유엔해양법협약 상 EEZ를 갖는 섬에 해당되지 않는다.

넷째, 독도를 EEZ 기점으로 하면 일본의 조도, 중국의 동도를 기점으로 인정해 주어야 한다.

다섯째, 울릉도 EEZ 기점은 대한민국 정부의 기존방침으로 국제사회를 설득하기 위해서는 일관성 있는 주장이 필요하다는 것이다. 과거 입장 변화가 아니라 상황 변화에 따라 과거의 입장을 발전시킨 것이다. 외교부는 과거에도 독도 기점을 포기한 것은 아니라고 한다.

이에 반하여 독도의 EEZ 기점 주장자들의 논거는 다음과 같아 더 설득력이 있다. 그럼에도 김대중 정부는 전자를 택하는 우를 범하였던 것이다.

첫째, 울릉도 기점은 독도 영유권을 포기한다는 오해를 가져와 일본의 독도 영유권 주장에 대한 국제법상 묵인의 효과를 초래할 우려가 있다.

둘째, 동해 중앙에 해양경계가 반드시 필요한 것은 아니며, 울룽도, 독도, 오키섬을 모두 포함하는 형태의 협정 체결도 가능하다. EEZ 획정은 영유권 문제와 불가분으로 보아야 한다. 셋째, 독도는 국제법적으로 EEZ를 갖는 섬에 해당하며, 인간이 경제생활을 영위하고 생존할 수 있는 환경을 충분히 갖추고 있다.

넷째, 동해의 경계획정은 서해와 태평양 등 다른 수역의 경계획정과는 별개이다. 해양 경계획정은 해당 수역의 제반 요소만 고려하고 있다. 독도는 남한 면적(9만 9천㎢)의 상당의 잠재적 수역을 가진다. 독도를 일본에 양보한다고 그 선례로 일본이나 중국이 남해에서 우리에게 양보할 이유가 전혀 없다.

다섯째, 어업협정 체결 시 울릉도 기점은 잘못된 것이며, 지금이라도 명백히 우리 영토인 독도를 기점으로 사용해야 한다.

지금이라도 늦었지만 신한일어업협정을 파기하고, 울릉도가 아닌 독도를 기점으로 EEZ를 선포한다는 전제하에 일본과 동해 전역의 EEZ 협상을 재개해야 한다. 신한일어업협정 제1조에 어업협정상의 대상 수역인 전관수역 35해리를 EEZ 설정을 위한 예비 경계획정으로 전제하고 있으나, 일본은 이를 EEZ로 동일시하는 것으로 규정하고 있음이 큰 함정이다. 어업수역은 EEZ를 획정하기 이전의 잠정수역으로서 공해가 아닌 준영해 개념으로 어업권, 자원탐사권, 오염방지감독권, 어업질서 유지권 등이 주어지는 것이다.

그럼에도 불구하고 어리석은 우리 정부는 이 잠정수역을 중간수역이라고 부르면서(일본이 외면함에도) 공해나 다름없다고 우긴다. 실제로 현재 독도가 내포된 중간수역(잠정수역 · 공동관리수역)에는 우리의 독도가 창출하는 영해나 접속수역(12+12해리)의 개념은 상실되고, 영유권 공유 원칙에 따라 일본의 어선과 어업지도선 그리고 순시선이 마음대로 드나들고 있어도 한국이 배타적 영유권을 제대로 행사하지 못 하고 있는 실태이다. 이에 대한 김영구 박사(전 해양대 교수)의 구체적인 설명을 이하에 첨가한다.

'중간수역'의 법적 성격은 무엇인가? 동해 해도를 들여다보자. 뭍에서 울릉도 사이의 거리는 약 70해리(129.5km)며, 독도는 울릉도에서 47.5해리(87.8km) 떨어진 곳에 있다. 그러므로 신한일어업협정에서 만일 영해를 뭍에서 35해리까지 이르는 바다라고 합의했다면, 한국 육지↔울릉도 70해리(35해리+35해리), 그리고 울릉도↔독도(35해리+12해리)가 연결된다. 울릉도와 독도 사이가 47.5해리이므로 0.5해리(925m)가 모자라게 되지만, 0.5해리라는 좁은 바다에서는 사실상 다른 나라 배가 마음대로 지나다닐 수 없다. 따라서 우리의 전관수역을 35해리로 잡았을 경우, 독도는 울릉도 영해를 통하여 한반도에 영해로 연결되는 영해 면적 확장 효과를 나타낸다. 이는 한국이 일찍이 독도를 울릉도에 딸린 섬으로 인정해 온 바와 같다.

그러나 신한일어업협정에서 한국은 전관수역 35해리 주장을 버리고 일본이 내놓은 영해 34해리 주장을 받아들이고 말았다. 이렇게 되자, 울릉도와 독도 사이에 1.5해리(2,750m)에 이르는 커다란 바다 공간이 '중간수역'이라는 이름으로 생겨나게 되었고, 독도를 울릉도에서 따로 떼어 아직 영토권이 확정되지 않은 잠정수역 안으로 빼앗기는 결과를 낳고 말았다. 국가안보상 도저히 묵과할 수 없는 중대한 실책이며 자해행위라 하지 않을 수 없다.

신용하 전 서울대 교수도 일본은 신한일어법협정 협상 과정에서 독도를 자국 영토라고 전제하고, 자국 영토인 독도를 기준점으로 삼고 일본의 배타적 경제수역(EEZ)과 영해의 경계선을 울릉도와 독도의 중간선으로 설정하겠다고 한국을 위협해 왔던 바가 이제 현실로 나타난 것이라고 부연설명하고 있다. 그 당시 무정견한 한 한국 협상단은 "독도는 무인도이므로 유인도인 울릉도를 한국의 배타적 경제전관수역의 기준점으로 잡아 울릉도와 일본의 오키섬(隱岐島)의 중간선을 경계선으로 하자"고 응수했다고 한다. 그러자 일본은 울릉도와 독도의 중간선과 울릉도와 오키섬의 중간선이 중첩되는 수역이니 이를 중간수역으로 하자고 제안하였다는 것이다. 우리가 여기서 따져 물어야 할 것은 '중간수역'의 법적 성격이다. '중간수역'은 공해(公海)인가? 그렇지 않다. 한국 정부가 '중간수역'으로 부르게 된 바다는 공해가 아니다. 그 바다는 한국과 일본이 공동으로 관리하는 수역이다. 신한일어업협정을 타결한 뒤에 일본 외무성은 자기 나라 기자들에게 설명회를 열고 "중간수역은 공동관리수역으로 하기로 했다"고 일방적으로 발표했다. 두 나라가 공동관리한다는 말은 일본의 국내법에도 영향을 미치면서 함께 관리할 수 있다는 뜻이다.

그런데 엉뚱하게도 한국 외교부는 "중간수역이 어느 나라의 주권도 미치지 않는 공해"라는 한심한 나 홀로 식 주장을 늘어놓고 있을 뿐이었다. 만일 한국 정부의 해석대로 중간수역을 공해라고 한다면, 공해인 중간수역에서 어획량이나 바다관리 문제를 일본과 협상할 이유는 전혀 없는 것이다. 공해의 개념조차 정확하게 모른다면 예사로운 일이 아니다. 실제로 중간수역에 대한 일본의 해석은 전혀 다르다. 일본은 중간수역이 한국과 일본이 공동으로, 잠정적으로 관리하는 잠정적 공동관리수역이라고 보고 있다. 일본 언론에 따르면, '중간수역'이라는 개념은 한국에서만 쓰이고 있으며, 일본은 '독도 주변 잠정수역'이라고 부른다고 한다. 한국은 "독도를 둘러싼 수역은 단순히 일본과 한국의 중간에 있는 수역일 뿐"이라는 뜻으로 중간수역이라는 개념을 쓰고 있는 반면에, 일본은 "독도를 둘러싼 수역은 소유가 명확하지 않은 만큼 잠정적인 수역"이라는 뜻으로 잠정수역이라고 부른다.

따라서 '잠정적으로' 관리한다는 말은 앞으로 일본이 자국에 유리한 조건이 생기면 그 공동관리수역을 배타적 경제전관수역에 포함하여 경계를 확정하겠다는 강한 의지가 있다는 뜻이다. 실제로 한국은 이미 1997년 10월에 일본의 요구에 밀려 잠정합의수역 개념을 동중국해에도 적용하기로 하였다. 김영구 전 교수는 "동중국해에서 일본과 중국이 합의한 잠정합의수역의 개념을 한국이 일본과 동해에 그대로 적용키로 한 데 문제가 있는 것"이라고 지적하고, 일본과 중국은 영유권 분쟁이 있는 센카쿠열도 · 댜오위다오(尖閣列島 · 釣魚臺)를 북위 27도선으로 제외시켰던 것에 반해, 한국과 일본은 울릉도와 오키섬 사이의 중간선을 잠정적인 양국의 배타적 경제전관수역 경계로 정했어야 하며, "독도 주변 수역은 일정 범위-예컨대 거안 24해리의 장방형 또는 원형 수역-의 위요지(圍繞地:Enclave)로 구획하여 중간수역에서 제외시켰어야 한다"고 주장했으나 받아들여지지 못하였다. 이는 올바른 주장이었다.

독도는 0.2㎢도 채 안 되는 적은 돌섬(岩島)이지만 분명한 한국의 영토이다. 그런데 이 영토에 대해서 한국이 지금까지 행사해 온 영토주권이 분명히 훼손당하고 만 것이다. 그것은 신한일어업협정에서 독도를 중간수역 안에 넣어놓고 이 협정의 시행 과정상 이 중간수역에서 한국과 일본이 수산자원의 공동 관리를 실시하게 되어 있으며, 그렇게 되면 그때부터 독도에 대한 우리 영역 주권은 깨지기 시작하는 것이기 때문이다. 영유권의 절반이 이미 일본에 이양된 것이나 다름없다. 한반도와 그 부속도서가 우리의 헌법상의 영토이며, 대통령은 영토보전 책무가 있음에도 이를 포기하였으니, 이 사실을 계속 감추고만 있을 것인가? 한나라당의 최고위원인 정몽준 의원도 당시 이 문제를 제기한 바 있음에도, 신임 국회의장이란 사람은 김대중 대통령을 찾아가 덕담을 나누고 와서 금강산 총격사건 해결을 위한 대북 특사 파송 운운했으니 참으로 답답하다.

한국과 일본은 이 어업협정에 관한 재협상을 즉시 개시하여야 한다. 독도는 한국의 영토이므로 이 분명한 사실을 전제로 한 어업협정을 다시 합의해야 한다. 가장 위험한 점은 한국 정부가 이 잘못된 어업협정의 불행한 시나리오를 맹목적으로 외면하고 있다는 점이다. 어업협정은 언제든지 일방적으로 파기 가능하다. 이와 동시에 독도 주변 12해리 영해를 선포해야 한다. 유엔해양법협약 제12조에 따르면 "모든 섬은 영해를 가진다"고 규정하고 있으므로 현재 독도는 우리 영토이지만, 일본의 방해로 불가분의 일체를 이루는 데 어려움을 겪고 있다. 차제에 미국이 푸에르토리코, 괌, 버진아일랜드 등에 대통령의 포고령으로 영해를 별도 선포한 것과 같은 맥락에서 우리도 정정당당하게 독도에 대한 영해를 선포할 수 있는 것이다.

어떠한 외부의 도전으로부터라도 독도의 영토주권을 지키고 이를 확보할 의지가 있다는 것을 국가지도자나 국민이 강조하고 있지만, 이러한 주관적 의지를 입버릇처럼 강조하는 것만으로 영토주권이 확보되는 것은 아니다. 국제사회에서 인정하고 스스로 주권을 지킬 능력이 있어야 한다. 영유권의 소재는 국제사회에서 객관적으로 받아들여지고 있는 국제법상의 기준과 규범에 따라 판단되고 확정되는 것이다. 문제가 되어 있는 외딴 섬에 대해서 어느 정도 확실하게 국가의 영토주권이 일관되게 행사되고 있는가, 그리고 배타적 지위가 중단 없이 유지되고 있는가 하는 것은 정부의 의지와는 관계없이 객관적 사실에 의해서 국제법적으로 판단되는 것이다. 일본의 잘못된 주장에 상호교환 맞대응을 않고 침묵하면 그것을 시인하는 결과로 굳어져서 결국 우리의 영유권을 부정당하게 된다는 것을 모른다면 큰일이다.

우리나라에도 많은 훌륭한 국제법 학자가 있음에도 불구하고, 독도 문제에 관한 정부의 당시와 같은 그릇된 정책을 국제법적 이론을 들어 지적하거나 비판하는 사람은 극소수였다. 심지어 일부 어용학자는 정부의 잘못된 입장을 옹호하고 과잉 동조하는 데 몰입하고 있었다. 이것은 매우 불행한 일이다. 설상가상으로 물리적으로 이 섬을 지키려는 국가정책과 능력도 지극히 미온적이고 취약한 것 또한 현실이다. 바다를 지키려면 해군과 공군이 절대 필요한데 아직도 한국의 군사력은 육군이 80% 이상을 점유하고 있는 기형적인 국방조직을 유지하고 있어 독도 지키기엔 한계가 있다.

이상과 같은 상황을 판단컨대, 한국 정부가 독도를 실효적으로 점유하고 있다고 판단하는 데에는 이의가 없을 것이나, 독도와 그 영해에 대해 완전한 주권을 행사하고 있는가 하는 점에 대해서는 의문이 없지 않다. 완전한 주권 행사란 입법, 사법, 행정권이 온전하게 배타적으로 독도와 그 영해에 미칠 수 있어야 가능하다. 외교부의 이에 대한 답변에 따르면, "전쟁 등의 방법을 통한 현상변경이 없는 한 실효적 지배 여부가 영토주권의 국제법상 핵심 요건이며, 실효적 지배는 국가권력의 계속적이고 평화적인 행사(continuous and peaceful display of sovereignty)가 그 성립, 인증의 관건이다."라고 강조하고 있다. 성현 공자의 말씀 같은 소리이나 그 요건을 힘이 지배하는 국제정치에 현실적으로 충족하기엔 거리가 멀다.

그런데 한국 정부가 독도에 대해 완전한 주권을 행사하고 있는가 하는 점과 관련해서는 중요한 문제가 신한일어업협정의 성립 과정에서 대두되어 있음을 간과할 수 없다. 이 어업협정의 내용을 구성하는 중요한 요소들 가운데, "독도를 사람이 살 수 없는 섬으로 간주하여 그 주변수역에 배타적 경제수역이라는 관할 수역을 인정하지 않는다"는 한국 정부의 기본입장은 독도를 그 안에 포함하는 중간수역의 기본적 모양과 범위를 결정하는 데에 불이익을 자초하는 자승자박의 잘못 설정된 전제였던 것이다.

본래 한국은 한일 양국이 모두 실시하고 있는 접속수역의 범위인 24해리를 이러한 전속적 관할 수역의 범위로 할 것을 주장했었다. 24+35=59해리이면 울릉도를 기점으로 해도 독도가 충분히 포함되고도 남음이 있는데, 어찌 된 영문인지 한국의 이러한 입장은 일찍 포기되었고, 일본의 34+12해리 안과 한국의 35+12해리 안이 대립되다가 결국 일본의 34해리로 양보 타결된 것이다. 그 당시에 만일 한국 측이 독도에 대해서 이러한 35해리 전속관할 수역을 관철했다면 잠정적 조치수역 (즉, 중간수역)과 같은 변칙적인 해역은 합의될 수 없었을 것이다. 그리고 일본 측이 독도의 35해리 전속적 관할 수역을 수용한다면 그것으로 독도에 관한 한일 간의 영유권 문제는 결정적으로 완결되는 셈이므로 중간수역과 같은 것을 합의할 필요조차 없게 되었을 것이다.

우리 정부가 적용한 위에서 언급한 5가지 엉터리 논리는 일본이 던져준 미끼였다. 35해리+12해리=47해리인데 어떻게 울릉도를 기점으로 해도 독도가 한국의 전관수역(EEZ와 동일시) 속에 들어가는가? 눈이 멀어도 한참 먼 것이다. 비록 어업전관수역이 잠재적 예비적 EEZ라고 하지만, 협정 제1조를 보면 전관수역=EEZ로 표현했기 때문에 똑같다는 일본의 자의적 해석을 부정할 길이 없으며, 앞으로 정식으로 EEZ 협상을 하더라도 '금반언의 원칙'에 따라 최초에 시인한 사실을 뒤집기 곤란하게 되었다.

비록 신한일어법협정을 그대로 둔 채 노무현 정부가 집권 말기에 울릉도 기선을 취소하고 독도를 기선으로 한 EEZ를 선포했지만, 일본은 눈도 깜짝 않고서 적반하장으로 자기들이 독도 기선의 EEZ를 국회에서 통과시켜 선포해 버린 것이다. 현재 일본의 지리나 역사 교과서는 물론 모든 지도의 한일 간 국경선마저 독도를 자기 영토로 포함시키고서 울릉도와 독도 중간선을 그어 놓고 있다.

따라서 굴욕적이고 망국적인 신한일어업협정은 속히 파기해야 한다. 일본이 IMF 시에 우리를 골탕 먹이고 자기들 유리한 방향으로 협상을 끌고 가려고 일방적으로 한일어업협정을 파기한 선례가 있다. 현 협정을 파기하면 양국은 동해에서는 EEZ가 획정될 때까지는 본토 및 도서의 연안으로부터 12해리 영해와 24해리 접속수역에서만 영유권을 행사하고 나머지 해역은 모두 공해가 되므로 자유로운 어로작업과 탐사활동이 가능해진다. 해양력과 해군력이 상대적으로 우세한 일본의 횡포가 클 것은 각오해야 할 것이지만, 대등한 주권국가로서 우리는 독도를 고수하면서 지혜롭게 어로활동과 기타 해상활동을 한다면 큰 문제 될 것이 없다.

뿐만 아니라 떼를 지어 몰려 올 중국 어선이 동해의 황금어장을 황폐화시키고 말지 모르지만, 이러한 위협과 더불어 한일 간의 조속한 EEZ 경계획정의 필요성과 당위성이 촉진될 것이며, 특히 북한의 어선을 가장한 무장 선박이 한국과 일본의 근해에 침범하여 안보를 위협할 가능성도 있을 것이므로 일본의 협상 태도도 좀 달라질 수 있을 것이다.

독도가 울릉도 속도 개념 상실로 한일 중간수역 안에 들어갔다

(4) 영토 보존 차원의 독도 개발 촉진

동·서도 연결, 식수원 개발, 식목, 주거 및 경제활동 여건 확대 조성으로 유인도화, 자연생태, 이와 관련하여 공원 및 관광자원 개발 등 여러 가지 개발 가능성이 제시되고 있다.

지금 독도가 당면한 가장 큰 위기는 일본과의 영토주권 싸움이다. 한국 정부가 오랫동안 매국적인 독도 정책을 시행해 왔기 때문에 자칫하면 독도가 통째로 일본 땅 다케시마로 바뀔 가능성도 매우 크다.

국제법은 영토에 대하여 "평화적이고 지속적인" 관리를 요구한다. 또 영토주권의 배타적인 시행과 적극적인 대외 표방을 요구한다. 즉, 자국의 영토에 대하여 분명하면서도 적극적인 관리와 대응을 엄격하게 규정하고 있는 것이다. 지금처럼 일본의 도발이 거세지고 독도 영토주권이 위태로운 상황에서는 독도가 대한민국의 분명한 영토라는 사실을 안팎으로 나타낼 수 있는 여러 방법들이 널리 강구되고 시행되어야 한다. 그런 점에서 독도 개발에 대한 원칙 수립은 더는 미룰 수 없는 매우 화급하고 중요한 문제이다.

그러면 독도 개발은 어떤 방향으로 이루어져야 하는가. 독도와 울릉도를 연계한 독도 개발이 이뤄지는 것이 대단히 바람직할 것이다. 울릉도가 개발되면 그 속도인 독도도 연계 발전하게 될 것이므로 보물섬의 가치는 절대치로 극대화될 것이며, 독도를 수호하려는 국민과 국가의지는 울릉도와 더불어 더욱 확고하게 다져질 것이다.

① 환경보존보다는 영토주권 사수 차원에서 요새화가
　이루어져야 한다.

　독도가 대한민국 영토가 아니라 일본 영토 다케시마가 되고 만다
면 독도에 대한 환경보존이나 개발 문제는 일본 정부의 관할 아래
서 이루어지게 되며 우리는 독도 환경 문제에 대하여 관심 이상의
권리 행사를 할 수 없게 된다. 독도가 일본 영토 다케시마가 된다면
일본 정부는 적극적으로 독도를 개발하겠다는 의사를 여러 번 밝혔
다. 독도의 영토 위기가 없거나 가벼운 상황이라면 환경보존 문제
를 적극 검토해야 하겠지만, 지금처럼 위태로운 상황에서는 영토주
권을 보존할 수 있는 여러 방안이 적극 검토되어야 한다. 그런 점에
서 독도 개발은 어쩔 수 없는 불가피한 선택이다. 무엇보다도 동·
서도를 비롯한 30여 개의 암도를 모두 연결시키는 대규모 토목공사
가 시행되어야 한다.

　연평도·백령도와 지리학적으로 아주 닮은 곳 금문도(金門島)를
떠올릴 필요가 있다. 대만의 부속 섬이지만 오히려 중국 본토에 가
까이 있다. 본토와의 거리가 불과 2km다. 헤엄쳐서 건널 수 있는 거
리다. 그래서 우리 영토이긴 하지만 위치상 북측에 더 가깝다는 점
에서 서해 5도와 자주 비교되곤 한다. 독도가 비록 일본과 등거리에
위치하고 있지만, 일본이 과거 태평양전쟁 때에 남태평양의 여러 섬
을 탈취했다가 미국에 다시 탈취당한 경험이 있는지라, 독도를 만약
침탈하려 든다면 극한의 상황을 전제로 저항해야 할 것이기에 금문
도를 벤치마킹한 요새화가 필요할 것이다.

　금문도는 대만 역사의 상징이다. 1949년 장제스(蔣介石)의 국민
당 정부가 본토에서 대만으로 쫓겨날 때 최후의 보루로 삼은 곳이었

다. 4만 명의 국민당 패잔병들은 "죽음으로 금문도를 사수하라"는 명령을 말 그대로 죽음으로써 지켜냈다. 당시 중국군(중공군)은 국민당 군대의 절반에 달하는 2만 명을 투입, 금문도 상륙까지 시도했지만 살아남은 자가 거의 없었다. 승전은 국민당의 사기를 높였다. 전투는 역사적 상징이 됐다.

중국은 이후에도 호시탐탐 금문도를 노렸다. 급기야 1958년 8월 23일엔 대규모 군사 도발을 감행한다. 같은 해 10월 5일까지 44일간 계속된 전투에서 중국군은 무려 47만 발의 포탄을 쏘아댔다. 기록에 따르면 교전 첫날인 23일 하루에만 5만 7천발의 포탄이 발사됐다고 한다. 군인뿐 아니라 민간인 사상자가 속출했다.

하지만 대만군은 도망가지 않았다. 오히려 중국군 포병진지에 대한 반격에 나섰다. 미국 정부로부터 항공모함과 전투기를 지원받아 육·해·공군의 입체적 반격전을 폈다. 대만은 또 섬 전체를 땅속으로 그물망처럼 연결해 요새화했다. 금문도의 땅굴은 지하 3층으로 돼 있으며 자동차로 섬 어디든 갈 수 있게 돼 있는 난공불락의 요새라고 하므로 독도를 사수하려면 금문도의 역사적 교훈을 본받아야 할 것이다.

② 국제법상 실효적 지배의 제조건을 충족시켜야 한다.

이미 높은 수준의 분쟁상태에 들어 있는 독도에 대하여 '눈감고 아웅' 식의 회피정책은 독도를 실제로 포기한 것이 아닌가 하는 국제사회의 의혹만 높인다. 때문에 독도에 대한 국제법상의 일반원칙이 충족되도록 개발이 이루어져야 한다. 독도에 대한 국내 이해 당사자 또는 관련 집단의 이해관계 위주로 개발이 이루어져서는 안 된다. 임명직 또는 선출직 공무원의 치적이나 정치적인 공명심 위주로 개발이 이루어져서도 안 된다. 가장 경계해야 할 것은 독도 위기의 본질에 대하여 이해가 없는, 또는 잘못 알고 있는 일반 여론의 간섭이나 언론의 무지한 개입이 독도 개발을 잘못된 방향으로 끌고 가는 문제이다. 두 섬의 유인도화를 전제로 식수원 개발, 자연림 조성, 동식물 서식, 이동통로 개척 등을 병행하되, 군사시설도 우선적으로 수용하도록 조화로운 개발을 도모해야 할 것이다.

또한, 독도를 우리 영토로 지켜가는 바탕의 힘은 국민의 사랑과 관심이다. 국민의 사랑과 관심이 사라지면 독도는 바로 일본 영토 다케시마로 바뀌고 만다. 국민의 관심과 사랑을 끌기 위해서는 모든 국민이 항상 쉽게 독도를 찾을 수 있고 독도에 머물면서 그 귀중함을 느낄 수 있어야 한다. 지금처럼 국민 방문이 실질적으로 불가능하게 되어서는 독도에 대한 영토사랑이 이어지기 어렵다. 독도가 국민의 애국심 함양과 안보의식 고취, 그리고 민족혼을 일깨우는 교육 도장이 되도록 개발의 방향을 잡아야 독도에 대한 국가의 입법, 사법, 행정권이 평화롭고도 지속적으로 미칠 수 있게 될 것이다. 그러기 위해서는 두 섬을 연결 확장하여 시설과 방문자를 위한 충분한 공간을 활용할 수 있는 해상 기지가 마련되어야 한다.

③ 국가적 영토 가치가 온전하게 발현되도록 해야 한다.

독도 주변 바다는 훌륭한 물고기 밭이다. 동시에 엄청난 지하자원이 묻혀 있는 광산이기도 하다. 그리고 난류와 한류가 섞이는 독특한 해양연구 기지이며, 동양 사회에서 가장 오래된 화산 바위가 잘 보존되어 있는 해양 지질연구 기지이고 외딴 섬에 사는 많은 생물

종의 보고이기도 하다.

외딴 섬이므로 동해 전체를 이어주는 전파 중계기지이며, 기상관측과 연구기지이고 잠수함과 미사일 기지로서 그리고 군사정보 수집을 비롯한 종합 군사기지로서도 훌륭한 역할을 할 수 있다. 국가의 해양사상 보급기지이며, 동시에 해양관광 명소이기도 하고, 어민들의 대피소로서도 매우 중요한 역할을 한다. 또한, 동해를 끼고 있는 여러 나라와 관계를 맺게 하는 교류 매개자이기도 하다.

그러나 독도가 무엇보다 중요한 것은 우리 동쪽 바다의 최전선에 있으면서 우리 바다를 넓히는 개척자의 사명을 수행하고 있다는 점이다. 독도가 있으므로 오키섬과 독도의 중간선 개념이 나오는 것이며 이사부해산, 심흥택해산이 우리 영역에 들어오게 되는 것이다. 그러므로 독도 개발은 독도와 오키섬의 중간선이 해양 경계선이 되어야 한다는 점을 명심하면서 독도가 가지는 복합적인 국가적 존재 가치가 잘 발현되도록 방향을 잡아야 한다.

국제사회의 교류 교역은 나날이 발전하고 있다. 냉전이 가로막고 있던 동해를 싸고 있는 국가들 사이의 교류 역시 매우 활발해질 수밖에 없다. 독도는 이런 교류의 중심 지점에 있으므로 그 역할이 매우 중요하다. 세계 최대 교역지의 중심점에 있는 독도의 역할이 충분히 발현되어야 안정된 교류와 해양의 질서가 보장된다. 이제 세계는 해양을 공유하는 국가들끼리 다시 연합을 이루는 형태로 흐름이 바뀌고 있다. 최근 그 구상을 드러낸 지중해 연합이 한 사례가 될 것이다. 바다를 공유하는 국가들끼리 경제와 문화, 교류, 즉 생활기반을 공유할 수밖에 없기 때문에 이런 흐름은 곧 일반적인 국제사회의 흐름으로 자리를 잡을 것이다.

독도가 물류와 교류의 중개와 중계자로서, 평화로운 바다의 관리자로서, 긴급한 피난처로서, 동북아 정치, 군사, 교류의 중심체로서의 그 역할과 기능을 충분히 수행할 수 있도록 고려하면서 개발해야한다. 특히 독도 주변에 있는 이사부해산과 심흥택해산, 안용복해산의 가치를 잘 살리는 방향으로 개발이 이루어져야 한다. 특히 박근혜 정부는 신설되는 해양수산부의 역할과 기능이 독도의 존재가치를 고양하도록 정책적인 배려가 있어야 할 것이다.

④ 세계 해양문화 중심체로서의 종합적 개발이 되어야 한다.

독도를 두고 한국과 일본은 50년이 훨씬 넘는 기간 전쟁을 벌여왔다. 이 전쟁에서 진다면 한국은 동쪽 바다를 일본에 완전히 빼앗기고 말 것이며 울릉도도 위험해진다. 그리고 대한민국의 유지도 어려울 것이다. 이럴 때 국제사회의 여론을 누구 편으로 끌어들이느냐가 매우 중요하다.

독도를 당연한 한국 영토로 외국인이 인식하게 만들자면 국제적인 대규모의 해양 행사와 문화 행사를 독도에서 자주 열어야 한다. 또 외국인이 독도를 쉽게 방문하고 머물면서 한국 영토임을 알 수 있도록 해야 한다. 이런 대규모의 국제적인 사업을 예상하면서 독도 개발이 이루어져야 한다.

독도는 작은 섬이며 육지 부분의 지질은 약하다. 유인도화란 명분으로 함부로 건물을 짓고 부수면 독도는 망가지고 말 것이다. 그러므로 독도 주변의 암반을 이용한 개발 설계가 불가피하다. 또 독도의 미래가치와 복합적인 기능을 두루 고려한 개발 계획이 세워져야한다. 그 모든 계획과 개발은 항상 독도의 자연 상태 보전을 고려하면서 이루어져야 한다.

지금 독도는 한국이 점유하고 있다. 점유자로서의 유리한 지위를 활용하여 독도를 잘 개발한다면 일본과의 영토전쟁에서 결정적으로 유리한 위치를 차지할 수 있다. 그런데 과거보다는 나아졌지만, 아직도 한국 정부는(지방정부 포함) 영토주권의 안정과 해양영토의 장기적인 발전을 고려하면서 종합적으로 독도 개발정책을 수립하지 않고 언론 보도에 대응하여 그때그때 한 건씩 자료 제공하는 차원에서 독도 개발정책을 발표하고 있다. 이런 임기응변식 땜질 처방으로는 독도 영토주권도 지키기 어렵고 독도가 가진 무한정의 가치를 망쳐 버리기 쉽다. 정부는 물론 우리 사회도 이제 반세기 이상 독도 문제로 씨름을 했으므로 독도에 대한 지속적인 발전과 영구 보존을 위한 미래 청사진을 만들 때가 되었다.

그동안 제대로 된 독도 개발계획이 세워지지 못한 근본 이유는 일본의 압력과 간섭을 두려워했기 때문이다. 그러나 일본의 간섭과 압력을 두려워하는 한 독도가 온전한 한국 영토로 되돌아오지는 않는다. 정부의 미래지향적 안목과 동태적 거시적 차원의 과감한 결단은 물론 망원경적 사고와 현미경적 관찰이 필수적이다.

(5) 태양열·풍력·파력 발전 및 해수의 담수화 설비 설치

핵산업 측은 태양열 발전은 사막과 같은 대규모 부지를 필요로 하며, 조력과 풍력은 경제적으로 문제가 있어 실용적인 대안이 될 수 없다고 선전하고 있다. 그러나 대체 에너지 기술은 이미 많은 나라에서 실용화 단계에 접어들고 있다. 대체 에너지 개발에 앞장서고 있는 캘리포니아에는 150만kw의 용량을 가진 1만 6천 4백 개의 항업 풍력 터빈이 가동되고 있다. 전 세계 풍력 발전의 1/3을 생산하고 있는 덴마크는 1993년도 전기 수요의 3%를 풍력으로 충당했으며 2010년까지는 이를 총전력 수요의 10%까지 끌어올린다는 계획이다.

태양열 발전 비용은 단가가 계속 떨어지고 있다. 1985년 kW/h당 24센트였던 생산단가가 이제 8센트로 떨어졌고, 3년 내에 6센트로 떨어질 것으로 예상된다. 2050년까지는 대체 에너지와 에너지 효율성 기술이 전 세계 전력 생산의 60%를 담당하게 될 것이라는 UN 보고서도 나와 있다.

미국의 대표적인 환경연구기관인 월드워치연구소 역시 미래에는 송배전 과정에서 70% 이상의 전력을 손실하는 핵발전과 같은 대규모 중앙집중식 발전 방식이 사라지고 전력 생산과 송배전 과정의 손실을 대폭 줄이는 열병합 발전, 태양광, 풍력, 조력 등 '소규모 분산형' 발전이 될 것으로 예측하고 있다.

우리나라는 사시사철 태양빛이 좋고 산이 많아 풍력의 잠재력이 크며, 서해안엔 조수 간만의 차를 이용한 조력발전이 가능하다. 대체 에너지는 그 특성상 각 나라의 특수성을 적절하게 살려야 한다.특히 동도와 서도를 중심으로 30여 개의 돌섬과 암초로 구성된 독도의 넓이는 여의도 공원과 맞먹는 186,173㎡(약 5만 6천 평)나 된다. 이 일대에 해풍이나 해류 이동이 풍력이나 조력 발전, 또는 해수 온도차 발전이 가능한 호조건을 갖추고 있으므로 이를 활용하여 발전설비를 가동시키고 심층해수를 무공해의 담수로 바꿀 수 있는 장치를 설치할 경우 40여 명이 상주하고 있는 이들 개인의 수요를 충당하고 남을 것이다. 물론 제반 시설물과 장비의 조명과 냉난방에 충분한 전력과 음용수의 자급자족이 가능할 것이므로 이에 따른 경제성 있는 잉여 생산물은 본토로 보낼 수도 있을 것이다.

3 문화·교육·홍보·외교 활동 극대화

(1) 독도 알림·지킴 캠페인에 전력투구

(가) 독도연구소 주관의 종합 체계적 홍보 전략 시행

그간 정부의 독도 관련 홍보가 기관별 개별적·분산적으로 추진됨으로써 홍보 인용자료의 불일치, 홍보논리의 통일성이 결여되어 왔으나, 올해부터는 관계기관 간 협력체계 구축으로 홍보사안 발생 시 종합적·체계적으로 대응토록 제도적 장치가 국무총리실의 감독하에 실행되도록 된 것은 참으로 잘한 일이다.(국무총리지시 제2009호 의거)

그 추진 방향 및 과제를 보면, 동북아역사재단의 독도연구소 주관으로 종합적 체계적인 홍보전략을 마련·시행토록 하고, 관계기관 간 홍보 네트워크 형성을 통한 통합적 홍보활동을 전개토록 하되, 그 중점과제는 독도연구소 주관 독도 홍보자료 수집 및 조사·분석, 범정부 차원의 통합홍보 전략 및 방향 설정, '독도홍보협의회'를 구성, 기관별 홍보계획 협의·조정, 독도 홍보자료 DB 구축 및 유관기관의 홍보활동 지원, 홍보활동 효과 평가 및 홍보계획 보완·반영 등으로 종합 체계화되어 있음을 본다.

이와 관련하여 독도연구소는 독도 홍보자료 DB를 구축하여 홍보자료 오류 시정을 자문하며, 정부기관 등에 독도 관련 홍보논리, 표준자료 제공 및 자문을 하도록 한다. 정부기관, 지자체, 관련 기관 등은 독도 홍보 관련 사업계획 수립 시 독도연구소와 사전 협의하며, 홍보자료 작성 시 독도 관련 통계, 사료 인용 등을 독도연구소에 자문 의뢰하도록 되어 있다. 그리고 독도연구소의 자문을 받아 제작한 홍보자료에 대한 내용 변경 시는 독도연구소에 재통보하여 홍보자료 오류 시정을 자문받도록 되어 있다.

(나) 경상북도의 독도 캠페인 적극화

독도를 행정구역에 포함하고 있는 경상북도가 독도에 대한 진실을 국제사회에 올바로 알리기 위해 국제 홍보가 올해부터 대폭 강화된다. 독도에 대한 그동안의 소극적 홍보에서 벗어나 올해부터 전문가, 시민단체, 해외의 한국 관련 연구소 등과 인적 교류를 통해 국제 홍보를 적극적으로 펼치기로 했다. 우선 국제기구가 있는 주요 도시에는 전문가를 파견해 해양·영토 관련 학자와 학술단체를 대상으로 현지에서 학술대회를 개최하고, 해외의 저명한 언론인들도 독도에 초청해 독도의 역사와 자연을 소개하고 독도와 한국의 문화를 직접 체험할 수 있는 기회를 제공할 계획이다.

그리고 해외 주요 도시에서는 일반인을 대상으로 한국과 일본의 영유권 주장 근거를 역사적·지리적·국제법적으로 비교하고 전문가와 함께 토론하는 특별강연회도 연다. 특히 독도 관련 문화예술 창작활동을 지원하기 위해 울릉도에 있는 박물관·기념관 및 문화시설을 전시·공연 등 창작공간으로 활용토록 하고, 독도 관련 스토리를 발굴해 뮤지컬, 연극과 같은 문화 콘텐츠로 만들어 독도 홍보에 활용한다는 계획이다. 세계적인 스포츠, 문화축제에도 전통문화와 함께 독도를 소개하는 홍보단을 파견하고, 예술인들을 독도에 초청해 문화예술 공연을 개최할 계획도 갖고 있어 기대된다.

이 밖에 역사를 전공한 대학원생을 독도 강사로 양성해 농민 교육, 공무원 교육, 사회단체의 모임 등에 파견해 사회인 대상 교육을 실시하고, 일선 학교의 독도 동아리 활동을 지도하게 된다. 경상북도가 국제 홍보를 강화하기로 한 것은 최근 일본이 국제사법재판소를 통한 독도 문제 해결을 우리 정부에 촉구하고 국제사회에서 대대적인 여론전을 펼치는 상황이 계속되고 있어 이를 방치할 경우 일본의 일방적인 주장이 마치 사실인 양 받아들여질 수 있다는 판단에 따른 것이다.

(다) 반크(VANK)의 활약 뒷받침

반크는 전 세계 외국인들에게 한국을 바르게 알리고, 외국인과 한국인을 대상으로 친구 맺기를 주선하는 사이버 외교사절단이다. 1999년 박기태 단장이 개설한 외국 친구와의 이메일 펜팔 사이트에서 출발하여, 한국에 대한 자료가 '왜곡'되거나, 잘못 기재되어 있는 것을 '바로 잡는' 노력을 하고 있는 단체로서, 특히 영어로 된 '일본해(Sea of Japan)' 표기를 '동해(East Sea)'로 고쳐 달라거나, 중국의 동북공정에 반대하는 '고구려 바로 알리기' 등의 활동을 하면서 일반 대중에게 알려지기 시작하였다.

특히 2000년부터 사이버 외교사절단 반크는 국제사회에 일본 정부의 일본해 표기에 대항에 동해 되찾기 운동을 추진했다. 일본 정부는 전 세계 지도 중에서 97%가 일본해니까 포기하라고 큰소리치지만, 사이버 외교사절단 반크는 전 세계 지도 중에서 3%라도 동해로 표기된 것이 존재하므로 활동을 개시한다고 선언하였다.

　드디어 최고 권위를 인정받는 프랑스 아틀라스출판사가 2012년 판 세계지도책에 동해와 일본해를 대등하게 병기했다. 세계적인 지도책에 동해와 일본해가 같은 크기로 나란히 표기된 것은 이번이 처음이다. 이도 반크의 활동이 거둔 승리와 성공의 역사라고 본다.

　프랑스 출판계에 따르면 아틀라스 세계지도책 2012년 판은 8개 면에서 동해를 '일본해(MER DU JAPON)/동해(MER DE L'EST)'라는 명칭의 같은 크기의 글자로 표기하고 있다. 그동안 내셔널 지오그래픽을 비롯한 몇몇 세계적인 출판사들의 세계지도책들이 동해와 일본해를 병기해 왔지만, 동해를 일본해 아래 괄호 속에 작게 표기함으로써 일본해가 사실상 주명칭이라는 뉘앙스를 풍겼다.

　아틀라스 세계지도책 2012년 판은 또 독도에 대해 'DOKDO/TAKE-SHIMA'로 대등 병기했지만 "1954년 이후 한국이 지배하고 있으며 일본이 영유권을 주장하고 있다"는 주석을 달아 독도가

프랑스 아틀라스 세계지도책에 일본해와 동해를 병기하고 있다

우리 영토임을 분명히 했다. 이와 함께 한국 각 도시의 지명을 기존 매쿤-라이샤워 로마자 표기법에서 벗어나 2000년 우리 정부가 제정한 한국어 로마자 표기법에 따라 Busan(부산) · Gyeongju(경주) · Jeju(제주) 등으로 표기했다.

이진명 프랑스 리옹3대학 교수(한국학)는 "동해와 일본해의 대등 병기를 체계적 · 조직적으로 모든 지도에 적용한 것은 아틀라스 세계지도책이 처음"이라며 "이번 지도책 발간을 계기로 불어권을 비롯한 다른 국가들에 동해/일본해 대등 병기는 물론 독도가 한국의 영토라는 사실을 알리는 데 큰 영향을 미칠 것으로 예상된다"고 말했다.

참고로 최근에 나온 반크의 '독도 홍보 전략 10개 항'은 일본의 「다케시마 문제 이해의 10포인트」와 카운터파터가 될 것으로 보는 핵심적인 내용이므로 이하에서 그 전문을 소개한다.

① 독도를 일본과의 분쟁지역으로 세계인에게 소개하지 마세요! 아름다운 섬 독도를 소개해 주세요!
   ※ 2010년 세계적 여행전문지, Lonely Planet Magazine
   ※ 한국의 울릉도: 세계 관광객이 선정한 멋진 해양휴양지로 발표
   ※ "울릉도는 섬 전체가 태고의 자연 그대로 보전되어 있으며, 독도와 함께 동해바다 최대의 황금어장이다"
   ※ 세계 10대 해양 휴양지 울릉도 곁에 한국인이 가장 사랑하는 섬 독도가 있다는 것을 알려주세요.
   ※ 울릉도와 독도 모자(母子)섬, 어머니와 아들의 섬으로 불

리고 있을 만큼 울릉도와 독도가 밀접한 관계가 있음을 알려주세요. 독도를 '분쟁지역'으로 만들려는 일본의 의도와는 달리 아름다운 섬 독도에 세계인의 관심이 집중될 것입니다.

② 지리적으로 독도는 대한민국의 영토임을 알려주세요.

　　※ 독도, 울릉도로부터 87.4km, 일본의 오키섬으로부터 157.5km

　　※ 울릉도에서 명확하게 보이는 독도, 오키섬에서 보이지 않는 독도

　　※ "울릉도와 독도, 두 섬이 거리가 멀지 않아 날씨가 맑으면 바라볼 수 있다" – 〈세종실록지리지〉(1454) –

　　※ 고대부터 일본인의 눈에 띄지 않았던 독도는 그들의 영토일 수가 없었다는 것을 알려주세요.

③ 옛 문헌이 이야기하는 독도를 알려주세요.

　　※ 1500년 전 한국의 신라 왕조 때부터 독도에 대한 기록이 존재

　　※ 〈삼국사기〉, 〈세종실록지리지〉에 울릉도와 독도가 모두 대한민국의 영토로 기록되어 있습니다. 하지만 일본이 독도를 인식하기 시작한 때는 17세기 이후입니다.

　　※ 일본의 옛 문헌에서 독도가 일본의 영토가 아님을 증명하는 자료가 다수 확인되고 있습니다.

④ 국제법적으로 독도는 대한민국의 영토임을 알려주세요.

　　※ 1900년 대한제국 칙령 제41호, 독도를 울릉도 관할구역으로 명기 당시 조선보다 우월한 힘을 가지고 있던 제국

주의 국가 일본

※ 1905년 일본이 대한제국의 외교권을 강제로 박탈, 시마네현 고시 제40호를 통해 독도를 불법으로 일본 영토로 영입했다는 것을 알려주세요.

⑤ 1877년 일본의 최고행정기관인 태정관이 독도가 대한민국 영토임을 선포했음을 알려주세요.

※ 1696년 일본 도쿠가와 막부의 울릉도 도해금지 문서

※ 1870년 조선국교제시말내탐서, 1877년 태정관 지령 "울릉도 외 1도, 즉 독도는 일본과 관계없다"

⑥ 독도는 한국인에게 있어 민족의 자존심임을 알려주세요.

※ 1905년 일본이 울릉도와 독도의 지정학적 위치를 국가적으로 활용, 러시아 발트 함대를 격침하여 러일전쟁에서 승리

※ 그 이후 1910년 조선을 강제점령, 무려 35년 동안 한국인의 삶에 씻을 수 없는 상처와 물질적 피해를 입힌 일본

※ 제2차 세계대전에서 일본의 패망 그리고 1945년 조선의 해방, 독도와 조선의 모든 영토를 대한민국에 반환

※ 하지만 제국주의적 열망을 지금까지도 버리지 못한 일본. 해방 50여 년이 지난 지금까지도 식민지 영토권을 바탕으로 독립국가인 대한민국 국민들에게 독도에 대한 소유권을 주장하고 있다는 것을 적극적으로 홍보해주세요.

⑦ 독도는 이 모든 지리적, 역사적 증거를 뛰어넘어 아시아 평화의 상징임을 알려주세요.

※ 계속 강화되는 일본의 독도 영유권 주장, 그리고 그때마

다 역사의 상처를 떠올리는 한국인들

※ 한국인의 독도 수호는 과거 식민지 역사에 대한 투쟁이자 아시아 대륙에서의 제국주의를 청산, 21c 아시아 평화를 향한 한국인의 의지임을 알려주세요.

⑧ 외국 출판사에서 독도를 다케시마로 표기하는 것은 일본의 군국주의에 동조하는 것이라고 설득하세요.

※ 1902년 신사의 나라 영국, 영일동맹을 통해 일본의 한반도 지배권 인정

※ 1905년 세계인이 존경하는 미국 루스벨트 대통령 포츠머스 조약 중재, 일본의 한반도 지배에 대한 우선권 부여, 100년 전 국제사회가 눈감아 준 일본의 제국주의, 그로 인해 아시아 대륙이 받은 깊은 상처와 고통

※ 100년 전과 같이 독도를 다케시마로 인정해주는 것은 일본의 군국주의 부활의 신호를 눈감아 주는 것이며, 아시아의 평화를 흔들게 될 것이라는 것을 홍보해 주세요.

※ 21세기 아시아 대륙에 신제국주의가 부활하지 않도록 다케시마를 삭제, 독도를 단독 표기할 역사적 책임이 있음을 명시해주세요.

⑨ 독도가 "리앙크루 락스(Liancourt Rocks)"라고 표기되어 있을 때,

※ 리앙쿠르 락스(Liancourt Rocks)는 1849년 독도를 발견한 프랑스의 포경선 리앙쿠르 호에서 유래, 한국의 공식 명칭 "독도" 대신 프랑스의 한 선박이 지은 이름 Liancourt Rocks가 해당 출판사를 통해 국제적으로 널리 확

산, 세계인에게 표준으로 인식되는 것은 큰 문제가 있음을 주지시켜 주세요.

※ 무엇보다 독도를 "리앙쿠르 락스"라고 표기한다면, 울릉도와 독도를 방문하는 수많은 외국인들과 외국 선박들에게 정확하지 않은 지명으로 큰 혼란을 줌으로써, 이를 통해 한국인에게 야기되는 정신적, 물질적 손해에 대해 귀 기관이 책임지게 될 수 있음을 알려주세요.

⑩ 외국의 세계지도에 독도가 누락되어 있을 때.

※ 작은 섬 독도가 축척 상 지도에 반영되지 않을 때도 독도는 대한민국의 최동단의 섬이며, "독도"라는 공식명칭이 존재하고 있음을 알려주세요.

※ 한국에서 가장 인기 있는 관광지 매년 수많은 사람들이 찾고 있는 독도와 울릉도인데, 이를 지도에 표시하지 않는다면 이 두 섬을 찾는 세계인에게 혼란을 줄 수 있음을 알려주세요.

※ 동해의 작은 바위섬 독도, 이 작은 섬에 얽혀 있는 왜곡된 역사와 일본의 제국주의, 독도의 진실을 세계인에게 알리는 일은 이제 우리의 몫입니다.

※ 사이버 외교사절단 반크는 한반도의 제국주의 역사를 청산하고 아시아 나라들의 평화로운 공존을 위해 세계인에게 독도의 진실을 알릴 청년들을 찾고 있습니다.

※ 독도는 우리 민족의 아픔과 상처를 품고 있는 섬이지만, 동해가 선물한 천혜의 자연이 숨 쉬고 있는 아름다운 평화의 섬입니다.

세계인에게 아름다운 평화의 섬 독도 이야기를 들려주세
요. 독도의 미래가 이 이야기를 간직한 여러분에게 있습
니다!

(라) 해외문화홍보원의 활동 강화

1972년 설치된 문화공보부 산하 기관인 해외문화홍보원도 2000
년부터 매년 인터넷 오류 찾기 대회를 통해 인터넷 콘텐츠 가운데
한국 관련 오류를 시정해 오고 있다. 또한, 자체 오류 시정 팀을 가
동해 2011년 4월 말 현재 동해의 경우 867개 사이트에서 총 1,258
건의 오류를 발견, 213개 사이트 262건을 시정토록 했으며, 독도의
경우 26개 사이트 37건의 표기 오류를 찾아내 8건을 바로잡았으며
나머지 29건에 대한 시정도 계속 추진하고 있다.

세계 각국의 교과서나 책, 인터넷 홈페이지에 수록된 세계지도
에 독도가 한국의 영토로 표기되어 있는 사례는 100개 중 1.5개꼴
에 불과한 것으로 나타났다. 외교부 자료에 따르면 전체 3,380건
중 독도가 한국의 땅이라고 표기되어 있는 경우는 49건이었다. 외
교부는 2008년 하반기부터 지난해까지 반기별로 5차례에 걸쳐 세
계 각국이 제작한 주요 지도의 독도 지명 및 영유권 표기 현황을 조
사해 왔다.

조사 결과 대부분의 나라는 독도를 한국과 일본 간 분쟁지역으로
인식하고 있었다. 독도의 영유권에 대해 어느 쪽으로도 표기하지 않
은 경우가 3,135건(92.7%)으로 압도적 다수를 차지했고 아예 분쟁
지역으로 표기한 사례도 93건(2.8%)이었다. 독도는 일본 땅이라고
표기한 사례는 47건으로 한국이 영유권을 갖고 있다고 표기한 경우

(49건)와 별 차이가 없었다.

독도의 지명 표기 현황을 조사한 결과에서도 전체 3,380건 중 2,587건(76.5%)은 아무런 표기를 하지 않았다. 독도와 다케시마를 병기하고 있는 지도가 352건으로 10.4%를 차지했다. '독도'라는 지명이 표기된 사례는 130건(3.9%)으로 '리앙쿠르 락스'라고 표기된 건수(170건)보다 적었다. '다케시마'라고만 표기된 사례는 58건(1.7%)이었다. 외교부는 조사를 시작한 2008년 8월부터 지금까지 27건의 오류를 시정한 것으로 집계됐다.

2011년 현재 전 세계지도 중 독도가 한국 영토로 표기된 사례는 100개 중 1.5개에 불과한 것으로 나타나 충격을 주고 있다. 만약 세계 최대의 경제 강국이자 전 세계에 영향력이 막강한 일본 정부에서 독도가 국제사회에 제대로 표기가 안 되고 있는 이 기회를 틈타 전 세계 곳곳에 자국의 외교력을 총동원해 세계지도에 독도를 뽑아내고 다케시마를 심어 나간다면 큰 문제가 될 것이다. 한번 잘못된 것을 올바르게 시정하기 위해서는 엄청난 노력이 필요하다.

대표적인 예가 국제사회의 '동해' 표기이다. 약 100년 전 한국이 일본에 의해 강제로 식민지가 된 사이에 세계지도상에서 바다 이름을 결정하는 국제기구인 국제수로기구에서 한국과 일본 사이의 바다 이름을 결정하는 회의를 개최했다. 그때 국권을 상실한 한국을 대신해 일본이 '동해' 대신 '일본해'를 사용하도록 로비했고, 그 결과 100년이 지난 지금까지도 전 세계지도에 일본해가 그대로 널리 통용되고 있는 것이다. 해외문화홍보원의 더욱 헌신적이 노력이 요망된다.

이와 관련하여 사회단체인 한국문화예술진흥회에서 해마다 봄에 울릉군과 공동으로 울릉도 현지에서 독도사랑 웅변대회를 개최하고 울릉도와 독도를 탐방하는 행사를 갖고 있음은 참으로 뜻있는 일이다. 이는 국민의 영토의식 고취와 애국심 함양의 산 교육이라고 본다. 정부에서는 이를 재정적으로 적극 지원하여 많은 국민이 적은 비용으로 참여할 수 있도록 하고, 참여자의 교통편의 제공과 더불어 영상매체에 집중 보도함으로써 독도사랑·영유권 캠페인의 일상 생활화를 유도 촉진해야 할 것이다. 특히 일본인 울릉도 방문·관광객에게 웅변대회 현장을 소개하여 잘못된 그들의 의식구조 개선에 도움을 주는 좋은 기회가 되도록 해야 할 것이다.

(마) 전 국민의 반크 요원화 오리엔테이션

1년에 1천만 명이나 해외 나들이를 하고, 이보다 더 많은 숫자의 외국인이 한국을 방문하는데, 이들에게 반크와 같은 독도 홍보대사 역할을 하도록 하는 다각적인 연구와 노력이 절실하게 요청되고 있다. 해외 출국 전 독도 홍보 전단이나 책자를 의무적으로 지참토록 제도화하고 독도 브리핑을 출국 전에 반드시 받도록 하며, 국내 방문객에겐 공항에서 독도 홍보자료를 필독 안내서로 배포하도록 해야 한다. 그리고 해외여행 귀국 시엔 반드시 독도 홍보활동 결과보고를 디브리핑하도록 제도화할 필요가 있다. 이것이 전천후 국가총력전 독도 수호 홍보전략으로서 전 국민 반크화 노력의 일환이 될 것이다. 해외 공·사무 여행자 전원의 독도 전도사 역할 제도화(출입국 시 독도 교육 briefing·debriefing)는 물론 이들이 손쉽게 외국인에게 선물이나 기념품으로 전달할 수 있도록 고안한 독도 우표 및 기념주화 발행도 필요하다. 그리고 해외 유학생들(군인과 공무원 포함)도 반크와 같은 사명감을 갖고 활동토록 출발 전에 반드시 오리엔테이션을 해야 할 것이다.

특히 연예인들의 광고효과를 선용하는 차원에서 최근 외교부는 해병대 출신인 가수 김홍국에 이어 가수 싸이를 독도 홍보대사로 위촉할 것을 고려 중이라 하며, 한 고위당국자는 인터넷과 소셜네트워크서비스를 시작으로 일본 국민에게 독도의 진실을 알리는 노력을 할 것이라며 이같이 밝혔다. 이 당국자는 가수 싸이에게 부담을 주기는 싫지만 싸이처럼 재미있게 독도 홍보 동영상을 만드는 것이 좋겠다며 독도 홍보를 위한 '독도 스타일'을 부탁하는 방안도 검토해 보겠다고 말했다. 그리고 지난해의 런던 올림픽 동메달 결정전에 나섰던 미드필더 박종우 선수가 영국 웨일스 카디프의 밀레니엄 경기장에서 열린 일본과의 3-4위전에 승리한 뒤 관중석에서 전달받은 '독도는 우리 땅'이라고 쓰인 큰 종이를 들고 그라운드를 뛰어다녔다. 그의 독도 세리모니가 올림픽 무대에서 정치적 행위를 금지하는 IOC의 제재조치 원칙에 걸려 시상식에도 참가 못하고 메달을 박탈당할 위기에 몰렸다가 4개월여 만에 무사히 해결된 적이 있듯이, 우리나라 운동선수까지도 독도사랑에 동참하고 있음은 전 국민의 반크 요원화 캠페인 차원에서 흐뭇한 일이다

이뿐만 아니라 독도사랑에 남다른 애정을 가진 가수 김장훈과 영화배우 송일국 그리고 한국체육대 학생을 포함한 독도 수영횡단 팀 40여 명은 이명박 전 대통령의 독도 방문 직후인 2012년 8월 15일 경북 울진군 죽변항을 출발한 지 49시간 만의 릴레이 수영 끝에 독도 땅을 밟았다. 횡단 팀은 이날 오전 5시께 독도 인근에 도착했으나 높은 파도로 인해 접근이 불가능해 어려움을 겪었다. 결국 능숙

한 수영 실력을 지닌 한국체육대학교 학생 2명이 독도까지 수영으로 먼저 입도하는 데 성공했던 것이다. 김장훈은 독도 수영 횡단 성공 직후 취재진에 "한국체육대학교 학생들이 대견하다"며 "끝까지 이들과 행동을 같이 못 하게 된 것은 아쉽지만, 이번 3일간의 여정이 충분히 성과가 있었다고 생각되고 보람을 느낀다"고 전하고는 탈진과 공황장애로 후송되었다. 이 보도가 전 세계에 퍼짐으로써 일본인들의 간담을 서늘하게 하였을 것으로 안다.

이와 관련하여 〈독도는 우리 땅〉이란 유명한 대중가요는 1994년에 정광태가 부른 대한민국의 노래이다. 독도를 소재로 박인호(박문영)가 작사·작곡하였고, 2000년에 행정구역이 변경되면서 작곡가 김창환이 재편곡하여 일부 가사가 수정되었으며, 독도 홍보에 결정적인 순기능을 하고 있다. 한 가지 잘한 것은 KBS·MBC·SBS가 모두 일기예보에 울릉도와 독도를 함께 언급하며 하루에도 몇 차례 반복하여 독도가 대한민국 영토임을 리마인드시키고 있다는 사실이다. 만약 일본이 다케시마를 이런 식으로 한다면 일본에서 수용 가능한 분위기가 조성될지는 두고 볼 일이다.

그리고 온 국민이 애창하는 가요 〈독도는 우리 땅〉 가사는 "울릉도 동남쪽 뱃길 따라 이백리 외로운 섬 하나 새들의 고향"(1절)으로 시작된다. 독도와 관련된 지리적 내용(2절과 3절)과 역사적 내용(4절) 그리고 마지막으로 일본이 독도를 자국의 영토라고 우기면 곤란하다는 내용(5절)이며, 각 절은 "독도는 우리 땅"으로 끝을 맺는다. 이후 2000년 4월 행정구역이 변경되면서 2001년 가수 정광태가 사비를 들여 작곡가 김창환의 재편곡으로 다시 녹음하였는데, 변경된 가사는 "경상북도 울릉군 도동 산 육십삼"에서 "경상북도 울릉군 울릉읍 독도리"로 "세종실록지리지 오십 페이지"는 "세종실록지리지 오십 쪽에", "대마도는 일본 땅"은 "대마도는 몰라도"로 수정됨으로써 대마도 영유권 제기의 전략적 접근에 불을 댕긴 것이다.

가수 정광태는 1998년부터 언론과의 인터뷰를 통해, 이 노래가 1994년 7월부터 11월까지 4개월 동안 일본 교과서 파동과 관련하여 사실상 방송금지 상태였다고 주장했다. 이러한 주장에 대하여 대한민국 외교부는 2001년에 〈독도는 우리 땅〉이 금지곡으로 지정된 적은 없다고 입장을 밝혔다.

독도와 관련된 일본 정부의 주장에 대한 대한민국 국민들의 비판을 표현한 이 노래는 북한에서도 인기가 높은 것으로 알려졌다. 국가정보원이 1999년에 발표한 자료에 따르면 북한 주민이 즐겨 부르는 남한 가요 5곡 중 한 곡이라 한다.

1996년부터 초등학교 교과서에 5절까지의 가사가 실렸으며, 독도노래비를 건립하기도 하였다. 이 노래를 부른 정광태 본인은 1998년에 독도로 본적을 옮겼고, 초등학교 순회강연을 하는 등 독도와 관련된 활동을 활발히 펼쳐 왔다. 일본의 독도 영유권 주장 등으로 독도에 관련된 많은 패러디들이 나오기도 하였다. 전 국민의 반크 요원화를 촉진하려면, 반크에서 제시한 10포인트 홍보 전략을 국민 모두가 스스로 완전히 습득 이해한 바탕 위에서, 여건이 허락할 때 이를 국내외에 널리 전파 홍보할 수 있는 능력(설명, 설득 및 감화 기술)과 의지(사명감, 애국심 및 소명의식)를 확고부동하게 갖추고 있어야 할 것이다.

(2) 독도 연구노력 심화 및 문화 활동의 제도화

(가) 독도박물관 국립으로 격상, 기능 확대 필요

울릉도의 독도박물관은 광복 50주년이었던 1995년 울릉군이 부지를 제공하고 삼성문화재단이 건물을 건축하고, 이종학(작고) 초대 관장을 비롯한 여러 사람들이 기증한 자료를 수집하여 1997년 문을 열었다. 이 박물관은 독도의 역사와 현황 그리고 독도의 생태 등을 한눈에 볼 수 있는 곳이다. 도동 약수공원 안에 있어 찾아가기도 쉽다.

독도박물관 건물은 2층 건물로, 1층은 제1전시실과 제2전시실 그리고 기획전시실로 꾸며져 있고, 2층은 제3전시실과 생태영상실, 독도 전망 로비 등으로 쓰고 있다. 야외에는 야외 독도박물관을 꾸며 놓았다. 현행 박물관 운영은 다음과 같은 군 조례에 따르고 있다.

「울릉군 행정기구 설치조례」 제11조에 의해 국민의 영토 및 역사의식에 대한 바른 인식을 위하여 울릉군 독도박물관(이하 '박물관'이라 한다)을 관리운영 등에 관한 사항을 규정함을 목적으로 한다.(개정 2001. 12. 13 및 2009. 6. 11)

제2조(업무) 박물관은 다음의 업무를 관장한다.

① 조사, 연구기능 : 독도에 대한 자료(사료) 발굴, 수집 및 체계적인 연구 활동

② 전시, 보존기능 : 소장 자료의 전시 및 보존

③ 출판, 교육기능 : 조사 연구 자료의 간행 및 배포, 대중교육활동 지원 협조

④ 관광, 홍보기능 : 공개관람, 열람, 독도 관련 기념품 제작

판매, 보급 및 홍보

⑤ 기타 운영에 관한 사항

재정적으로 매우 열악한 한 군청이 중요한 국가 영토 보존과 직결되는 역사적 자료를 전시하는 독도박물관을 운영함은 언어도단이다. 국립박물관으로 승격시켜 직제를 보강하고 예산도 대폭 증액하여 이곳이 명실공히 독도 자료 전시는 물론 독도 관련의 모든 정책과 당면 문제를 전문적으로 연구 발전 및 홍보 교육을 담당하는 국가 기관으로 거듭나도록 확대 개편함으로써 독도 영유권 확립을 위한 총체적 사령탑이 되도록 해야 할 것이다.

(나) 동북아역사재단의 독도 연구 심화 촉구

한편 이와 관련하여 동북아역사재단(東北亞歷史財團)은 대한민국 정부가 일본, 중국 등 주변국들의 역사 왜곡, 영유권 주장 등에 대응하기 위해 2006년 9월 28일에 교육과학기술부 산하에 설립한 기타 공공기관이다. 기존의 고구려연구재단과 통합되어 만들어졌다. 서울특별시 서대문구 의주로 77 임광빌딩에 있다. 지난 2012년 10월 14일 서울 서대문구 미근동 동북아역사재단 내에서 독도체험관이 문을 열었다. 도심 속에서 동해의 파도 소리, 물새 소리와 태극기가 독도 정상에서 펄럭이는 소리를 들을 수 있으니, 저자가 개관 첫날 여기를 방문하여 배진수 박사를 만나 독도 문제를 얘기할 수 있었기에 그 감회가 남달랐다.

동북아역사재단이 독도체험관을 만든 것에 국민의 한 사람으로서 찬사를 보낸다. 이제 남은 것은 관리와 운영이다. 어린아이와 어른, 학생과 직장인, 한국인과 외국인 등 많은 사람이 독도체험관을 방문할 것이다.

그런데 지금의 면적과 위치로써는 물리적으로 그 다양하고 많은 수요를 감당하기에 턱없이 부족한 듯싶다. 치밀하고 효율적인 운영 및 관리 계획을 세워 독도체험관을 찾는 이들이 문전에서 발걸음을 되돌리는 일이 없도록 해주었으면 한다.

독도 영토주권을 국내외에 널리 알릴 수 있는 다양한 교육·홍보 프로그램을 계속 만들어 주길 바란다. 독도체험관은 상설전시관이라고 한다. 그렇다고 해서 현상 유지만을 하며 관람객이 계속 찾아오기를 기다리고 있어서는 안 될 것이다. 관람자들을 고려한 다양한 교육·홍보 프로그램을 운영해 서울뿐만 아니라 제주도에서도 그리고 외국에서도 찾아오도록 하는 노력이 필요하다.

독도체험관에 거는 기대는 자못 크다. 이곳은 독도와 관련된 모든 자료를 수집·보전·전시하는 박물관으로서의 기능, 독도의 자연·역사를 다양한 체험을 통해서 알 수 있는 체험관으로서의 기능, 독도 관련 학교 교과 내용과 연계된 입체 교과서로서의 기능, 문화 예술 창작으로 나라 사랑 실천을 통한 홍보와 부가가치의 창출 기능을 가지고 있다고 본다.

한마디로 독도에 대한 모든 것이 담겨 있고, 그것들을 가장 효율적으로 보여 줄 수 있는 집약적 전시·체험 공간이다. 대한민국 내의 유사 기관 중 아직 이런 전시기관은 없다. 독도체험관 기획·진행 담당자가 정의하듯 '신개념 전시관'이다. 동북아역사재단 독도문제연구소의 기능은 다음과 같다.

① 독도 문제에 대한 종합적·계적 대응방안 수립
  · 독도 관련 중장기 종합 대응전략 개발 및 정책 건의

· 국내외 유관기관 협력체제 구축

② 영토 · 영해 관련 조사연구사업

· 독도 영유권 주장을 뒷받침할 관련 사료 및 자료의 수집 · 분석

· 독도 및 동북아 영토·영해 문제 관련 자료 수집 및 심층 분석

· 국제사법재판소 판례 및 국제협약 관련 자료 심층 분석

· 수집자료 및 연구 성과물의 DB 구축

③ 동해 독도 관련 홍보사업

· 국내외 청소년에 대한 독도 등 영토 · 영해에 대한 교육홍보활동 강화

  − 독도 아카데미 운영지원

  − 국내외 독도지킴이 사업 활동 지원

  − 동해 독도 관련 다국어 홍보자료 발간 · 배부

· 동해 · 독도 표기 확산 및 오류 시정 활동

  − 국제수로기구(IHO) 등 국제기구 교섭

  − 시민단체의 표기 오류 시정 활동 지원과 협력

  − 외국 지리 교사와의 교류

④ 독도 관련 국내외 전문 인력에 대한 인프라 구축

· 독도 관련 국내외 전문 인력에 대한 인프라 구축 및 국제적 연구 성과 확산을 통해 영유권의 공고화 달성

  − 독도 영유권 문제에 대한 국내 유관 연구기관의 조사연구사업 지원

  − 중 · 장기적으로 독도 등 영유권 관련 해외 정책연구

거점 확보

　　－ 권위 있는 세계학술대회에서의 영토 패널 구성 참가
　　　를 통해 '식민 침탈사에 따른 독도 문제'의 국제적
　　　담론 형성 주도

　・국제사회의 여론 주도 세력에 대한 우호적 분위기 조
　　성 등 해외 전문 인력 인프라 구축 지원

　　－ 독도 관련 국제학술서 발간・배부
　　－ 국제학술대회 개최 및 참석
　　－ 해외 석학 독도 연구 지원 등

　그러나 동북아역사재단이 해외 역사 왜곡 사례를 찾아내 고친 실적이 미미한 것으로 나타났다. 국회 교육과학기술위원회 김태원 새누리당 의원이 동북아역사재단으로부터 제출받은 자료에 따르면 동북아역사재단이 설립된 2006년 이후 해외 기관에 24건의 역사 왜곡 시정 요청을 했으며, 이 중 반영된 것은 12건(50%)에 불과한 것으로 나타났다. 동북아역사재단은 고구려와 발해 역사를 왜곡한 중국에 22건을, 독도를 다케시마로 표기한 일본에 2건을 시정 요청했다.

　한편 일본의 초중고 사회과 교과서 123개 중 독도를 다케시마로 표기하거나 지도에 표시한 교과서는 59개(48%)인 것으로 나타났다. 김태원 의원은 "정부가 일본의 역사 왜곡에 대해 공식적으로 시정을 요구한 사례는 단 2차례에 불과하다"며 더욱 적극적인 대응을 요구했다.

　동북아역사재단이 해외 역사 왜곡 사례를 찾아내 고친 실적이 민간 사이버 외교사절단인 반크의 10%에도 못 미친다는 지적이 나왔다. 반크가 동북아역사재단보다 실적이 크게 앞서는 이유는 1만 6

천여 명의 사이버 외교관을 체계적으로 교육해 이들을 활용하기 때문이라고 본다.

(다) 대학 독도연구소의 연구 협력 및 지원

독도가 행정적으로 속해 있는 경상북도에 소재한 종합대학교인 영남대학교 교수들이 1984년부터 개별적으로 독도에 관한 관심을 갖고 독도의 역사와 문화뿐만 아니라 지리, 생태 등의 연구를 해왔다. 개별적인 독도 연구의 한계성을 자각한 연구자들은 1997년에 본교 민족문화연구소에 '독도 · 바다연구부'를 조직하여 '울릉도·독도의 종합적 연구'란 학제간 연구(국사학 · 법학 · 문화인류학 · 국어학 · 해양 및 자연생태학 분야)를 수행하였고, 뒤이어 1999년부터 한국연구재단의 지원(중점연구소 및 기초학문 분야)을 통해 독도 · 울릉도를 포함한 동해안 지역의 역사와 문화에 관한 지속적 연구를 해왔다. 그러나 한국학 전반의 연구를 하는 민족문화연구소 산하의 한 부서로서의 독도에 관한 연구는 연구의 지속성과 일관성에 문제점을 갖고 있었기 때문에 독도 전문 연구소의 필요성이 대두되었다. 그리하여 전국의 대학에서 처음으로 2005년 5월 11일 독도연구소를 설립하여 현재 가장 활발하게 연구활동을 하고 있다.

1996년 결성된 독도학회와 1997년 설립된 사단법인 독도연구보존협회, 시민단체인 독도역사찾기운동본부 등에 의해 소극적으로 진행돼 오던 국내 독도연구가 보다 체계적이고 전문적인 형태로 전환케 하는 것이 영남대 독도연구소 설립취지임을 밝힌 바 있다. 현재까지 연구논문 1백50여 편과 저서 6권을 발간했고, 최근에는 국회 차원에서 독도 관련 문헌자료를 수집 · 발간하는 등 치밀한 전략

하에 연구 프로젝트를 진행해 오고 있다. 특히 「독도의 지속 가능한 이용에 관한 법률」에 근거하여 경상북도의 '울릉도·독도 해양연구소'가 전개하는 독도 캠페인 사업과도 긴밀한 협조 체제를 유지하면 성과를 극대화시킬 수 있을 것이다.

영남대 독도연구소는 장기적으로는 △울릉도·독도의 역사·문화 연구 △독도의 자연생태, 환경 연구 △독도의 관련법 연구 △교육·홍보 연구 등 4가지로 분류, 독도연구를 진행한다. 특히 울릉도·독도의 역사·문화 연구는 일본 측 주장을 면밀히 검토·분석하기 위한 작업으로 이미 일본의 대학과 국회 자료실 등을 찾아다니며 일본 학자들의 독도 연구 논문 70여 편과 저서, 고지도 등을 확보해 놓은 상태다. 이 연구를 통해서는 발해를 포함하는 북동 시베리아 지역과 한국의 동해안 지역, 그리고 일본의 시마네현을 비롯한 서해안 지역 사이에 이루어진 교류관계를 밝힘으로써 한국의 동해안 문화가 일본의 서해안 문화의 성립에 적지 않은 영향을 미쳤음은 물론 그 과정에서 울릉도, 독도는 이미 고대부터 한국의 영토로 인식됐음을 규명하려는 것이다.

또 일본이 독도를 분쟁지역화할 것에 대비해 국제법, 해양법 등 관련법 전공교수 및 법조 인력을 중심으로 무주지 선점에 관한 연구, 영토주권 연구, 독도 귀속에 대한 연구 등을 진행함으로써 국제법 및 관련법상의 근거를 확고히 하는 데 두고 있다. 그리고 국내 독도 연구 전문가를 수시로 초청, 독도 연구 현황과 과제를 점검하는 전국학술대회를 개최하는 한편, 전국 각지를 순회하는 독도 자료 전시회도 개최하고 있다. 이 전시회에는 1873년에 일본에서 제작된 고지도로 독도가 울진현 소속임을 명시한 「조선국세견전도」 진본 등 영남대 박물관 소장 자료와 독도박물관, 독도연구소 소장 자료도 전시한다. 한편, 대학 교양강좌 및 공개 시민강좌로 '독도학의 이해'를 개설·운영하는 등 독도에 대한 지속적인 관심과 '독도학'의 저변 확대를 위한 홍보 및 교육활동도 활발히 전개할 것이다.

특히 각 대학과 민간단체의 독도 연구 조직인 영남대 독도연구소를 비롯한 세종연구소 독도종합연구소, 경북대 독도여구소, 독두학회, 독도연구원 등이 상호 협력 제휴하여 공동 프로젝트를 작성 추진하고, 한국해양수상개발원의 독도·해양연구소와도 교류 및 정보 공유와 DB 구축 등을 도모하면서 일반 시민들도 독도에 대한 정보와 연구 결과물을 자유롭게 이용할 수 있도록 개방형 연구 활동을 통하여 성과를 높이도록 해야 할 것으로 본다. (부록2 독도연구기관 콜로키움 주소록 참조)

저자가 국회 도서관을 통하여 조사한 바에 따르면, 현재까지 독도 관련 개인 및 조직 명의의 단행본 약 300권 정도가 전국적으로 출간되었으며, 학술 논문은 1천여 편이나 된다. 그러나 아직 일본에 비하여 학제적 연구나 공동목적을 지향한 전문화 및 체계화 노력이 미흡함으로 동의 반복적인 중복 내용이 많은 것을 지적할 수 있다. 독도에 대한 역사적인 접근은 이제 일본을 앞서 가지만, 일본의 영토 야욕에 대응할 수 있는 논리 개발이란 차원에서 동북아역사재단의 지원 및 주도하에 국제법적 및 국제정치적 그리고 국방안보적 접근의 현실적 대응전략 모색을 비롯한 새로운 연구개발 노력이 병행되어야 할 것이라 본다.

(라) 일본 독도 전문가와의 다각적인 정보 교류

일본의 대표적인 독도 영유권 주장 학자인 시모조 마사오(下條正男)는 1950년생의 비교적 젊은 한국통 학자인데, 저자가 2012년 1월 6일 서울 동작구 대방동 소재 공군회관에서 몇몇 독도 유관 국내학자들과 함께 그를 만나 점심을 같이 하고서 독도 문제를 논하면서 그와 논쟁을 벌인 바 있는데, 본서의 '독도 해전 가상 시나리오' 초안을 그에게 건네주면서, 저자가 해병대 출신 학자로서 독도 영유권에 대한 강한 집착을 갖고 있음을 그가 기억토록 해병대 주둔 불가피론을 강조한 바 있다. 또한 동석한 한국독도연구원 이사장 이부균 박사는 대마도 실지 회복 관련 학술회의 결과를 소개하면서, 일본의 과거사를 비판하자 시모조 교수는 묵묵부답이었다.

그는 한국인을 부인으로 맞아 삼성연수원과 인천대학에서 15년간 강사를 역임하면서 한국역사를 통달한 학자로서, 현재 일본 척식대학교 교수이며 〈일한역사극복 의 길〉, 〈죽도는 일한 어느 쪽의 것인가〉 등 유명한 저서를 출간하기도 했다. 그가 본서에서 핵심 문제로 다룬 일본 외무성이 발표한 「다케시마 문제 이해의 10포인트」의 초안 작성자였음을 스스로 실토하여 우리를 놀라게 하였으며, 일본에서 그의 위상이 어느 정도인지 실감하였다. 그리고 그는 세종대의 호지카 유지 교수와 거의 동년배인데 한국에 와도 서로 만나지 않는다는 것을 그가 실토함으로써 두 사람의 관계가 원만하지 못하다는 것을 알게 되었다. 그러나 그도 오늘 한국의 카운터파터와 만나 대담을 통하여 느낀 바가 있을 것이다. 한 가지 아쉬운 것은 여담이지만 그의 부인은 독도에 대하여 어떤 생각을 갖고 있는지 물어 보지 못한 점이다. 그러나 그가 우리에게 주고 간 독도 일본 편입 전후의 관련 고문서는 앞으로 반론 정립에 좋은 참고가 될 것으로 안다.

그의 독도 관련 저서를 보면, 자기 딸이 한국 초등학교 3학년 재학 중에 "한국 친구한테 들으니 일본이 독도를 자기 것이라고 거짓 수작을 한다는데, 왜 일본이 한국에 좋지 않은 짓을 하느냐"고 질문을 해 옴에 이에 제대로 답변을 하고자 한국에 있을 때 독도 문제를 심층 연구하게 되었다고 한다. 그는 "안용복은 위증자이고, 독도박물관에 부착된 〈동국여지승람〉 및 「8도총도」를 보니 울릉도와 독도의 위치가 뒤바뀌어 있는 것으로 미뤄봐 한국의 고지도는 모두 변조한 가짜임을 알게 되었고, 한국의 제반 역사인식은 사실을 일탈하고 있다"는 등 신랄한 비판을 하고 있다. 그의 책 마지막 장 결론엔 "일본 측이 다케시마 문제를 제기하면 한국 측이 망언이라고 하는 것은 언어도단이다. 한국이 일본의 침략성을 강조하고 전후에도 과거로 회귀하려는 원흉이라고 지탄하지만, 한국은 다케시마를 점거할 근거가 없으면서 적반하장의 잘못을 저지르고 있음을 모르고 있다."는 독설을 내뱉고 있는데, 이에 대한 엄정한 대응논리 개발이 시급하다고 본다.

그러나 현재 일본엔 양심적인 다수의 친한파 독도 전문가들이 있으므로 이들과의 빈번한 학술교류 및 제휴활동이 요청되고 있다. 전항에서 언급 소개한 나이토 세이추(작고) 박사 외에도 도쿄대 명예교수 와다 하루키(和田春樹)는 그의 저서(영토 문제를 어떻게 해결할 것인가)에서 1877년의 메이지(明治) 정부 태정관이 발표한 공문서의 "日本海內竹島外一島地積編纂伺(일본해 안의 다케시마 외 한 섬에 대한 지적편찬서지)"란 기록은 분명히 독도가 한국령임을 인정한 것으로서 이를 부정해서는 안 된다고 강조하고 있다.

또한, 일본의 과거사 반성과 한일 양국 우호 증진을 위해 힘써 온 도히 류이치(土肥隆一) 일본 중의원이 지난해 말 정계를 은퇴하면서 한 말은 충격적이다. 도히 의원은 을사늑약과 일본군 강제위안부 동원 등에 대해 일본이 반성해야 한다는 주장을 펴 온 친한파 7선 의원이다. 그는 아버지가 조선총독부에서 일했으며 본인도 서울에서 태어나 어린 시절을 한국에서 보냈다. 한국에 대한 사죄 운동을 펼친 것은 어린 시절 동료 학생이 일본어를 말하지 않는다고 구타당하는 것을 목격한 것이 계기가 됐다고 한다. 그는 "나는 언제나 한국에 대해 갚아야 할 부채를 갖고 있다. 일본 정부와 국민이 한국에 대해 무엇을 해야 할지 항상 생각하고 있다"고 말해 왔다. 도히 의원은 2012년 2월 '일본 정부는 독도 영유권을 주장하지 말라'는 '한일 기독교의원연맹' 성명서에 서명한 것으로 알려지면서 협박 전화에 시달렸고 극우세력의 집중 공격을 받아 탈당했다. 그는 이 성명서 내용을 보지 않고 서명한 것으로 알려졌다.

(마) 권위와 전문성을 겸비한 독도백서 발간 대량 배포

백서(白書, white paper)는 원래 정부가 특정 사안이나 주제에 대해서 조사한 결과를 정리해 보고하는 문서이다. 영국 정부가 만들어 의회에 제출한 보고서의 표지를 하얀색으로 했던 데에서 백서라는 명칭이 생겼다. 하지만 최근에는 정부뿐만 아니라 기업이나 연구소 등이 특정 주제에 대해서 연구 조사한 결과를 정리해 발표하는 문서에도 백서라는 표현을 사용하고 있어서 보다 넓은 의미의 종합적인 조사 보고서라는 의미를 갖게 되었다. 비슷한 말로 청서(blue paper)도 있는데, 이것은 영국의 정부가 아닌 의회가 특정한 주제에 대해 조사한 결과를 정리해 보고하는 문서를 가리킨다.

아직 한국과 일본 모두 백서란 이름으로 펴낸 정부 발간 독도 공간서는 없으나 국방(방위)백서와 외교백서에 독도 문제가 양국 모두 거론되고 있어 마찰이 빚어지고 있다. 일본 외무성이 한국 외교백서에 독도를 한국 영토로 표현한 것에 항의하고 철회를 요구했다고 일본 요미우리신문이 보도했다. 일본 자국의 입장과 맞지 않는다는 이유에서다. 참으로 후안무치한 소행이다.

한국 정부가 일본 외교청서나 방위백서에 독도를 일본 영토로 표기한 것에 항의하고 철회를 요구해 왔지만, 일본 측이 한국 외교백서의 독도 표기에 공식 항의를 한 것은 이례적이다. 게다가 이미 지난해 6월에 발행된 우리의 외교백서에 대해 지금 문제 제기를 하는 것은 일종의 내정 간섭이며 민족자존의 훼손이 아닐 수 없다.

이에 대해 일각에서는 일본 내 우익 성향의 언론 매체가 한국 외교백서 내용을 문제 삼자 일본 외교 당국이 뒤늦게 항의를 했다는 분석도 있다. 최근 산케이신문은 "한국은 매년 일본 외교청서나 방위백서의 독도 표기에 대해 항의하는데, 일본은 한국의 국방백서에 대해서만 항의하고 외교백서는 문제로 삼지 않고 있다"고 일본 정부를 비판했다. 일본 요미우리신문도 한국이 독도 상공을 군 훈련 공역(MOA)으로 지정한 데 대해 일본 정부가 취소하라고 요구하고 있다고 전했다.

이와 관련해 조태영 외교부 대변인은 "우리의 외교백서와 관련해 일본 측이 항의해 온 것은 사실"이라며 "주한 일본대사관 관계자가 우리 외교부에 전화해 항의했다"고 밝혔다. 조 대변인은 "그간에도 일본 측이 독도와 관련해 근거 없는 항의를 해온 일이 있다"면서 "근거 없는 항의를 한마디로 일축하고, 우리의 입장을 엄중하게 일본 측에 표명하고 있다"고 밝혔다.

최근 들어 독도 영유권을 주장하는 일본 당국의 태도가 무모한 단계에 들어서고 있다. '다케시마의 날'이 제정되고, 독도가 일본의 영토임을 설명하는 역사 교과서가 편찬되고 심지어 무력에 의한 독도 탈취설까지 나오는가 하면, 국방백서에 독도를 일본 영토로 표기하고 있다.

역사적으로 두 차례에 걸친 침략으로 우리 국민에게 헤아릴 수 없는 상처와 재난을 가져다준 일본이 또다시 우리의 신성한 영토인 독도에 대해서 영유권을 주장하고 나서는 것은 우리 국민들의 자존심을 심히 자극하는 일이 아닐 수 없다.

그러나 아쉽게도 많은 국민들은 독도 문제를 대함에 있어서 독도는 당연히 우리의 것이라고 생각할 뿐 독도가 왜 우리의 땅으로 되는지, 또 일본이 무슨 근거로 독도를 자기의 영토라고 주장하는지, 정확하게 모르고 있다. 그리고 일본의 주장이 얼마나 황당한지를 잘 모르는 채 일본에 대한 적개심만 발동하여 단지혈서(斷指血書)로 흥분이 앞서고 있는 것도 문제이다.

오늘날 우리는 고유 영토인 독도에 대한 역사적 사실을 재상기하고 일본 당국이 무슨 근거로 독도 영유권을 주장하는지, 그리고 그들의 주장이 얼마나 황당한 것인지, 또 우리가 일본의 독도 영유권 주장에 대해서 어떻게 대응하는 것이 현명한 것인지, 독자가 이 같은 현안 문제를 쉽게 이해하고 인식할 수 있도록 필요한 모든 내용이 함축된 독도백서가 조속히 발간되어야 한다. 그리하여 이것이 국민 필독서로서 전 가정과 공공기관 및 사회단체 그리고 각급 학교에 배포되어야 할 것이다. 그리고 이를 10개 주요 국어로 번역하여 대량 배포해야 지구촌의 다수 국민들이 일본과 한국을 재평가할 수 있게 될 것이다. 일본의 시대착오적인 영토 야욕과 비뚤어진 섬나라 근성을 우리는 우선 필설로 제압하여 일본을 국제사회에서 얼굴을 못 들도록 부끄럽게 만들어야 할 것이고, 유사시엔 당당하게 힘으로 맞상대할 태세를 갖추어 우리를 얕보지 못하게 해야 한다. 전자를 위한 수단이 독도백서이고, 후자는 경제력에 걸맞은 해군력의 증강이다.

(바) 영토의식의 고양 및 일상 생활화

우리는 독도 문제를 정확하게 제대로 알아야 하며 국민 누구나 독도 전문가가 되도록 철두철미한 역사 공부를 할 필요가 있다. 전문가는 지식과 정보 그리고 사회적 책임이 겸비 수반되어야 한다. 현재 초등교육 과정에서 행하여지고 있는 수박 겉핥기식의 독도 교육을 좀 더 심화 전문화하고 생활화해야 한다. 그러기 위해서는 독도 관련 가정교육과 학교교육 그리고 사회교육이 공동목표를 지향하여 일체화되어야 할 것이다. 특히 학교교육에 있어서는 정부 차원에서 독도 문제 전문 강사를 양성하여 전국의 초중고교에 연 1회 이상 순회강연을 통하여 통일된 내용의 지식과 정보를 공유하도록 역사·안보교육 프로그램을 개발 실행해야 할 것이다. 그리고 초등교육 기관의 역사·지리·사회분야 교사들은 서울의 독도체험관과 울릉도의 독도박물관을 반드시 다녀와야 한다.

특히 현재 설립 운용되고 있는 독도 관련 각종 비정부 차원의 여러 학술·연구·봉사 사회단체가 상호 협력하고 지원하며 제휴, 연합할 수 있는 협의체를 구성하여 정기·부정기의 교육·홍보·연구·발표·정보교류를 체계화함으로써 공동목적을 수행키 위한 효율성을 증진토록 정부에서 인센티브를 부여해야 할 것이다. 이를 위해서는 대학의 관련 연구소와 유관 학회가 사명감을 갖고서 선도적인 역할을 함과 동시에, 독도를 연구하고 저서를 출간하는 개별적인 학자나 문학 작품을 쓰는 작가를 발굴 포용하고 지원 홍보 소개함으로써 독도 영유권의 중요성에 대한 다수 국민의 올바른 이해와 인식의 저변확대, 역사·안보의식 개혁을 도모하는 데 함께 협동하도록 해야 할 것이다. 이와 관련하여 독립기념관에서 2013년 3·1절을 기하여 개교한 독도학교는 연간 근 3천 명의 초중고교 학생과 교사 그리고 그 가족들에게 이론 및 현장 실습교육을 하는 프로그램을 추진한다니 참으로 시의적절한 영토의식 일상생활화 실천이라고 본다.

역사의식이 없는 국민은 안보의식도 없기 마련이며 공익 우선 사상이 실종됨으로써 대한민국의 영토와 주권의 소중함을 망각하게 되고, 애국심이나 민족자존 그리고 준법정신이 없을 것이므로, 독도가 왜 소중한지 깨닫지 못한다. 최소한도 독도에 관하여 다음과 같은 역사적 내력은 온 국민이 가정교육과 학교교육 및 사회교육을 통하여 상식적으로 익히 알도록 생활화되어야 한다. 전 국민의 이론무장이 이 정도로 갖추어지고 애국적 사명의식이 심어진다면, 감히 일본이 우리 국민에게 헛소리를 하면서 덤비지 못하게 될 것이다. 최근에 공공기관과 교회와 사회단체에서 행사 때에 애국가를 4절까지 부르게 함으로써 가사 속에 함축된 애국심을 가슴에 되새기게 하는 것처럼, 독도 노래도 입에서 저절로 나오도록 반복하여 부르도록 청소년에게 강화교육을 할 필요가 있다. 이와 같은 맥락에서 지난 2012년 2월 27일 세종문화회관에서 개최된 한민족독도사관이 주최하고 KBS와 문화체육관광부 그리고 국토해양부가 후원하여 개최한 '대한민국독도음악회'는 시와 음악을 통하여 애국심을 고취시킬 수 있는 참여 역사의식 고양의 효과적인 한마당이었다.

지난날 우산도, 석도로 불리어 온 오늘날의 독도는 울릉도의 부속 섬의 하나로서 조상 대대로 우리 한민족과 함께해 온 우리의 신성한 영토임을 알아야 한다. 삼국 시대에 지금의 울릉도와 독도를 이루는 지역에는 우산국이라는 소국이 있었으나, 512년에 신라가 우산국을 정복함으로써 신라에 복속되었고, 고려 시대에도 신라의 전통은 이어졌으며 1032년 울릉도의 명칭이 우릉으로 바뀌었던 것이다. 조선 시대에 들어서서 왜적의 침입이 빈번하게 일어나면서 조선 조정은 자국민을 보호할 목적으로 섬을 비워 두는 '공도정책'을 실시하였으나, 이 공도정책은 자국민을 보호하기 위한 정책이지 그것이 곧 이 지역에 대한 영토 포기는 아니었다.

그러나 그 후, 일본 막부 정부가 울릉도와 독도에 대한 탐욕을 나타내면서부터 조선 정부는 울릉도에 백성들을 재정착시켰으며, 조선 말기에는 갑신정변을 주도했던 동남제도개척사 겸 포경사 김옥균을 통하여 이들 도서에 대한 이주 장려정책을 실시하기도 하였다. 17세기 말 울릉도와 독도에 관한 영토 야심을 지닌 일본의 막부 정부와 약간의 논쟁이 있었지만, 조선 정부와 민간인 안영복의 노력으로 일본 막부 정부는 독도와 울릉도가 조선의 영토임을 인정하고 일본 어부들의 월경과 고기잡이를 금지한다는 것을 재확인하는 결정을 함에 따라 일본 정부와의 영유권 시비는 완전히 종결되고 독도가 우리 땅임이 재확인되었다.

그러나 1910년에 우리나라를 무력으로 강점하여 식민통치를 시작한 일본은 이에 앞서 1905년에 독도를 죽도(일본명 다케시마)로 이름을 변경하고 시네마현 토지대장에 기재하여 일방적으로 일본 영토에 합병을 선언하였으나 이는 불법이었다. 1945년 일본제국이 패망하면서 당시 일본을 점령한 연합군 사령부에 의하여 우리는 독도를 포함한 빼앗긴 우리 영토를 모두 반환받을 수 있게 되었으며, 그 이후 오늘에 이르기까지 독도를 실효지배하고 있는 것이다.

독도를 일본에 빼앗기기 이전의 역사적 기록은 조선 시대에 발행된 〈세종실록(世宗實錄) 지리지〉, 〈만기요람(萬機要覽) 군정편(軍政編)〉, 〈증보문헌비고(增補文獻備考)〉뿐만 아니라, 이후에 발간된 여러 가지 역사적 문헌자료에도 구체적인 서술이 기재되어 있다. 일본이 17세기 이후에 독도를 인지하고서 자기 영토라고 주장하는 것은 말도 안되는 일이라는 것을 실증적으로 반박할 수 있는 이론무장을 한다는 것은 상식 이상의 전문화된 역사 공부가 필요하다.

우리나라 역사기록뿐만 아니라 일본의 역사적 기록에도 독도가 우리의 영토임을 인정하는 자료들이 다수 존재한다는 사실도 알아야 한다. 일본 실학파의 최고 학자인 하야시 시헤이(林子平, 1738~1793)가 1785년경에 〈삼국통람도설(三國通覽圖說)〉이라는 책을 간행하면서 그린 부록 지도 5장의 「삼국접양지도(三國接壤之圖)」와 「대일본지도(大日本地圖)」에도 울릉도와 독도를 모두 일본의 색깔인 녹색이 아니라 조선의 색깔인 황색으로 표시하여 조선 영토임을 명백하게 표시했다. 그는 향후 일본인들이 오늘처럼 울릉도와 독도를 자국 영토라고 주장할 것을 염려했는지 그 옆에 다시 "朝鮮ノ, 持二(조선의 것으로)"라고 문자를 적어 넣어 울릉도와 독도가 우리 영토임을 거듭해서 강조하였음을 봐도 일본의 오늘날 주장은 어불성설이다.

또한 일본 육군성 참모국이 1875년(메이지 8년)에 편찬한 「조선전도(朝鮮全圖)」에도 울릉도(竹島)와 함께 독도(우산도: 松島)를 조선 영토로 표시하였으며, 1936년 일본 육군참모본부(육지측량부)가 일본제국의 지배영토를 원래의 병탄(倂吞) 구역별로 나누어 표시한 「지도구역일람도(地圖區域一覽圖)」를 발행했는데, 이 지도에서도 독도를 울릉도와 함께 '조선구역'에 넣어 표시하였다. 이 지도는 일제 패망(1945년) 후 연합국 최고사령부가 일본제국을 해체하고 강탈한 영토를 원주인에게 돌려줄 때 독도가 한국에 반환되는 데 중요한 구실을 한 일본 측 근거자료의 하나로 연합국 최고사령부에 의해 사용되기도 했다.

호사카 유지 교수가 "날로 심해지는 일본의 억지를 꺾으려면 제삼자가 들어도 고개를 끄덕일 수 있는 논리가 필요하다"며 "한국의 주장이 논리적이지 않으니까 일본이 자꾸 틈을 타고 들어오는 것이다. 역사적인 자료로 확실하게 증명해 줘야 한다"고 말한 것을 꼭 기억해야 할 것이다. 그는 "일본 자료만 잘 뒤져도 한국에 유리한 증거가 많다"며 "고대일본어 해석이 어려워 포기하고 독도가 한국 땅이라는 것을 증명하는 것 자체를 금기시하는 분위기 때문에 자료 분석에 매달리지 않는 우리의 현실이 안타깝다"고도 말했다. 그는 최근 일본 국회의원 몇 명이 비밀리에 입국해 자기의 증거자료를 보고 독도가 한국 땅이라는 것에 공감하고 돌아간 사실을 전하며 이성적인 일본인을 이기려면 논리적으로 공격해야 한다고 거듭 강조했다.

(사) 일본 독도 영유권 주장의 모순 적시(摘示)

역사적 사실이 이러함에도 불구하고 일본 당국은 집요하게 독도 영유권을 계속해서 주장하고 있다. 일본 외무성의 홈페이지(http://www.mofa.go.jp/mofaj/area/takeshima/index.html)에는 「독도 영유권에 관한 일본의 일관된 입장」이라는 제목으로 독도는 역사적으로도, 국제법적으로도 일본 영토라고 주장하며 소위 '다케시마 문제 이해의 10포인트'라는 파일을 만들어 일본어, 영어, 한국어로 올려놓았다. 또한, 일본 역사 교과서에는 독도가 자국 영토임을 주장하는 3가지 근거를 요약하여 게시하고 있다.

그러면 그들이 제시하는 독도 영유권에 관한 주장의 근거들이 얼마나 허황된 것인가를 하나하나 반박해 보자. 먼저 일본이 독도 영유권을 주장하는 여러 가지 근거 중에서(일본 외교부의 소위 '다케시마 문제 이해의 10포인트'와 일본 교과서에서 독도를 자국 영토라고 주장하는 3가지 근거) 가장 '유력한 증거'로 제시하는 샌프란시스코 강화조약에 따른 독도 영유권 주장설에 대해서 알아본다.

일본 측의 주장에 따르면, 1951년 9월 8일 미국의 샌프란시스코에서 조인된 강화조약에서 일본이 한국에 반환해야 할 지역으로 독도가 포함되지 않았으니, 이 조약이 독도를 일본 영토로 인정했다는 것이 일본 측 주장의 요지다. 다음은 일본 외무성이 주장하는 '다케시마 문제 이해의 10포인트' 중에서 #7 부분 내용의 원문이다.

#7 샌프란시스코 강화조약 기초 과정에서 한국은 일본이 포기해야 할 영토에 독도를 포함시키도록 요구했지만, 미국은 독도가 일본의 관할 하에 있다고 해서 이 요구를 거부했다.

① 1951년 9월 서명된 샌프란시스코 강화조약은 일본의 조선

독립 승인을 규정하는 동시에, 일본이 포기해야 할 지역으로서 제주도, 거문도 및 울릉도를 포함한 조선으로 규정했다.

② 이 부분에 관한 미·영 양국에 의한 초안 내용을 알게 된 한국은 같은 해 7월, 양유찬 주미 한국대사로부터 에치슨 미국 국무장관 앞으로 서한을 제출했다. 그 내용은 "한국 정부는 제2조 a항의 '포기한다'라는 말을"(일본이) 조선 및 제주도, 거문도, 울릉도, 독도 및 파랑도(이어도)를 포함하는 일본에 의한 조선합병 이전에 조선의 일부였던 섬들에 대한 모든 권리, 권원 및 청구권을 1945년 8월 9일에 포기했음을 확인한다"로 바꿀 것을 요망한다는 것이었다.

③ 이 한국 측 의견서에 대해 미국은 같은 해 8월 러스크 극동 담당 국무차관보로부터 양유찬 대사에게 보낸 서한에서 다음과 같이 답변하며 한국 측의 주장을 명확하게 부정했다.

"… 미합중국 정부는, 1945년 8월 9일 일본에 의한 포츠담 선언 수락이 이 선언에서 취급된 지역에 대한 일본의 정식 내지 최종적인 주권의 포기를 구성한다는 이론을 샌프란시스코 강화조약이 수용해야 한다고는 생각하지 않는다. 독도 또는 리앙쿠르 락스로 알려진 섬에 관해서는 우리들의 정보에 의하면 무인 암도로서 조선의 일부로 취급된 적이 결코 없으며, 1905년경부터 일본의 시마네현 오키섬 지청의 관할 하에 있었다. 이 섬은 일찍이 조선에 의해 영유권 주장이 이루어졌다고 볼 수 없다. …"

이 내용을 보면, 독도는 일본의 영토라는 것을 긍정하고 있는 것이 명백하다. 또한 밴 플리트 대사의 귀국 보고서에서도 독도는 일본의 영토이며 샌프란시스코 조약에서 포기한 섬들에 포함되지 않는다는 것이 미국의 결론이라고 명기되어 있다.

러스크의 편파적인 서한과 일본의 적극적인 로비가 주효하여 샌프란시스코 강화조약의 작성 최종 단계에서 독도가 일본이 반환할 대상의 리스트에서 누락되고 만 것이다. 그런데 이 서한을 미국은 연합국 최고사령부에는 알리지 않고 한국에만 알린 사실이 공개됨에 따라 문제가 제기되자, 미국은 잘못을 시인하고 이 논쟁에서 빠져나가려고 변명하였다. 만약 연합국이 카이로 선언과 포츠담 선언의 기본 원칙인 독도가 한국 영토임을 명확히 한 바를 전제로 소급하여 문제를 제기하면 입장이 난처해질 것이므로 러스크 서한은 부정확하다고 한발 물러섰다. 그리고는 한국이 역사적 독도 영유권을 제시하면 재심할 수도 있다는 언질을 주기까지 했으나, 이때가 조약 조인 2개월 전이라 형식적으로 한국의 외무부 장관에게 미국 국무부가 전화로 타진하니 독도와 파랑도에 대하여 설득력 있는 주장을 펴지 못함으로써 결국 러스크 서한이 수용되고 만 것이다.

일본의 주장을 들어보면 샌프란시스코 강화조약이 마치 독도를 일본의 것으로 인정한 것처럼 당당하게 나온다. 그러나 조약의 내용에 독도가 빠져 있다고 해서 그것이 곧 일본의 영토로 간주된다고 할 수 없다. 미국 국립 문서기록관리국에서 발견된 샌프란시스코 강화조약이란 책자의 82페이지의 부록인 지도에 보면 독도를 일본의 영토로 규정하지 않고 있으며, 이를 인용하여 보도한 1952년의 일본 마이니치신문의 강화조약 설명서에도 마찬가지로 분명히 독도를 한국 영토로 지도상에 표시하고 있음을 본다.

독도에 대한 구체적인 명시가 없는 조약 내용과 달리 당시 조약상 영토지역을 표시하는 서류로 인정할 수 있는 이 지도에 독도가 일본의 영토로 표기되지 않은 것은 당시 강화조약에서 독도가 일본의 영토로 인정되지 않았음을 밝혀주는 확실한 증거로 된다. 특히 호주는 그 당시나 지금도 한국의 입장을 적극 옹호하고 있다.

일본이 주장하는 것과 같이 당시 미국 국무부 차관보가 한국대사에게 보낸 서한을 근거로 강화조약에서 마치 미국이 독도를 일본의 영토라고 인정하였다고 주장하고 있지만, 설사 그것이 사실일지라 할지라도 그건 어디까지나 미국 1개 국가의 입장일 뿐이지 조약에 참가한 전체 연합국의 의견으로 볼 수 없는 것이다.

샌프란시스코 강화조약은 미국이 주도했다고는 하지만, 미국이 단독으로 진행한 것이 아니라 48개의 연합국 성원국들과 일본이 함께한 엄연한 국제조약이다. 미국은 48개 연합국 성원국들 중 한 개 회원국일 뿐이며 미국의 입장이 곧 48개 연합국의 의견으로 대표될 수는 없다.

독도가 명시되지 않은 샌프란시스코 강화조약과는 달리 1946년 당시의 합법적인 국제기구인 연합국 최고사령부는 1946년 1월 29일 발표한 SCAPIN 제677호를 통하여 독도를 원주인인 한국(당시 미군정)에 반환할 것을 결정하여 독도가 한국 영토임을 분명히 하였으며, 그 경계를 명확히 하기 위하여 해상영역을 표시하는(독도가 한국 영토임을 증명한) 부속 지도를 첨부하였다.

뿐만 아니라 연합국 최고사령부는 1946년 6월 22일에 발표한 SCAPIN 제1033호에서도 일본인의 선박 및 승무원은 북위 37도 15분, 동경 131도 53분에 있는 독도의 12해리 이내에 접근하지 못한다고 규정하여(이른바 맥아더 라인) 또다시 독도가 한국의 영토와 영해임을 거듭 명확히 재확인하였던 것이다.

일본이 독도 영유권 문제에서 유력한 근거로 인용하는 샌프란시스코 강화조약은 일본을 반공 진영에 편입시키기 위하여 상식을 벗어난 관용을 베풀어준 조약이었으며, 실제 일본의 식민지 지배를 겪은 우리나라와 중국을 비롯한 아시아 국가들은 이 조약에 참가하지도 못함으로써 전시의 '손해 및 고통'에 대한 배상청구권을 향유할 수 없었던 다소 불평등하고 굴욕적인 조약이었던 것이다. 그 후 일본은 미국의 안보 무임승차에 힘입어 한국전쟁과 베트남전쟁 중 미국의 전쟁 뒤치다꺼리를 도맡아 함으로써 경제대국으로 재부상하였으니 역사의 아이러니가 아닐 수 없다.

우리는 이 시점에 미국이 가츠라-태프트(Taft-Katsura) 비밀협정 체결로 일본과 함께 우리나라에 대한 일제 식민지 침략에 동조한 장본인이라는 역사적 사실을 상기해 볼 필요가 있다.

이상에서 본 바와 같이 샌프란시스코 강화조약의 한 항목을 이유로 독도를 자국 영토라고 주장하는 일본 측의 주장은 전혀 근거가 없다는 것이 우리의 확고하고 시종 일관된 주장이다.

(아) 일본의 과거사와 영토 야욕 주의 환기

일본은 1세기여 전부터 한반도에서 살인·방화·강간·약탈 등 온갖 만행을 자행하고서 패전으로 물러난 지 60여 년이 지난 지금도 진정한 사과나 반성은 고사하고 회개조차 하지 않고서, 지난 침략사에서 교훈을 찾는 대신 새로운 영토 야욕의 망령이 되살아나, 국제사회의 심판을 받고 처형된 전범자 조상들이 만들어 놓은 낡은 침략문서를 근거로 또다시 1905년의 불법적인 독도 탈취에 의한 영유권 정당화의 연장선상에서 21세기 대명천지에 또 다른 범죄행위를 획책하고 있음이 명약관화하다. 독일 대통령은 2005년 3월 이스라엘 국회를 방문하여 눈물을 흘리면서 나치 독일의 지난날 이스라엘인 학살 만행을 백배사죄한 바 있다.

전 세계로부터 경제적 동물로 지탄받는 일본이 독도 영유권을 지속적으로 주장하는 것은 독도에 대한 제2의 침략행위를 정당화하고 독도를 기점으로 200마일 배타적 경제수역(EEZ)을 설정하여 해상 영역을 확장함으로써 이 지역의 경제적 이권을 독차지하려는 데 목적이 있다는 것을 국제사회에 적나라하게 폭로해야 한다.

현재 일본은 후안무치하게도 태평양전쟁 특급전범을 안장한 야스쿠니 신사를 역대 수상들이 앞다투어 참배하면서 침략의 과거사를 미화 찬양하고 있는 시대착오적인 섬나라 근성의 발로자임을 알아야 한다. 차제에 과거 일본의 침략으로 피해를 입은 중국, 몽골, 필리핀, 대만, 베트남, 싱가포르 등 다수의 아시아 국가들에게 일본의 최근 영토 야욕 발현 행태를 상기시키고, 특히 임진왜란 7년간 전과 보고용으로 30여 만개의 조선인 코를 베어 가 일본에 기념으로 매장한 이른바 '귀무덤'의 비화와 대한제국 말기에 야간에 궁궐에 난입하여 왕후를 살해 후 시체를 토막 내어 불태운 천인공노할 야수 같은 짓을 비롯하여, 식민통치 36년간(잔인무도한 살인, 방화, 강간, 약탈) 저지른 야만적인 행각은 물론, 도쿄 대지진 시의 조선인 학살과 원폭 피해자에 대한 전후의 차별 처리뿐만 아니라, 국제사회에서 성노예로 지탄받고 있는 정신대(종군위안부)의 정체와 실상 등을 적나라하게 전 지구촌에 광고할 필요가 있다.

일본의 아시아 침략전쟁이 종식된 후 전후처리에 있어서 미국은 일본이 약한 자에게는 잔인하지만, 힘과 권력 앞에서는 비굴하리만큼 약하다는 것을 간파하고 주변국들의 의견을 묵살하면서까지 독일과는 다른 방향으로 처리하였다. 즉, 미국은 일본을 미국의 충견(忠犬)으로 만들기 위하여 일본 왕궁을 폭격하지 않았으며, 히로히토 왕에 대하여 전쟁 책임을 묻지도 않았고, 독일과 같이 분할통치를 하지도 않으면서 엉뚱하게도 한반도를 분할하도록 소련에 종용하였다. 결국 이것은 미국이 충견을 자처한 일본에 대해 전쟁에 대한 면죄부를 주는 결과를 초래했다. 그리고 미국은 일본에 대해 오키나와를 일본 영토로 인정해준 대가로 주둔 미군의 안보 무임승차와 핵우산 아래 한국전쟁과 베트남전쟁에서 가장 먼저 특혜를 누리도록 하여 오늘날 일본을 경제대국으로 재건하는 데 일등공신이 되었다. 그 결과 일본은 그들 상전인 미국에는 알아서 기지만 그 밖의 국가들에게는 안하무인으로 목에 힘주도록 변하게 하여 오늘날 방약무인의 국가로 만들고 말았다.

간 나오토(菅直人) 전 일본 민주당 대표가 "일본은 '금붕어의 똥'처럼 미국의 꽁무니만 따라다녔다"고 비판하자, 고이즈미 총리는 "일본에 위기가 닥쳐도 유엔에는 지원의 손길을 내밀지 않을 것"이며 "일본은 혼자서 평화와 안전을 확보할 수 없는 만큼 평화와 안전을 확보하기 위해 미·일안보조약을 통해 동맹을 맺고 있다"고 강조하여, 오로지 미국만 추종하겠다는 '신탈아입미(新脫亞入美)' 정책을 선포했다는 비난을 한 바 있다.

미국의 품속에서 자란 일본은 밑을 볼 수 없는 거만한 스모선수와 같이 변하자, 큐리오(QRIO)나 아시모(ASIMO)와 같이 피가 흐르지 않는 비열한 민족으로 변질되어 과거 제국주의적 망상에 다시 빠져

들고 있다. 일본은 비대해진 지갑 두께로 군비 확장에 정신이 없고 엄연한 역사적 사실에도 불구하고 다카노 도시유키(高野紀元) 전 주한 일본대사라는 작자는 서울 한복판에서 "독도는 일본 땅"이라고 지껄이는 등 기고만장·오만방자함을 보이고 있다. 이는 일본이 또다시 '대동아공영권'의 옛꿈을 실현하려는 악랄한 몽상에 물들고 있는 것이다. 이러한 일본이 미국에 대해는 가자미 눈치를 보면서 이웃 국가들과는 영토 분쟁을 일으키고 있는바, 바로 독도 침탈 기도가 그 본성을 여지없이 드러내고 있는 한 단면인 것이다.

(자) 일본의 독도 영유권 주장 대응 전략 개발

첫째, 우리는 일본의 독도 영유권 주장에 대해서 강경한 대응을 해 나가야 한다.

일본의 독도 영유권 주장은 우리 민족의 존엄과 자주권에 대한 엄중한 침해이며 침략행위이다. 지난 기간 우리는 독도를 실제적으로 지배하고 있다는 조건을 내세워 독도 문제를 분쟁화하는 것은 일본의 속셈에 말려들어 가는 것이므로 '신중론'을 기해 왔으며, '조용한 외교'를 통해서 독도 문제를 해결하려고 하였음이 사실이다. 특히 이명박 정부도 집권 초기부터 일본과 "과거에 연연하지 않겠다"고 하면서 지난 2008년 일본 교과서에 독도를 "다케시마라고 표현할 수밖에 없다"고 한 일본 총리에게 비굴하게 "지금은 곤란하니 기다려 달라"고 하는 등 우리 정부의 이러한 안일무사하고 소극적인 대응이 일본의 오만함을 키웠다는 점을 부인할 수 없다.

지금 일본의 무력에 의한 '독도 탈환설'까지 나오고 있는 마당에 일본과의 관계를 고려하여 '조용한 대응'을 해야 한다는 저자세로 일본을 이길 수 없기 때문에 실용주의 노선을 선택해야 한다고 주장한다면, 이완용 친일파 매국노의 경술국치를 위한 패배주의적 사고와 무엇이 다른가?

일본이 저렇듯 무모하게 나오는 오늘의 현실은 우리가 의도하든, 의도하지 않든 신중하고 조용하게 대처해야 할 때는 이미 지났음을 말해 준다. 우리의 이러한 신중하고 조용한 대응은 저들의 오만함만을 키워 줄 뿐이며 마치 우리가 무슨 약점이 있어 적극적이지 못하다는 인상을 줄 수도 있다. 우리는 이제 더 이상 일본의 침략 야욕에 대해서 신중을 기하지 말아야 하며 국가총력전으로 적극 대응해야 한다.

일본이 독도 영유권을 포기하지 않는 한 독도 문제는 언젠가 반드시 일본과 크게 한 번 외교적 분쟁이 있을 것인 만큼, 지금부터는 일본과의 독도 영유권 문제는 신중하고 조용한 대응이 아니라, 일본이 감히 우리의 신성한 영토를 넘볼 수 없도록 강경하게 대응해 나가야 한다.

둘째, 독도 문제를 대하는 국민들의 인식을 재정립할 필요가 있다.

우리 국민들도 독도 문제를 대함에 있어서 정부나 사회역사학자의 몫이라고 생각하면서 자신과 무관하다는 생각을 할 것이 아니라, 언제 어디서 일본 사람들이나 외국 사람들을 만나도 독도가 왜 우리 영토이고 독도 영유권을 주장하는 일본 당국의 주장이 무엇이 잘못된 것인지 설득 가능한 이론무장을 해야 한다. 우리 국민들은 일본이 독도 영유권을 주장한다고 하여 '대마도 영유권'을 무턱대고 주장하면서 일본과 감성적으로 맞대응할 것이 아니라, 차분하게 흥분하지 말고 세계 각국에서 일본의 부당성을 시인하도록 역사적인 자료를 제시하면서 논리 정연하게 설득하여 국제사회의 여론을 조성 환기해야 한다. 아직 우리의 대마도의 영유권 주장을 정당화할 만한 논증은 미흡한 상태이므로 이의 연구 개발이 시급하다.

그리고 독도 문제를 연구하는 다양한 개인과 단체는 무엇보다도 영토 문제의 본질이 법적 문제임과 동시에 역사적 사실에 근거를 두고 있음을 선제로 그 기본지식을 공유해야 할 것이며, 연구의 조직화와 체계화가 이루어지도록 국책연구기관이 그 틀을 짜고 접근 방법과 연구 범위를 정할 필요성이 대두되고 있다. 그래야 중복과 낭비를 줄이고 성과의 효율성을 증진할 수 있을 것이다.

셋째, 독도 영유권을 주장하는 일본에 대응하는 방식에 있어서 우리는 정부 차원뿐만 아니라 민간단체와 사회단체 그리고 개인의 활동을 통한 공동목표 지향적 논리를 함께 연구 개발하고, 전 국민이 SNS를 활용하여 열성적인 반크 요원화되어야 한다. 그러나 공식적인 대응은 반드시 정부 차원인 외교부에 의한 공식문서 메시지로 상대방이나 전 세계에 전달·전파되어야 한다.

우선 우리 사회역사 및 국제법학자들이 일본의 독도 영유권을 주장하는 극우익 파트너들과의 독도 관련 학술토론회를 개최하자고 먼저 제안할 필요가 있으며, 일본의 영유권 논리를 부정하는 양심적인 일본 학자들과 교류하고 협력을 통한 문헌 공동연구 조사와 공동저서 출간 등의 프로젝트를 활발하게 전개할 필요가 있다.

2012년 12월 12일 타계한 일본 최고의 독도 전문가인 나이토우 세이추(內藤正中) 시마네현립대 명예교수 같은 학자는 "일본 외무성의 독도 영유권 주장은 일본 국민을 기만하는 것이고 일본 정부의 미숙함을 드러내는 것이다"라고 날 선 비판을 할 정도로 양심적인 인물이다. 그는 생존 시의 저서인 〈다케시마 · 독도 문제 입문〉을 펴내 일본 정부의 「다케시마 문제 이해의 10포인트」를 무색하게 만들었다. 우리 정부 당국에서는 이 저서를 번역 출간하여 전 국민의 필독서로 대량 배포하고 주요 국어로 번역 출간하여 널리 배포해야 할 것이다.

특히 국제학술토론회는 일본이나 한국에서 개최하거나 아니면 미국이나 제3국을 선택해서 진행할 수도 있으며, 많은 해외 한국학자들도 동참하여 분위기를 고조시키고, 토론회를 우리나라와 일본의 국영방송을 통하여 여과 없이 생중계함으로써 일본의 역사를 배우는 후세들은 물론 관심 있는 전 세계 국민들에게 일본 당국의 주장이 얼마나 허황된 것인지 똑똑히 알려주어야 한다.

만일 독도 관련 학술토론회가 진행된다면 북한 학술단체도 함께 참가하는 것도 고려해 볼 수 있다. 독도 문제는 우리 대한민국의 범위를 벗어나 우리 한민족의 이해관계가 걸려 있는 문제이므로 당연히 북한도 한민족의 구성원으로서 일본의 독도 영유권 주장에 공동으로 대응해야 할 책임이 있다. 이는 북한과의 새로운 신뢰 프로세스 창출을 위한 계기 마련에도 도움이 될 것이다. 뿐만 아니라 우리의 독도 문화 캠페인은 아래와 같은 다양한 영역에 걸쳐 전천후로 추진되어 생활화되어야 한다.

첫째로, 독도 관련 문헌 및 자료 종합 집대성 및 체계화 관리, 독도 주제 석 · 박사 학위 및 학술 논문 작성 · 연구 발표 권장, 독도 문제의 학교 · 사회교육 교과서 증면 편성, 영상 · 인쇄 · 음향 매체의 독도 문제 체계적 심층보도 의무화, 전 세계 교민 독도 재인식 홍보

교육을 강화한다.

둘째로, 학교 및 사회단체를 통한 독도 주제 글짓기, 웅변대회, 그림 그리기, 단막극, 노래자랑, 골든벨 등 경연대회 개최 그리고 초중고 교과서와 주요 국가고시에 독도 문제를 중점 포함토록 제도화해야 할 것이다.

셋째로, 일본의 영유권 주장 심층 분석 대응논리를 개발 및 보강하고, 국제사법재판소(ICJ) 회부 대응 판례 전문연구기관 설치, 영어 및 불어 능통 국제법 전문가 다수 양성 및 국제사법재판소와 국제해양법재판소 판사 진출을 위한 국가적 지원 여건 조성, 친한파 외국언론인과 학자의 독도 문제 보도 및 여론 조성, 그리고 저서 출간의 인센티브를 부여토록 물질적으로 지원해야 한다.

넷째로, 일본의 국제사법적 해결방식 추구를 적대적으로 배제하는 것이 능사는 아니다. 우리의 영유권 주장 논리가 변화 발전 없이 동의 반복적으로 악순환되고 있지 않은지, 현실적으로 독도 실효지배에 안주하면서 환경 변화에 따른 대항논리의 보완 개발을 소홀히 하고 있지 않은지 자가진단을 해야 한다. 솔직히 한국의 영유권 주장을 위한 거증사실과 법적 대응논리가 일본을 앞선다고 볼 수는 없다. 영유권 주장은 먼 과거사보다는 분쟁 기간 중의 사건 중심으로 재정립되어야 하고, 최신 증거 수집이 매우 중요하다. 한국의 역사적 고문서 자료보다는 가시적인 최근의 영어나 불어로 된 강대국들이 보유하고 있는 전 세계의 여론을 공유할 수 있는 자료가 더 설득력을 갖는다는 것을 알아야 한다. 그리고 정부와 민간단체가 독도 정보를 공유하고 상호 협조 지원하는 제도적 장치를 마련해야 한다.

일본 자민당 국회 참의원으로서 육상자위대 대령 출신이기도 한

사토 마사히사는 "일본이 실효지배하고 있는 센카쿠열도에 경찰이 권총만 차고 지키고 있음은 불합리하다. 오키나와의 일본 자위대가 유사시 400km나 멀리 위치하여 어떻게 대처하겠는가" 하고 문제를 제기하며, 한국도 독도에 군대를 배치한다는 정보가 있다고 지적하면서 군대 주둔을 주장한 바 있다. 그리고 그는 2차대전 후의 일본 자민당이 취한 허리 꺾인 영토정책이 오늘의 다케시마 불법 타국 점거 사태를 초래했다고 비판하면서, 일본 헌법을 속히 개정하여 자위대가 국방군으로 거듭나 집단적 자위권을 행사할 수 있도록 합법화됨으로써 영토 문제를 미 · 일 안보체제를 통해서 해결해 나갈 것을 촉구하는 내용이 그의 저서 〈지켜야 할 사람이 있다(There are people who must protect territory)〉에서 강조되고 있는 것을 볼 때, 우리의 취약한 독도 수호 전략의 현주소를 되돌아보게 한다.

(차) 야누스적 일본의 정체성 재인식

독도는 역사적으로나 국제법으로나 실효지배적으로나 재론의 여지가 없는 우리나라 영토이다. 최근에 밝혀진 대로 1887년 일본의 근대교과서에 수록된 〈신찬지지(新撰地誌)〉에도 독도는 분명히 조선(한국) 영토임을 일본 스스로 표시하고 있다.

그런데 최근 아베 신조 전 총리는 1982년의 미야자와 담화(근현대 역사적 사건을 다루면서 국제 이해의 시점에서 필요한 배려를 할 것, 즉 '근린제국 조항'을 추가하겠다는 담화)와 1993년의 고노 담화(위안소는 당시 군 당국의 요청에 의해 설치된 것이며, 위안소의 설치, 관리 및 위안부 이송에 관해서는 구 일본군이 관여했다고 인정하는 담화), 그리고 1995년의 무라야마 담화(식민지 지배와 침략으로 많은 나라, 특히 아시아 제국의 여러분에게 많은 손해와 고통을 주었다. 진심으로 사죄의 마음을 표명한다고 발표한 것) 등 '역사 반성 3대 담화'를 모두 재검토하겠다는, 그야말로 스스로 인정했던 명백한 사실로서의 역사를 부정하는 망언을 하였다.

일본은 한국과 가장 가까운 이웃 나라이다. 그럼에도 불구하고 역사적으로 가장 불편하고 많은 피해를 준 것을 인정하고 진정성이 있는 사과를 해야 하며, 그 사과가 진실하다는 것을 언행으로 보여주어야 한다. 그런데 일본의 후안무치한 태도는 이웃 나라들을 끊임없이 분노하게 한다. 일본이 알아야 할 것은, 사죄의 완성은 피해자가 가해자를 용서해야 완성되는 것이다.

독도가 우리나라 영토임이 너무나 분명함에도 불구하고 자기네 영토라고 주장하는 것은 새삼스러운 일은 아니지만, 일본이 한국을 대하는 태도는 고대의 무법하던 시대의 역사를 답습하는 듯 문명화된 근대에도 크게 달라지지 않았다.

일본은 1592년 임진년에 조선을 침략해서 7년간의 전쟁(임진왜란)으로 인하여 조선 전국을 초토화시킨 범죄와 1910년부터 1945년까지 조선을 침탈했던 그 잔혹한 범죄는 한국인에게는 그 무엇으로도 씻을 수 없고 용서받지 못할 천인공노할 죄악이었다. 그 같은 죄악을 전범국 독일처럼 자숙하고 속죄하기는커녕 적반하장으로 위안부 문제도 없었다는 식이며, 독도가 자신들의 영토인데 우리나라가 불법 점거하고 있다며 국제사법재판소에 제소하려 하니 그 철면피의 행태는 일본의 특허 가면인가? 일본의 이런 작태는 왜 발생하는 것인가?

첫째는, 일본인의 혐한(嫌韓) 감정과 한국인을 우습게 보고 깔보는 태도이다. 일본은 현재 영토 분쟁을 한국뿐만 아니라 다른 나라들과도 일으키고 있는데, 러시아와는 쿠릴열도 문제로, 중국과는 센카쿠열도 문제로 갈등 중에 있지만, 두 나라에 대해서는 한국과 비교하여 상대적으로 강력한 태도를 보이지 않고 있다. 이런 태도는 섬나라인 일본이 '폐소 공포증'을 가진 맹수가 약자를 보면 매우 공격적인 자세를 취하는 것과 같다. 일본은 강자에게는 한없이 약하고, 약자에게는 한없이 강한 모습을 보여 왔다.

둘째는, '종교적 죄의식'이 없어서이다. 18세기 프랑스의 계몽가이며, 정치학자였던 몽테스키외는 놀라운 혜안으로, 이미 300년 전에 일본 사람들이 '잔인하고 남을 슬프게 만드는 것'은 '종교적 죄의식'이 없기 때문이라고 설파하였다. 개인도 그렇지만, 국가도 자신의 행위에 대하여 '죄의식'을 갖지 못할 때, 심각한 정신적 공황과 잘못을 반복하게 되는 것이다.

일본은 우리와의 관계를 '선린'과 '친선'으로 표현한다. 그렇다면 지금까지의 모든 '이웃 관계'는 허구와 허언이었다는 말인가? 일설에 의하면 일본이 '친선'을 말할 때는 상대에게 모욕을 주기 위한 술책이 있다고 표현하기도 하였다.

한국과 일본은 미래를 향해 진정으로 '동반자적인' 선린관계를 지켜나가야 한다. 그러려면 잘못된 과거에 붙잡혀서는 곤란하다. 이제 일본은 좀 더 솔직해져야 한다. 잘못한 역사에 대한 진솔한 반성이 있어야 한다. 그런 자세 없이는 과거의 나라, 전범국의 나라, 역사가 없는 나라, 두 얼굴의 나라, 영원히 부끄러운 나라의 오명을 벗지 못할 것이다.

우리나라도 독도 문제에 대하여 과거에 집착해 사는 일본인들이

꼼짝 못할 확고한 대응논리를 만들어야 한다. 이를 위해 정부와 국민 모두가 하나가 되어야 한다. 더 나아가 독도 문제뿐만 아니라, 일본의 과거 지향적이며 버리지 못하고 있는 침략 속성에 대하여 세계가 바로 알도록 글로벌 홍보에 힘써야 한다. 일본의 화장 안 한 얼굴, 즉 감추어진 영토 침탈 야욕의 진면목을 온 세상에 드러내도록 해야 한다. (이상은 한국교회언론회 대표 김승동 목사 메시지 인용한 것임)

아베 총리는 영토전쟁을 빙자하여 아시아의 제해권을 노리는 군사작전 구축에 제1보를 내디딘 것이다. 그를 필두로 부총리와 외상이 미얀마와 인도네시아, 베트남과 라오스 그리고 태국과 호주를 연속 방문하여 무슨 음모를 했는지 잘 모르지만, 영토 수호란 미명 아래 독도를 침탈하기 위한 기반 마련이 아닌지 의심스럽다. 만약 그러하다면 이는 제2차 세계대전의 악몽을 되새기게 하는 일본제국주의의 제2 대동아공영권(大東亞共榮圈)이나 절대국방권(絕對國防圈) 형성의 야망이 바탕에 깔려 있는지도 모를 일이라 우리는 경계하지 않을 수 없다. 아베가 욕을 먹으면서 진실을 비슷하게라도 고백한 선배 총리인 무라야마와 고노의 한국에 대한 식민지 시대의 사죄 담화를 뒤집겠다니, 허구에 찬 포퓰리즘의 네티즌들 찬가에 혼을 빼앗겨, 중국 고사에 나오는 사면초가(四面楚歌)가 된 항우(項羽)의 전철을 밟아 장렬한 최후를 고하려는 것인가?

일본은 평화헌법을 파기하고 군국주의의 부활과 재무장을 공공연하게 획책하고 있으며, 독도 침탈을 현 정권의 당면과제로 제시하고 있다. 심지어 과거를 왜곡 기만하여 "창씨개명은 조선인의 요청에 의한 것이었고, 위안부는 조선의 부모들이 딸자식을 팔아먹고 수

지맞는 매춘장사를 한 것이다"란 천인공노할 망언까지 감히 내뱉고 있으니, 독도를 집어삼키는 것은 식은 죽 먹기나 다름없다고 장담하게 되는 것이다.

지난날 조선을 침략한 도요토미 히데요시는 정유재란 때 전장에서 싸우다 죽은 조선 병사뿐만 아니라 부녀자, 갓 태어난 아기까지 가차 없이 죽여 약 12만 개의 코를 베게하였다. 그리하여 소금통에 절여 오사카로 보낸 뒤 교토까지는 육로로 베어진 코를 실어 나르며 자신의 전공(戰功)을 자랑하는 만행을 저질렀다. 그리고는 교토시에 커다란 코무덤을 만들어 봉분 위에는 수십 톤 무게의 돌덩어리를 눌러 놓았다. 그리고 그 이름을 귀무덤(耳塚)으로 바꿔 관광 명소로 정해 놓고서 전 세계에 자랑한다. 죄 없는 조선인의 영혼들은 지금도 먼 이역 땅에서 쓸쓸히 귀향할 날만 기다리며 잠들지 못하고 있다. 새 정부와 정치 지도자들은 정신을 똑바로 차려야 한다. 우리의 주적은 북한이지만, 잠재적인 적은 바로 일본임을 명심해야 한다.

일본 언론은 지금 "일본 고유 영토인 북방 4도는 러시아에 지배당하고, 명확히 일본령인 다케시마는 한국에 점령당하고, 센카쿠제도도 중국으로부터 위협을 받고 있는 이때, 국민도 정부도 영토에 대한 확고한 의지와 정당한 지식 그리고 공정한 인식을 지녀야 한다!"란 의미심장하고 함축적인 영토의식을 자극하는 메시지를 반복하여 내보내고 있다.

(카) 독도에 대한 한일 국민 여론에 주목

한국과 일본 국민들이 양국 관계에서 가장 중요하게 생각하는 현안은 최근 가장 불거진 '독도 문제 해결'로 나타났다. 한국인의

45.5%, 일본인의 32.1%가 이를 우선 과제로 꼽았다. 그다음이 역사 문제(과거사)로 한국인의 38.5%, 일본인의 20.3%가 민감한 과거사 문제 해결을 선택했다.

양국 국민 모두 독도와 과거사 문제가 양국 관계를 꼬이게 만드는 중요한 요인으로 생각하고 있다는 점은 같았지만, 비중에는 확실한 차이가 있는 셈이다. 한국인의 84.0%, 일본인의 52.4%가 독도와 과거사 문제 해결을 지적한 점에서 한국인이 더욱 민감하게 여긴다는 점을 알 수 있다. 독도와 과거사 이외에 한국인은 10.1%가 '경제관계'를, 3.3%가 '안전보장' 문제를 꼽고 0.7%가 '스포츠 및 문화 교류'를 꼽았다. 일본인의 응답 비율은 '안전 보장'이 17.8%로 세 번째로 많았고, '경제 관계'가 16.8%, '스포츠·문화 교류'가 5.3%였다.

주목할 만한 것은 한국인 여성의 54.4%가 독도 문제 해결을, 31.1%가 역사 문제 해결을 주요 문제로 인식한 반면, 남성은 46%가 역사 문제를, 36.3%가 독도 문제 해결을 꼽아 성별로 우선순위에 차이가 있었다. 연령별로는 60대 이상에서 독도 문제 해결을 우선순위로 꼽은 비율이 46.5%로 20대(44.8%)보다 높았으나 역사 문제 해결에 있어서는 20대가 42.8%로 60대(34.6%)를 앞섰다.

지역별로는 행정구역상 독도를 관할하는 대구·경북에서 독도 문제 해결을 우선 과제로 인식하는 비율이 53.6%로 가장 높았다. 같은 영남권인 부산·울산·경남에서는 53.4%로 두 번째로 높았다. 반면 광주·전북·전남에서는 39.8%로 가장 낮았다. 일본인의 경우 전 연령대에서 독도 문제 해결을 최우선 과제로 꼽아 최근 한일 간의 영토 문제로 독도가 심각하게 부상했음을 보여준다. 30대가

38.9%로 가장 높았고 20대가 24.8%로 가장 낮았다.

일본인의 17.8%가 안전보장을 주요 문제로 인식한 데 비해 한국인은 이에 대한 응답이 3.3%에 불과한 것과 관련, 북한의 장거리 로켓 발사에 대해 일본인이 더 민감하게 반응하는 게 아니냐는 해석도 나올 수 있다.

일본의 독도 도발이 계속되고 있는 가운데 "독도 문제는 남북한이 공동으로 대응할 필요성이 있다"라는 여론조사가 나와 눈길을 끌고 있다. 독도신문이 2012년 3·1절을 맞아 경남리서치(대표 조경래)에 의뢰, 전국 남녀 841명을 대상으로 실시한 '독도에 대한 국민의식조사'에 따르면, 전체 응답자 가운데 56%가 '남북한 공동대응' 필요성이 있다고 응답했다. 또 독도에 대한 관광자원 개발 필요성에 대해선 67.2%가 개발 필요성이 있다고 응답, 개발 필요성이 없다(18.2%) 보다 4배 가까이 높게 나타났다. 일본의 독도 도발에 대한 우리 정부의 대응과 관련해서는 강력대응 필요성이 66.1%, 맞대응할 필요 없음 9.2%, 지금껏 해왔던 것처럼 9.5%, 잘 모름 15.1%로 분석됐다.

독도에 대한 국민의 관심도는 매우 많음 35.9%, 대체로 많음 21.9%, 보통 36.6%, 대체로 없음 3.9%, 전혀 없음 1.7%로 나타내 응답자의 94.4%가 독도에 대한 '보통 이상'의 관심을 보였다. 독도 주권의 국제적 인식과 관련해서는 대한민국 영토 52.3%, 일본 영토 32.7%, 잘 모르겠다가 15.0%로 나타나 10명 중 3명이 국제적으로 일본의 영토로 인식하고 있다고 판단하는 것으로 조사됐다. 이는 독도신문이 지난 2000년 5월 창간 당시 실시한 여론조사에서 '대한민국 고유 영토'(51.1%)에 대한 인식대비 1.2% 상승한

반면, 일본 영토로 인식되고 있다는 응답자는 1.2% 하락한 것으로 분석됐다. 독도와 관련해 한일 갈등 존재 여부와 관련, 존재하고 있음 85.0%, 존재하지 않음 5.8%, 잘 모르겠음 9.2%로 나타나 국민 10명 중 8명 이상이 독도 문제로 한일 갈등이 존재함을 인식하고 있는 것으로 분석됐다.

그리고 일본의 독도 영토권 주장에 대한 대응에 대해서는 정부 차원 72.7%, 시민사회단체 7.8%, 국민 개개인 5.4% 순으로 나타나 정부 차원의 대응이 중요하다는 점을 확인시키고 있으며, 당국의 미온적 대응에 불만을 갖고 있음을 뜻한다. 만약 이 조사가 이명박 대통령의 독도 방문 이후 일본의 우경화 책동이 가시화된 2013년 초에 실시되었다면 상당한 차이를 보였을 것이다.

이 조사의 표본오차는 전체 95% 신뢰 수준에 ±3.38%이다. 독도신문 관계자는 '독도에 대한 국민의식 여론조사 결과'와 관련, "일본이 대한민국의 고유 영토인 독도 침탈이 계속되고 있는 상황에서 우리 정부 차원의 대응이 매우 중요한 것으로 지적되고 있다"면서 "특히 올해는 신라 장군 이사부가 415년에 독도를 우리 영토로 복속시킨 지 1,500주년을 2년 앞둔 시점인 의미 있는 해라는 점에서 국민 모두가 '독도사랑'에 적극적인 관심을 가졌으면 한다"고 주문했음을 주목하면서, 이하에서 독도를 일본에 빼앗기지 않으려면 어떻게 해야 할 것인지 함께 고민해 본다.

이와 관련한 일본의 최근 여론 동향을 짚어 본다. 독도 문제 대응에 대한 일본 여론은 강경과 대화 의견이 팽팽하게 맞선 것으로 조사됐다. 니혼게이자이신문이 2012년 말에 1,389가구를 대상으로 실시한 전국 전화 여론조사(응답 920건)에서 독도 문제에 대한 정부의 대응에 대해 48%가 '경제보복을 포함해 강력하게 대응해야 한다', 45%는 '대화를 통해 해결해야 한다'로 답했다고 보도했다. 현 자민당 전 정권인 노다 요시히코(野田佳彦) 정권에 대한 지지율은 31%였으나, 아베 현 정권은 독도를 국내정치 목적에 원용한 결과 지지율이 70%대로 고공 행진하고 있다. 이는 특히 "무지해서는 나라를 지키지 못 한다"라는 캐치프레이즈로 영토의식을 고양하면서, 중앙정부가 정한 '북방영토의 날'(2월 7일), 현 정부가 정한 '다케시마의 날'(2월 22일)과 '센카쿠제도 개척의 날'(1월 14일)을 부각시켜 국민 여론을 영토 수호에 결집하도록 부추긴 데도 그 효과가 있음을 알아야 한다. 우리도 정부 차원에서 '독도의 날'을 제정하여 국민 여론과 영토 의식을 높이고 결집시키는 연례행사를 거행함으로써 일본에 맞불을 놓아야 할 것이다.

4

독도 고수방어 태세 강화와 확립

(1) 적정 규모의 해군력 증강 박차

전항에서 언급한 바 있듯이 한국의 해군력은 국력과 해양력 (maritime power)에 비하여 너무나 왜소하다. 현실적인 적대세력 인 북한의 해군력보다 약한 것은 물론, 잠재적인 가상적국으로 간주 할 수 있는 일본 해상자위대의 해군력에 비하여 지나치게 낙후되어 있기 때문에 이들과는 질과 양 모두 상대가 안 될 정도 중과부적(衆 寡不敵)의 패배가 예상된다.

한마디로 현재의 제한된 해군력으로는 영해를 지키기에도 벅차 다. 독도에 12해리 영해를 선포하여 일본의 접근을 차단하고, 서북 도서를 연한 현실적 해상 국경선인 NLL 고수방어를 위해 북한 연안 해상세력과 효과적으로 대응할 함정세력이 절대 부족한 것은 물론 이고, 만약 동서남해의 200해리 경제수역이 확정될 경우 이를 통제 할 함정세력의 부족 현상은 말할 것도 없거니와, 국가 경제의 대동 맥인 인도양과 태평양에 이르는 해상교통로를 자력으로 보호하고, 지금 중국과 영유권 시비가 일고 있는 이어도를 지키려면, 당장 대 치하고 있는 동·서해 해상휴전선의 경계·감시를 위한 세력 배비 에 큰 구멍이 날 지경이다.

현재 한국 해군의 주적은 소형 다수의 중무장함과 잠수함이 주력 을 이루고 있는 북한 해군이기 때문에, 만약 독도 문제로 말미암아 일본 해군과 대응태세를 취하기 위해 현존세력의 대부분을 독도해역에 전환 배치한다면, 한국 해군은 사면초가의 위기를 당할 수밖에 없는 것이다. 따라서 NLL, 독도, 이어도 등에서 긴급사태가 발생할 때 겨우 수상함 6척으로 구성된 현재의 제7기동전단으로써는 반격세력의 역할을 할 수 없는 것이다. 따라서 적정 규모의 구축함, 잠수함, 상륙함 그리고 항모의 4위1체로 이뤄지는 3개의 기동전단으로 된 기동함대로 증편되어야 일본의 88함대나 미국의 항모전투단 흉내라도 낼 수 있게 될 것이며, NLL이나 독도 사태에 지체 없이 투입할 수 있는 비상대기태세의 예비전력이 될 것이다.

이제야 한국 해군이 때늦게라도 대양해군 건설에 눈을 돌린 것은 다행한 일이다. 그러나 그 진척은 미미하다. 현재의 해상전력은 대만의 1/2 정도이고, 필리핀과 비슷한 수준이며, 일본과는 도저히 상대가 안 될 정도의 낙후된 수준임을 재인식하면서, 앞으로 국가자원 배분에 있어서 국가 원수의 특별관심과 정책적 뒷받침이 꼭 필요할 것이다.

영해와 접속수역, 그리고 경제수역의 방호는 물론 필요한 해상 교통로의 일부를 자력 방어할 수 있는 적정 규모의 해상전력을 갖추려면 갈 길이 너무도 멀고 험하다. 아직도 절대적인 자원배분을 육군에 편중하고 있는 한국군과 한국 국방 당국의 인식 전환이 강력하게 요청되고 있다. 해군작전 사령관 출신의 한 예비역 3성 제독은 독도 방어를 위한 해군력 실태를 다음과 같이 솔직하게 제시한 바 있음을 주목한다.

"독도 수호를 위한 근본적인 해결책은 일본이 독도를 강점할 수 없도록 한국 해군이 억제력을 갖출 수 있어야 한다. 우리 해군의 중요한 존재 이유 중 하나는 적이 도발을 할 수 없도록 억제력을 유지하는 데 있다. 그것이 손자병법에서 말하는 싸우지 않고 이기는 전략이다. 그런데 불행하게도 우리 해군력은 일본 해군에 대해 억제력을 갖고 있지 못하고 있다. 억제가 실패하여 해상 분쟁이 발생하면 약자가 당하기 마련이다. 6 · 25전쟁이 좋은 예이다. 현재 우리 해군력은 일본 해군력에 비해 30% 정도밖에 안 된다(일본은 배수 톤수가 451,000톤이고 한국은 192,000톤에 불과함). 일반적으로 해전에서의 억제력은 적 공격세력의 75% 수준을 유지하거나 비대칭적인 한 방이 있어야 성립한다."

현대전은 수상에서나 물밑에서나 적을 먼저 발견하고 적의 사정거리 밖에서 공격할 수 있어야 한다. 일본과의 주전력을 비교해 보더라도 이지스함의 경우 우리는 3척을 운용 보유하고 있지만, 일본은 이미 6척을 운용 중이다(불원간에 추가 2척 진수). 이지스함은 날아오는 탄도탄(노동, 대포동)도 격추시킬 수 있는 최첨단 함정이다. 우리는 복지예산에 향후 5년간 130여조 원 이상의 돈을 쏟아 부으려 하면서도 척당 1조여억 원인 이지스함을 일본과 대등한 수준으로 보유 못 하는 이유가 무엇이며, 130여 대나 되는 F-16기의 항속거리를 연장시켜 만약의 사태 발생 시 독도 상공에서 일본 항공자위대와 막상막하의 공중전을 전개할 수 있게 뒷받침하는 공중급유기(KC-767 또는 A-330 MRTT, 대당 가격 약 3천억 원) 구입 예산을 국회에서 전액 삭감하여 선거구 민원 사업에 전용 배정하는 망국적인 국회의원의 작태가 예사롭지 않다.

독도 분쟁과 관련하여 우리가 일본과 해상에서 무력대결을 한다는 것은 중과부적으로 생각할 수조차 없는 일임은 말할 것도 없고, 외교적으로 또는 국제사법재판 절차를 통해서 압박해 올 때도 일본이 우세한 국력으로 유리한 고지를 선점할 가능성이 농후하다.

특히 일본은 유도구축함(DDG)과 유도호위함(FFG)의 압도적인 우세를 유지하고 있다. 한국은 미 해군의 재래식 구형 구축함을 개조하여 헬리콥터와 하픈 미사일을 탑재 장착하고 있기는 하나, 일본 해군의 FFG와는 상대가 될 수 없는 함정 수척을 보유하고 있을 따름이다. 일본 해군의 주요 수상함인 FFG, DDG 등에는 대함유도탄뿐만 아니라 대공유도탄이 장착되어 있고, 초수평표적 정보를 위한 최신형 함재기를 운용하고, 유도탄에 대한 soft-kill과 hard-kill 능력이 완비되어 있어 고위협 환경에서 생존 및 공격능력을 발휘할 수 있도록 되어 있다.

또한, 잠수함 세력과 해군 항공 세력은 한일 간에 그 격차가 너무도 크다. 일본 해군은 대잠초계기 P2J 6대, P-3C 104대를 비롯하여 조기경보기 E-2C 12대를 포함한 대잠헬기 100여 대 등 완벽한 해상작전 체계를 구비해 놓고 있다. 한국 해군은 이제 겨우 P-3C 및 대잠헬기 몇 대를 도입했으나, 이를 탑재할 신형 구축함이나 호위함이 없기 때문에 지상기지에서 운용하고 있어 그 성능을 제대로 발휘하지 못하고 있는 실정이다. 뿐만 아니라 우리의 170여 대나 되는 F-16기는 항속거리 미달로 공중급유기(KC-130)가 없이는 독도 상공에서의 해군 함정 엄호나 일본 항공기와의 공중전이 불가능하다. 우리의 독도 상공 공중전이 가능한 F-15기는 60여 대로 절대 열세이다(일본은 약 200대).

설상가상으로 일본은 13,500톤급 헬기탑재호위함(DDH) 2척을 운용 중이며, 신형을 2척 더 추가 도입 예정인데, 이는 19,600톤급이고 헬기 9대를 탑재할 수 있을 뿐만 아니라 2015년에 도입하는 최신형 DDH는 헬기 대신 수직이착륙의 고정익 항공기인 F-35B를 탑재함으로써 사실상의 항공모함 보유국이 되는 것이다. 불원간에 신형 잠수함 4척이 추가 도입됨으로써 22척의 수중세력을 이루게 되므로 10척에 불과한 한국과는 비교가 안 된다.

북한 해군이 당장 우리의 주위협이지만, 한미연합 억제전략으로 대응하도록 하면서, 우리는 21세기를 지향한 통일한국의 위상에 걸맞은 대양해군을 건설할 준비를 해야 한다. 해상장비는 고가일 뿐만 아니라 선도시간(lead time)이 10년 이상 소용되므로 서둘러 전력구조를 결정하여 획득절차를 밟아야 할 것이다. 천안함 사태 이후 그간의 무르익은 한국의 대양해군 건설 분위기의 기세마저 꺾여 버리고 이제는 북한과 대칭적 전력 우선이란 엉뚱한 방향으로 해군력이 왜곡 발전하려 하다가 다시 대양해군으로 방향을 바로잡은 것은 천만다행이다.

적어도 앞으로 10년 이내에 2(CVS)/20(SS,SSN)/6(AEGIS, KDX)/20(LSD, LST) 규모의 진용을 갖추되 국가 경제가 허용하는 범위 내에서 진부화(陳腐化)된 일부 기존 함대를 과감히 퇴역시키고 신예 함정을 도입하여 고저혼합전력(high low mix forces)으로 현대화된 함대를 건설해야 할 것이다. 이 정도 규모라면 국력에 걸맞은 적정 규모의 해군력으로서 해병대의 1개 사단을 수륙양용전 부대로서 명실상부한 국가 예비전력으로 확보하면서 영해와 배타적 경제수역을 지키고 해로방어도 가능한 최소한의 수요를 충족하게 될 것이다. 정부의 국방개혁은 구호에 그치지 말고 국력과 국가정책 실현 도구로서의 가장 효과적이고 경제적인 해상전력 확보에 우선순위를 둬야 할 것이다. 그래야 통일한국의 미래를 설계하고, 세계 중심 국가로서의 비전을 구현할 수 있을 것이다.

그리고 현재의 1개 기동전단을 3개로 증편한 기동함대로 확대 개편하여 연안방어전력 중심의 동서남해에 배치된 3개 함대를 보강·증원함과 동시에 북한의 해상 위협에 대한 공세적 대응전력, 북한의 핵미사일 억제 및 방어전력, 독도·이어도 등 원거리 영해 및 경제수역 방호전력, 그리고 국제적 임무 및 원거리 해로방어 전력으로서의 고차원적 영토 방어와 국익수호 임무 수행에 즉각 투입하는 데 손색이 없게 될 것이다. 각 기동전단엔 이지스함, 구축함, 항공모함, 상륙함 그리고 잠수함이 고루 구비 배치되어야 할 것이다. 이를 위한 예산 소요는 겨우 10조여억 원으로 추산되고 있으므로, 포퓰리즘에 찌든 향후 5년간의 복지예산 소요의 공약에 비하면 그 10%에도 못 미친다.

탈냉전 시대의 대세에 따라 국력의 척도가 군사력이 아니라 경제력으로 바뀌어 가고 있지만, 해외자원 수입과 수출 주도의 산업구조를 전제한 국력 신장을 도모해야 하는 해외 지향적 국가전략을 뒷받침하려면 강력한 해군력 증강 외는 다른 도리가 없다. 그래서 세계 유일한 초강대국인 미국은 벌써 육·해·공군이 아니라 해·육·공군으로 병력과 예산의 배분율을 재조정하였다. 아직도 절대적인 자원배분을 육군에 편중하고 있는 한국군과 한국 국방 당국의 인식 전환이 강력하게 요청되고 있다. 그래야 보물섬 독도와 이어도를 자력으로 수호할 수 있는 자주국방력이 뒷받침될 수 있을 것이다.

한국은 대륙과 연결되어 있는 반도국이지만, 휴전선으로 인하여 대륙과 분리된 도서국가나 다름없다. 2011년 현재 GDP 세계 15위, 상품 수출 7위·수입 9위, 대외 경제의존도 98%, 해상수송 물동량 99%, 원유 100% 해외 수입의존, 배타적 경제수역 면적 육상 영토의 4배 등의 국가 위상에, 조선·수산·해운업 세계 굴지의 해양강국임에도 해군력은 일본의 30% 이하 수준이며, 육군 병력이 전군의 80%를 상회하는 전근대적 국방조직을 갖고 있는 기형직인 세력 불균형 체제하에서 군에 대한 의사결정과 자원배분의 왜곡과 편중이 불가피한 현실이므로 이를 타파해야 한다. 특히 해군의 국방예산 점유율이 해병대를 포함해도 겨우 18%란 것은 중국의 34%나 일본의 24%에 비교해도 너무 초라한 현실이다.

(2) 전천후의 입체적 도서방어 태세 확립 강화

독도 문제가 발생하면, 일본 대사관 앞에서 단지혈서(斷指血書)와 분신자살 기도에 맹렬한 항의 시위를 한다고 효과가 있겠는가? 일본 대사를 외무부에 불러와서 기합을 준다고 문제가 해결될 것인가? 앞에서 독도 수호를 위한 대책을 추상적으로 언급하였지만 좀 더 구체적이고 가시적인 확실한 조치는 현행 '독도경비' 개념을 '독도방어' 개념으로 전환하여 실효지배와 고수방어가 가능하도록 독도특별법을 제정하여 독도방어 특수임무부대를 편성 배비하고 울릉도에서 유사시 작전지원을 할 전진기지를 건설 유지해야 한다.

한마디로 현재의 제한된 해군력으로는 12해리 영해만 지키기에도 벅차며, 적과 대치하고 있는 NLL 방어와 더불어 일본이 공동어로구역이라고 빈번히 월선하는 독도 12해리 영해 고수를 위한 효과적인 대응 함정세력 배치가 어려움은 물론이고, 중동 유조선 왕래 해로의 안전을 위한 일정 세력의 연합해로방어부대 고정 파견이 힘겨운 상황이다. 만약 접속수역이나 200해리 경제수역을 제대로 통제하려 할 경우에는 함정세력의 절대 부족 현상으로 말미암아 북한과 대치하고 있는 해상휴전선(즉 NLL)의 방어를 위한 세력 배비가 마비될 수 있다. 뿐만 아니라 예년 또는 격년제로 실시되는 RIMPAC(환태평양훈련)과 연합상륙훈련에도 참가해야 하는 등 제한된 함정세력 때문에 부담은 더욱 가중될 것이다. 그럼에도 국방자원 배분은 여전히 지상군 우선으로 관례화되고 있음이 문제임을 전항에서 지적한 바 있다.

가장 치명적인 예상위협은 일본이나 중국이 항모 1척을 실전 배치한 데 이어 머지않아 추가로 몇 척이 진수한다고 알려진 사실이다. 중국과 일본의 해상세력 절대 우위에도 불구하고 남서해의 해로 방어를 위한 제주기지 건설을 중단시키겠다고 위협하는 좌파 대선 후보까지 고개를 들고 있었으니 참으로 한심하다. 한국같이 항공엄호 없는 수상함은 무위무능하며, 지상기지 항공세력으로써는 시·공간적으로 제한된 지원을 제공할 수밖에 없기 때문에 항공엄호(air cover)를 받는 해상세력과는 상대가 되지 않는 것이다.

재강조하지만 군대의 존립목적은 영해와 영공을 포함한 국토, 국민 그리고 주권을 지키는 데 있다. 유사시에 영토를 불법 침공하는 세력이 존재한다면, 이를 폭력행사 수단을 통하여 격퇴시키고 원상회복해야 한다. 물론 이러한 전투를 전제한 전쟁행위 이전에 국가 간의 외교적 교섭을 통해 원만하게 문제와 갈등을 평화적으로 해결하는 것이 원칙이다. 그러기 위해서라도 힘의 뒷받침이 절대로 필요하다. 이는 결코 침략전쟁을 도모하려는 것이 아니고, 자위수단의 능동적 확보인 것이다.

독도가 우리의 고유한 영토임에도 불구하고 강자인 일본이 자기 땅이라고 주장하는 마당에, 그들의 힘에 의한 침탈이 예상된다면 자위권의 확보 차원에서 필요하고도 충분한 사전조치가 이뤄져야 한다. 현재의 경비 개념으로는 독도를 효과적으로 보전할 수 없다. 독도를 지키려면 치안이나 경찰경비 개념이 아닌 군사력에 의한 도서 방어 작전 개념으로 새 출발해야 한다.

논자들에 따라서는 군사력을 배치하게 되면 일본이 무력도발로 간주하여 강대한 해상세력으로 맞설지도 모르니, 두루뭉술하게 자극을 안 주는 뜻에서 경찰 요원의 경무장 배치가 상징적인 보전수단으로 적당하다는 주장을 편다. 휴전선에만 현역이 방어배치 되라는 법은 없다. 대간첩 작전을 위해 한국의 전 해안선도 현재 군·경·예비군으로 분담 방어하고 있는 것이다. 이와 같은 맥락에서 본다면 독도는 서해 6도(백령도, 대청도, 소청도, 연평도, 소연평도, 우도)와 함께 최전방 전초기지로서 국토를 지키기 위한 군사력의 배치가 너무도 당연할 뿐만 아니라 대간첩작전의 명분으로도 합리화가 충분히 가능하다.

우리 땅을 잠재적 적국의 위협으로부터 보전하기 위해 군사력을 배치한다는 것은 헌법에 명시된 국방의 의무를 수행하는 행위이고, 유엔 헌장에 규정한 자위권 행사로서, 전혀 평화를 위협하거나 분쟁의 평화적 해결에 역행하는 일이 아니다. 일본의 눈치를 그렇게도 심각하게 살펴야 한다면, 차라리 경찰도 철수하고 민간인에 의한 등대지기와 야경꾼 정도만 상주시키는 것이 좋을지도 모른다.

일본이 남의 땅을 자기 땅이라고 생떼를 쓰면서 국제사법재판을 해서 시비를 가리자는 정도로 뻔뻔스럽게 도발하고 있는 현실은 주권국가에 대한 심각한 물리적인 위협임이 틀림없기 때문에, 그 대응 처방으로서는 유사시 일전을 불사할 결의를 하고 치안수단이 아닌 군사작전수단으로 실효지배를 물리적으로 재확인해야 하는 것은 너무도 당연한 일이다.

일본은 물론 분쟁 당사국인 한국이 합의하지 않는 한 국제사법재판에 법적으로 회부될 수는 없지만, 국제사회에선 법보다 주먹이 앞서는 불행한 사태가 예견되는 것이다. 이러한 상황을 예상해서 뿐만 아니라 현재의 우리 입지를 강화하기 위해서라도 확고한 독도 사수 의지를 표현해야 한다. 일본이 작은 섬 하나 때문에 유엔 안전보장이사회 상임이사국을 바라보는 처지이면서 세계 여론을 무시하고 한국과 해상무력충돌을 하려고 시도하지 않을 것이므로 한국으로서는 의젓하게 자위권의 확고부동한 행사의지를 일본에 보여줄 필요가 있다. 이는 대일 무력분쟁 억제 및 예방이라는 전략적 효과도 발휘할 수 있을 것으로 본다. 만약 한국이 대마도를 우리 영토라고 주장한다면, 일본은 어떤 반응을 보일 것인가 생각해 볼 필요가 있다. 2011년 미 태평양사령부가 그 기관지에 독도가 일본 영토임을 표기한 사실조차 당국은 모르고 있다가, 민간단체의 항의를 받고는 겨우 구두로 미군에 통보하여 편집 착오라는 해명을 받는 정도의 미온적 자세를 보인 일이 있다.

독도를 물리적으로 지키기는 데 가장 유효한 군종은 해군의 일부인 해병대로서, 지리적으로 근거리에 있는 해병 제1상륙사단이 모체가 될 것이다. 만약 일본의 극우 폭력집단이 중무장한 해상특공대를 조직하여 강습을 강행한다면, 현재의 개인화기만 휴대한 채 모양

새만 갖추고 있는 경찰력으로써는 유린당할 수밖에 없다. 도서방어 개념에 의한 진지 편성과 증강된 소대급의 해병대 배치를 전제로 조기경보시설, 해안방어포대, 대공포대, 탐조등, 레이더 등의 배치가 불가피한 것은 물론, 해병사단의 항공함포 연락반(ANGLICO) 요원이 상주하고, 현 헬리콥터 착륙장이 대폭 확장 설치됨으로써 긴급한 병력 및 장비·보급품의 추진과 유사시 항공함포 지원 및 응급환자 후송도 가능할 것이다.

현재 정부에서 울릉도에 민항 건설을 위한 타당성 검토 작업이 진행되다 왜 꼬리를 내렸는지 알 수가 없다. 속히 재추진해야 할 것이다. 이와 관련하여 독도의 요새화 및 울릉도의 해공군 전진기지 개발도 추진해야 한다. 천재지변이 일어나거나 해로를 이용할 수 없을 때 울릉도 주민을 구조하기 위해서 뿐만 아니라, 한일 간 무력분쟁으로 유사시 독도 영역에 군사력이 투입되려면 근거리의 울릉도가 발판이 되어야 한다는 것은 너무도 당연하다. 예천, 대구, 강릉 등 가장 가까운 공군기지에서 항공기가 이륙하거나 포항, 동해, 묵호 등 근거리 해군기지에서 출항한다 해도 작전해역에서 우리 해군 함정이 항공 또는 해상 지원을 받으려면 시·공간적으로 상당한 어려움이 있다. 따라서 중간지원 기지로서 울릉도가 해공군 전술기지로 개발되어야 한다. 미 해병대가 보유하고 있는 단거리수직이착륙기인 F-35B 라이트닝2(Lightning2) STOVL(short take-off vertical landing)의 도입과 동시에 소규모의 비행활주로(runway & taxiway)를 우선 건설해야 할 것이다.

이와 관련하여 한국항공우주연구원과 대한항공은 오는 7월 수직이착륙이 가능한 스마트 무인기(TR-6X)를 선보일 예정이라 기대가 크다. 길이 3m, 폭 4.5m, 무게 200kg 크기의 이 비행기는 활주로가 없는 곳에서도 이착륙할 수 있고, 비행 중엔 최고 시속 250km까지 속도를 낼 수 있는 틸트로터(tilt-rotor)형 항공기다. 이 틸트로터는 이륙할 때 프로펠러가 하늘로 향해 수직으로 이착륙하고 비행 중에는 이를 수평 방향으로 바꿔 속도를 높이는 등 헬리콥터와 일반 항공기의 장점을 결합한 것이 특징이다. 대한항공은 무인기 출시에 맞춰 국방부, 해양경찰청, 산림청, 소방방재청 등과 협력해 미국에 이어 세계 두 번째로 틸트로터형 항공기 상용화를 추진할 계획이라 하니, 한국의 우주항공 기술을 독도 방어에 우선적으로 도입 실용화할 준비를 해야 할 것이다.

비록 일본의 해공 군사력이 질적·양적으로 우세하다 할지라도, 울릉도가 불침항모의 역할을 하도록 전투기와 전투함뿐만 아니라 지대공 및 지대함 미사일과 대구경포를 배치한다면 한국군의 핸디캡을 능히 극복할 수 있을 것이다. 약자의 전법은 기습과 기만, 그리고 국부우세와 각개격파임을 명심해야 한다. 그리고 독도 방어부대 요원의 일정 기간 생존성을 보장하도록 1개 해병대대의 예비전력이 울릉도에 상주 배치하여 후방지원과 정기 교대 병력을 제공하면서, 독도 방어전대는 함정에 비상 대기하는 증강된 1개 소대 규모의 해병 신속대응부대(QRF)를 탑재하고 있으면서 유사시 즉각 독도에 상륙하도록 준비되어 있어야 할 것이고, 독도와 울릉도 근해의 상시 초계 및 정찰 임무를 수행하도록 임무를 부여하면 안성맞춤이다.

현재 동도에만 경찰이 배치되어 있고 서도는 무방비 상태로서, 서도 거주 어민의 안전보장을 위해서라도 두 섬을 연결 확장하는 진지공사를 하되 터널식 해안포 진지, 엄체호, 탄약고 등을 굴착 또는 축조해야 할 것이다. 필요하다면 잠수함 계류장과 소형 수상함정의 대피소도 건설해야 한다. 독도의 요새화는 가시적인 억제 효과뿐만 아니라 불가시적인 심리효과로 일본의 도발을 예방하는 데 기여할 것이다. 서해 북단의 백령도와 대청도 그리고 연평도에는 해병대가 주둔해 있으며 요새진지가 구축되어 있다. 그리고 서도의 확장 공사가 완료되는 대로 동도와 같은 규모의 해병이 배치되어야 한다. 대만이 거대한 중국 대륙 코앞에 있는 금문도와 마저도를 지켜내는 힘이 바로 나바론 같은 요새진지의 위력이다.

그리고 거듭 강조하지만, 인구가 1만 명 이하의 작은 군인 울릉도에는 해군 1개 조기경보 전대와 공군 1개 레이더 사이트 부대가 상주하고 있다. 해군 전대에는 고속정은 배치돼 있지 않고 해양 정보 수집 임무를 주로 맡고 있을 정도이다.

유사시 독도의 전투작전을 지원키 위한 함정이나 항공기(헬리콥터 또는 대잠기)의 수용시설이 전혀 없으므로 동해 방어를 위한 해군 전진기지로서 뿐만 아니라 적절한 군사적 제반 수단을 갖춘 지원기지로서의 몫을 하도록 기지 개발을 서둘러야 할 것이다. 특히 비행장은 민군 복합으로 설계하여 소형 단거리 수직이착륙 항공기의 도입을 전제한 적정 규모로 활주로 건설이 가능할 것이다. 과거 좌파세력이 평택미군기지 건설을 저지하고, 제주해군기지 공사를 방해했던 전례에 비춰 울릉도기지 건설을 공해나 광관자원 훼손, 일본 자극 등 갖가지 명목으로 건설을 가로막기 위한 억지놀음이 재발하지 못하게 사전 법적, 제도적 장치를 강화해야 할 것이다.

해군 동해함대사령부 예하의 특수임무 부대로서 적정 규모의 독도방어전대를 편성, 그 기지를 울릉도에 두고 울릉도와 독도 중간

해역에서 24시간 전진배치 내지 세력 현시 기능을 수행하도록 해야 한다. 앞에서 언급한 각종 탄도미사일과 순항미사일은 물론 대공미사일(사거리 10km)도 울릉도에 거점 배치하고, 독도 방어전대의 해군 함정엔 신규 개발한 함대함 미사일 해성(사거리 150km)을 장착하여, 만약의 사태가 발생할 때는 지해공에서 입체적이고 동시다발적인 함대함·함대공·지대함·지대공·잠대함(潛對艦) 화력이 집중되도록 함으로써 열세인 우리 해공 군사력을 보완, 전력 만회를 할 수 있을 것이다.

세력구성은 신예함을 도입할 때까지는 대공, 대함, 대잠, 대지 공격이 가능한 복합적인 세력으로서 기존의 구축함, 잠수함, 포위함, 상륙함 각 1척, 그리고 유도탄 고속정 수척으로 구성하되, 유사시에 독도에 강압상륙이 가능한 해병대 1개 소대(증강)를 함상에 비상대기시켜야 할 것이다. 그리고 정기·부정기적으로 해·공 합동 해상기동 훈련을 독도방어전대의 예상되는 작전 시나리오에 맞춰 공공연히 또는 암암리에 실시할 필요가 있다. P-3C Orion 대잠초계기는 울릉도에 2대를 전진 배치해 놓고, 훈련 시에는 독도방어 전대와 합류하여 전술적 지원 임무를 수행토록 숙달시켜야 할 것이다.

독도 영유권 시비는 외교적 협상으로 풀어나가는 것이 최선의 방책이다. 그러나 종합국력과 해군력 면에서 너무도 미약한 한국으로서 승산을 기대하기 어렵다. 그리고 문제가 발생하면 이슈 중심의 소나기식 양철냄비 보도와 중구난방의 임기응변식 대책과 대증요법이나 충격요법의 미봉책으로 접근할 것이 아니라, 국가 안보적 차원에서 종합 체계적이고 동태적 거시적 시각의 대인(對因) 요법으로 문제의 본질을 철두철미하게 비교분석 판단하여 수미일관한 해결책을 마련하여 일사불란하게 시행해 나가야 할 것이다.

세계 제2위의 해군력을 내다보는 일본 함대를 결코 우리가 추격할 수야 없겠지만, 현재와 같은 지나치게 허약한 해군의 체질을 그대로 방치하고서는 외교적 게임이 일방적인 판정패로 끝날 수밖에 없는 것이다. 물론 한반도 주변 강대국들이 한결같이 해상전력 증강에 중점을 둔 세력 투사력(power projection) 강화에 전력투구하고 있는 것도 부정할 수 없다. 그리하여 인류의 마지막 프론티어인 바다를 한 치라도 더 차지하려는 무한경쟁의 시대를 맞아 생존과 번영을 보장하려면 적정 규모의 해군력을 갖지 않고서는 불가능하다는 공감대가 확산되어야 한다.

거듭 강조하지만, 우리의 유형적인 해상전력이 비록 미약한 현실이지만, 독도를 경비하는 차원이 아니라 방어하는 차원에서 모든 수단을 총동원하여 한민족의 자존심을 걸고 지켜야 한다. 이것이 우리 후손에게 부끄럽지 않은 유산을 남겨 줄 수 있는 대의명분의 길일 뿐만 아니라, 강자에게 겸손하고 약자에게 교만한 일본의 비열한 섬나라 근성을 좌절시킬 수 있는 지혜와 용기이다. 일본은 제2차대전을 통해 피해 국가들에 못다 한 사죄와 보상이란 차원에서라도 독도 문제를 더 이상 시비하지 말아야 할 것이다. 차제에 일본의 눈치 살피기 식 경찰경비는 청산하고, 보물섬 독도를 떳떳하게 군이 고수방어하도록 해병대를 주둔시켜야 할 것이란 필요성과 당위성을 재강조하는 바이다.

(3) 독도 방어책임의 해병대 수임 당위성

앞에서 말한 바와 같이 독도 수호를 위한 구체적이고 가시적인 확실한 조치는 현행 '독도경비 개념을 독도방어 개념'으로 전환하여 실효지배와 실지방호가 가능하도록 독도수호특별법을 제정하여 독도 방어 특수임무부대를 편성 배비함과 동시에 울릉도에서 유사시 작전 지원을 제공할 전진기지를 건설 유지하는 것이다. 일본도 시마네현에 가까이 위치한 해상자위대의 한 부대에다 독도 방어책임을 부여해 놓고 있음을 유념해야 한다. 현재 독도의 경찰경비 임무 부여는 대통령훈령 제28호에 의한 대침투(對浸透)작전 수행 차원에서의 동서남 해안의 해안선 경계 · 경비 임무와 대동소이한 경찰의 기능으로 정당화할 것이 아니라, 헌법에 규정된 국군의 2대 사명인 국가안보와 국토방위에 근거한 '독도수호특별법'이 제정 시행되어야 한다.

따라서 현재의 경찰경비보다는 도서방어 및 상륙 · 대상륙(對上陸) 작전을 위해 훈련되고 장비된 해병대의 독도 방어로 개념부터 바꿔야 한다. 특히 해병대는 독도사랑의 정서가 강하다. 그러기 위해서는 필요한 병력, 화기, 장비, 보급품 그리고 탄약이 독도에 재배치 · 추가 저장되어 있어야 하고, 방어진지가 보강되고 장애물과 화력에 의한 방벽도 축조되고 최후저지선도 설정되어야 할 것은 물론, 유사시를 위한 화력 지원 및 증원계획과 통신, 수송, 정비, 의료 수단도 마련되어야 한다.

독도해역 방어를 위한 특수임무부대는 해공군 합동기동부대로 편성하고, 그 주력인 해군 독도방어전대는 구축함 1척, 호위함 1척, 상륙함 1척, 잠수함 1척으로 편성하되 상륙함에는 해병 기동타격소대를 탑재시키고 독도와 울릉도 해역을 24시간 탐색 경비하도록 하며, 이를 엄호하기 위한 F-15기 2대로 된 독도 방어편대를 예천기지에 5분비상대기 상태로 배비하고, 해병 제1사단에서 1개 대대를 울릉도에 상주시켜 여기에서 제공되는 증강된 1개~2개 소대를 동도와 서도 두 섬에 일정 기간 윤번 배치함과 동시에, 여타 병력은 부단한 전천후 도서방어 훈련을 해야 한다.

그리고 동·서도 두 섬에 최첨단 레이더와 미사일 그리고 대공·대함화기를 강화 배치하도록 해야 할 것이다. 또한 공기부양고속상륙정(LCAC: landing craft air cushion) 1척을 울릉도에 고정 배치하면 유사시 1개 소대 규모의 일정 기간 단독작전을 위한 병력과 화기·장비·탄약·보급품을 동시 탑재하여 시속 40~50노트로 달릴 수 있다. 해저 및 해안 장애물을 돌파 가능한 초수평상륙(over-the-horizon landing) 장비이므로 독도 위급사태 발생 시 1시간 이내에 해병 반격부대의 현장 투입이 이뤄질 수 있다. 이 주정의 항속거리가 200해리로서, 평상시엔 독도 해역 주·야간 정찰임무 수행에 사용하고, 필요시엔 울릉도에서 본토까지의 전술·행정적 임무수행을 위한 왕복 운행(round trip)선으로도 충분히 사용 가능하다.

울릉도에는 단거리 수직이착륙기를 수용할 수 있는 활주로와 해군 독도방어전대의 함정을 수용할 수 있는 항만 시설과 육상 정비·보급·의료시설을 갖춘 독도 방어 해병소대의 제반 군수지원과 전투작전 지원을 위한 시설을 서둘러 건설해야 한다. 그리고 울릉도를 명실공히 불침항모의 위용을 갖추어 일본의 수상함정이 독도 근해에 도착하기 이전에 원해에서 격파하도록 현재까지 개발 배비된 한국형의 탄도미사일(사거리 180km인 현무-1 및 사거리 300km인 현무-2)과 순항미사일(현무-3A:사거리 500km, 현무-3B:

사거리 1,000km, 현무-3C:사거리 1,500km, 현무-2B:사거리 5,000km)도 배치하여 우리 해상전력의 약세를 보강할 필요가 있다. 울릉도와 독도 간의 거리가 87km이므로 이 정도의 장사정 미사일이면 독도해전에서 충분히 일본과 대결이 가능하다.

이렇게 될 때 유사시 일본 해공군 세력과 맞대응할 수 있는 최소한의 대응 요건을 갖추게 되고 무장 테러 집단의 상륙기도를 억제 저지할 수 있게 됨으로써 더 이상은 일본이 독도 방어부대를 얕잡아보고 함부로 덤비지 못할 것이다. 자유민주주의 헌정체제 아래에서 군의 자율성과 전문성을 인정하면서 정치적 의사결정에 순복하는 군의 간접적 문민통제를 전제하여 독도의 군사력 배치는 반드시 이루어져야 한다. 이는 지극히 합헌적이고 군의 신성한 사명 완수를 가능케 하는 현실적 현책일 것이다.

특히 2015년 말에는 한미연합사가 해체되면서 한국군의 전시작전통제권이 연합사로부터 한국군으로 환원 이전됨에 따라, 만약 한일 간에 무력충돌이 발생할 경우엔 한국군 단독으로 평시 및 전시 모두 작전권을 행사해야 한다. 이미 독도가 국제분쟁지역으로 전 세계에 알려져 있는 마당에 군을 주둔시키지 않는다고 분쟁지역 이미지에서 벗어나는 것이 아니고 오히려 일본의 독도 무력탈환 여건을 조성해주는 결과가 될 뿐이므로 일본이나 미국 또는 세계 각국의 여론과 눈치를 볼 필요 없이 우리 영토에 대한 배타적 주권 행사의 일환으로 당당하게 군대를 배치함이 마땅하다.

이와 관련하여 경찰 대신 군사력을 배치한다면, 현재의 독도 경비를 위한 경찰 주둔은 국제사회에 분쟁지역화 인상을 덜 주면서 국제사법재판소 회부에 대비해 '평온하고 계속적인 지배'(실효적 지배) 요건을 유지하기에 더 유리하며, 위기 도래 시엔 군사력 투입도 가능하므로 경찰 배치가 군대 배치보다 더 합리적이란 반론도 있다. 그래서 군사적 최악의 시나리오에 대비한 군 주둔 방침은 준비는 하되 실행은 유보함이 타당할 것이라는 주장이다. 이 같은 주장은 적극적인 현상 타파책이 아닌 현상유지 일변도의 미봉책일 수밖에 없다고 보며, 일단 유사시를 전제한 전략적 억제기능을 고려하지 않은 것으로 본다. 이 같은 처사는 억제(deterrence)가 상대방에게 선제·선수 공격을 도발하면 회복 불능의 응징·보복의 제2격을 당할 것이란 심리적 압박을 가하도록 사전에 전략적 커뮤니케이션과 개방적·가시적 현시(presence)가 필수적임을 간과한 소극적 패배주의의 발로이다.

전항에서 언급한 바 있듯이 우리 해군은 이지스함 3척을 겨우 보유한 상태이지만, 지금 한국 해군력(naval power)은 현실적 적대세력인 북한의 해군력보다 다수 중대형함과 배수톤수에선 앞서지만, 소수 중무장 다수함과 잠수함 위주인 북한 해군력과의 총척수면에서는 훨씬 열세하다. 특히 잠재적인 가상적국으로 간주할 수 있는 일본 해상자위대의 해군력에 비하여 우리가 지나치게 질적 양적으로 낙후되어 있기 때문에 이들과는 독도해전을 전제할 때, 압도적 열세로 인한 초전의 패배를 예상하지 않을 수 없는 상황이다. 설상가상으로 좌파 정권이 한때 북한의 선박이 제주해협을 무해통항(innocent passage)하도록 허용함으로써 이의 경계와 감시를 위해 부족한 해군함정세력을 더 과부하시켜 독도 방어를 포기한 상태에서 국방백서에서조차 방어해역이 아닌 초계해역으로 명시할 정도로 무관심함으로써 결정적으로 영토·영해·영공 수호의지의 가시적 결여를 자초하는 우를 범하고 말았던 것이다.

아쉽게도 군 당국은 2012년 11월에 예정된 독도방어훈련 때 해병대의 독도 상륙훈련을 취소한 것으로 확인됐다. 정부의 한 고위 소식통은 "군 당국이 매년 독도방어훈련 시나리오를 다양하게 수립하고 있지만, 이번 독도방어훈련에서 해병대가 독도에 상륙하는 시나리오는 취소됐다"고 밝혔는데, 그 이유는 불확실하다.

해병대는 매년 독도방어훈련 때 독도에 직접 상륙하는 훈련을 해왔으며, 독도에 외국군이 상륙하는 것을 가정해 상륙훈련을 해왔으나 일본의 민간단체가 독도에 불법 상륙할 가능성이 더 현실성이 있다고 판단, "해병대를 독도에 투입할 필요까지는 없으며, 경찰이 훈련을 주도하고 군이 이를 지원하는 현 시스템이 합리적이다"라고 한 군 고위당국자의 설명은 어불성설이다.

매년 해 오던 해병대의 독도 상륙훈련 계획이 변경된 것은 최근 대치 국면으로 치달았던 한일 관계를 진정시키려는 정부의 의중이 상당히 반영됐다는 분석이 나오고 있다. 이같이 일관성 없는 우유부단한 당국의 처사는 일본의 독도 침탈 의지를 호도해 주기에 안성맞춤이다. 억제전략의 ABC도 모르는 몰상식의 극치가 아닌가 한다. 억제는 상대방에게 회복 불능의 응징·보복이 가해질 것이란 심리적 압박과 가시적 메시지를 전달함으로써 선제·선수 공격을 자제하도록 강요·예방하는 처방인데, 이솝의 우화에서 비롯한 과거 정권의 햇볕정책 망령이 되살아난 것 같아 심히 안타깝다.

독도방어훈련에는 3천 200t급 한국형 구축함과 1천 800t급 호위함, 1천 200t급 잠수함, 해상초계기(P-3C), F-15K 전투기, 3천 t급 해경 경비함 등이 참가하도록 되어 있다. 이 훈련은 함정 간 통신교환, 검색, 수중탐색, 기동훈련 등으로 이뤄지며 실탄사격 훈련은 하지 않는, 해군과 해병대 그리고 해경 합동으로 이뤄지는 '동방훈련'이라는 작전명으로 실시되어 왔고, 1997년부터 합동기동훈련으로 명칭을 바꿔 매년 두 차례 행하여졌다. 그러나 이명박 대통령이 임기 말년에 용감하게 독도 방문을 감행하고 나서 무슨 이유인지 모르지만, 이 계획된 독도 훈련을 취소한 것은 약 주고 병 주는 저사가 아닌가 싶다.

하여간 우리의 엄연한 고유 영토인 독도 수호는 국군통수권자인 대통령의 훈령인 '군복무규율'에 명시되어 밤낮으로 되새기고 있는 '국민의 생명과 재산을 보호하는' 군의 기본임무를 소명의식을 갖고 완수하는 차원에서 뿐만 아니라, 국가 최상위법인 헌법에 명시되어 있는 국군의 양대 사명인 '국가안보와 국토방위' 과업을 성실하게 수행함으로 성취될 것이다. 이 막중한 임무의 수임자인 국군 중에서도 도서방어와 상륙작전을 전담하는 부대이며 지난날 전장에서 피를 가장 많이 흘린 애국심에 충일한 해병대가 독도와 가장 근거리에 위치하고 있어 그들이 독도 방어책임을 맡는다는 것은 너무도 당연하다. 현대전은 고도화된 화력기동전이며 지해공의 입체전으로 전개될 것이므로 유사시엔 육해공군이 통합된 실전전력을 발휘하도록 합동작전으로 독도해전을 치를 준비와 각오가 철두철미하게 되어 있어야 한다. 전투력의 역동성(dynamism)을 지배하는 요소가 화력(fire power), 기동력(maneuverability), 방호력(protection) 및 통솔력(leadership)으로서 이 4가지 요소를 충족하도록 울릉도에 해병대 1개 대대를 주둔시켜 독도 방어작전을 수행할 때, 시공간적 여건, 전비태세의 자족성, 임무의 숙달성, 국민의 기대심리 등에 있어 효율성의 극대화가 가능할 것이다.

독도 군대 주둔론은 해군참모총장을 지낸 송영무 예비역 대장이 "1995년경 독도에 군을 주둔시키자는 주장이 있어 이 문제를 상세히 검토했고 대통령이 이를 결정하면 즉각 실행할 수 있는 방안을 만들었다"고 말한 바 있는데, 1995년 말 김영삼 당시 대통령이 "일본의 버르장머리를 고쳐놓겠다"는 발언으로 초강경 수단을 강구하던 때부터 대두되었다. 송 전 총장은 "독도는 울릉도와 함께 우리 군의 작전통제권 범위 안에서 작전 관할이 이뤄지고 있기 때문에 군 통수권자가 독도를 방치하고 있다는 지적은 맞지 않다"면서도 "영토수호 의지를 단호하게 천명하는 차원에서 군 주둔은 의미가 있을 것"이라고 강조했던 것이다. 이명박 정부 말기에 홍준표 한나라당 대표가 독도에 해병대 주둔 문제를 제기했으나 역시 분쟁 촉발이란 거부반응 때문에 성사시키지 못하였다.

일반적으로 독도에 군대를 주둔시키는 것이 영토수호 의지를 천명하는 데 일정한 효과가 있는 반면, 외교 문제를 군사화한다는 점에서 문제점으로 지적되었다. 당시 국방부 고위급은 "독도 문제에 대해 군사대응에 나서면 점차 군사적 대응 강도를 높이라는 국민의 목소리가 커지게 될 것이고, 국제사회에서 평화주의를 가치로 하는 우리나라의 정체성에도 의문이 제기될 수 있다"고 우회적으로 반론을 제기하였다. 그리고는 "일본의 영토 야욕이 일본의 제국주의 침략 시기의 잔재에서 비롯되는 것이므로 일본으로부터 영토 문제에 시달리고 있는 러시아, 중국, 대만, 필리핀 그리고 북한과 공동으로 외교적 대응 체제를 짜는 것이 바람직하다"고 동문서답으로 얼버무렸다.

이때만 해도 일본의 독도 침공 의지가 수면 위로 부상하지 않았을 때였지만, 현재는 상황이 판이하다. 예방적 억제 차원에서는 물론이고 억제에 실패했을 때 피해를 최소화한 상태에서 원상 회복을 위해서라도 해병대 주둔이 꼭 필요하다. 이미 분쟁지역화된 이상 여론에 겁먹을 필요가 없다.

해병대는 상륙작전이 주된 임무이지만 국가전략예비(national strategic reserve)로서, 신속전개군(rapid deployment force)으로서, 다목적공지기동작전부대(multi-purpose air-ground task force)로서, 해군전진기지방어부대(naval advance base defense force)로서, 그리고 원해도서방어부대(off-shore island defense force)로서 가장 잘 훈련되고 장비되어 있는 상승불패의 무적해병 전통을 자랑하는 소수정예철제(少數精銳鐵製) 부대이다.

오늘날 한국 해병대와 가장 닮은 군대가 대만 해병대(공식 명칭 해군육전대)로서 다 같이 세계 최강인 미국 해병대를 벤치마킹한 군대이다. 대만 해병대는 첫째, 해군기지 방어로 중국에 대한 대만의 가장 중요한 군사목표는 중국의 대만 상륙 이전에 해상에서 적을 격멸하는 것으로 이를 위해 기지방어의 방공, 해상경계, 육상반격작전 능력 등 확보로 해군 기지의 안전 보장을 확보하는 데 최대 목표를 두고 있다. 둘째, 국방부 전략 예비대로 임무를 수행하는 것으로 여단급 육상, 해상, 공중 전방위 신속반응부대 작전 능력을 보유하고, 역상륙작전, 증원작전, 미래방위작전 등의 임무를 수행할 수 있도록 하는 데 있다. 셋째, 도서방어 작전으로 여단급 상륙장비 및 빈해(濱海), 성진(城鎭)작전 능력 보유로 금문도 같은 전략 도서방어 작전 임무를 수행하는 것이다. 대만 해병대도 "1일 육전대 종신 육전대

(一日 陸戰隊 終身 陸戰隊)"라든가 "영웅 중의 영웅, 남자 중의 남자"라는 찬사는 우리 해병대의 "한번 해병은 영원한 해병", "군대 중의 군대, 사나이 중의 사나이"와 일맥상통하는바 크다.

　같은 맥락에서 유질동형인 한국 해병대의 독도방어 임무수행은 그 조직과 기능은 물론 체질과 기질로 봐서라도 너무도 당연한 것이다. 한국전쟁의 하이라이트를 장식한 한미연합 인천상륙작전 시행 직전에 통영을 점령한 적군이 거제도를 경유, 임시수도 부산을 함락시키려 할 즈음, 1개 해병대대가 단독으로 통영상륙작전에 성공함으로써 적의 낙동강방어선 서측방 돌파를 성공적으로 저지했으며, 적의 영토인 원산 북방 양도와 진남포 앞의 초도도 해병대가 탈취하여 점령 방어하다 휴전협정에 따라 적에게 되돌려준 바 있으며, 현재의 서북 6도(백령도, 대청도, 소청도, 연평도, 소연평도, 우도)는 비록 38도선 이남이지만, 6 · 25전쟁 초전에 황해도 남단 개성 일대를 적에게 빼앗겼으나, 적과 최단 거리에 위치한 이들 섬은 한 번도 적의 수중에 들어간 적이 없이 해병대가 오늘날까지 고수방어하고 있다.

　마찬가지로 수도권 서측방 한강하구의 서부전선 해상분계선의 끝자락이고 NLL이 시발되는 해상 남단인 강화도를 비롯한 7개의 섬 교동도, 석모도, 보름도, 아차도, 주문도, 말도 등도 적과 지척 간이지만 한결같이 해병대가 이들 섬을 전천후로 지키고 있기에 수도권 2천만여 명의 국민이 안심하고 생업에 종사하면서 삶을 유지하고 있는 것이다. 베트남전쟁에서는 과거 프랑스군도 탈취 못 한 호이안 지역 난공불락의 요새 진지인 바탕간 반도에 청룡 제5대대가 상륙하여 55일간의 혈전으로 평정시킨 역사가 있다. 해병대는 전쟁에서 가장 피를 많이 흘린 헌신적 군대(dedicated force)이며, 또한 장차전을 위해 가장 잘 준비된 군대(ready force)이고 수륙양용 부대(amphibious force)이기 때문에 독도를 지키기엔 안성맞춤이다. 이는 '한번 해병이면 영원한 해병'(once a marine, always a marine)이란 좌우명의 충실한 실천자임을 뜻한다.

거듭 말하지만, 보물섬 독도는 이미 국제적으로 분쟁지역화되어 있어 경찰의 보초근무로써는 일본의 물리적 침공을 막아내거나 예방할 수 없으며, 형식적인 실효지배의 현상유지로써는 대한민국 영토로 응고되지도 않는다. 만약 독도를 일본에 다시 빼앗기게 되면 절대로 되돌려받기는 불가능해진다. 현상유지가 독도의 영토응고를 자동 보장하지 못한다는 것을 누누이 설명하였다. 간악한 일본의 침공의지 자체를 좌절 포기시키려면, 예방적 차원에서라도 강력한 군사적 영토수호 의지를 상대방에게 현시(presence)해야 한다는 것은 두말할 필요가 없는 것인데, 국민 대다수와 국가정책 결정자가 이를 외면하고 있는 것이 심히 안타깝다. 해병대의 독도 고수방어 임무 부여는 국군통수권자·국가안보회의 의장으로서 대통령의 조속한 대국적 결단과 국민의 대표기관인 국회의 초당적인 동의(move), 제청(suggestion) 및 승인(approve)이 뒷받침되어야 쉽게 성사될 수 있을 것이다. 이에 부가하여 국민 여론의 많은 지지와 언론의 긍정적 공론화가 절실하게 요청되고 있다.

근래에 와서 비록 정치적 의사결정이 이뤄지지는 못했지만, 해병대 독도 주둔 당위론이 쟁점화 부각되고 있다. 그간 몇 차례에 걸친 일본의 독도 영유권 도발 때마다 정치권에서 독도 경비를 경찰이 아닌 해병대가 맡아야 한다는 주장이 제기됐지만, 정부는 "득보다 실이 많다"며 부정적 반응을 보였으며, 국방부도 독도에 군 병력을 주둔시킬 경우 국제사회에 분쟁지역으로 비칠 수 있어 바람직하지 않다는 방침을 밝혀 왔다.

하지만 최근 일본의 잇따른 도발로 정부가 '조용한 외교'에서 '강력 대처'로 서서히 대응 기조를 바꾸는 모습을 보이면서 해병대 배치 방안이 다시 떠올랐다. 김황식 전 국무총리도 2012년 4월 대정부질문 답변에서 "상황 전개에 따라 강력한 군대가 (독도에) 주둔하는 방안도 검토할 가치가 있다고 생각한다"고 밝힌 바 있다.

현재 독도와 가장 가까운 울릉도에는 해군과 공군의 레이더 부대와 예비군 관리업무를 위해 파견된 해병대 장병 10여 명 외엔 이렇다 할 군부대가 없다. 이 때문에 외부 세력이 독도에 기습 상륙을 시도하거나 인근 해상에서 무력충돌이 발생할 경우 초기 대응은 경찰력인 독도경비대와 해경 소속 순시선이 맡도록 돼 있으나 역부족이다.

동해지역을 관할하는 해군 1함대와 공군 전력은 경찰의 초기 대응 이후 단계에서 독도 인근의 영해와 영공에 투입돼 방어 임무를 수행하도록 작전계획이 짜여 있다. 군 소식통은 "유사시 해병대 병력이 해상과 공중을 통해 독도에 긴급 투입된다"고 말했지만 믿어지지 않는다.

이를 위해 군 당국은 1990년대 중반부터 '동방훈련'이라는 독도 방어 합동기동훈련을 매년 정기적으로 실시하고 있으며, 2012년에도 두 차례 실시한 것으로 알려졌다. 군 소식통은 "이달 초 해군 1함대 주관으로 동해 상에서 이뤄진 독도방어훈련엔 함정 10여 척과 KF-16 전투기, 육군 포병부대 등이 참가했다"고 말했다. 군 일각에선 일본이 독도 침탈 야욕을 '물리적 행동'으로 옮길 엄두를 내지 못하도록 가능한 수단과 방법을 동원해 철저히 대비해야 한다고 주장하기도 한다.

실제로 독도에서 무력충돌이 빚어질 경우 일본 함정이 도착한 뒤 1시간이 지나서야 한국 함정이 대처할 수 있다며, 울릉도에 해군전 진기지를 건설해야 한다는 것은 너무도 당연하다. 군 당국도 독도 해상의 돌발 위협에 대비하기 위해 중장기적으로 해군의 차기 호위 함(2,300~2,500t급)을 울릉도에 배치하는 계획을 추신하고 있다. 이런 맥락에서 강력한 독도 수호 의지를 천명하는 첫 단추로 울릉도 에 해병대 1개 대대 병력을 배치해 놓고 1개~2개 소대씩 독도에 순 환 주둔시키는 방안이 의미가 있다는 것이다. 속히 독도 방어 임무 를 해병대 몫으로 못 박아야 한다. 독도 방어 임무를 해병대가 담당 하게 되면, 해병의 기강(discipline) · 단결심(esprit de corps) · 사 기(morale) · 숙달성(proficiency)이 고양되고 조직의 건전성도 확 보될 수 있을 것이란 것이 노해병(老海兵) 안보전문가로서 저자의 일관된 주장이기도 하다.

(4) '독도 지킴이 해병'의 비화 재음미

독도에 대한 해병대의 애착은 남다르게 그 역사가 오래되었다. 독 도 최초의 국기계양대가 1971년 6월 해병사단 공병대대에 의해 설 치되었다는 것을 아는 사람이 많지 않을 것이다. 그 당시 포항 해양 경찰대의 요청으로 해병대 제1사단 공병대대원 3명이 통통배를 타 고 독도에 상륙, 근 한 달간의 수작업 끝에 국기계양대를 완성하고 태극기를 처음으로 계양하였던 것이다. 그러면 반세기가 지난 지금 당시에 이 작업을 직접 담당했던 해병대 노병(예비역 상사 박종태)

과의 일문일답 대화를 이하에 소개한다.

Q. 독도에 국기게양대를 설치하는 임무를 완수하셨다고 들었습니다. 선배님의 소개를 부탁드립니다.

A. 안녕하십니까? 해병대 부사관 15기 예비역 상사 박종태입니다. 영광스럽게도 독도에 처음으로 국기게양대를 설치하는 임무를 받아 수행했습니다.

Q. 어떤 계기로 해병대가 독도에 국기게양대를 설치하게 된 것입니까?

A. 독도는 종전부터 해양경찰이 경계근무를 담당해 왔었지만, 대한민국의 영토임을 나타낼 국기를 게양할 시설이 없었습니다. 그래서 1970년 10월 포항 해양경찰지청에서 해병 제1사단으로 국기게양대 설치를 지원해 달라는 요청을 해왔습니다. 당시 사단장이셨던 이봉출 장군께서 이를 승인하셨고, 1사단 공병대대로 그 임무가 하달되었습니다.

Q. 지금도 날씨가 허락하지 않으면 독도에 가기가 힘든데, 1970년 당시에는 더욱 힘들었을 것입니다. 각종 장비와 물자를 싣고 가 국기게양대를 설치하셨다니 정말 대단합니다. 작업 과정을 설명해 주십시오.

A. 말씀하신 대로 당시에는 독도에 가는 것 자체가 너무나 힘든 일이었습니다. 통통배를 타고 가야 했으니까요. 전 부대에서 지원자를 모집했습니다. 다행히 국기게양대 제작에 의욕과 실력이 있는 대원들의 지원이 있어 1971년 6월 1일, 5명을 선발하여 구룡포항을 출발해 6월 2일 독도에 도착하여 작업도구와

운반한 짐을 모두 양육하였습니다. 국기게양대를 만들 자재를 배낭에 넣어 짊어지고서 계단도 없던 가파른 섬의 바위 꼭대기로 기어 오르내리면서 공사를 시작했죠. 상륙한 당일부터 바로 공사를 시작하여 6월 24일 오후 늦게야 국기게양대를 설치 완공했습니다. 그리하여 그 다음 날, 한국전쟁 발발일인 6월 25일 아침에 태극기를 처음 게양하고서 우리 대원과 독도수비 경찰대원늘이 함께 애국가를 힘차게 불렀던 그날의 감격은 남달랐고, 아직도 기억에 생생합니다. 나는 한국전쟁에 참전했던 노병이었기 때문입니다. 지금은 더 튼튼하고 멋진 큰 국기게양대로 바뀌었지만, TV에서 독도에 펄럭이는 태극기를 보면 당시 고생하였던 생각이 많이 나고 보람도 느낍니다. 자랑스러운 임무를 제가 성공적으로 완수할 수 있어서 정말 다행이고 영광입니다. 감사합니다.

그러나 해병이 각고의 노력으로 세운 이 유서 깊은 국기게양대는 현재 없어지고 여러 조형물이 난립하고 있다. 천연기념물 제336호인 독도가 천연보호구역임에도 무분별한 기념비 건립으로 몸살을 앓고 있는 것이다. 특히 이명박 정권 들어서 불법 시설물을 포함, 총 4기의 기념비가 건립되었다. 문화재청에 따르면 독도 내 영토 표석 4기, 위령비 1기 및 순국비 6기, 그리고 각자(刻字) 2기가 세워져 있다고 한다. 여기에 더하여 국기게양대와 경북도지사 준공기념비가 건립되어 있다. 이명박 대통령 취임 이후 건립된 기념비는 최근의 독도 표지석, 2008년 7월 한승수 당시 국무총리의 방문을 기념해 건립된 '동해의 우리 땅 독도' 표석, 여기에 더해 2011년 11

월 8일 울릉군이 설치한 국기게양대 옆에 나란히 경북도기와 울릉군기 게양대 및 호랑이상, 태극기단 등 불필요한 조형물이 다수 설치되어 있다.

특히 경북도와 울릉군은 최근 독도의 국기게양대 조형물 부근에 독도 표지석 설치를 추진하면서 문화재청의 허가 없이 호랑이상 등 게양대 조형물을 설치한 사실이 들통 나기도 했다. 2012년 7월 30일 독도 표지석 설치 장소 선정 등을 위한 자문회의에서 문화재청이 국기게양대만 허가하였음에도 불법적으로 태극문양 바닥, 도기 게양대, 군기게양대, 호랑이상 등을 추가 설치한 것이다. 독도 방어를 위한 진지 보강공사는 외면하고서 행정관청에서 단기업적 과시용 시설물을 경쟁적으로 설치하다니, 참으로 잘못되어도 크게 잘못되고 있는 것이다.

이 같은 불법 시설물을 숨기기 위해 경상북도와 울릉군은 게양대 조형물 준공 후, 국기게양대를 제외한 부분을 포토샵으로 지운 사진을 문화재청에 제출함으로써 문화재청을 속이기까지 했다는 사실이 후일 알려지기도 했다. 문화재보호법 제35조(허가사항)에 따라 독도 내 시설물 설치 등 문화재 경관 및 보존관리에 영향을 미칠 행위에 대해서는 문화재청장의 허가를 받아 시행해야 함에도 지방자치단체가 앞장서서 불법을 저지른 것이니, 독도를 방어하고 보존해야 할 대상이 아니라 전시행정의 대상으로 바라보고 있음을 부인할 수 없다.

김관용 경북도지사는 자신 명의의 기념비로서 국기게양대 조형물 옆에 문화재청의 허가도 받지 않고 너비 50cm, 높이 80cm의 기념비를 설치했다. 경상북도 측은 국기게양대 조형물의 준공을 기념하기 위한 기념비라고 주장하나, 국기게양대 조형물의 설치 일자가 2011년 8월인데 비해 김관용 경북도지사 기념비의 설치 일자가 2011년 7월 16일이라는 점을 보면, 이 같은 주장이 맞지 않음을 알 수 있다.

그리고 특기할 사항은 지난 1981년 12월 해병 제1사단과 동아건설이 함께 현재의 헬리콥터 착륙장을 완성했다는 것이다. 독도 방위의 일환으로 국가시책에 따라 해병 제1사단의 1개 공병중대가 물자 운반을 지원하고, 동아건설이 공사를 담당하여 만들어낸 독도의 헬기장은 현재 당당히 국제 규격의 공식 헬기장으로 인정받고 고유 번호까지 부여되어 있다.

현재 이 헬기장(ICAO:RKDD)은 경상북도 울릉군 울릉읍 독도리에 있는 경찰청이 관할하는 헬리콥터 이착륙장이다. 동도에 있기 때문에 동도 헬기장으로도 불린다. 2008년 국제민간항공기구(ICAO)로부터 지명 약어 RKDD를 부여받았다. R은 서부북태평양(동아시아) 지역, K는 대한민국, D는 경상북도, D는 독도를 의미한다.

그러면 이에 부가하여 해병의 독도사랑 투혼 몇 가지를 더 소개한다.

2008년 2월에 독도사랑웅변대회에 출전한 예비역 해병(한상춘, 175기)이 최우수상을 받아 해병대의 명예를 선양하였던 것이다. 서울 백범김구기념관 대회의실에서 열린 국가보훈처와 (사)대한웅변인협회가 공동주최하고 교육과학기술부 등이 후원한 '제25회 전국웅변 스피치 대회'에서 대학일반부 최우수상인 국가보훈처장상을 예비역 해병 복학생이 수상했다. 예선을 거쳐 본선에 올라온 대학일반부 연사 12명 중 최종 원고 심사에서 4명이 탈락하고 8명이 경합을 이루었는데 젊은 남녀 틈바구니에서 '원조 독도 지킴이'란 주제로 해병대 특유의 불굴의 필승 투혼을 보여 1등으로 입상했다. 그는 현재 부산에서 '독도 해병지킴이'란 자원봉사단체를 조직하여 해마다 독도사랑웅변대회를 주최하고 독도 수호의 결의를 회원들과 함께 다지고 있으며, 독도사랑을 몸소 실천하고 있다.

이뿐만 아니라 해외에서도 해병대원의 독도사랑 행사가 거행된 바 있어 관심이 쏠리고 있다. 2009년 10월 25일 워싱턴의 가을 하늘에 독도사랑의 열기와 함성이 넘쳐났다. 워싱턴 독도수호특별대책위원회(위원장 최정범)가 개최한 제1회 '독도의 날' 행사가 궂은 날씨에도 수백 명이 참가하는 열띤 분위기 속에 링컨 기념관 앞에서 거행됐다.

'독도의 날'은 1900년 10월 25일 대한제국 칙령 제41호로 독도가 울릉도의 부속 섬으로 제정된 것을 기념하기 위해 경상북도가 정한 기념일로서, 해외에서는 사상 처음 이날 미국의 수도인 워싱턴에서 열렸다. 오전 12시 미 동부 워싱턴 해병전우회(회장 홍명섭) 기수단의 입장으로 막을 올린 행사는 한미 양국의 국가 제창에 이어 김필규 메릴랜드대 명예교수가 '독도의 날' 선포문을 낭독하면서 분위기는 한껏 고조됐다. 풍물패 한판이 주축이 된 연합 사물놀이 팀의 흥겨운 공연을 시작으로 태권도 시범, 이희경 무용단의 고전무용, 댄스단의 고전 춤 등 한국 문화를 알리는 다채로운 공연이 함께 열려 링컨 기념관을 찾은 관광객들의 눈길을 사로잡았다.

특히 사이버 외교사절단 '반크'의 박기태 단장과 이문형 독도특위 역사위원장은 마이크를 잡고 독도를 소개했으며, 자원봉사자들은 링컨 기념관을 찾은 관광객들에게 일일이 독도 홍보자료를 나눠

주며 격려했다. 또, 기념으로 발 도장을 찍어주는 이벤트도 마련돼 인기를 끌었다. 이어서 주최 측이 제공한 점심 식사 후에는 메인 행사인 거북이 마라톤 대회가 링컨 기념관 앞에서 제퍼슨 기념관까지 돌아오는 2마일 코스로 진행됐다. 출발에 앞서 200여 참가자들은 "독도는 우리 땅!", "독도를 지키자!" 등의 노래를 부르고 구호를 외친 후 황원균 북버지니아 한인회장, 허인욱 메릴랜드 한인회장과 세계일주 중인 한국의 '독도 레이서'를 선두로 행진에 나섰다. 참가자들 중에는 이곳 한국학교의 어린 학생들은 물론 몸이 불편해 지팡이에 의지한 노인까지 있어 주위의 박수를 받기에 충분하였다. 독도 레이서들이 한국에서 공수해 온 독도 티셔츠를 입고 타이들 베이신 호숫가 길의 깊어가는 가을 정취를 만끽하며 약 1시간 뒤 링컨 기념관 앞으로 돌아왔다. 거북이 마라톤대회는 한국일보가 독도특위와 공동주최했던 의미 있는 행사였던 것이다.

최정범 위원장은 "하루종일 비가 내릴 거란 일기예보에도 불구하고 독도를 지키기 위한 첫 행사에 수백 명이나 참가해줘 너무 감사하다"며 "이 행사는 앞으로 독도를 미국 사회에 홍보하고 우리 자녀들에게 민족의 정체성과 긍지를 심어주기 위해 계속 열릴 것"이라고 강조하면서, '한번 해병이면 영원한 해병'임을 해병대 유니폼으로 부각 상기시키기도 했다.

이날 행사에는 우태창 워싱턴버지니아 한인노인연합회장, 박숙향 전 회장, 나각수 수도권 총연합회장, 수잔 리 메릴랜드주 하원의원, 보림사 경암 스님, 명돈의 목사, 민주평통 이동희 회장 부인인 이부숙 씨 등 여러 한인단체장들도 참석하여 자리를 빛내었다. 행사에 참가한 미 동부 워싱턴 해병대전우회 회원 20여 명은 독도를 세계에 알리는 독도 지킴이들의 사명을 다하고자 마음과 뜻이 하나가 되어 "나라가 부르면 해병은 기꺼이 간다"는 구호와 함께 해병을 필요로 하는 나랏일에는 앞장서서 적극 참여한다는 결의를 다짐하였다.

본 행사의 꽃이라 할 수 있는 드럼 소리에 따라 입장하는 미국 동부 워싱턴 해병대전우회 기수단과 색소폰 연주에 맞춰 워싱턴 하늘 아래 울려 퍼진 미합중국 국가 및 애국가 합창은 참석자들의 애국심과 자존심을 고취하였다. 이어서 대한민국과 독도를 알리는 여러 가지 의미 있는 홍보 및 의전 행사가 뒤따랐고, 거북이 마라톤 대회구간인 2킬로미터의 모든 건널목마다 배치된 해병전우회 자원봉사자들이 특유한 복장과 몸짓으로 행사에 참가한 모든 분들의 안전을 도모하는 교통정리를 질서정연하게 한 것도 성공적인 행사를 뒷받침하였다.

해병대의 독도사랑에 대한 더 가슴 뭉클한 비화가 또 있다. 독도가 출생지인 '독도 1호 한국인'으로서 해병 제1사단에 근무했던 조강현(해병 978기)이 화제의 인물이다. 그의 입대 당시 신상 조사서를 보면 출생지가 울릉군 울릉읍 도동 산 63번지로 되어 있다(63번지는 독도임). 그가 독도 출생 첫 한국인이 된 것은 외할아버지에서 아버지로 이어진 가족의 독도사랑 때문이다. 외할아버지 최종덕 씨는 1965년 독도에 들어간 뒤 1981년 주소를 독도로 옮긴 '독도 주민 1호'다. 아버지 조준기(49) 씨도 장인의 뜻에 따라 해병대 부사관으로 제대한 1985년 여름에 독도로 들어가 '독도 주민 2호'가 됐다. 그리하여 8년 동안 독도에서 살았다.

조강현 해병은 1985년 2월 의료시설이 있는 울릉도에서 태어났다. 그러나 조준기 씨는 아들의 출생지를 장인의 거주지였던 독도로 옮겼다. 출생지가 독도인 두 번째 한국인은 조 일병의 여동생인 한별 양이다. 조 일병은 두 살 때 한 달 반 동안 독도에서 지냈다. 그러나 섬이 좁고 경사진 데다 식수와 의약품이 부족해 아기가 자랄 환경이 아니었다. 그래서 그는 어린 시절의 대부분을 어머니와 함께 울릉도에서 보냈던 것이다.

아버지 조준기 씨는 "독도에선 음식물부터 성냥개비까지 모두 울릉도에서 조달해야 했다"고 하면서 "나 같은 젊은이가 독도에 없으면 이 섬은 영원히 멀어질 거라고 생각했다"고 독도 지킴이다운 말을 했다. 1987년엔 조강현 해병의 외할아버지 최종덕 씨가 천신만고 끝에 독도에 축조했던 집이 태풍에 완파되자 그 충격으로 세상을 떠나고 말았다. 조 일병은 "한국인 최초의 독도 출생이라는 자부심으로 가족의 독도사랑 전통을 내 후대까지 물려줄 것"이라고 강조했다. 해병다운 일편단심의 기질이라 본다.

(5) 한국방공식별구역(KADIZ) 존속 및 수호

대한민국 공군의 방공식별구역(KADIZ: Korea Air Defense Identification Zone)은 한반도 지역으로 접근하는 비행물체에 대한 사전 탐지, 식별 및 적절한 조치를 위해 설정된 구역을 말한다. 참고로, 독도 상공은 이 구역에 속해 있기 때문에 대한민국의 허가 없이는 다른 나라 항공기나 함정이 침입 못하게 되어 있다. 우리 군이 외국 항공기의 비행을 통제할 수 있는 방공식별구역에 독도를 포함시킨 법률이 2008년 7월부터 발효됐다. 일본의 방공식별구역에는 50년 넘게 독도가 제외돼 왔기 때문에 앞으로 독도 분쟁에서 우리에게 유리하게 작용할 것으로 기대되고 있다. 우리나라의 방공식별구역을 보여주는 미 공군의 항법지도를 보면, 우리 공군이 통제하는 지역 내에 독도가 분명하게 포함돼 있다. 다른 나라 항공기가 국방부의 허락 없이 독도 상공에 함부로 들어올 수 없다는 뜻이다.

방공식별구역은 영공에 들어온 외국 항공기를 식별하고 통제하기 위해 설정된 공간으로서, 20개 나라 이상이 방공식별구역을 설정했고 전 세계 대부분의 국가들이 이를 준수하고 있다. 미리 알리지 않고 진입하면 강제 퇴거 조치나 요격까지 당할 수 있기 때문이다. 독도를 포함한 방공식별구역, 이른바 KADIZ는 지난 1951년 미 태평양 공군사령부가 설정했는데, 그동안 법제화가 미뤄지다가 근래에 와서 근거법이 발효된 것은 다행이다. 이는 국내법적인 근거를 확실히 함으로써 KADIZ의 적법성이나 합헌성에 대한 보장을 받게 되고, 국제법적으로도 이의 운영절차에 따르도록 요구할 수 있는 보다 합당한 근거가 마련된 것이다.

일본은 지난 1955년 자국 법률에 방공식별구역을 설정했지만, 독도는 제외시켰다. 방공식별구역은 현재 한국과 일본이 모두 다 국내법으로 명시되어 운용하고 있기 때문에 그것이 앞으로 국제법상으로 독도의 영유권을 우리가 공고히 하는 데 굉장히 중요하다고 할 것이다. 일본의 허황된 주장을 반박할 수 있는 관련법과 증거들이 하나둘씩 준비되면서 독도에 대한 우리의 실효적 지배를 더욱 공고히 할 수 있을 것으로 기대되고 있다.

그런데 일본 해상자위대의 구축함 한 척이 2012년 KADIZ를 침범한 것으로 뒤늦게 확인됐다. 군 소식통은 "일본의 4천200t급으로 추정되는 구축함이 독도 동방 공해 상 30마일 지점에 출현해 우리 군이 링스헬기와 F-15K 전투기, 한국형 구축함인 광개토대왕

함을 출동시켰다"며 "일본 구축함은 우리 측의 통신 검색 후에 예정된 항로로 물러갔다"고 하였다.

한 소식통은 "당시 우리가 일본 함정에 대해 통신 검색을 한 결과, 일본 측은 '블라디보스토크로 훈련을 위해 가는 중이다. 적대 의도가 없다'고 응답했다"고 전했다. 그는 "당시 일본 함정에서 링스헬기가 두 차례 이착륙 훈련을 한 것이 식별됐다"고 말했다. 우리 항공기와 함정은 일본 함정이 KADIZ를 빠져나오는 순간 복귀한 것으로 알려졌다. 이와 관련, 군 소식통은 "일본 자위대 함정이 KADIZ로 진입한 사례는 최근 5년 내에 없었던 것으로 안다. 일본의 동향을 예의주시하고 있다"고 말했다. 그는 "KADIZ 안에 들어온 함정이나 항공기가 우리 영공과 영해를 침범한 것은 아니다. 하지만 대비 태세 차원에서 KADIZ에 (다른 나라 함정이나 항공기가) 들어오는 것에 대해 정밀하게 감시하고 있다"고 덧붙였다. 한편 KADIZ는 우리의 영공과 영해는 아니나 이 구역에 타국의 항공기나 함정이 들어왔을 때 즉각 대응하는 작전개념으로 만들어 놓은 전술조치선이다.

일본은 2012년 5월과 9월 두 차례에 걸쳐 독도 인근 해역을 침범한 것으로 밝혀졌다. 국회 국방위의 국방부 국정감사에서 민주통합당 백군기 의원은 "국가안보상 항공기의 식별 및 위치 확인, 통제가 요구되는 지상과 해상의 일정 공역인 KADIZ를 진입한 횟수가 2배 이상 급증한 것으로 드러났다. 영공 방어에 문제가 있다"고 지적했다. 국방부의 'KADIZ 내 외국군 침입 현황' 자료에 따르면 2009년 5회, 2010년 17회, 2011년 12회, 2012년 30회나 외국 항공기가 진입해 증가세를 이어가고 있다.

특히 지난 2012년 9월 21일 일본 군함과 헬기가 독도 인근 30해리까지 침범한 것으로 드러난 외에도 5월 8일 3,200톤급 일본 순시선이 독도 동방 17해리까지 들어온 것이 육안으로 확인되기도 했다. KADIZ의 빈번한 침범은 독도 주변해역 12마일 영해가 신한일어업협정으로 말미암아 유명무실화 또는 공동수역화됨에 따른 그 영공의 침범이 일본에 정당화의 빌미를 제공하고 있기 때문임이 분명하다. 한미연합사 해체에 따라 일본의 대미 로비에 영향을 받아 기존의 KADIZ가 무력화되지 않도록 당국은 사전에 면밀한 검토와 안보외교적 노력이 있어야 한다는 것은 두말할 필요가 없다.

우리가 독도 근해의 KADIZ에 일본이 월경해도 강경하게 대응하지 못하는 이유의 하나가 우리의 영토는 아니지만 예상되는 배타적 경제수역 내에 위치하는 과학기지인 이어도가 일본의 방공식별구역(JADIZ) 내에 포함되어 있어 불가항력적인 역관계가 있기 때문이기도 하다. 뿐만 아니라 이 섬을 중국도 영유권을 주장하고 있다. 최근엔 우리나라의 땅 이어도가 때아닌 분쟁지역으로 떠올랐다. 중국이 이어도를 자기 나라의 바다 안에 속해 있다고 주장하며, 감시선과 항공기의 순찰 범위 안에 포함한 사실이 뒤늦게 밝혀졌기 때문이다.

중국은 1996년 한국과 해양 경계 협상에 들어가면서부터 이어도를 호시탐탐 노려 왔다. 2003년 우리가 이어도에 해양과학기지를 세우자, 중국은 협상이 마무리되지 않은 지역에 인공 구조물을 세웠다며 강한 불만을 드러냈고, 이어도를 정기 순찰 대상이라고 선언한 것이다.

또한, 이어도의 방공식별구역을 확장하여 한국 공역에 속하도록 해야 한다고 문제를 제기할 경우, 일본이 독도의 방공식별구역을 들고 나와 혹 떼려다 혹 붙이는 결과를 초래할 수도 있다는 우려 속에 일본이나 중국보다 훨씬 근거리에 위치한 우리가 선점한 암도이며 과학기지 시설까지 갖춰 놓은 이어도의 상공에 우리 항공기가 진입하려면 일본의 허가를 받도록 되어 있는 현실적인 모순을 바로잡는 것이 중요한 당면과제로 남아 있다.

21세기 들어 국가 간 해역과 공역에 대한 중요성이 급증하고 있다. 득히 급변하는 항공환경 속에서 방공식별구역에 대한 중요성이 높아지고 있다. 국가안보를 위해서 무엇보다도 공역 주권의 침해를 대비하는 것이 중요하기 때문이다. 항공기는 다른 공격 수단보다 높이 날고 빠르기 때문에 막강한 무기로서 활용될 수 있다. 그래서 각 국가들은 자국의 안전보장을 위해 영공뿐만 아니라 영공에 인접한 공해 상공까지 통제할 권한을 가져야 한다. 이에 따라 각 나라들은 지상에 국경을 정하여 적의 침입을 방어하듯이 하늘에도 적의 공격을 막기 위해 방공식별구역(ADIZ:Air Defense Identification Zone)을 설정하였다. 방공식별구역은 영공의 외곽 일정 지역 상공에까지 설정되어 있어 영공보다 넓은 지역을 포함하고 있다. 이 구역은 항적의 탐지 및 적·아 식별과 전역 항공 통제임무를 수행하는 기준이 된다.

이와 관련하여 1951년 초, 미 태평양공군 사령부가 한국방공식별구역을 설정하면서 이어도를 넣지 않았고, 1963년 초 일본이 자국의 방공식별구역으로 편입한 이후 우리나라가 되찾기 위해 일본과 협상했지만 결국 허탕이었다. 이렇다면, 이어도는 중국과의 문제도 있지만 일본의 관할지에 들어가 향후 영토 분쟁이 생길 경우 우리에게 불리하게 작용하지 않을까 하는데, 이에 대해서 독도만큼 많은 중요성이 부각되고 있다. 일본방공식별구역 내에 있는 이어도를 가기 위해 우리가 항공기를 띄우려면 일본의 승인을 받아야 하는 모순이 있다.

엄연한 우리 영토로 알고 있는 이어도 상공에서 중국의 관용기가 우리 공군의 레이더에 포착된 횟수는 근자에 와서 급증하고 있는데, 2010년에 2회, 2011년에 7회나 되었다. 중국의 관공선과 해군 함정이 이어도 인근 해상에 출현하는 횟수도 2009년 14회, 2010년 16회, 2011년 39회, 2012년 48회로 매년 급증세를 이어가고 있으니 문제가 아닐 수 없다. 중국 배와 비행기가 최근 우리 해양기지가 있는 이어도에 자주 출몰한다는 것은 관할권을 둘러싼 우리 정부와의 신경전을 고려한 선제조치로 풀이된다.

중국 언론의 보도에 따르면, 중국은 오는 2015년까지 이어도를 비롯한 센카쿠(중국명 댜오위다오), 황옌다오(스카보러섬) 등 분쟁 도서에 대한 무인기 감시·감측 체제를 구축기로 하면서 이어도를 자국 관할 해역으로 명시했다는 것이다. 동북공정에 이은 해양공정의 마수가 이어도로 뻗치고 있다. 그러나 중국의 관용기와 관용선이 출현하더라도 국제법상 이어도는 아직 배타적 경제수역이 한·중·일 간에 획정 안 된 상태에서 공해 상의 암초이기 때문에 이러지도 저러지도 못하는 우리 정부의 무대응 현실이 참으로 안타깝다. 그 열쇠는 국력이고 해군력의 뒷받침이다. 특히 이어도는 일본방공식별구역(JADIZ) 내에 있어 우리 항공기와 함정이 이어도 쪽으로 진입하려면 일본 측에 사전 통보하는 절차를 거쳐야 하는 것이 엄연한 현실이기도 하다.

미 태평양공군 사령부가 1951년 3월 23일 KADIZ를 설정할 당시 수중 암초였던 이어도를 포함하지 않았다. 그러나 1963년 일본이 뒤늦게 JADIZ를 설정하면서 이어도를 일방적으로 그 속에 포함시켰던 것이다. 정부는 일본 측에 이어도가 KADIZ로 들어올 수 있도록 조정 협상을 요구하고 있으나 일본 측은 콧방귀도 뀌지 않는다. 그러나 우리 군은 1959년 해상작전구역(AO)을 설정하면서 이어도를 AO 내에 포함시켰다. 그리고 현재 정기적인 해상 순찰을 하고 있지만, 공역의 자유접근은 불가능한 실성이다.

최근 중국과 일본, 러시아의 하늘과 바다를 통한 우리 영토 침범과 위협은 점차 증가하고 있다. 무엇보다도 독도를 지키려면 KADIZ는 한미연합사 해체 이후에도 꼭 존속해야 한다. 그리고 우리 해군과 공군이 독도해역과 KADIZ 공역을 반드시 수호해야 할 것이다.

독도가 한국방공식별구역 안에 포함되어 있다

제 5 부
에필로그 : 당면과제

1 독도가 고유 영토란 확신 견지

무엇보다도 독도가 우리 땅임을 재인식시키고 확인시키기 위해서는 일본과의 영토 시비를 극복할 수 있도록 독도를 둘러싼 가장 큰 쟁점 네 가지에 대한 확고부동의 신념을 가져야 한다. 그러기 위해서는 일본인의 정곡을 찌르는 다음 4가지 핵심 질문의 답변 내용을 정확히 알고서 나름대로의 이론무장을 갖추어야 한다.

① 누가 먼저 발견하였고, 실효지배를 하였는가?

② 1905년 일본의 독도 편입은 유효한가?

③ 제2차 세계대전 후의 연합군 최고사령부에 의한 독도 처분 (샌프란시스코 강화조약문)의 일본 측 해석은 정당한가?

④ 일본에서 최근 발견된 다케시마 영유권을 부정한 결정적인
   3가지 문서를 아는가?

첫째 질문과 관련하여 : 한국이 1천여 년 이상 먼저 독도를 발견
               하였고, 실효지배를 해 오고 있다.

국제법상 영유권을 둘러싼 분쟁에서 '발견'은 미성숙 권원(in-choate title)으로 취급된다. 영유권(권원)은 합리적인 기간의 '실효지배'에 의해 보완되지 않으면 안 되도록 되어 있다. 더욱이 사람이 없거나 정주하지 않는 지역에서는 잠깐의 실효지배 증거로도 가능하지만, 그 증명에는 과세나 재판기록과 행정, 사법, 입법의 권한을 행사했던, 이의 없는 직접적 증거가 요구되어 불명확한 기록에 의한 간접적 추정은 인정되지 않는다. 또한, 분쟁이 표면화된(결정적 계기) 이후의 실효지배는 영유권의 근거로는 인정되지 않고 있다.

대한민국 측 주장의 요약

· 1145년에 편찬된 〈삼국사기〉에 따르면, 512년에 우산국은 신라 하슬라주의 군주인 이사부의 군대가 우산국을 정벌하면서 신라에 복속되었다. 나중의 문헌에 있는 우산도는 이 우산국의 일부이고 그 우산도는 독도에 해당한다. 따라서 독도는 512년부터 한국의 영토이다.

· 1454년에 편찬된 〈세종실록〉에 "우산, 무릉 두 섬은 현 정동진에서 정확히 동쪽에 있다. 두 섬은 부속 관계이고 서로 멀지 않아 날씨가 청명한 날이면 바라볼 수 있다. 신라 때에는 우산국이라고 불렀다."라는 내용이 있다. 날씨가 좋으면 울릉도(무

릉)에서 독도가 보이므로 독도가 우산도에 해당한다. 우산국은 512년에 신라에 복속되었으니, 독도는 한국 고유 영토다.

· 1667년에 일본의 마쓰에(松江) 박사가 쓴 〈은주시청합기〉에는 "이 두 섬(현재의 울릉도와 독도)은 사람이 살지 않는 땅으로, 고려에서 보기에는 운주에서 은주를 바라보는 것 같다(주 : 운주와 은주는 모두 현재 일본 시마네현의 일부). 따라서 일본의 북서 지방에서 이 두 주를 갖기 힘들다고 생각된다…"고 쓰여 있다. '이 주'는 온주에 있는 일본 땅의 한계를 오키섬으로 하여, 이 시대에 마쓰시마(독도)와 울릉도를 조선의 영토로 인정하고 있다.

· 1728년에 편찬되었던 〈숙종실록〉에는 1696년 조선의 안용복이 울릉도에서 만난 일본인에 항의하여 "송도는 바로 자산도(子山島)로, 이것 또한 우리의 땅이다"라고 말하고 있다. 자산도는 우산도(于山島)와 같으며, 우산도는 독도를 말한다. 당시의 일본은 독도를 송도(마쓰시마)라고 부르고 있었기 때문에 (자산도는) 조선 영토에 해당한다. 안용복이 그 3년 전에 일본에 항의했던 때에는 도쿠가와 막부에서 "우산도는 조선의 영토다"라는 서약을 받았었다.

· 1696년의 안용복의 항의에 의해 울릉도와 우산도의 귀속을 둘러싸고 에도 막부와 조선과의 사이에 분쟁이 일어났지만, 돗토리번은 막부에 죽도(울릉도)와 송도(독도)는 자기 번이 아니라고 회답하였다. 에도 막부는 조선과의 교섭에서 죽도(울릉도)를 방치하기로 전했기 때문에 울릉도의 부속도인 송도(독도)도 동시에 방치하였다.

- 1770년에 편찬되었던 〈동국문헌비고〉에 "울릉, 우산은 모두 우산국의 땅으로, 우산은 즉 왜의 소위 마쓰시마에 해당한다"고 했다. 이 우산은 독도에 해당한다. 당시의 일본은 독도를 마쓰시마라고 부르고 있었기 때문에 조선의 영토에 해당한다. 1808년의 〈만기요람〉이나 1908년의 〈증보문헌비고〉에도 같은 내용이 쓰여 있다. 1785년 완성된 일본의 〈삼국통람도설〉에 죽도(울릉도)와 그 부속도인 우산도(독도)가 그려져 있고, 조선과 같은 색으로 채색되어 조선의 영토임을 명기하고 있다.
- 일본의 「일본여지도고」, 「일본국지리측량지도」, 「관판실측 일본지도」, 그 외 다른 민간에서 제작된 지도에는 당시 일본식 명칭이었던 마쓰시마가 기재되어 있지 않다. 기재되어 있는 지도도 오키제도나 돗토리현과 같은 색이 아닌 무색으로 되어 있다. 일본은 마츠시마를 조선의 땅이라고 인식하고 있었다.
- 많은 조선의 고지도에는 우산도가 울릉도의 근처에 그려져 있다. 이 우산도는 현재의 독도를 가리킨다.

참고로 일본 측 주장을 요약해 본다.
- 〈삼국사기〉에는 우산국에 해당하는 울릉도에 대해 설명되어 있지만, 주변의 섬에 대해서는 전혀 서술하고 있지 않다. "별칭을 우산도라고 말한다"는 대목은 울릉도의 별칭이 우산도였을 가능성이 높다. 그렇기 때문에 신라가 512년에 울릉도를 침략했다는 것을 알 수 있다.
- 1431년에 조선에서 편찬된 〈태종실록〉의 태종 17년(1417년)의 항목에 우산도라는 이름이 처음 표시된다. 거기에는 "안무

사(安撫使)인 김인우(金麟雨)가 우산도에서 돌아왔을 때, 큰 대나무나 물소 가죽, 파 등을 가지고 왔으며 3명의 주민과 같이 왔다. 그리고 그 섬에는 15호의 집이 있고 남녀 합쳐서 86명이 살고 있다"고 쓰여 있다. 하지만 실제로 독도는 험한 바위섬으로, 사람이나 물소는 물론이고 대나무나 파 등도 살 수 있는 환경이 아니다. 그러므로 우산도는 현재의 독도가 아니다.

· 1530년에 조선에서 발행된 「팔도총도」에 처음으로 우산도가 그려지지만, 울릉도의 서쪽에다 울릉도와 같은 크기로 그려져 있다. 그 후의 지도에도 실제로는 존재하지 않는 크기나 위치에 그려져 조선 정부는 우산도를 완전히 파악하지 못했다. 18세기 후반 이후의 고지도의 우산도는 전부 울릉도 근처의 죽서도에 대응시킬 수 있다. 따라서 우산도는 현재의 독도가 아니다.

· 1618년에는 도쿠가와 막부에 의해 죽도(울릉도) 도해면허가 오타니(大谷)·무라카와(村川) 두 집안에 내려졌다. 송도(현재의 독도)는 어로나 울릉도로의 중계지로 이용되었다. 그 이전의 조선인이 이 섬을 이용했다는 자료는 존재하지 않는다.

· 〈은주시청합기〉의 글 중에는 "북서쪽으로 1박 2일 가서 마쓰시마(현재의 독도)가 있다. 또 하루 정도에 다케시마(울릉도)가 있다. 풍속에 기죽도(磯竹島)라 하여 대나무, 물고기, 강치가 많다. 이 두 섬은 무인도이다."라고 하여, 현재의 독도도 분명히 인식하고 있다. 울릉도에는 이 문헌의 50년도 전부터 막부의 허가를 받아 호키의 요나코에서 어로나 대나무의 벌채 등

을 위해 건너가 있었으므로 글 중간의 '이 주'라는 것은 울릉도를 가리킨다.

- 조선의 어부였던 안용복은 울릉도와 일본에 밀항했던 범죄자였다. 조선의 〈숙종실록〉에 기재되어 있는 안용복의 심문기록은 사실과 다른 점이 많다. 우산도를 송도(현재의 독도)라고 하고, 일본인을 쫓아가서 송도에 건너갔다고 했는데, 죄를 덜기 위해 위증을 했다고 생각된다. 처음부터 안용복은 우산도의 위치를 파악하지 못했다. 게다가 도쿠가와 쇼군이 조선의 어부에게 죽도(현재의 울릉도)나 송도에서 손을 떼겠다고 한 서약을 전한 적이 없다.

- 〈동국문헌비고〉의 "울릉, 우산은 둘 다 우산국의 땅으로, 우산은 곧 왜에서는 소위 마쓰시마라고 한다"라는 문장으로 시작하는 같은 모양의 문장에는, 거짓말이 많은 안용복의 증언을 인용하고 있다. 이 당시 조선의 지도에서 보듯이, 조선 조정은 죽서도를 일본인이 말하는 마쓰시마라고 오인하고 있다.

- 일본의 「삼국통람여지도정전도」에 그려져 있는 죽도(울릉도)의 북동쪽에 남북으로 긴 작은 부속도가 있지만, 섬의 크기나 형태, 위치 관계로 보듯이 이것은 현재의 죽서도에 해당한다. 이 지도에 현재의 독도는 그려져 있지 않다. 당시는 이미 이 지도보다 훨씬 정확한 경도·위도선을 도입한 「개정일본여지로정전도 : 改正日本輿地路程全圖」가 보급되어 있었고, 죽도(현재의 울릉도)와 송도(현재의 독도)가 그려져 있다.

둘째 질문과 관련하여 : 1905년 일본의 독도 편입은 원천무효이다.

　1905년 1월 28일, 일본 정부에 의해 실시된 독도의 시마네현 편입이 법적으로 유효한가 아닌가가 문제화되어 있다. 대한민국 측은 독도의 시마네현 편입이 법적으로 불충분한 부분이 있어 비밀리에 이루어졌던 것이므로 비합법적이라고 주장한다. 이에 대하여 일본 측은 "국제법에 의한 적법한 절차가 이루어졌고, 또한 신문 등에도 보도되어 비밀리에 이루어졌다는 지적은 정당하지 못하다"고 하고 있다. 더구나 판례에 비추어 보면 "비밀리에 실효지배를 할 수는 없다"고 되어 있어, 특정 편입 절차가 아니라 그 실효성이 쟁점이 되고 있다. 실효성 이외에 통지 절차를 필요로 한다는 주장이 있지만 팔마, 그린란드의 판례에 비추어 볼 때 통지의무는 없으며, 통지의무를 지지하는 국제법 학자도 극히 적은 수이다. 시마네현의 허가에 기반한 강치 사냥이나 일본군의 망루 건설을 어떻게 허가하는가가 쟁점이라고 생각되지만, 라이선스 허가를 받은 개인이나 민간 경제 활동, 군사기지의 건설, 유지 활동은 실효지배로 유효하다.

이와 관련한 일본의 엉터리 주장은 이렇다.

- ·〈조선국교제시말내탐서(朝鮮國交際始末內探書)〉의 「죽도송도 조선부속 이상성후 시말(竹島松島朝鮮附屬ニ相成候始末)」에 있는 송도는 조선의 문헌이나 지도에 나오는 우산도로서, 이 고지도에서 현재의 죽서도를 가리키는 것으로 알려졌다. 여기의 송도는 죽서도이다.
- · 일본의 〈태정관 지령문〉에 있는 '죽도 외 한 섬'은 당시 이

름이 명확하지 않았던 섬이다. 이때 즈음에 죽도나 울릉도의 경·위도를 잘못 기록한 유럽의 지도가 일본에 들어와 실재하지 않는 위치에 그렸던 섬을 죽도, 현재의 울릉도를 송도, 현재의 죽도를 리앙쿠르 락스 등으로 표시했기 때문에, 실재하지 않는 위치의 죽도와 현재의 울릉도를 '죽도 외 한 섬'으로 하여 판도 외로 하였다.

· 「조선국전도」의 죽도는 존재하지 않는 '아르고노트도(アルゴノート島)'로서, 이 당시의 지도는 전부 울릉도를 송도로 그리고 있다. 경도는 쓰여 있지 않지만, 아래쪽에 그려진 일본의 위치로 추정하면, 이 지도에 그려진 송도는 울릉도이고 크기도 울릉도와 같은 정도로 그려져 있다. 이 지도에는 경도도 기입되지 않고 위도도 크게 어긋나 당시 울릉도와 송도의 위치가 혼란되고 있음을 잘 알 수 있다.

· 〈대한지지(1899)〉와 〈대한신지지(1907)〉의 기재에는 "울릉군의 행정지역은 동경 130도 35분부터 45분까지로 한다"고 되어 있다. 독도는 그 행정구역의 밖인 131도 55분에 있어 당시의 한국은 독도를 한국 영토로 하지 않았다. 또한 이 당시의 한국의 동단을 제시하는 자료는 전부 동경 130도 33분~58분에 들어 있고, 현재의 독도를 한국령으로 하고 있지 않다.

· 석도가 독도라고 하는 증거는 없다. 조선의 고지도를 보는 한, 석도는 현재의 관음도나 죽서도에 해당할 가능성이 높다.

· 독도는 1905년에 일본이 시마네현에 편입하기까지 다른 나라에 실효지배를 받지 않았고 독도의 편입 절차는 국제법에 비추어도 완전히 합법적이다. 또한, 독도를 편입했을 때에 일본은

항의를 받지 않았다.

대한민국 측 주장의 정당성과 합리성을 재확인한다.

· 1870년, 일본의 〈조선국교제시말내탐서(朝鮮國交際始末內探書)〉에 "죽도송도 조선부속 이상성후 시말(竹島松島朝鮮附屬二相成候始末)"이란 기술이 있다.

· 1877년 일본은 죽도와 송도에 대해 조사한 결과 "일본해 내 죽도 외 한 섬을 판도 외로 정한다"고 하여, 「태정관 지령문」에서 "죽도 외 한 섬은 일본 영토와 관계가 없음을 명심하라(竹島外一島之義本邦関係無之義ト可相心得事"고 하고 있다. 한 섬은 송도(현재의 독도)이므로 일본은 이때 독도를 조선의 영토라고 인정했다.

· 〈대한지지〉의 역집(譯輯)자 현채는 〈대한지지〉의 후기에 "시간적 여유가 없어 일본의 지리서를 번역했다"고 적고 있다. 즉, 현채는 독도의 경·위도를 정확하게 모르는 채 일본 지리서의 내용을 그대로 인용한 것이다. 그런데 1899년 이전의 일본 고지도들인 「신찬조선국지도」(1894), 「조선팔도지」(1887), 「신찬조선지리지」(1894), 「조선수로지」(1894)에서는 조선의 동단을 130도 35분으로 기록하고 있다. 그 외의 지리지도 조선의 동단 범위를 130도 36분 내로 적고 있다. 이 범위에서는 울릉도도 포함되지 않는다. 한마디로 잘못된 조선의 영토범위인 것이다. 〈대한지지〉 책머리에는 학부편집국에서 간행한 대한전도가 수록되어 있는데, 울릉도 옆에 우산(도)을 표기하고 있다. 일본에서는 이 또한 독도가 아닌 울릉도에

서 2.2km 떨어진 죽도라고 주장한다. 독도의 경도는 131도 55분이고, 독도는 이 지도 범위 밖에 있기 때문에 이 지도의 우산(도)은 독도가 아닌 죽도라는 것이다. 일본의 논리대로라면 일본이 죽도라고 하는 이 지도의 우산도는 정확한 경도에 그려져 있어야 한다. 죽도의 경도는 약 130도 56분인데 이 지도상의 죽도는 130도 56분보다 서쪽에 위치하고 있다. 이 지도에 그려진 한반도와 울릉도, 우산 모두 정확한 경·위도에 위치하고 있지 않다. 비록 오늘날의 기준으로 볼 때 정확한 위치에 그려져 있지 않지만, 현채는 우산도를 조선의 영토로서 분명히 인식하고 있었다고 할 수 있다. 이것은 우리나라 최초의 지리교과서인 〈조선지지〉(1895)에 나타난 인식을 그대로 반영한 것이다. 1895년 〈조선지지〉에는 "우산도는 울진에 있다"라고 기술하고 있다. 우산도가 죽도가 아님은 1907년 장지연이 저술한 〈대한신지지〉가 증명해 준다. 〈대한신지지〉 경상북도 편에서 '울도(울릉도)'를 설명하면서 "우산도는 그 동남쪽에 있다"고 적고 있다. 울릉도의 동남쪽에 있는 섬은 바로 독도다. 장지연이 〈조선지지〉와 〈대한신지지〉를 참조 안했을 리가 없는데, 우산이 죽도라고 인식했다면 "우산도는 그 동남쪽에 있다"는 설명을 할 수가 없다. 왜냐하면, 죽도는 관음도와 함께 북동쪽에 있기 때문이다. 이렇게 우산도는 독도라는 것이 증명된다. 그리고 1882년 일본이 제작한 「조선국전도」에 송도가 그려져 있다. 또한, 1883년에 일본이 제작한 「대일본전도」에는 송도는 그려져 있지 않다. 송도는 독도와 같으므로 이때 일본은 독도를 조선 영토로 인정했다.(2003년 한국에 귀화

한 세종대학교의 호사카 유지 교수가 이 두 지도의 사본을 울릉도의 독도박물관에 기증했다)

· 1900년의 대한제국 칙령으로 석도(독도)를 울릉군으로 하였다. 그리고 현재의 관음도와 죽서도는 섬 자체가 울릉도에 아주 근접한 섬으로 흐린 날에도 보이는 섬이다. 그러므로 "맑은 날 낮에 보인다"고 하는 〈세종실록지리지〉의 기록과 맞지 않다. 따라서 관음도와 죽서도는 석도가 아니다.

· 1905년의 일본에 의한 독도 편입은 군국주의에 의한 한국 침략의 시작으로 강제적인 편입이었다. 원래 일본 영토였다면 편입할 필요가 없다.

셋째 질문과 관련하여 : 제2차 세계대전 후의 연합군 최고사령부에 의한 독도 처분의 일본 측 해석은 아전인수의 과도 합리화일 뿐이다.

국제법상 일시적인 점령은 주권의 이전을 의미하지 않으며, 점령 등에 의해 주권이 현저히 훼손되었다고 해도 원래 보유국의 동의가 없다면 주권의 이전은 발생하지 않는다.

· GHQ에서 나온 「연합군 최고사령관 총사령부각서(聯合軍最高司令官總司令部覺書)」 제677호(Supreme Command for Allied Powers Instruction Note No.677) 「약간의 외부지역을 정치상 행정상으로 일본으로부터 분리하는 것에 대한 각서」라는 문서에서 일본의 영토는 홋카이도, 혼슈, 규슈, 시코쿠 및 인접하는 섬들로 하고, 울릉도나 제주도 등을 제외하기

로 했다. 그 제외된 섬의 리스트에 그들이 리앙쿠르 락(ROCK)이라고 불렀던 독도가 포함되어 있었다. 또한 「연합군 최고 사령관 총사령부각서」 제1033호 「일본의 어업 및 포경업에 인가된 구역에 대한 각서」에 의해 결정된 일본 어선의 활동가능영역(맥아더 라인)에서도 독도는 제외되어 있다. 대한민국은 이를 근거로 당시 대한민국의 이승만 대통령이 평화선을 설정하여 배타적 영유권 행사로 일본 어선을 배제하는 선을 긋고, 라인 안으로 들어오는 일본 어선에 대하여 나포, 총격을 실시하였다.

· SCAPIN 제677호 및 SCAPIN 제1033호에 의해 행해진 처치의 해석, 즉 그것이 영유권을 확정시킨 것인지 아닌지가 쟁점이 되고, 일본과의 평화조약(샌프란시스코 강화조약)의 제2조 (a)항의 해석을 둘러싸고 의견이 대립하고 있으나, 샌프란시스코 강화조약이 SCAPIN을 소급 무효화할 수 있는 국제법적 원칙이나 근거가 없으므로 일본의 로비에 의해 독도가 거명되지 않았지만, 일본이 탐욕과 침략으로 탈취한 모든 영토를 반환하라는 샌프란시스코 조약 이전의 연합국 최고사령부의 명문화된 제반 절차를 소급 무효로 되돌릴 수 없는 한 독도가 일본 영토로 결코 귀속될 수는 없는 것이다. 만약 SCAPIN을 무효화하거나 변경할 경우엔 별도의 SCAPIN을 공포하도록 명문화되어 있기 때문이다.

넷째 질문과 관련하여 : 일본 스스로 독도가 한국령임을 인정한
                            1945년 이후 3가지 정부 문서가 근래에
                            공개된 바 있다.

이 외에도 이미 밝혀진 바 있는 1700년도와 1800년도의 정부(태정관) 문서 3가지에 의해 독도가 한국 영토임이 입증되고 있음에도, 지금 또다시 일구이언을 하고 오리발을 내밀고 있음은 일본 정부의 관료주의적 병폐로서 가소로울 뿐이다. 차제에 그들의 자가당착과 시대착오적인 영토 야욕을 전 세계에 폭로하여 주의를 환기시켜야 한다.

① 「총리부령 24호」와 「대장성령 4호」

2009년 1월 2일 새로운 사실이 밝혀졌다. 대한민국 국무총리의 감독을 받는 정부 출연 연구기관인 한국수산해양개발원은 1951년 6월 6일 공포된 일본의 「총리부령(總理府令) 24호」와 1951년 2월 13일 공포된 「대장성령(大藏省令) 4호」 등 두 개의 일본 법령을 찾아냈다고 밝혔다. 이 두 개의 영(令)은 모두 일본의 독도에 대한 자국 주권을 부인하는 내용이다.

「총리부령 24호」는 일본이 옛 조선총독부의 소유 재산을 정리하는 과정에서 '과거 식민지였던 섬'과 '현재 일본의 섬'을 구분하는 내용을 담고 있는데, 이 부령의 제2조는 "정령(政令) 291호 2조 1항 2호의 규정을 준용하는 경우에는 아래 열거한 도서 이외의 도서를 말한다"고 쓴 뒤 제외하는 섬에서 '울릉도, 독도 및 제주도'를 명기했다. 여기서 언급된 '정령 291호'는 1949년 일본 내각이 제정한 것으로 '구 일본 점령지역에 본점을 둔 회사가 소유한 일본 안

에 있는 재산 정리에 관한 정령'이다. 용어의 정의(定義)를 다룬 2조의 1항 2호에는 "본방(本邦・일본 땅)은 혼슈(本州), 홋카이도(北海道), 시코쿠(四國), 규슈(九州)와 주무성령(主務省令)이 정한 부속도서를 말한다"고 했다. 「총리부령 24호」보다 앞서 공포된 「대장성령 4호」는 "공제조합 등에서 연금을 받는 자를 위한 특별조치법 4조 3항 규정에 기초한 부속도서는 아래 열거한 도서 이외의 섬을 말한다"며 울릉도와 독도, 제주도를 부속도서에서 제외되는 섬들로 명기했다.

2008년 7월 한일회담 관련 정보공개 청구소송에서 승소한 최봉태는 6만 쪽에 달하는 한일회담 관련 일본 측 문서를 건네받았다. 그런데 문서에 검은 줄로 삭제된 부분이 있었고, 그것이 무엇인지 확인하는 과정에서 「총리부령」의 존재를 알게 되었다. 이 사실을 찾아낸 한국수산해양개발원은 2008년 12월 31일 대통령에게 보고했다. 일본 외무성은 이 법령이 미국의 일본 점령 당시 일본 정부의 행정권이 미치는 범위가 표시된 것일 뿐 일본의 영토 범위를 나타내는 것이 아니라며 오리발을 내밀었다.

② 「대장성령 37호」와 「43호」

2009년 1월 11일 법적으로 유효한 일본의 현행 법령 두 건에 독도를 일본 영토에서 제외하는 규정(대장성령 37호, 43호)이 있는 것으로 확인되었다. 대한민국은 일본 「총리부령 24호」와 「대장성령 4호」에 대한 일본 외무성의 변명과 「대장성령 37호」와 「대장성령 43호」에 대한 회피논리는 다음과 같은 이유로 설득력이 없다.

・행정권을 기준으로 하지 않고, '구 일본 점령지역'과 '본방(本

邦 · 일본 땅)' 등의 범주를 구분하여 영토를 정의하고 있다.

· 미군정이 끝난 후에 공포되었고, 지금도 현행 법령으로서 유효하다.

· 미군정 이후의 개정 과정에서도 독도를 영토에서 배제하는 규정이 유지되었다.

③ 대장성고시 654호

1946년 8월 15일 대장성은 전후 일본 기업의 채무 해결을 위해 「회사경리응급조치법」 시행령을 제정하여 일본이 점령했던 영토 중 외국으로 분류한 지역을 규정한 내용을 담고 있다. 이 고시에 따르면 조선과 대만, 사할린섬, 쿠릴열도, 남양군도는 외국으로 분류됐고, 독도도 별개 항목으로 외국으로 규정됐다.

뿐만 아니라 이들 문서와 관련하여 한국으로 귀화한 일본인 호사카 유지 박사(현 세종대 교수, 독도종합연구소장)는 일본에서 어렵게 열람한 고문서(현재 돗토리 박물관에 비밀 보관 중)에 근거하여 독도가 조선령이라고 일본 정부가 스스로 자인한 적이 18~19세기에 걸쳐 세 번이나 있음을 역사적 사실로 밝히고 있음을 주목할 필요가 있다.

1) 1796년에 돗토리번이 일본 중앙정부의 질의에 정식 답변한 문서에 "울릉도와 독도가 돗토리 영지가 아니고 일본의 어느 지방에도 부속되지 않는다"고 보고했다. 물론 이때가 조선의 공도정책 기간 중임에도 영유권은 조선에 있음을 확인한 것이었다.

2) 1870년에 메이지 정부가 외무성에 울릉도와 독도의 위치를 조사 보고하라는 지시를 하달한 결과, 일본 속도가 아님을 확인 보고

한 문서가 나왔으나 일본 외무성이 이 문서의 외부인 열람을 엄금하고 있음을 확인하였다.

3) 1877년에 시마네현에서 태정관에게 울릉도와 독도의 소속을 문의하자, "독도 외 1도는 일본과 관계가 없음을 명심하라"는 지령문을 하달한 바 있으며, 이 문서의 부도에는 두 섬의 위치가 한국령으로 명확하게 도시되어 있다.(1877년 3월 17일 자 공문서)

이 문서는 일본의 한 양심적인 목사가 호스카 유지 교수에게 제공한 것인데, 일본은 이 내용을 알면서도 입을 굳게 다물고 있다고 한다. 일본 국회에서 이와 관련한 국회의원의 질문이 있자 정부 당국자의 답변은 "현재 조사 중"이라고만 하고 쉬쉬하였다. 1905년 이전에 일본에서 발행된 어떤 지도에도 독도가 일본령임을 도시한 지도는 없으며, 이 사실은 일본의 조선에 관한 문헌인 〈동국문헌비고〉(1770년)와 〈만기요람〉(1808년)에 분명하게 나와 있다.

일본은 독도와 울릉도를 송도(松島)와 죽도(竹島)로 뒤바꿔 부를 정도로 그 위치조차 잘 모르고 혼동해 있다가 한 어가(魚家)의 돈벌이를 위한 영토 편입 요청에 부응하여 독도를 무명·무국적 섬으로 규정하고 죽도로 재명명함과 동시에 시마네현으로 1905년 2월 2일 불법 편입시킨 것인데, 이제 와서는 이를 국가 영유권의 확인이란 말로 얼버무리는 헛소리를 하고 있는 것이다. 뿐만 아니라 안용복의 2차 도일 때(1896년)의 일본 측 심문보고서에 나와 있는 독도가 조선 8도 중 강원도에 속한다는 내용의 문서가 2005년에 돗토리 박물관의 고문서고에서 뒤늦게 발견되었는데도 일본이 이를 숨기고 있다가 겨우 공개하기도 했다는 사실도 우리를 놀라게 한다.

2 독도를 일본에 빼앗기지 않기 위한 현책(賢策) 실현

(1) 실효지배의 가시화 및 국제사법재판소 회부 저지

국제법상 영유권을 둘러싼 분쟁에서 '발견'은 미성숙 권원(in-choate title)으로 취급된다. 영유권(권원)은 합리적인 기간의 '실효지배'에 의해 보완되지 않으면 안 되도록 되어 있다. 더욱이 사람이 없거나 정주하지 않는 지역에서는 잠깐의 실효지배 증거로도 가능하지만, 그 증명에는 과세나 재판기록과 행정, 사법, 입법의 권한을 행사했던, 이의 없는 직접적 증거가 요구되어 불명확한 기록에 의한 간접적 추정은 인정되지 않는다. 실효지배(effective control)는 평화적이고(peaceful), 실제적이며(actual), 계속적인(continuous), 그리고 충분한(sufficient) 국권의 행사(display of national sovereignty)를 뜻하므로 가장 확실하고 강력한 가시적 조치는 군사력의 주둔에 의한 침략과 위협의 배제 및 예방이다.

일본 정부는 1954년 9월 25일에 독도 문제를 법적 분쟁으로 보고 이를 국제사법재판소에 제소하여 해결하자는 의견을 대한민국 정부에 제의했지만, 대한민국 정부는 1954년 10월 28일에 이를 일축하는 항의 서한을 일본 정부에 전달했다. 이후 일본은 줄곧 그 주장을 굽히지 않고 있다. 이미 국제사회에 분쟁지역으로 인정되어 있으므로 군대를 주둔시키지 않는다고 해서 그 이미지가 해소되지 않으며,

현상유지는 오히려 독도 보존에 대한 위협과 침략의 가능성이나 개연성을 증폭시킬 뿐이다.

독도는 북위 37° 14′ 26.8″, 동경 131° 52′ 10.4″에 위치한 작은 섬 또는 암도이다. 독도가 국제법상 섬인가 암초인가에 대해서는 전문가의 견해가 일치하지 않는다. 그러나 독도는 현재 40여 명이 거주하는 유인도이고, 유엔해양법협약상 도서로서의 제조건을 모두 갖춘 대한민국의 영토이다. 유엔해양법협약상 섬의 자격조건은 ① 바다로 둘러싸이고 해면에 고립된, 만조 시 수면 상에 있는 자연적으로 형성된 육지지역(area of land)이어야 하며, ② 인간의 거주 및 독자적 경제 활동이 가능해야 하고, ③ 자연수가 나오고 수목이 자라야 한다는 등 제반 조건을 모두 충족하는 0.186 평방킬로미터의 엄연한 섬이다.

1952년 1월 18일에 대한민국 정부가 「대한미국 인접 해양에 대한 대통령 선언」(평화선 선언)을 발표하자 같은 해 8월 28일에 일본 정부는 "대한민국의 이러한 주장을 인정하지 아니한다"라는 내용의 항의를 대한민국 정부에 해왔다. 이로부터 독도의 영역 주권의 귀속 문제가 한일 간에 공식적으로 문제 되기 시작했다. 이것이 현대사에 있어 일본의 본격적인 독도 영유권 주장 시발이다.

1954년 9월 25일 일본 정부는 독도 문제를 법적 분쟁으로 보고 이를 국제사법재판소에 제소하여 해결하자는 제의를 대한민국 정부에 해왔고, 10월 28일 대한민국 정부는 이를 일축하는 항의를 일본 정부에 송부했다.

당시에는 일본은 국제연합의 가맹국이 아니었으나 '국제사법재판소 규정'의 당사자였다. 그러나 대한민국은 둘 다 아니었다. 국제사법재판소에 의한 재판은 양 당사국이 각각 국제연합의 가맹국이거나 국제사법재판소 규정에 가입되어 있어야만 할 수 있다. 일본은 이 조건을 충족했지만 대한민국은 그렇지 않았다. 따라서 대한민국이 당시에 동의를 했어도 국제사법재판소는 재판을 시작할 수 없었다.

현재는 대한민국과 일본 모두 국제연합의 가맹국이기 때문에 양 당사국이 합의만 하면 국제사법재판소의 재판이 시작된다. 현재 국제사법재판소에는 일본 국적의 재판관이 1명 있지만, 대한민국 국적의 재판관은 한 명도 없다. 만약 독도 문제가 국제사법재판소에 제소되면 일본인 재판관도 국적 재판관(National Judge)으로 심리에 참여하게 된다. 이러한 경우 국적 재판관이 없는 대한민국에서는 임시 재판관(judge ad hoc)을 선출하여 당해 사건에 한하여 다른 재판관과 동일한 자격으로 심리에 참여시키게 된다.

일본이 일방적으로 국제사법재판소에 독도 문제를 회부한다고 해서 재판이 시작되지는 않는다. 국제사법재판소의 관할권은 임의적 관할권과 강제적 관할권이 있는데, 독도 문제에서는 강제적 관할권이 성립되지 않는다. 따라서 임의적 관할권에 의하며 양 당사국이 동의해야만 재판이 시작될 수 있다.

'임의적 관할권'은 구체적인 분쟁이 발생한 이후에 분쟁 당사국의 임의적인 합의에 의하여 분쟁을 재판소에 부탁하는 경우에 인정되는 관할권을 말하며, '강제적 관할권'은 선택 조항(Optional Clause) 또는 임의 조항이라고 불리는 국제사법재판소 규정 제36조 제2항을 수용한 양 당사자 국가 사이에서 발생한다. 일본은 '선택 조항'을 수락했기 때문에 어떤 국가라도 일본을 상대로 일방적으로 국제사법재판소에 제소를 하면 재판이 시작되나, 대한민국은 '선택조항'을 수락한 바 없기 때문에 대한민국에 대해서 일본이 일방적으로 제소할 수가 없다. 따라서 현재로서는 일본의 국제사법재판소 회부 협박은 공염불일 뿐이나 미래의 여건 변화는 예측할 수 없다.

(2) 일본의 독도 침탈 7단계 전략 분쇄

결론적으로 독도에 대한 영유권 분쟁은 한국의 실효지배에도 불구하고 재판 결과는 '국제정치 역학 관계상' 꼭 한국에 유리하게 나오지 않을 수도 있다는 것을 유념해야 한다. 그 이유는 앞에서 상세히 밝힌 바 있다. 이러한 상황 아래에서 우리의 당면과제는 다음과 같은 일본의 독도 영유권 쟁취 7단계 전략을 재음미하여 적절하게 대처하는 것이다.

이와 관련하여 동북아역사재단 배진수 박사가 제시한 일본의 독도 전략 7단계가 우리의 관심을 끈다. 이는 우리의 대응책을 마련하기 위한 국가정책 형성에 효과적인 방향 제시가 될 것으로 생각된다. 필자가 앞에서 제시한 4단계 전략과 일맥상통하는 내용이며, 독도를 일본에 빼앗기지 않으려면, 약육강식과 적자생존의 국제사회 권력정치 현실을 결코 외면할 수 없는 한, 강자는 힘에 의한 정의 실현을 도모할 수밖에 없는 것이다. 일본의 7단계 전략을 분쇄할 수 있는 다음과 같은 우리의 적극적인 승전전략이 꼭 필요하다.

① 명분 축적용 독도 영유권 주장 계속

일본은 1951년 1월 28일 한국의 평화선 선포에 맞춰 처음으로 독도 영유권에 대해 공식적으로 이의를 제기한 이래 지금까지 집요하게 이를 문제 삼고 있다. 가장 최근의 태도가 이명박 대통령의 독도 방문을 일본 영토에 한국 대통령이 상륙했다고 극구 비방한 것은 한국의 실효적 점유 효력을 상쇄시키고 본격적인 국제 분쟁화를 시도하려는 명분을 축적하고 있는 셈이다.

특히 신한일어업협정 이후 한국이 강력한 항변이나 대립된 주장을 외교적 채널을 통하여 국가의지 표현의 차원에서 하지 않고서 개인이나 사회단체가 중구난방으로 문제를 제기한 정도로는 법적인 효과가 없다. 일본이 정부 차원에서 제기하는 부당하고 도발적인 주장이나 항의에 대하여 우리가 동류 대응을 하지 않고 묵인 방치하면 이것이 누적되어 금반언의 법리에 따라 한국의 실효지배와 관계없이 일본 측의 주장을 수용하는 국제법적 효과에 의한 국제사회의 일반적 승인으로 응고되고 마는 것이다.

② 독도 분쟁화 추진 및 여건 조성

다음 수순은 독도 분쟁화 여건 조성이다. 유엔 안보리 상임이사국 진출, 전쟁 포기 헌법 조항(제9조) 개정, 러시아 간 북방 도서 문제 정리, 군사대국화 진입, 우익 정부·보통국가 등장 등이 그것이다. 이와 관련한 일본의 최근 움직임은 본격적인 독도 분쟁화 여건이 무르익고 있음에 따라 자기만족에 도취하고 있음을 보여주고 있다.

분쟁 격화를 도모하려는 차원에서 일본의 두 가지 정도 시나리오를 예견할 수 있다. 첫째, 일본은 독도에 호적을 둔 다수 일본인을 한국 경찰이 없는 서도에 어느 날 갑자기 상륙시킨 다음 일본 영토 내의 일본 국민을 보호한다는 미명 아래에 일본 해상자위대를 출동시켜 한국 해군과 고의적인 무력충돌을 빚게 한 후에 미·일 안보조약에 근거하여 미 해군과 연합작전을 전개하면서 이 수역의 해상 관할권을 행사함에 있어 한일어업협정상 공동관리수역이란 전제하에 당당하게 대항하려 할 것이다. 한국 해군이 출동한다 해도 한미연합사가 해체 직전 상황이거나 해체된 다음엔 주한미군은 중립을 지킬 수밖에 없으며, 한일 간의 충돌을 조절하면서 일본 편을 들게 될 것이다.

둘째는, 막강한 일본 해상자위대와 항공자위대가 사전 독도 근해를 포위한 상태에서 일본의 민간단체인 독도탈환특수임무부대가 잠입하여 독도경비 경찰을 무력화시키고 독도를 탈취 점령하게 될 경우, 사실상 한국의 해공군이 고양이 앞의 쥐 신세라 대항할 엄두를 내지 못할 것이므로, 미국이 서둘러 중재에 나서 유엔 안보이사회에 회부하여 평화적 분쟁 해결을 주도할 수밖에 없다. 결국, 일본의 이른바 개별적 자위권 발동 명분하의 독도 선제 침공은 국제사법재판소나 해양법재판소의 판결에 따라 해결책을 구할 수밖에 없으므로 일본의 유리한 처지로 결착된다고 낙관하고 있는 것이다.

③ 독도 문제 유엔 안보이사회·총회 상정

어느 정도 주변 여건이 무르익으면 그다음은 독도 문제를 유엔 총회에 상정하는 것이다. 우선 일본은 1954년 한국에 제의한 바 있는 '국제사법재판소 합의제소'를 다시 정식으로 한국에 제의하는 작업부터 시작한다. 한국 정부는 독도 문제가 역사적으로나 국제법적으로나 분쟁의 대상이 되지 않으며 또 될 수도 없다는 확고한 입장을 갖고 있기 때문에 이를 거부할 것이 뻔하다. 그러면 일본은 유엔 상임이사국이라는 장차 지위를 최대한 활용, 이 문제를 유엔 총회에 안건으로 상정해 국제사법재판소에 합의제소 또는 양국 간 합의를 유도할 것으로 예상된다.

④ 군사 위기 조성 후 유엔 안보리 개입 유도

비록 독도 문제가 일본의 의도대로 유엔 총회의 안건으로 채택되더라도 한국은 단호히 이를 거부하게 될 것이다. 일본은 의도적이든 우발적이든 군사적 위기를 야기한 후 자연스럽게 유엔 안보리의 개입을 유도한다. 일본은 '독도 문제의 평화적 해결을 위한 당사국 간 협의와 국제사법재판소에 합의제소를 촉구하는 유엔 안보리의 권고 결의안'을 얻어내려 하는 등 한국에 보다 강압적인 외교적 압력을 추구한다.

⑤ 국제사법재판소(ICJ) 회부

한국은 원하든 원하지 않든 국제 여론에 밀려 ICJ 합의제소에 동의할 수밖에 없게 된다. 설사 한국이 ICJ 합의제소에 동의하지 않는다 하더라도 상관없다. 훗날 ICJ 또는 1996년 10월 1일부터 가동된 국제해양법재판소의 강제관할권이 한층 강화돼 한국의 합의 여부와 관계없이 국제재판소에 제소될 수 있기 때문이다. ICJ의 전·현직 판사는 모두 95명인데 주로 왕년의 식민지 패권 국가들이지만 약소 국가도 있다. 그러나 대한민국은 단 1명도 없다(러시아 8명, 영국 6명, 미국 6명, 프랑스 5명, 중국 4명, 브라질 4명, 멕시코 4명, 일본 3명, 독일 3명, 이탈리아 3명, 인도 3명, 이집트 3명, 나이지리아 3명, 슬로바키아 1명). 일본이 국제사법재판소의 전관예우를 믿고서 ICJ 회부에 자신하면서 큰소리치고 있음을 알아야 한다.

⑥ 패소국의 ICJ 판결 불복 대처

ICJ 판결이 어떻게 나든 패소한 국가는 그 위상 및 전략적 측면에 따라 근본적으로 다르게 반응할 수 있다. 프랑스와 마다가스카르 간 4개 소도서 영유권을 놓고 1979년과 1980년 유엔 총회가 두 차례나 마다가스카르 주권임을 결의했으나 강대국인 프랑스가 이를 수용 거부했다. 1977년 아르헨티나와 칠레 간의 비글해협 도서 분쟁에 대한 ICJ 판결 역시 아르헨티나가 불복했고, 1978년 양국 간 무력충돌 위기로 발전한 선례가 있다. 과연 한국이 국제사회에 상대적으로 일본보다 약자인 처지에서 ICJ 판결을 불복할 수 있을까?

⑦ 군사 분쟁을 승전으로 귀결

남은 선택은 군사적 수단의 대결뿐이다. 당사국 간 합의 정도, 무력충돌 선례, 분쟁 이슈의 복합성, 분쟁지역의 전략적 가치, 분쟁 당사자 범위, 당사자 간 이질성, 당사자 간 군사위협 정도 등에 의거해 독도를 포함한 한반도 주변의 잠재적 분쟁지역의 군사적 분쟁 발발 가능성을 비교·분석해 보면, 그 결과 독도 분쟁 발발 가능성 순위는 중·일 간 센카쿠열도 분쟁에 이어 높은 우선순위에 속한다.

만약 독도 영유권과 관련하여 한일 간에 무력분쟁이 발생한다면 그 정도는 매우 심각한 수준이 될 것이다. 이와 관련하여 한국은 독도 영유권 논리의 일관성을 유지하기 위해, 중·일 간 센카쿠 분쟁에서는 중국의 입장을, 러·일 간 북방도서 분쟁에서는 일본의 입장을 각각 지지하는 방안을 고려해 볼 수도 있으나 매우 조심스럽다. 현재 북방도서는 러시아가, 센카쿠는 일본이, 독도는 한국이 각각 실효지배 중인데, 희랍 신화의 야누스같이 일본은 강자인 러시아와 중국에는 연성전략(soft touch)을 펴면서 약자인 한국에는 강성전략(hard touch) 일변도로 나오고 있어, 전략적 자기모순에 빠져 있는 것이다.

또 하나 중요한 점은 일본이 독도에 대한 무력도발을 국제법상 위법이 아닐 수 있음을 정당화시킬 공산도 크다는 사실이다. 국제법상 개별 국가의 무력행사가 인정되는 것은 집단적 자위권 발동 이전에 '무력침공에 대한 개별적 자위권' 행사의 경우뿐이다(국제연합 헌장 제51조). 그런데 이 조항은 시간적 한계를 두고 있지 않다는 것이다. 1950년대 초에 조직된 한국의 독도의용수비대가 독도 경비를 하면서 일본이 설치한 '일본령' 표지판을 철거하고 이에 항의하는 일본 순시함의 상륙 시도를 무차별 집중 총포격으로 저지 격퇴한 사실이 있다. 일본이 이를 자국 영토에 대한 한국의 무력침공으로 간주하고 40여 년이 지난 지금에 와서 그에 대해 자위권 행사, 즉 자국 영토인 독도에 대해 정당방위란 차원에서 무력행사를 감행하게 된다면, 참으로 난감한 사태가 초래될 것이다.

일본은 독도 침탈을 위하여 군사적 선수 공격 대신 잘 훈련되고 현대 장비를 갖춘 민간 우익 과격분자 90명으로 된 일단(자위대 특수부대 출신과 한국인 귀화자 포함)이 규슈 남단 가고시마가 아니면 멀리 이오지마까지 가서 3개월씩 정기적으로 맹훈련을 받고서 명령일하에 출동할 수 있는 태세를 갖추고 있다는 것이다. 이들 비군사 단체가 은밀히 침투 급습할 때 초현대화된 막강한 해군·공군력을 독도 주변 해공역에 배후 포진 엄호함으로써 광범위한 독도 해공역 일대의 제해권과 제공권을 장악한다면, 한국의 군사적 접근을 원천적으로 봉쇄 또는 무력화시키거나 국부적 대항력을 좌절시키게 될 것이다.

설상가상으로 이때 핵무장한 북한이 민족주의적 구실을 내세워 개입하게 될 경우, 문제는 더욱 복잡하게 얽히고 말 것이다. 북한의 대량파괴무기 투발 위협이나 무력시위에 일본이 어떻게 대응할 것이며, 미국과 중국, 그리고 러시아는 어떤 반응을 보일지, 그 정답을 찾기가 현재로서는 매우 궁하다. 더욱이 북한의 핵무장이 기정사실화되고 세계 유수의 대륙간탄도탄까지 시험 발사한 마당에 한반도 주변 4강의 제재경고를 수용하지 않을 공산이 크기 때문이다.

이 같은 일본의 자위권 행사 주장이 100% 정당화된다는 것은 아니지만, 실현 가능성이나 개연성이 없지 않다는 데 문제의 심각성이 있다. 만약 일본이 유엔 안보리의 상임이사국 지위에 있다면, 아전인수식 해석이 가능하기에 이렇게도 가능하고 저렇게도 가능한 강자의 자위권 행사가 과도 합리화되고 다수 국가가 동조할 경우, 그 위법성을 지적 주장하기에 우리의 국력에 한계가 있을 수 있다.

그렇다고 해서 간교한 일본이 국제 여론을 무릅쓰고 당장 무력행사를 할 가능성은 낮지만, 우리로서는 그러한 여건 조성을 결코 방심해서는 안 된다는 것이다. 일본이 영토 야욕을 노골적으로 나타낸 행동을 할 때, 우리가 기댈 수 있는 언덕은 가장 가까운 우방인 미국이다. 그러나 한미 관계가 최악의 사태로 치닫고 있던 전 정권(참여정부)의 연장선상에서 아직도 그 후유증이 가려져 있는 상황임을 전제한다면, 불원간의 한미연합사 해체와 함께 미국은 한·미·일 관계의 큰 틀을 강조하는 원론적 입장을 표명하겠지만, 내심으로는 약자보다는 강자인 일본 편을 들지도 모른다. 국제관계는 국익 우선이며 영원한 우방이나 적이 존재하지 않기 때문이다.

요컨대 독도를 일본에 빼앗기지 않으려면 독도의 중요성과 가치를 재인식하고서 독도의 실효지배를 획기적으로 강화함과 동시에 독도에 대한 교육·문화·홍보·외교 활동의 전천후 총력전을 적극적으로 전개해야 한다. 그리고 일단 우리 수중에 있는 독도를 물리적으로 고수방어할 수 있도록 필요한 군사적 대응태세와 준비를 국가안보적·군사전략적 차원에서 완벽하게 서둘러 강화하도록 법적·제도적·현실적 제반 장치를 마련하고 이를 계속하여 뒷받침할 수 있도록 국가자원이 우선으로 배분되어야 할 것이다.

2012년 12월 8일 북미지역 거주 한국계 학자 3,500명으로 구성된 한미대학교수협의회(KAUPA)가 독도 영유권 문제를 다룬 세미나에서 미국 해군전쟁대학(NWC) 테렌스 로릭 교수는 "최선은 아니지만, 현상유지가 관계 악화를 막을 유일한 방법이다"란 논평을 하면서 "미국이 중립적 입장을 취함은 기회주의적 태도이고, 1951년 샌프란시스코 강화조약 초안 수정 때 일본의 로비를 미국이 수용한 것은 사실이나 각종 문서를 보면 한국의 주장이 더 설득력이 있지만, 국제사법재판소 판결은 알 수 없다"고 했는데, 이는 실리와 명분을 전제한 함축성 있는 현실주의적 논평이라 본다.

이와 관련하여 근래에 와서 미국 백악관 청원 사이트 '위더피플(We the People)'에서 독도 관련 일본인 청원에 반대하는 청원에 3만 명에 가까운 서명이 이뤄졌다. 이 청원 사이트에는 일본인으로 추정되는 네티즌이 "독도 관련 국제사법재판소(ICJ) 제소 요청을 한국이 수용하도록 해달라"고 청원한 것을 반대한다는 한국 측 청원에 2012년 1월 초 현재 2만 9,000여 명이 동참했다. 일본인이 올린 청원도 3만 2,000여 명의 참여로 백악관 공식답변 기준 인원인

2만 5,000명을 넘겼다. 독도 문제의 ICJ 제소 반대 청원은 미국 실리콘밸리 한인회가 '조지프 N'을 대표자로 해서 개설한 것으로 알려졌다. 한인회는 청원에서 "한국의 독도 영유권은 역사적으로, 지리적으로 확고하며 일본과 영토 분쟁 대상도 되지 않는다"며 "이 문제는 일본의 팽창주의적 침략으로 발생한 역사 문제인 만큼 일본이 역사적 진실을 인정하지 않는 한 법정에서든 법정 밖에서든 해결될 수 없다"고 지적했다. 일본인과 맞선 재미동포 한인들의 청원이 모두 유효 서명 수를 넘긴 만큼 백악관의 향후 반응이 주목된다.

우리로서는 독도 현상유지가 곧 실효지배의 충실화를 뜻하며 유사시를 대비한 독도 해병대 배치와 더불어 울릉도 군사기지 건설로 물리적 방호역량을 극대화 증강하면서 신한일어업협정을 폐기함으로써 독도의 영유권 훼손 응고를 막아야 한다. 동시에 일본의 국제사법재판소 회부 책략을 단호하게 거부 저지하는 것이 현명하고도 효과적인 현상유지(status quo)책일 뿐만 아니라, 일본의 독도 침탈 4단계 전략에 대처하는 가장 적합한 대안임을 한시라도 잊어서는 안 될 것이다. 그리고 영어와 불어에 능통한 탁월한 국제법학자를 양성하여 ICJ 판사로 임명되도록 한국인 유엔 사무총장 재직 시에 적극 노력해야 할 것은 물론, 재판에서 예상되는 질의에 충실하게 답변할 수 있도록 서면 및 구두 변론준비도 잘 해 놓아야 한다.

동북아역사재단 배진수 박사가 최근의 저서 〈세계의 도서 분쟁과 독도 시나리오〉란 저서에서, 현행 전 세계 영토 분쟁의 사례 58개에 대한 심각성 지수(index of severity)를 국제위기행태(international crisis behavior) 데이트 뱅크에서 발췌하여 분석한 바에 따르면, 한일 간의 독도 분쟁은 그 심각성이 16위로 랭크될 정도로 매우 심각함을 보여주고 있다. 무력충돌의 척도는 무력사용 위협, 무력시위 및 군사력 이동, 무력충돌, 전면전 순으로 전개된다고 보는 것이다.

양국 간의 영유권 분쟁이 무력충돌로 이어지지 않게 하려면, 실효지배를 획기적으로 강화하는 차원에서 해병대를 주둔시킴으로써 일본 민간 과격단체의 상륙 시도나 의지를 억제 예방해야 한다. 만약 억제가 실패하더라도 강력한 방호력으로 침략세력을 상륙 이전에 저지 격퇴하거나 상륙에 성공하여 부분적으로 지면을 탈취당하더라도 조기에 원상회복하기 위해서는 강력한 반격·역습세력이 근거리의 울릉도와 함상으로부터 지체 없이 투입될 수 있어야 한다는 것은 군사전술의 ABC이다.

만약 우리가 실효지배 중인 독도를 일본에 탈취당하게 된다면, 다시는 되찾기 어려운 파워게임 상의 절대 불리하고 열세한 입장임을 알아야 한다. 현재의 실효지배에 의한 유리한 방자(防者)의 입장을 최대로 향유하면서 결사항쟁 정신에 충일한 군대 중의 군대 이미지를 갖고 있는 해병대를 독도방어부대로 지정하는 것은 너무도 당연하고 절대 유리하다. 억제는 공자(攻者)가 선제·선수 침공을 감행할 경우, 상대방에게 감당할 수 없는 보복과 응징을 당할 것이란 심리적 위협이 작용하도록 하는 것이다. 그러므로 일본의 해공군력이 아무리 막강하다고 해도 억제전략의 원칙을 범하면서 한국 해병대가 방어하고 있는 독도에 선제 기습 공격을 감행할 만큼 무모하지는 않을 것이며, 제2차 세계대전의 전범국이던 일본이 스스로 또다시 유엔의 결의에 의해 국제사회의 침략자로 낙인 찍히려 하지는 않을 것이기 때문이다.

(3) 북한과의 학술연구 제휴와 대마도 영유권 문제 제기

대한민국의 국력이 더욱 융성 발전하여 명실공히 아시아의 중심 국가로서 그리고 세계의 으뜸가는 강소국으로 자리매김함으로써 대망의 통일한국이 금세기 중엔 꼭 성취될 수 있을 것이란 것을 전제하여, 갖가지 악조건을 무릅쓰고 독도를 고수방어할 것을 강조한다. 이와 관련한 연구는 필요하다면 학술적인 차원에서 북한과도 교류 협력하는 방안도 모색하여야 할 것이다.

2012년에 일본 국회의원 3명이 독도에 가려고 한 말도 안 되는 일이 벌어졌었다. 독도를 호시탐탐 노리며 독도 문제를 국제 분쟁을 통하여 약탈하려는 일본은 ICJ 소장과 재판관도 3명이나 배출했으며, 국제적으로 권위 있는 국제법 전문가 상당수가 일본 외무성 자문위원으로 활동하고 있다는 든든한 배경 때문인지, 빈번히 독도 관련 망언을 하면서 억울하면 국제사법재판소에서 심판받자고 상투적으로 들고 나온다.

영토 분쟁에 관한 국제법 전문가가 전혀 없고 국제분쟁 관련 국제 사법재판 경험이 없는 우리나라로서는(참고로 일본은 세 번이나 국제분쟁에 참여한 경험이 있음) 국제사법재판소에 회부되면 승산을 기대하기 어려운 현실이다.

이러한 상황에서 2010년의 일본 교과서 왜곡에 대해 북한의 대남 선전 웹사이트 '우리민족끼리'의 「우리 민족 고유의 영토」라는 글에서 "독도는 어제도 오늘도 그리고 머나먼 훗날에도 영원히 변할 수 없는 우리 민족의 고유 영토"라고 밝힌 바 있고, 같은 해 북한 노동당 기관지 〈노동신문〉에서 개인필명의 글을 통해 "우리 겨레는 조국의 신성한 영토인 독도를 강탈하려는 일본 반동들의 책동을 추호도 용납하지 않을 것이며, 일제의 과거 죄행과 함께 반드시 결산할 것"이라고 했다.

또한, 최근 북한 조선중앙통신은 「일본의 독도 영유권이란 절대로 있을 수 없다」는 제목의 논평을 내고 "남의 나라의 신성한 영토를 자기 땅이라고 생억지를 부리는 것은 해외팽창을 위한 재침 야망이 뼛속까지 들어찬 일본 반동들만이 할 수 있는 망동"이라며 "우리 군대와 인민은 일본의 독도 강탈 책동을 추호도 용납하지 않을 것"이라고 밝혔다. 그리고 뒤이어 〈노동신문〉은 「독도 강탈 야망을 부추긴 조용한 외교」라는 제목의 글에서 "독도와 관련된 문제는 우리 겨레의 민족적 존엄과 자주권, 신성한 영토 문제로 이에 대한 양보나 묵인은 천추에 용납 못 할 반민족적 죄악"이라며 한국 정부의 '조용한 외교'를 비판하기도 했다.

이처럼 독도를 바라보는 남북한의 시각에는 별다른 차이가 없어 보이는데, 남북관계가 현재와 같이 악화되기 전에는 일본의 독도 침탈과 관련, 남북 민간단체들의 공동행동도 종종 있었다. 2004년 6월에는 북한 사회과학자들이 처음으로 서울에서 일본의 역사 왜곡을 주제로 열린 남북공동학술회의에 참석했고, 2003년 9월에는 한국정신문화연구원과 북한사회과학원이 평양에서 남북공동학술회의를 열고 일본의 역사 왜곡을 비판했다. 그리고 2004년 5월에는 '일본의 과거 청산을 요구하는 국제연대협의회'가 주최한 제2회 서울대회에 참석하기 위해 북한의 '조선 일본군 위안부 및 강제연행피해자보상 대책위원회' 위원장인 홍선옥 북한 단장과 북한 위안부 및 강제동원 피해자들이 남한을 처음 방문하기도 하였다.

이와 관련하여 앞으로 새 정부는 남북한 신뢰 프로세스 마련의 차원에서 통일한국의 미래 청사진을 그릴 때는 우리의 잃어버린 옛 강토로서 고구려의 일부인 중국의 옌볜 일대를 되찾는 문제는 물론, 압록강 하구의 비단섬 및 두만강 입구의 러시아가 차지한 녹둔도와 더불어 우리의 영산인 백두산 천지의 태반이 중국 땅으로 둔갑하고 있는 현실을 직시하여 백두산 경계비의 정확한 위치를 재확인함으로써 송화강변 일부까지도 우리의 고토였음을 역사적으로 공동 입증하도록 북한에 촉구하면서, 중국의 동북공정에 효과적으로 남북이 함께 대응해야 한다. 또한, 일본이 장기간 실효지배한 대마도의 영유권 문제도 차제에 다 같이 국제사회에 제기하여 대한민국의 민족정신과 자존을 전 지구촌에 고양할 수 있는 여건과 환경이 조성 전개되도록 하는 것이 독도 수호의 거시적 접근이 될 것이다. 그리고 이는 일본의 취약점을 공격하고 독도 야욕을 분산 약화시키는 전술적 이점이 될 것이다. 그러나 북한과의 거래는 비록 비정치적 차원이지만 잘못하면 정치적으로 이용당하게 되는 경우가 있을 수 있으므로 심사숙고하고 은인자중해야 할 것이다.

삼국 시대 초에는 대마도를 진도(津島)라고 불렀다. 고사기와 일본서기에 따르면 백제의 왕인 박사가 375년에 천자문 1권과 논어 10권을 갖고 대마도의 와니우라를 경유 일본에 문화를 전수한 역사적 사실을 되새기는 백제국왕인박사현창비(百濟國王人博士顯彰碑)가 지금 서 있다.

대마도주는 고려 말부터 고려에 조공을 하고 쌀 등의 답례를 받아갔다. 6세기 전반 아스카 시대에는 쓰시마 도주(對馬島主)가 일본왕부의 임명장을 받기도 하였다. 이러한 관계를 바탕으로 평화 시에는 한반도와 일본열도 간의 교역을 독점하였으며, 전쟁 시에는 두 나라 사이의 징검다리 역할을 하기도 했다. 그러나 이곳이 한때 왜구의 소굴이 되자, 1389년(고려 창왕 2년)에는 박위가 쓰시마를 토벌하였다.

조선 국왕은 왜구들에 대한 회유책(懷柔策)으로 통상의 편의도 봐주고 또 귀화 정책을 쓰는 등 우대를 해주기도 하였다. 그렇지만 이곳을 근거지로 한 왜구의 행패가 여전하자 세종 때인 1419년 음력 6월 조선의 세종이 이종무에게 명을 내려 군사 1만 7,285명을 동원하여 쓰시마를 정벌하는 강경책을 쓰기도 하였다.

그러나 쓰시마 도주의 간청으로 왜인의 통상을 위하여 3포를 개항하고 그들의 편의를 도모했으며, 또한 조선의 국왕이 쓰시마 도주에게 관직을 내려 그들을 조선의 영향력 아래 두기 시작하였다. 그후에도 조선에 근접한 왜구의 근거지로서, 이것을 무마하려는 조선의 외교정책이 시행되었으나 임진왜란 때 일본 수군의 근거지가 되면서부터 차츰 영향력이 약화되었다.

에도 시대(江戸時代)에는 쓰시마 후추번(對馬府中藩)이 설치되었고, 쓰시마 도주인 소(宗) 가문이 쇼군(將軍)으로부터 다이묘(大名)로 임명을 받았다. 메이지 유신(明治維新)을 계기로 1871년에 폐번치현(廢藩置縣)으로 인하여 쓰시마 후추번이 폐지되고, 이즈하라현(嚴原縣)이 설치되었다. 1876년에 나가사키현(長崎縣)에 편입되었으며, 소 가문은 일본의 귀족으로 편입되었다. 대한제국 마지막 황녀인 덕혜옹주는 일본제국의 강요로 소 가문과 정략결혼을 하기도 했다.

쓰시마섬은 원래 하나의 섬이었으나 1900년 구 일본 해군이 러일전쟁을 준비하는 과정에서 아소만(浅茅湾)에 있는 군함을 쓰시마 동쪽 해상으로 빨리 이동시키기 위해 인공적으로 만제키세토(万関瀬戸)라 불리는 운하를 만들게 되었다. 만제키세토는 쓰시마섬을 위아래로 나누는 경계로, 쓰시마섬 북부를 가미시마(上島), 남부를 시모시마(下島)라 부른다.

대한민국의 초대 대통령 이승만은 정부 수립 직후인 1948년 8월 18일 성명에서 "대마도(쓰시마)는 우리 땅"이니 일본은 속히 반환하라고 했다. 일본이 항의하자 이승만은 외무부를 통해 1948년 9월 「대마도 속령(屬領)에 관한 성명」을 발표했다. 또한, 1949년 1월 7일에도 같은 주장을 하였다. 그리고 1951년 샌프란시스코 강화조약 초안 작성 과정에서 4월 27일 미국 국무부에 보낸 문서에서 대마도의 영유권을 돌려받아야 한다는 요구를 한 적이 있다. 그러나 미국은 이러한 요구를 거부하였다.

"독도는 우리 땅"이는 일본이 독도에 대한 망언을 할 때마다 우리나라 전 국민이 목에 핏대를 세우며 외치는 말 중 하나다. 그리고 가수 정광태의 노래 제목이기도 하다. 정광태의 노래는 국민들에게 독도를 생각할 수 있는 기회를 만들었다. 그러나 이 노래 가사에 한 가지 이의를 제기한다면, 4절의 "하와이는 미국 땅, 대마도는 일본 땅, 독도는 우리 땅"이라는 부분이다.

대마도는 일본 땅? 과연 대마도는 일본 땅일까. 사실상 대마도는 몇 세기 동안이나 일본의 영토로 여겨져 왔다. 그것은 대마도가 한국 땅이라는 인식이 절대적으로 부족했기 때문에 비롯된 현상이다. 대마도는 현재 일본의 영토라고 하지만 우리나라와 더 가까운 섬이다. 부산에서는 대마도가 보이지만 일본에서는 대마도가 보이지 않는다. 한반도에서 보이는 그 섬이 일본열도에서는 보이지 않는다는 사실을 떠올리며 마냥 신기해할 수는 없다. 한반도에서 49.5킬로미터, 일본 규슈에서는 132킬로미터나 떨어진 이 섬은 그 위치적 특성만큼이나 한국의 정취와 역사가 살아 숨 쉬는 곳이다.

사방이 바다로 둘러싸인 대마도는 지리적으로 낚시하기에 매우 적합한 조건을 가지고 있다. 그리고 주위에 작은 섬들이 매우 많아 수자원이 풍부하고 양식하기에 적합한 섬이다. 대륙과 본토를 잇는 국경의 섬 대마도. 대마도는 오랫동안 대륙문화를 일본에 전하는 중요한 창구 역할을 해왔다. 신라의 사신 박제상의 순국비(殉國碑)와 백제 도래인들이 축성한 금전성(金田城), 기원전 3세기 신라의 일족이 정착하면서 전파시킨 붉은 쌀(적미), 옛 이즈하라의 성문이었던 고려문, 한일 우호를 상징하는 조선통신사, 구 한말 대유학자이자 항일 운동가였던 최익현 선생의 순국비 등 한일 간의 다난한 역사가 곳곳에 숨어 있다.

조선통신사는 일본의 에도 시대 때 조선에서 파견한 5백여 명의 문화사절단이다. 이들은 서울에서 출발하여 부산을 경유해 대마도에 도착했다. 심지어 일본이 쇄국 정책을 쓰고 있을 때도 이러한 문화 교류로 인해 학술과 문화를 활발하게 전파시킬 수 있었다. 대마도에서 일본으로 학술과 문화뿐 아니라 불교도 전래되었으며, 유명한 미키와치나 하사미 도자기도 이곳을 통하여 한반도로부터 전해졌다. 그러나 대마도는 한일 간의 문화교류지로서의 의미만을 지니고 있는 곳이 아니다. 일본인들 중 적지 않은 사람들이 대마도를 '한국 부산시 대마도구(區)'라고 말하면서 자신들을 사실상 한국인과 다를 바 없다고 한다. 사실 대마도는 독도와 마찬가지로 한국 땅이고 임진왜란이 일어나기 직전까지 우리 땅이란 인식이 있었다. 아울러 만주와 함께 우리가 돌려받아야 할 땅이다.

대마도는 원래 신라의 땅이었다. 신라는 왜를 왕래하는 백제의 해상통로를 차단하여 분리하고 고립시키기 위하여 대마도로 진출했다. 즉, 대마상도(對馬上島) 소재의 소국인 남가라(南加羅)와 록기탄(麓己呑)을 점령, 대마도에 교두보를 확보하였는데 이때 대마도를 속국으로 만든 것이다. 대마도는 고려 시대 중엽부터 '진봉선 무역(進奉船 貿易) 체세'하에 고려에 종속되었다. 그리고 고려는 대마도주(對馬島主)에게 '대마도 당관(對馬島 當官)'이라는 고려 관직과 '만호'라는 고려의 무관직을 주는 등 대마도를 종속시키기 위해 노력했다.

그러나 고려 말, 대마도인은 왜구로 변질되어 수많은 약탈을 행하였다. 이는 고려 말 몽고와 고려의 연합군에 의한 대마도 정벌과 일본 내부의 사정으로 인한 고려와 대마도의 관계 단절로 발생한 식량 문제와 관련이 있다. 고려 말 이후에도 대마도는 왜구의 소굴(근거지)이 되어 조선 연안 및 중국 남부 해안에서 많은 약탈을 행했다. 조선 시대에 들어와 왜구 근절 목적으로 여러 차례 대마도를 정벌하였다. 그 이후 '수직왜인(受職倭人-조선 정부로부터 관직을 제수받은 왜인)'제도와 '세견선 무역' 등의 체제 하에서 다시 대마도를 조선에 종속시켰다.

16세기 초에 나온 〈동국여지승람〉에 대마도가 우리나라 영토라는 증거가 나와 있다. 바로 "옛날에는 우리 계림(鷄林-지금의 경북 경주)에 속한 땅이었는데 어느 때부터 왜인이 살게 됐는지 알 수 없다. 대마도는 경상도 지도 안에 들어 있다"는 기록이다. 〈조선왕조실록〉에 언급된 대마도도 역시 조선의 속국(屬國)이었다. 태종은 "대마도는 본래 우리나라 땅이나 다만 궁벽하게 막혀 좁고 누추하므로 왜놈이 살게 내버려 두었더니 개같이 도적질하고 쥐같이 훔치는 버릇으로 군민을 살해하고 과부가 바다를 보고 탄식하는 일이 해마다 없는 때가 없었다"며 대마도 정벌을 약속했다. 그리고 세종대왕 때에 이르러 대마도는 정벌되었다. 17세기 윤두서의 지도에도 대마도가 우리 영토로 그려진 것을 보면, "대마도는 우리 땅"이라는 생각이 그때까지 이어져 내려왔던 것으로 보인다. 이 밖에도 대마도가 우리나라의 영토라는 기록은 여러 기록에서 찾아볼 수 있다. 그러나 불행하게도 오늘날 국제법적으로 영토로 편입한 근거와 지속적이고 평화적인 실효지배의 기록이 부실하다.

한때 버려진 듯한 대마도는 일본의 전국시대가 끝나기 무섭게 일본 쪽으로 들어가게 된다. 고려 시대 이후 중국 대륙 쪽으로만 관심을 기울였던 우리나라는 대마도 관리에 소홀해졌고, 그 틈을 타서 왜인들이 들어와 살게 되면서 일본 땅이 되었다. 그리고 16세기 말, 일본의 전국시대를 통일한 도요토미 히데요시(豊臣秀吉)가 조선의 지리와 실정을 정확히 파악하기 위해 '임진왜란 침략의 전진기지'로 대마도를 이용했다. 따라서 대마도는 '쓰시마'란 일본식 이름으로 바뀌었고, 조선의 영향력이 약화된 반면 일본의 영향력은 강화되었다.

결국 임진왜란은 실패로 끝났으나 쓰시마는 일본 땅으로 굳혀져 갔다. 그 뒤 제국주의 대열에 나선 일본은 쓰시마를 '당연한 일본 땅'으로 응고시켰다. 1949년 1월 8일 이승만 대통령은 신년 기자회견에서 대마도의 영유권을 주장하며 일본에 대마도의 반환을 요구하였다. 그리고 건국 직후인 1948년 8월에 대마도 반환 요구를 했으나 일본 측에서 의견이 분분하자 9월에 다시 대마도 속령에 관한 성명을 발표하였다. 이후에도 거듭 네 번이나 대마도 반환 요구를 했다. 그러나 일본 측의 항의와 미국의 맥아더 사령부에 의해 거부되었다.

현재 대마도는 일본어만 통하는 일본 지배하의 땅이 되었다. 그러나 대마도는 분명히 우리 땅이다. 이것은 역사가 증명해 주는 사실이다. 일본이 독도 문제에 대해 영유권을 주장하면서 제시하는 역사적 근거와 비교해 볼 때 우리의 '대마도 영유권' 주장은 훨씬 시기적 연원도 깊고 자료도 풍부하다. 한일 간의 역사를 볼 때 우리는 반드시 '공세(攻勢)적인 태도'를 취해야 할 것이다. 그리고 '대마도 영유권' 문제를 확대시켜 나갈 중장기적인 전략을 수립, 실행하여 현재의 독도와 같은 외교적인 문제로 만들 필요가 있다. 그리고 지금부터라도 대마도에 관한 본격적인 연구와 전 국민적 관심을 쏟아야 할 것이다. 특히 일본의 독도 침탈 야욕을 무력화시키기 위한 전략으로 대마도 심층 연구와 더불어 강력한 영유권 주장의 당위론적 필요성이 제기 확산되어야 한다.

최근에는 일본의 한 언론에서 '한국이 쓰시마 을 넘본다'는 기사를 써서 영토 분쟁화가 될 가능성이 높아지고 있다. 그리고 산케이 신문에서는 '쓰시마가 위험하다'라는 쓰시마 위기론을 기사로 써넣었다. 2008년 일본 정부가 중학 교과서에 독도와 관련한 자국 영토 주장을 하기로 하자 대한민국에서는 이를 상대하기 위한 쓰시마섬의 영유권 주장을 언급하는 일이 있었다. 집권 여당인 한나라당 최고위원인 허태열 의원은 2008년 7월 16일 한나라당 지도부 회의에서 이승만 대통령의 영유권 주장의 예와 B형간염 유전자의 유사성을 예로 들며 쓰시마섬의 영유권을 주장해야 한다고 하였다.

2010년 9월 28일 대한민국 국회에서 여야 37명 의원들은 대마도 포럼을 창립하였다. 허태열 한나라당 의원은 이날 포럼 창립식에서 "대마도는 역사적, 문화적, 인종적으로 우리 영토임이 분명하다"며 "대마도에 대한 우리의 관심은 초대 제헌국회에서의 영유권 주장과 샌프란시스코 강화회의에서의 반환 요구 이후로 사실상 전무한 상태로 현재까지 이르러 왔다"고 지적하였고, 여야 의원들은 일본이 불법으로 강점하고 있는 대마도를 조속히 반환해야 한다는 것이 골자다. 실제 대마도는 지리적으로 한국에 가깝고 대마도 주민의 혈통조사에서도 한국 혈통과 거의 일치하는 것으로 밝혀졌다며 대마도 영유권 주장의 활성화에 이바지하겠다는 내용을 설립 목적에 분명히 밝히고 있다.

이 포럼 소속 의원들은 향후 활동과 관련, 매년 상반기(3월)와 하반기(11월)로 나눠 정책 세미나를 개최하는 것은 물론 결의안 채택과 국민운동을 추진키로 했다. 만약 일본이 한국의 입장이라면 대마도를 그대로 두지 않았을 것이다. 간교한 일본은 대마도 영유권을 확고히 견지하기 위하여 성동격서(聲東擊西) 전략의 일환으로 독도 영유권 시비를 의도적으로 제기하여 한국의 대마도에 대한 관심을 희석시킴과 동시에 대마도를 요지부동의 자국 영토로 기정사실화하려는 것이다. 대마도 포럼에 북한 학자의 참석도 남북 간의 신뢰조성 차원에서 신중하게 고려해 볼 필요가 있다는 의견도 나왔다.

2005년 2월 22일 일본 시마네현이 '다케시마의 날' 조례를 제정하자, 경남 마산시 의회가 이종무 장군이 대마도를 정벌한 날을 기념하는 6월 19일 '대마도의 날' 조례를 제정하고 해마다 지역 단위

행사를 하고 있지만, 이제는 마산과 창원 그리고 진해가 인구 100만이 넘는 창원시로 통합되었으니, 이날을 중앙관서와 정부 대표 그리고 국회의원들이 참여하는 전국행사로 격상 확대시켜 일본의 '다케시마의 날'을 무색하게 만들도록 맞대응을 해야 할 것이다.

(4) 러시아와의 독도 문제 협력 모색

일본은 개항해 근대화에 성공하면서 러·일은 동해에서 제해권을 놓고 서로 충돌하였다. 그리고 특히 러·일전쟁 기간에는 울릉도와 독도를 전략기지로 활용해 일본이 러·일전쟁을 결정적인 승리로 이끌 수 있었다. 그러므로 러·일 간에 독도에 대한 이해뿐만 아니라 한반도에서의 관계도 특별하다고 볼 수 있다. 제2차 세계대전 말기에 일본은 무조건 항복에 앞서 1941년에 소련과 중립조약을 체결하였기 때문에 소련에 연합국과 중재에 나서 줄 것을 요청하면서 제안하기를, 한반도를 일본의 식민지로 계속 남아 있게 해준다면 소련에 남사할린과 쿠릴열도를 반환하겠다고 했다. 실제로 일본은 독도뿐만 아니라 한반도 전체에 대해 야욕을 버릴 수 없었던 것이다. 소련은 그 제안을 거부하고 중립조약을 폐기하고 참전하였다. 그리고 도쿄 연합국 사령부의 군사위원회에서도 독도는 한반도 영토임을 명확히 하였다. 한국전쟁에서 소련이 무기와 군사 고문관을 파견한 문제로 미·소 냉전이 정점에 다다르면서, 일본은 그 기회를 이용해 미국에 영토 문제 등에 실리를 추구하였다. 그 결과 미국이 조약과 진실을 외면하게 되어 극동에서 일본이 현재 러시아, 중국, 한국에서 도서 분쟁을 유발시키고 있는 원인이 되게 하였다.

이 문제와 관련하여 최근 동북아역사재단은 영국, 프랑스, 독일,

러시아의 독도에 대한 인식을 고찰한 〈유럽의 독도인식〉을 출간하였다. 이 책에서 민경현 고려대 교수는 러시아가 독도를 둘러싼 한일 간의 갈등에 대해 특별한 관심을 보이는 이유를 두 가지로 설명해 눈길을 끈다.

첫째는, 한일 간 독도 갈등의 연원을 러·일전쟁에서 찾기 때문이다. 이 때문에 일본의 독도 침탈과 관련하여 러시아도 이 문제에서 벗어날 수가 없다는 것이다. 둘째는, 러시아와 일본 사이에 쟁점이 되고 있는 남쿠릴열도(일본의 북방 4개 섬) 문제가 독도 문제와 유사하기 때문이다.

2002년 8월 16일 자 〈콤메르산트〉지는 '35년에 걸친 일본 점령의 유산 극복'이라는 관점에서 독도 문제를 조망하였으며 러시아도 이에 책임이 있다는 견해를 피력하였다. 같은 해 8월 13일 자 〈이즈베스찌야〉지는 독도 문제의 본질을 일본에 대하여 한국 정부가 '자신의 역사적 권리를 복권'한 것으로 파악하는 기사를 게재했다. 나아가 2005년 3월 21일 자 〈콤메르산트〉지는 일본의 독도 영유권 주장에 대해 한국인들은 '한반도에서의 식민주의 부활'이라고 비난한다고 밝혔다. 그리고 2009년 7월 20일 자 〈가제타〉지는 일본의 독도 주장에 대하여 북한도 '일본 군국주의자들의 공격'에 대응하여 남한을 지지한다는 사실을 기술하기도 했다. 이런 연장선상에서 러시아 언론은 독도와 남쿠릴열도를 연계하여 일본의 지역분쟁화를 비판한 바 있다.

소련은 미·소 냉전으로 샌프란시스코 강화조약 초안 작성에는 참가하지 않게 되었으나 소련 측이 평화회담 말기에 제출한 수정안을 보면 한반도 영토의 완전한 보전과 독립을 지지하였던 것이다.

그뿐만 아니라 현재는 물론 이미 제정 러시아 해군성에서는 일본의 각의 결정에 앞서 최초로 독도 지도를 해군 수로지에 등재하여 사실상 한국 영토로 인정하고 있었다. 또 러시아 학계의 도서문제 전문가와 극동문제 전문가들 사이에서도 독도가 한국 영토라는 데 일치한 의견을 갖고 있다.

다만 독도 지명을 국제 수로국에서 추천한 리앙쿠르를 사용하고 아직 독도로 변경하지 않고 있을 뿐이다. 이런 러시아 측의 입장은 또 모스크바 국립대학교에서 1999년부터 2006년까지 3회에 걸쳐 개최한 바 있는 도서문제 국제학술대회에서 여러 러시아 학자들의 발표문에서도 잘 드러나 있다. 동해연안 국가인 러시아의 그런 태도는 독도 문제 해결에 고무적인 현상이며, 북한에 이어 유일하게 독도를 한국 영토로 인정한 국가라고 볼 수 있다. 따라서 한국은 현재 일본이 러시아, 중국 등 주변국마다 영토 분쟁을 일삼고 있으므로 특히 러시아와 연합하여 대응책을 모색 강구할 필요가 있다.

(5) 영토 수호를 위한 국가 지도자의 결단 촉구

1954년 8월 10일, 이승만 전 대통령은 독도 등대 점등식을 세계에 공개했다. 2012년 8월 10일, 이명박 전 대통령이 독도를 방문했다. 이번에도 8월 10일! 같은 날에 같은 일이 어떻게 벌어질 수 있나. 58년 전 바로 이날은 '독도는 우리 땅'임을 세계에 알린 날이며, 이명박 대통령이 역대 대통령 중 처음으로 독도를 '깜짝 방문'한 날이 같은 날이다. 이승만 대통령은 이날 '깜짝 이벤트'를 벌였다. 미리 독도에 등대를 세워놓고서 미국 방문 일정에 맞춰 전 세계를 향해 등대 점등식을 열었던 것이다. 일본과 미국이 깜짝 놀란 것은 말할 나위도 없다.

2012년은 이승만이 '평화선'을 선포한 지 꼭 60주년 되는 해이다. 만약 이때 독도를 포함한 영해를 '평화선'으로 선포(1952년 1월 18일)하지 않았다면, 일본은 대마도를 도둑질했던 수법으로, 아니면 한국전쟁으로 나라가 정신이 없는 틈을 타 진작 독도를 먹어버렸을지도 모른다. 이승만 대통령은 독도의 등대 점등식을 왜 하필 방미 기간에 하라고 지시했던가. 1954년은 6·25 남침전쟁이 휴전(1953년 7월 27일)된 일 년 후라, 이때 미국은 한일 우호 관계 회복을 극동정책의 핵심으로 삼고 이승만을 공식 초청한 것이었다. 국제공산주의를 내세워 동유럽과 중국 대륙, 한반도 절반을 차지한 소련의 신식민주의 패권을 뒤늦게 깨달은 미국은 냉전 시대가 본격화되자 불구대천의 원수지간인 한국과 일본을 화해시켜야만 했다.

이승만 대통령은 그러나 독립운동과 건국 준비 때부터 줄곧 미국의 '좌우합작' 압력 등을 거부해 온 불굴의 지도자이다. 게다가 전쟁 중에도 일본을 집중 지원하는 미국이 싫었다. 전쟁물자 공급을 도맡은 일본이 패전 10년도 안 되어 일약 떼부자가 되다니, 한국을 강점했던 범죄자가 한국전쟁을 이용해 경제부흥을 이룩하다니, "이게 무슨 돼먹지 않은 짓이야?" 하는 불만이 가득했었다. 1954년 7월 30일 오전 10시 아이젠하워 대통령과 1차 회담이 끝나고 기념사진을 촬영한 다음, 바로 이어서 발표할 공동성명 문안을 보자 이승만 대통령은 분노했다. '한국은 일본과의 관계에 우호적이고…운운' 하는 대목이 들어 있기 때문이었다. "이 친구들이 날 불러놓고 올가미를 씌우려는 모양인데…" 이러면 아이크를 더 이상 만나지 않겠다는 단호한 태도를 보였다.

백악관의 독촉과 측근들의 건의에 마지못한 듯 이승만 대통령은 뒤늦게 아이젠하워와 마주앉았다. 아이크는 한일 국교 수립이 시급하게 되었다는 주장을 펴기 시작했다. 사전에 일본과 합의한 뒤였다. "이대로는 안 된다. 내가 살아있는 한 일본과는 상종 안 하겠다." 이승만은 한마디로 거절했다. 놀란 아이크는 화를 내며 옆방으로 가버렸다. 진작부터 화났던 이승만 대통령이 소리쳤다. "저런 고얀 사람이 있나." 회담이 결렬되기 직전, 화를 삭인 아이크가 다시 회담장으로 나왔다. 이번엔 이승만 대통령이 벌떡 일어섰다. "먼저 간다. 외신기자클럽 연설 준비 때문에…"

그는 백악관을 나와 버렸다. "한반도 통일전쟁은 이제부터다." 마중 나왔던 닉슨 부통령의 얼굴이 벌게졌다. 7월 28일 미국 양원 합동의회 연설은 예정대로 진행되었다. 미국 정부와 미국 국민들의 심장을 흔들었다.

"수많은 미국인들이 한반도에서 대의를 위해 목숨을 바쳤습니다. 그러나 그들의 피는 현명치 못한 사람들의 휴전으로 헛되고 말았습니다. 세계의 자유인들이 살 길은 오직 하나, 그것은 악의 힘에 유화적이거나 굽히지 않는 것입니다. 중공을 다시 응징하지 못하면, 자유세계는 승리할 수 없습니다. 한국의 바보 같은 휴전은 이제 끝내야 합니다. 친구들이여, 공산주의를 감기처럼 대수롭지 않게 말하지 마시오. 치명적인 바이러스입니다. 공산주의 퇴치 투쟁에 나서야만 합니다. 지금도 늦지 않았습니다. 내 주장이 강경합니까? 그러나 공산주의자들은 누구든지 유화적이면 노예로 만들어 버리는 끔찍한 세력입니다. 자, 용기를 가지고 우리의 자유를 지키기 위해 궐기합시다!"

휴전을 결사반대하고 북진 통일을 염원했던 이승만은 '성스러운 통일전쟁'을 즉시 다시 하자고 거듭 주장했다. 매카시 의원의 공산당 고발로 반공 분위기가 고조되어 있던 당시 미국 국회의원들은 서른세 차례나 기립박수를 보냈다. 소련 간첩으로 체포된 미 국무성 실세 알저 히스(루스벨트 대통령 측근)가 유죄 판결을 받은 직후이기도 했다. 미국을 공식 방문한 이승만 대통령의 연설에 기립박수를 보내는 미국 국회의원들. 이튿날 그는 미리 준비한 대로 판문점의 '중립국 감시위원단의 철수'와 '휴전협정 백지화'를 요구하는 성명서까지 직접 발표했다.

언론들은 바빴다. '외교의 달인' 이승만 대통령 특유의 현장외교 전술은 눈부실 정도였다. 양국에서 동시에 발표된 한미 정상 간의 공동성명서에는 '한일관계'에 대한 단어가 한 개도 없었다. 한국이 미국에 요청한 군사·경제원조 7억 달러도 물론 합의되었다. 1954년 8월, 뉴욕 맨해튼 브로드웨이에서 '영웅 퍼레이드'를 벌이는 이승만 대통령의 모습은 참으로 위대했다. 그때, 일본의 '독도 장난'이 있었다. 뉴욕타임스(7월31일 자)에 다케시마를 한국이 불법 점령하고 있다는 일본의 주장을 소개한 기사가 2개 면에 걸쳐 실렸다. 이승만 대통령도 이 기사를 보았을 것이다. 뉴욕 맨해튼 브로드웨이에서 100만 인파의 환호 속에 '영웅 퍼레이드'를 벌인 그는 마지막 기착지 하와이에 도착하자마자 측근에게 지시했다. "준비는 끝났는가. 등대에 불을 켜라." 1954년 8월 10일, 무인도 독도에 등댓불이 켜졌다. 대한민국 국토의 동쪽 끝 땅임을 알리는 등대 불! 일본에 남의 땅 건드리지 말라는 경고의 등불이었다. 이 얼마나 멋진 데몬스트레이션인가?

1948년의 건국과 동시에 대마도를 반환하라고 수십 차례 요구했던 이승만 대통령, 김일성의 6·25 남침으로 대마도 반환 공작이 물거품 되자, 일본이 탐내는 독도에 등대를 건설하고 점등식을 준비해 왔던 이승만의 빅카드가 적시안타였다. 한일관계 회복을 밀어붙이는 미국에 보란 듯이 미국 방문 중에 '독도는 한국 땅'임을 선포하는 '깜짝 외교 쇼'를 벌였던 것이다. 국토방위는 전쟁만으로 되는 것은 아니다. 정상 외교가 더욱 중요하다.

2012년 8월 10일 이날은 대한민국 역사에서 오래도록 기억될 아주 중요한 날이 되었다. 이명박 대통령이 현직 대통령으로서는 대한민국 헌정 사상 처음으로 독도를 방문한 날이기 때문이다. 대통령이 자기 나라 땅에 간 것이 뭐 그리 대단하냐는 반문도 있을 수 있겠으나, 십수 년 전부터 집요하게 독도 영유권을 주장하는 강대국 일본과의 관계를 놓고 볼 때 그 의미를 부여하지 않을 수 없다. 전직 대통령들이 껄끄럽게 여겼거나 작전상 그랬는지는 모르겠지만, 어찌되었건 독도를 방문할 엄두를 내지 못했던 것만은 다 아는 사실이다. 그가 홍순칠 독도의용수비대장이 바위에 새겨 놓은 '한국령(韓國領)' 글자를 만질 때, 그리고 독도 영유권의 역사적 상징인 '이사부 길'과 '안용복 길'을 올라갈 때, 참으로 감개무량했을 것이다.

일제 35년여간 한반도를 지배하다 2차대전에서 패망하고 추방당한 일본이 근래에 와서 독도 영유권을 떳떳하게 주장하게 된 결정적인 계기는 김대중 정부 때 체결한 소위 신한일어업협정 때문이라는 견해가 지배적이다. 1952년 1월 18일, 「대한민국 인접 해양에 대한 대통령 선언」, 즉 이승만 라인에서도 독도는 우리 영토임을 만천하에 공포했고, 박정희 대통령 시절인 1965년 6월 22일에 체결된 한일어업협정에서도 독도는 대한민국의 배타적 어업전관수역으로 설정 확인되었다. 그러다 김대중 정권이 1998년 9월 25일 소위 신한일어업협정에서 독도 수역을 중간수역(공동관리수역) 속에 집어넣어 일본과 공동으로 관리토록 하면서, 일본은 이를 계기로 기세등등하게 독도 영유권을 주장하게 되었다. 과거에도 독도 영유권 주장이 없었던 것은 아니나, 그냥 떼나 써보는 정도였지만 이제는 합법적으로 대들고 있다.

이를 계기로 일본 국방백서에 아예 독도는 일본 영토라고 명기하기 시작했으며, 초중고교 교과서의 한일 간 국경선을 울릉도와 독도 중간선으로 획정, 도시하기 시작한 것이다. 결국, 오늘의 독도 영유권 갈등 고조는 김대중 정권이 그 빌미를 제공했다고 해도 과언이 아닐 것이다. 그래서 과거의 전직 대통령이 잘못 저지른 일을 한탄만 하고 있을 수는 없는 일이었기에 이명박 대통령이 직접 팔을 걷어붙이고 독도를 전격 방문하여 독도는 대한민국 영토임을 만천하에 각인시켰던 것이다. 그리고 독도 수호를 위해 동해를 횡단수영하고, 100억 원 이상을 기부한 가수 김장훈을 비롯해 '독도 3인방'이라 불리는 세종대 호사카 유지 교수와 사이버 외교사절단 '반크'의 박기태 단장에게 각각 홍조근정훈장과 대통령 표창을 수여한 것은 참으로 잘한 일이다.

이제 독도를 일본에 빼앗기지 않으려면 반일(反日)이나 항일(抗日)보다는 지일(知日)과 극일(克日)이 병행되어야 할 것이며, 거시적, 동태적 발상의 대전환으로 새로운 창의적 대응정책과 전략을 구사해야 할 것이다. 이것이 바로 새 정부에 의한 국가총력전 체제하의 현실적 독도 고수방어 작전을 위한 계획과 준비 그리고 집행을 보장할 수 있는 법적 제도적 장치와 수단의 마련일 것이다. 최근 타계한 대처 전 영국 수상이 아르헨티나의 포클랜드 탈환 침공에 맞서 영국의 기동함대를 투입하여 2개월 만에 섬을 되찾아 대영제국의 영토로 보존케 했던 역사적 사실을 대한민국의 박근혜 신임 대통령은 꼭 기억하기 바란다. 아르헨티나의 침공에 대해 즉각 무력 대응을 결정하고 해병대를 파견하는 결단을 내린 '철의 여인' 대처 수상에 내한 영국인들의 지지는 확고하였다. 결국 대처 수상은 이 전쟁의 승리를 바탕으로 1983년에 재집권하는 데 성공하였고, '철의 여인'의 개혁정책은 계속되어 영국의 부강을 선도하였다.

영토 수호는 헌법에 명문화되어 있는 대통령의 기본 책무로서, 박근혜 정부는 우선 영토 수호를 위해 튼튼한 안보 방파제를 구축하고서 국민의 안전과 행복에 올인할 것으로 믿어 의심치 않는다.

부 록

1. 한일 간 독도해전 가상 시나리오
2. 독도연구기관 콜로키움 주소록

[부록 1] 한일 간 독도해전 가상 시나리오

상정(想定)

이하는 저자가 작성한 독도해전에 대한 가상 시나리오이다. 이 시나리오가 결코 허무맹랑한 픽션은 아니며 현실성이 있는 박진감 넘치는 독도를 둘러싼 불원 장래에 전개될 해전 양상이다. 일부 등장인물은 가명이지만 대부분 실명을 그대로 사용했다. 우리가 이 같은 비참한 회복 불능 상황을 자초하지 않으려면 실효지배를 극대화하여 일본의 독도 침탈 야욕 자체를 미연에 좌절시키고 분쇄해야 한다. 해병대가 독도를 방어하고 있으며, 울릉도에 강력한 긴급반격세력이 비상 대기하고 있음을 일본이 알 때, 그들은 절대로 선제·선수 공격을 감행하지 못할 것이다.

이것이 바로 해병대에 의한 억제전략 효과이며, 가장 경제적이고 확실한 전쟁 예방대책이 되는 것이다. 치안 수요가 없는 고도에 경찰을 배치하여 이들의 주·야간 보초근무에 만족하지 말고, 상륙작전과 대상륙작전을 위해 특별히 훈련되고 준비된 해병대를 도서방어 임무를 수행토록 독도에 투입 배치하여 영토 사수의 사명을 다하도록 해야 할 것임을 재강조하면서, 이 가상 시나리오를 국가정책 결정자들이 꼭 음미하여 정책에 반영하기 바란다. 소 잃고 외양간 고치려는 것보다는 도둑의 침입을 사전 예방함이 현명할 것이다. 현재의 독도 정책은 '양상군자(梁上君子)'를 방치하는 것과 무엇이 다른가?

일본은 드디어 2012년 말 총선에서 극우 민족주의가 발동하여 자민당이 중의원 480석 중 294석을 차지하는 압승을 거두고서 34석인 공명당과 연립내각을 구성하여 국권을 장악함으로써, 제2차대전 이전의 군국주의 보통국가로 회귀하려는 움직임이 가시화되고 있다. 특히 헌법 9조의 전력 불보유와 교전권 포기 조항을 고쳐 자위대를 국방군으로 탈바꿈시켜 집단적이고 개별적인 자위권 행사를 가능케 함으로써 초현대화된 군사대국으로 거듭남과 동시에, 초지일관 독도를 기어코 탈환한다는 심사로 시마네현의 '다케시마의 날' 행사를 국가행사로 격상시켜 대대적인 반한 · 독도 탈환운동을 펴겠다는 결의를 다짐한 바 있으니, 이 독도해전 가상 시나리오가 결코 비현실적인 픽션일 수는 없는 것이다.

이 같은 비극과 모험이 예방 · 억제되려면, 일본의 영토 야욕을 배격하고 독도 침탈 기도를 좌절시키도록 실효지배를 가시적으로 강화하는 것이 전략적 커뮤니케이션의 현책이 될 것이다.

이 문제와 관련하여 새누리당 김옥이 의원은 보도자료를 통해 "대통령훈령 제28호「통합방위지침」의 세부시행지침은 독도를 해군이 아닌 경찰책임도서로 분류하고 있어 독도에는 전투경찰 40명 내외로 편성된 1개 소대가 '독도경비대'라는 이름 아래 개인화기만 들고 독도를 지키고 있다"고 지적했다. 김 의원은 "이 때문에 적의 침투 징후 때 발령되는 병종 비상사태에도 해군은 지원만 하고 해경이 책임져야 하며, 침투 징후가 높을 때 선포되는 을종 비상사태가 돼야 비로소 해군 1함대가 나서게 돼 있어 일본 극우단체의 기습적인 독도 점거 시도에 무방비 상태가 초래될 가능성이 높다"고 말했다.

또한, 김 의원은 "일본은 ① 극우단체의 독도 기습점거 → ② 자국민 보호 구실 자위대 파견으로 군사적 충돌 위기 조성 → ③ 유엔 안보리와 국제사법재판소 제소라는 시나리오대로 독도 침탈을 자행할 가능성이 높다"며 "평시에도 국군을 독도에 주둔시켜 유사시 초동단계부터 군이 신속하게 대응할 필요가 있다"고 강조했다. 그는 특히 유사시 한일 양국 군의 주력이 될 해공군 주요 무기체계를 비교할 경우 '당랑거철(螳螂拒轍)', 즉 사마귀가 수레를 막아서는 격이라며 군비태세 상화를 수문했다.

김 의원은 공군의 경우 한국은 F15-K기 40대로 독도에서 80분간 작전이 가능하며, F-16기는 130대가 있지만 전투반경이 짧아 독도작전이 사실상 제한돼 있다고 지적했다. 반면 일본 공군은 F-15J기 200여 대와 F-2기 70여 대는 물론 조기경보기 17대와 공중급유기 1대를 갖추고 있다고 강조했다. 해군 역시 한국은 이지스함이 3척, 1,200톤급 잠수함은 10척에 불과하지만, 일본은 이지스함이 6척, 2,200톤~2,700톤급 잠수함이 20척으로 한국을 월등히 능가하고 있다고 분석했다.

이른 새벽 독도 정상에 휘날린 일장기

2015년 8월 15일 광복절 70돌(일본 패전 70주년)이 되는 날, 한일 두 나라 국민의 눈과 귀는 온통 동해로 쏠려 있다. 이날 새벽 동해(일본해) 독도 근해에서는 한국 경찰과 일본 유격대의 운명을 건 한판 승부가 전개되고 있었다. 이틀 전에 남태평양 쪽에서 북상한 태풍 '가미가제'의 영향으로 농작물과 과수원 그리고 어촌이 심각한 천재지변의 피해를 입고서 아직 복구 작업도 못한 상태인데, 독도의 방어 시설물은 큰 피해가 없었고 비교적 날씨도 청명하였다.

일본 극우파 정치인의 지령을 받는 자위대에서 전역한 정예요원 30명으로 구성되어 장기간 독도 탈환 특수훈련을 받은 가칭 DRSTF(Dakeshima Recapture Special Task Force)가 구축함 2척에 2개 팀으로 분승하여 독도 동방 20마일까지 접근한 후, 미국에서 도입한 초수평 상륙작전용인 최신형 LCAC(Landing Craft Air Cushion)로 전재(轉載) 발진하여 시속 40노트 이상의 속력으로 불과 10분 만에 독도 선착장 접근에 성공했다. 1척의 LCAC는 동도에, 다른 한 척은 서도에 각각 15명의 대원을 무사히 상륙시킬 때까지, 어떻게 된 영문인지 견시(見視)에 의존하여 해상관측을 하던 독도 경비경찰 초병들은 전혀 적의 해상 접근을 발견 탐지하지 못하였고 레이더도 먹통이었다. 동도에 상륙한 대원은 무성무기로 경찰 초병 2명을 먼저 제거한 다음, 막사에서 취침 중이던 경찰대원 전원과 레이더 근무 및 등대지기 요원까지 자동소총으로 몰살하고 모든 통신시설을 절단 파괴한 다음 국기게양대에 일장기와 욱일승천기를 나란히 게양함과 동시에 자위대 통합막료감부 상황실에 직통 무전기로 독도 점령 완료 보고를 한 것은 2015년 8월 15일 이른 아침 박명(BMNT : beginning of morning twilight) 직후의 시각이었다.

다른 한편 비슷한 시기에 서도로 상륙한 1개 고무보트 팀은 암벽 밑에 축조된 3층집에 거주하는 어민 2세대를 총검으로 깨끗하게 처리하고, 무사히 174미터 암도 정상까지 등산장비를 이용해 기어 올라가 또 다른 일장기를 바위 틈에 꽂은 막대기에 매달아 놓고서는 마치 미 해병대원 4명이 1945년 4월 유황도(이오지마) 상륙작전 시에 성조기를 게양한 그 기분을 대리만족하며 일본 국가 기미가요(君が代)를 힘껏 불렀다.

제국주의의 상징인 일본이 태평양전쟁의 막바지 1945년 8월 6일과 9일에 히로시마와 나가사키에 투발된 2발의 20KT급 핵무기에 치명타를 입고서 드디어 8월 15일 일본 천황이 항복 선언을 한 지 정확하게 70년째 되는 날 아침 일찍이 독도를 탈환 점령하는 감격스러운 순간이 이들 목전에 전개된 것이다. 재집권한 자민당이 이룩한 정치적 쾌거라는 대문짝만 한 톱기사가 실린 일본 중앙일간지들이 아침 일찍 신문배달부의 외침과 함께 호외로 뿌려졌다.

울릉경찰서에 설치된 독도경비대 상황실은 24시간 독도와 교신을 유지하고 있었는데, 이날 새벽 따라 이틀 전의 폭풍으로 말미암아 독도에 설치된 통신 안테나가 파손된 채 복구되지 않아 쌍방 통신장애가 발생한 상태에서 임시방편으로 상황실 근무자의 휴대전화에 의한 부정기 체크를 하면서 8월 15일 입도 예정인 경상북도 경찰청의 통신시설 정비팀을 기다리고 있던 참이었다.

인근 해역을 경비하던 해경 경비 함정이 독도 근해에 야간 오징어잡이로 출어한 어선으로부터 새벽에 독도에서 총소리가 요란하게 났으며, 날이 밝아 독도를 바라보니 일장기가 섬 꼭대기에서 나부끼고 있는 것이 목격되었다는 무전을 받은 것은 당일 일출 때였다.

인근 해역에서 경비임무를 수행하던 해군 호위함 두 척이 해경의 연락을 접한 후 전속력으로 독도로 접근 항진 중 일본 잠수함의 어뢰에 맞아 격침당하고 만 것도 같은 시간이었다. 해군 제2함대 사령부와 부산의 해군작전사령부 그리고 합참 상황실에도 거의 같은 시간에 상황보고가 접수되었다. 휴전선 동측방 해역 일대에 북한의 해상세력을 감시하고 초계임무를 수행하고 있던 수상함 중 소수를 남기고 다수가 모두 해전에 참가키 위한 기동전단의 기동편성 증강대열에 합류코자 부산 인근 해역으로 방향을 돌려 항진 중, 진해와 삼척항에 정박 중이던 이지스함 두 척에 출동지시가 하달되었으며, 포항의 해병 제1사단 수색중대에도 독도 탈환작전을 위한 출동준비명령이 내려졌다.

같은 시각에 공군 강릉기지와 예천기지에도 F-15기의 비상 출격 대기명령이 하달되었다. 아침 6시 뉴스엔 TV와 라디오를 통한 일본의 독도 침탈과 독도경비대원 및 주민 몰살, 그리고 해군 함정 2척의 침몰 보도가 전 국민에게 충격을 주었다. 특히 한국 동해함대 소속 호위함 2척이 일본 잠수함의 밥이 되고 말았으며, 일본의 압도적으로 우세한 해상세력과 항공세력이 이미 독도 인근까지 진출하여 섬을 둘러싸고 있는 상태에서, 곧 이은 외신 보도에 따르면 일본이 2차대전 이후에 한국에 빼앗긴 독도를 성공적으로 탈환하고, 동시에 이미 선포한 독도 12해리와 24해리 접속수역을 해공군력이 철통

같이 방어하고 있으며, 영해나 영공을 침범하는 어떤 세력도 절대로 용납하지 않겠다는 메시지를 전 세계에 긴급 뉴스로 타전하였다는 것이다. 그리고 독도엔 현재 일본 육상자위대원 50명이 후속 상륙하여 민간 특공대와 임무를 교대하고 동서도의 방어진지 보강 및 각종 화기와 전자통신장비 설치(해저 케이블 연결 개통) 작업이 순조롭게 진행되고 있다는 보도가 전 세계로 전파된 것은 6시 30분 이후이다.

무위 무능한 한국의 국가안보회의

청와대에 긴급 국가안보회의(NSC)가 소집되었으나, 세종시에 상주하는 국무총리의 상경 지연도착으로 회의가 30분이나 늦은 08시에야 겨우 시작되었다. MB 정권 때에 국가안보회의를 비상설기구로 무력화시킨 이후 국가위기관리(crisis management)와 우발사태기획(contingency planning)이 전혀 작동하지 않고 있었음도 헌법기관인 국가안보회의의 무력화를 방치하는 요인으로 가세한 것이 틀림없다. 현행법에 따르면 국가안보회의 의장은 대통령이고, 상근위원으로 국무총리, 외교부 장관, 국방부 장관, 안전행정부 장관, 통일부 장관, 국가정보원장 외 기타 필요한 국무위원 1명의 8인위로 구성하되 합참의장과 청와대 안보특보가 옵저버로 참석하도록 되어 있다.

문제는 국가안보회의 사무국을 폐지하고 청와대 외교안보수석실에 폐합해 버렸기 때문에, 종전의 장관급 안보특보와 1급 공무원인 안보회의의 사무처장이 없어짐으로써 세계 어느 나라이건 공통적으로 24시간 수행하는 국가안보의 5대 직능인 국가상황판단, 안보정책형성, 위기관리, 우발사태기획, 전쟁연습 및 전쟁지도가 전천후로 유지되지 못하는 비상설 간헐 기능의 기구로 전락하게 되었으니, 안보회의를 소집해도 직무의 계속성이 유지되지 않고 책임감이나 위기의식조차 느끼지 못하는 것이다. 설상가상으로 노무현 참여정부의 행정수도 이전으로 유사시 전시동원령 선포 이후의 전시경제체제를 총지휘할 총리 이하 경제부처장이 전쟁수행을 위한 군사력 증강을 뒷받침할 자원동원 전선 추진 기능을 국가안보회의와 유기적으로 협조하여 수행할 시공간적 여건이 보장되지 못하게 된 것이다. 게다가 평시에 전시자원을 파악하고 동원 관리할 준비와 훈련을 담당하는 장관급이던 국가비상기회위원장 직급을 안전행정부 밑의 한 과로 격하시킴으로써 독자적인 전평 시 자원동원 관리와 모의 전쟁연습 기능을 사실상 포기하고 만 것이 예사로운 문제가 아니다.

문제는 한일 간 해전이 본격적으로 전개되어야 할 이 시점에 실전을 총지휘해야 할 전쟁지도기구인 국가안보회의가 시의적절한 결단을 내리지 못함으로써 해군과 공군의 작전행동이 계속 지연되고 있다는 사실이다. 이 시점에서 지상군은 별로 할 일이 없다. 무엇보다 시급한 것은 국방장관과 합참의장이 주무관으로서 정확한 상황판단과 건전한 의사 결정을 행하여 동석한 위원들을 납득시킬 수 있는 전쟁수행을 위한 정책·전략 대안을 내놓아야 대통령이 국군통수권자·안보회의 의장으로서 시의적절한 결단을 할 수 있도록 보필하는 일이다. 특히 비록 사상 초유의 여성 대통령이지만, 국가안보에 대한 의지와 예지가 뛰어난 날카로운 통찰력과 폭넓은 대국관을 가진 분임을 아는지라 국가 운명을 결정하게 될 중대한 행동계획을 함부로 내놓지 못하는 고충이 있다.

무엇보다도 피아의 실전 전력을 비교 평가할 때, 현재 대일본 해전은 중과부적임을 시인하고 이를 안보회의에서 진솔하게 제시 검토해야 한다. 세계 유수의 거대한 지상군사력은 이 상황 하에서 무용지물이고, 적과 결전을 시도할 만한 현존 해공군의 역량이 갖춰져 있는가 하는 데 문제의 심각성이 있다. 한국은 본토에서 독도까지가 대략 117해리이고 일본은 135해리로서 직선거리는 한국이 약간 가까우나, 항공기나 함정이 출격 · 출동할 해공군 기지를 전제할 때 시공간적으로 대동소이한 조건으로 보인다.

그러나 결정적인 우리의 취약점은 해공군 실전전력(fighting strength)이 3~4 대 1 이상으로 열세하다는 데 있다. 먼저 해군력부터 따져본다. 아직도 한국 해군은 연안해군의 범주를 못 벗어나고 있다. 대양해군 건설의 꿈은 MB 정권 하에서 천안함 사태 이후 꼬리를 내리고 있다. 대양해군이 되려면 적어도 연안으로부터 1,000해리 이상 떨어진 광해역 · 공해에서 작전이 가능해야 한다. 대양해군이라야 12해리 영해는 물론 24해리 접속수역과 200해리 배타적경제수역(EEZ)의 방어 및 확보는 물론 태평양과 인도양의 해로를 자력으로 방호할 수 있는 것이다. 소형다수함 중무장인 북한 해군과 닮은꼴을 추구한다면 큰 오산이다. 무엇보다 대양해군의 상징은 해상항공력, 즉 항공모함으로써 바다에서뿐만 아니라 바다로부터 육지로 해상세력을 투사할 수 있기 때문이다. 함포사격, 함재기출격 그리고 수륙양용작전이 그 전형이다. 세계 12위의 경제 강국인 한국은 수출입 물동량의 99.7%를 해양항로에 의존하면서도, 조선 수주량, 어획량, 무역규모 면에서 세계 굴지의 상위 수준인 데도 이를 보호할 해군력은 너무도 초라하여 대만보다 미약하고 필리핀이나 태국 정도밖에 안 되며, 일본과는 비교가 안 된다. 1천 톤급 호위함 이상 주요 수상전투함과 잠수함의 척수만 봐도 일본은 90여 척이지만 한국은 30척 미만에 불과하고, 총 함정의 척수나 배수톤수로 보면 일본의 30% 정도에 지나지 않으니, 유사시 대일 독도해전은 중과부적으로 패배가 불가피한 현실적 여건이다.

특히 대함·대공·대잠의 초현대화된 바다의 전자군단이라 불리는 7천여 톤급인 이지스함이 우리는 3척이지만(동서해에 각 1척, 해로방어에 1척, 예비 1척, 정비 1척, 계 6척 소요에도 불구하고), 이미 일본은 6척을 보유하고 있으며 추가로 2척을 불원간에 진수할 예정이나 이마저 유상기지(포항)에서 운용하는 실정이다. 그리고 P-3C 해상 초계항공기도 일본은 100여 대를 보유하고 있으나 우리는 8대에 불과하다. 그리고 일본은 헬기 항모 및 경항모가 10척이지만 우리는 1척에 불과하다.

설상가상으로 일본은 독도까지 작전반경이 충분한 F-15기를 150여 대 보유하고 있으나 한국은 60여 대에 불과하다. 우리의 F-16기 170여 대가 있으나 독도 상공까지는 작전반경 미달이고 공중급유기가 없는 한 이들은 무용지물이다. 그럼에도 전술적으로 지극히 효과적인 울릉도에 대공·대함 화력 배치나 해공군을 위한 군사지원기지 시설이 준비된 것조차 아무것도 없다.

국가안보회의는 공전되어 독도가 일본에 점령당한 지 5시간이 지났지만, 국군통수권자이고 국가안보회의 의장인 대통령의 독도 탈환 결단은 나오지 못하고 있었다. 국방장관과 합참의장의 반격이나 독도 탈환 의지는 있으나 능력과 수단이 도저히 뒷받침 안 되니 주무장관의 참모판단이 우유부단할 수밖에 없고, 안보 마인드가 취약한 여성 대통령으로서 결단을 내리기에는 역부족이라 하지 않을 수 없는 상황이었다. 장장 3시간의 국가안보회의는 난상토론 끝에 대한민국의 영토를 수호하겠다는 취임선서에서 다짐한 대통령의 메시지가 무위로 끝나는 무위 무능한 국가안보회의란 초유의 한심한 사태가 빚어지고 있었다.

중앙 일간지의 조간 기사는 독도 침탈 사실이 대서특필로 제1면을 장식하고 텔레비전과 라디오는 물론 각종 SNS에는 앞다투어 국가안보회의의 결단에 대한 추측보도가 난무하면서, 서울 시내 곳곳에서는 참전·보훈단체들의 대일본 규탄 시위가 벌어지고 있었다. 전국에 비상계엄령이 선포된다는 추측보도와 함께 시중의 대형 매장에는 생필품 사재기가 기성을 부리기 시작했다. 독도경비대 소속 경찰 가족들은 물론, 해군 제2함대의 호위함 승조원 가족들은 대성통곡하면서 시신이라도 찾고자 하니 독도 진입을 허가해 달라고 아우성이었다. 특히 전사한 독도경비대장 외 3명이나 해병대 출신인지라, 전국 도와 시의 해병전우회 회원들이 일제히 총궐기하여 독도에 해병대를 당장 주둔시키라고 외치면서 대규모 시가행진 데모를 하여 해외 토픽 뉴스로 소개되기도 했다.

지난 좌파 정권 기간 중 북한에 퍼다 준 10년간의 돈이 10조 원이라면 이지스함 10척 또는 F-15기 100대를 획득할 수 있는 엄청난 재원인데, 그 정도의 추가 전력만 보강 확보하고 있었다면 단연코 일본과 능히 맞상대하여 보복 응징할 수 있는 실전전력 건설이 가능했었다는 군사전문가의 평가가 사후약방문식으로 보도됨으로써 임기 중반에 들어선 대통령의 130조원에 가까운 복지 포퓰리즘 공약 이행을 위한 자원배분을 일단 중단하고 전환 사용토록 국가안보 우선의 중장기 정부예산 요구를 2016년부터 재편성하라는 강력한 군의 요구도 설득력이 있게 되었다. 그러나 소 잃고 외양간 고치는 격이란 자성과 한탄의 목소리가 사방에서 들리기도 한다. 2016년도 정부 예산 편성은 안보제일주의 원칙에 따라 제로베이스 시스템으로 완전히 수정 재편성하지 않을 수 없게 되었다. 예산 심의 확정권을 가진 여야 국회의원들도 이제야 지역구나 이해관계에 따른 선심 예산 짜깁기를 포기해야 한다는 생각을 굳히게 되었다.

2015년 8월 15일 광복 70주년 · 건국 73주년의 이 역사적인 시점에 제국주의의 망령이 되살아난 일본이 우리 고유 영토인 독도를 노린 나머지, 110년 전에 대한제국으로부터 독도를 탈취한 그 연장선상의 재판(再版)이나 다름없는 무력침탈을 또다시 자행했으니 울분을 금할 수 없다. 그러나 21세기의 탈냉전 시대 정보화 사회에서도 여전히 힘이 정의를 실현하는 약육강식의 국제권력정치 현실을 개탄하면서 독도를 지키던 우리 국민과 군인이 근 200명이나 살육을 당했는데도 국가가 즉각적인 동류대응(tit-for-tat)은 물론 정당한 개별적 자위권 행사조차 행할 결단을 못 내리고 3시간 이상이나 국가안보회의가 난상토론의 연속으로 답보상태에 있다니, 이러고도 대한민국이 주권국가인가란 비판을 받을 만하다.

일단 휴회에 들어간 국가안보회의는 13시에 속개되었다. 우선 최악의 선택을 회피하기 위하여 대한민국 대통령 명의로 국회의 동의를 얻어 일본에 독도로부터 즉각 무조건 철수토록 최후통첩을 보냄과 동시에, 유엔 총회와 안보이사회에 긴급 국제분쟁 해결을 위한 회의 소집을 요청키로 의결하고 이를 국회에 동의를 얻어 바로 행정적 절차를 취하였다. 아직 한미연합사가 해체되지는 않고 있으므로 한국군 단독으로 일본에 선전포고를 할 수도 없으며, 한미연합사령관의 사전 승인이 반드시 필요하다. 결국 현행 법적 제도적 장치에 의하면, 한미 양국은 헌법 절차에 따라 양국의 수뇌가 합의하여 대일본 전쟁을 선포해야 하므로 사실상 대일본 군사행동은 미국의 동의 없이는 한국 단독으로는 불가능한 것이며, 미국이 이에 응할 이유가 없다.

이러한 한국의 현실적 약점을 아는 일본은 민간단체에 의한 독도 침탈을 자행하고도 이를 합법적인 개별 자위권 발동으로 정당화하려 하고 있으며, 결코 독도에서 철수할 의사가 없음을 명백히 하는 강경 대응 자세를 보이고 있다. 미국의 설득에도 응하지 않는다. 힘없는 외교 정책은 결코 실현될 수 없는 것이다. 일본의 교만과 망동은 극으로 치닫고 있으며, 독도 탈환 성공에 회심의 미소를 머금고 있었다.

이날 정오에 긴급 소집된 국회 국방위원회에서는 국가안보회의의 미지근한 대응조치에 대하여 불만을 토로하면서도 합당한 대안을 내놓지 못하였다. 그러나 육군 4성 장군 출신인 국방위원장이 긴급 제안을 내놓았다. 일본에 압박을 가하기 위한 한 방책으로 대마도가 한국 영토임을 근 10년간 연구하고 최근에 국회에서 주제발표까지 한바 있는 과거 자기 부하였던 육군대령 박상훈의 저서(대마도, 독도의 비밀)와 한국독도연구회가 2012년 9월에 국회에서 개최한 바 있는 「대마도 어떻게 찾을 것인가」란 주제의 학술회의를 근거로, 차제에 일본이 독도에서 자진 철퇴하지 않으면, 대마도가 한국 영토였음을 전 세계에 공포하여 일본의 영토 야욕을 환기시킴과 동시에, 현재 일본이 대마도를 불법 점령하고 있음으로써 한국과 시비·갈등이 심화되고 있어 이를 국제사법재판소에 회부하여 심판받자는 선언을 대한민국 대통령의 명의로 일본에 정식 요청하는 결의안을 국회 본회의에 상정하도록 하자는 것이었다.

그는 매우 긴장된 어조로 일장 연설조의 긴 당위성 설명을 했다. 비록 한국이 실효지배를 일본에 빼앗기기는 했지만, 역사적 사실 기록에 있는 "우리 영토는 백두산이 머리가 되고, 태백산맥이 등뼈가 되며, 영남의 대마도와 호남의 탐라도를 양발로 삼는다"는 가슴에 와 닿는 내용을 상기시키면서, 비록 선언적 효과에 그치고 일본의 불응이 예상되지만, 현재 일본이 무력으로 강탈한 독도의 실효지배를 환원시키는 데 긍정적으로 국제여론을 환기시키게 될 것이라고 전제하고는, 이는 과거 이승만 대통령이 평화선을 선포하기 직전에 일본과 연합국 간의 샌프란시스코 강화조약 체결에 즈음하여 독도와 파랑도(이어도) 그리고 대마도를 일괄하여 우리 영토임을 조약문에 명기해 달라고 SCAP에 정식으로 여러 차례 요구한 것과 다름없는 대한민국의 주권국가로서 당당한 권리와 의무의 발현임을 강조하였다.

난상토론 끝에 울분에 차 있던 국방위원들은 전원 일치로 이 안건을 찬성 결의하여 국회의장에게 보고하고서 본회의에 상정하기로 하였다. 이날 오후에 속개된 국회 본회의에서는 독도를 무력침탈한 일본의 만행을 규탄하는 국회의 결의안과 함께 국가안보회의의 결정을 재확인하면서 우리 정부가 일본에다 대마도 영유권 시비를 국제사법재판소에 회부 요청하도록 하는 결의안을 일부 의원의 반대에도 불구하고 '독도영토수호대책위원회'와 '대마도 포럼'에 속한 일부 의원들이 강력한 지지발언으로 분위기를 고조시켜 절대다수가 찬성하여 원안대로 가결되었다. 외교부에서는 주 유엔대사를 경유하여 제반 정부의 요구를 지급 메시지로 유엔에 타전하였다. 장관은 서둘러 16일 조간에 대서특필 보도되도록 저녁 늦게 외신기자 회견을 소집하여 이 내용을 전 세계 매스컴에 보도케 하였다.

북한의 대일본 핵 공갈로 유엔 안보이사회 긴급 소집

그 다음 날인 8월 16일 오후에 유엔 안보이사회와 총회가 동시에 긴급 소집되었다. 이는 제3차 핵실험을 최근에 감행한 바 있는 세계 9위의 핵 강국으로 부상한 북한이 독도에서 일본이 24시간 내에 철수하지 않으면 스커드와 노동 미사일로 일본 본토에 무자비한 핵 공격을 하겠다고 위협한 지난 자정 무렵의 대일본 선전포고 때문이었다. 주한 미 공군의 대북영상정보수단이 총동원되어 이른 아침에 확인한 바에 따르면, 북한의 핵미사일 발사대 주변에 차량과 병력이 이동하는 이상 징후가 포착되기도 하였다. 이 청천벽력 같은 핫뉴스에 한반도 주변 4강이 초긴장된 핵전쟁 패닉 상태로 빠지게 되었다. 천하의 무법자인 북한은 NPT에서 탈퇴한 다음, 고삐 풀린 망아지와 같이 국제사회의 어떤 규범이나 공유가치도 지키지 않는 국제 테러리즘의 명수이기 때문에, 그리고 최근에 핵미사일을 장착한 대륙간탄도탄(ICBM)까지도 투발 가능한 시험발사를 여러 차례 강행함으로써 핵무기의 수직적 확산을 가속화하면서 핵 양산체제로 돌입했다는 보도가 결코 허무맹랑한 소문만은 아니라고 핵보유국인 유엔 상임이사국과 비공식 핵보유국인 인도 및 파키스탄 그리고 이스라엘까지도 시인하는 분위기임을 전제할 때, 유엔 안보이사회가 긴장하지 않을 수 없게 된 것이다.

이제 한반도가 핵전쟁의 발원지로서 전 세계 뉴스의 초점이 된 것이다. 핵확산 방지란 미국의 최우선 핵전략이 북한 때문에 무의미하게 되고 있는 마당에, 이제는 북한이 인류 역사상 두 번째로 일본에 핵무기를 투발하려는 무법자로 자리매김하면서 북한 편을 드는 중국과 러시아가 미국의 핵 억제 전략을 무력화시킬지도 모른다는 우려 때문에 핵 초강대국인 미국마저도 묘책을 모색하면서 긴장을 감추지 못하게 된 것이다.

긴급 유엔 안보이사회의 15개 이사국 중 거부권을 가진 상임이사국인 미국, 중국, 러시아, 영국, 프랑스 5개국 외의 다른 10개 비상임이사국은 지역 대표권을 가진 국가로서 2년마다 총회에서 선출하게 되는데, 한국도 2012년부터 2014년까지 이 멤버에 포함되어 있었기에 아직도 상당한 영향력을 작용할 수는 있다. 특히 2013년에 안보이사회 의장국의 역할을 성공적으로 수행하면서 북한의 제3차 핵실험 후속조치에 능동적으로 대처했다. 그리고 반기문 유엔 사무총장의 권위가 가세하여, 유엔 총회에서는 독도 문제를 평화적으로 해결하고 북한의 핵 투발 위협 구실을 배격하기 위해서는 무엇보다 일본이 최단시간 내에 독도로부터 철수함으로써 침략자로서의 낙인을 찍히지 않도록 하고, 스스로 제2의 핵 세례를 받는 운명이 안 되도록 함과 동시에, 일본군이 독도에서 철수한 후 이 섬을 무인공도(無人空島)의 상태로 유지하면서 이 해양 분쟁을 국제사법재판소가 아닌 국제해양법재판소에 회부하여 영유권 시비를 가리도록 하라는 권고 결의안이 다수결로 채택된 것이다. 일본은 지은 죄가 있으니 국제사법재판소 판결이 불리해질까 봐 우려하여 적반하장으로 유엔의 국제사법재판소 회부 결의를 회피하거나 거부할 가능성이 있으므로, 국제해양법재판소에 이 문제를 회부하도록 하는 것이 타당하다고 특별히 반기문 사무총장이 강력히 주장하여 총회의 결의안이 진통 끝에 안보이사회에서 수용됨으로써 그 뜻이 관철된 것이다.

특히 안보이사회에서는 전략적으로 북한 편을 드는 중국과 러시아 그리고 일본 편을 더는 미국, 영국 및 프랑스가 서로 설전을 벌이고 있는 가운데, 다수의 비상임이사국들이 일본의 침략 행위를 규탄하면서도 북한의 핵 투발을 용인할 수는 없어 유엔 총회의 권고 결의안이 합리성이 있다는 의견이 수렴되어 북한과 일본의 체면을 세워주면서 한국에 희망적인 대안이 되는 국제해양법재판소 회부 안을 유엔 상임이사국에서 거부권 행사 없이 통과시켰던 것이다. 또한, 이 사회는 일본이 이번 독도에 거주하는 민간인까지 집단 살육한 것은 반인륜적인 국제평화 유린 행위이며 이는 국제형사재판소의 재판 대상인 집단살해죄, 인도에 반한 죄, 전쟁범죄, 침략범죄 중의 하나에 해당하므로 국제형사재판소에 회부하자고 요구하기도 했다. 현재 한국인이 재판소장(김상현 박사, 2009년에 9년 임기로 취임)인 헤이그에 있는 국제형사재판소에다 유엔 안보이사회에서 회부결의를 한다면 한국은 매우 유리한 입장이 될 것이다. 특히 과거 김정일이 피소되어 기소 직전에 사망한 적도 있어 관심이 쏠린다. 그런데 현재 미국은 해외주둔군과 국제평화유지군의 활동에 위법 문제가 제기될 수 있기 때문에 국제형사재판소를 비준하지 않고 반대하는 입장이어서, 유엔의 주도권을 쥔 미국이 이를 동의할 수 없었던 것은 당연하다. 그러나 일부 언론에서는 일본의 독도 만행을 국제형사재판소에 회부할 수 있는 방안을 제기한 논자들이 있는데, 독도 주둔 경찰과 민간 거주자를 집단 살육하고 한국 해군 경비함 2척을 격침한 일본의 만행에 대하여 응징 보복하는 차원에서 그 실현 가능성이 모색 추구될 수 있는 문제란 의견이 강력하게 개진되기도 했다.

그 대신 미국은 중국과 러시아가 북한을 압박 설득하여 핵무기 사용을 막도록 책임진다는 전제하에 일본의 침략행위를 규탄하면서 한국에 대한 피해보상을 전제로 최소한의 제재조치로써 원만하게 원원 전략으로 매듭짓도록 하되, 유엔의 권위를 존중하는 차원에서 국제해양법재판소의 판결을 무조건 수용케 한다는 대원칙에 합의한 것이다. 국제해양법재판소의 판결이 나올 때까지의 재판 진행 기간 중 유엔평화유지군 1개 분대가 독도에 상주 근무하면서 이 섬을 중립화시켜 감시하도록 하는 후속조치도 통과되었다. 이러한 비상사태하에서 해체 직전의 한미연합사에 대한 해체시기 연기조정이나, 북한의 독도 문제 개입을 빌미로 한 한국에 대한 핵 공갈과 국지도발을 제어하기 위해서 주한 미군의 전술핵무기 재배치 문제도 미국 의회에서 심각하게 재논의되기 시작했다.

유엔해양법재판소(ITLOS)에
독도 영유권 문제 재판 회부

　결국 콧대 높은 일본이 부끄럽게도 2015년 8월 17일 12시를 기하여 독도에서 무조건 무장 해제 후 칠수하고, 동해에 전진 배치되었던 일본의 해공군력도 독도 해역에서 물러나 정상위치로 되돌아감으로써 전 세계의 이목을 끌었던 한반도 핵전쟁 위기는 일단락되었다. 그리고 이제는 일본이 국제해양법재판소 회부를 거부할 수 없는 수세의 코너에 몰리게 되었다. 한국은 훼손된 국권을 언제 어떻게 치유 회복할 것인지, 그리고 독도해전에서 순직한 경찰대원과 해군 장병 그리고 어민들의 영혼을 어떻게 달래야 할 것인지 막막한 상황이지만, 독도엔 일장기 대신 유엔기가 나부끼게 됨으로써 일단 안도하면서 과도기의 전략적 후퇴를 인내 수용하며 와신상담의 심정으로 임하지 않을 수 없게 되었다. 두려운 심정으로 국제해양법재판소의 현명한 판결을 기대하면서 새로운 현상 타파의 돌파구를 모색하게 된 것이다.

　한국의 지도층은 지난 반세기 여에 걸쳐 집요하고 공세적인 독도 영유권 주장과 도발을 펴 온 일본에 대하여 무대응의 현실 안주 정책을 펴 왔을 뿐만 아니라, 군사적 실효지배를 외면해 온 잘못된 역대 정권의 국가정책이 빚은 필연적인 인과응보이고 사필귀정이 바로 2015년 8월 15일의 일본 독도 침탈 실현이란 역사적 교훈임을 뒤늦게 깨달은 것이다.

　이제 독도의 운명은 국제해양법재판소의 판결에 따를 수밖에 없게 되었다. 역사적으로, 국제법적으로 그리고 국제정치적으로 한국의 입장이 일본에 비하여 불리하지는 않다고 본다. 일본은 유엔 헌장에 위배되는 무력침공이란 결정적인 잘못을 범한 것이다. 일단 침략자로 규정되지 않을 수 없게 된 것이다. 타국의 국경 침공은 탈냉전 시대의 신세계 질서와 시대정신에 역행하는 천인공노할 범죄행위이다.

국제분쟁의 평화적 해결이 유엔의 사명이고 기능이므로 우선 이번 일본의 불법 행위를 타국의 국경 침공으로 유엔이 인정함으로써 침략자로 낙인 찍히게 되었고, 그 원상회복 절차로서 국제해양법재판소의 판결을 구하도록 한 것이다. 일본이 그동안 구차하게 거짓 주장을 과도 합리화해 온 이른바 「다케시마 문제 이해의 10포인트」는 더 이상 설득력과 진실성을 잃게 될 것으로 본다. 그리고 일본의 센카쿠열도와 북방 4도에 대한 영유권 주장 역시 그들의 영토 야욕과 침략 근성이 백일하에 밝혀짐으로써 그 정당성과 당위성을 상실하게 되었으며, 강자에게는 비굴하고 약자에게는 잔악한 일본의 본성이 드러나게 될 것이다. 과거 일본의 식민지로 있던 아시아 여러 국가들도 천인공노할 일본의 만행을 규탄하면서 상품불매운동과 함께 국제여론을 고조시키는 등 일본에 등을 돌리게 되었다.

이제 공은 국제해양법재판소로 넘어갔다. 마침 한국인 재판관 김진현 박사가 최근까지 배치되어 있었으나 그의 임기가 1년여 전에 이미 끝났다. 김진현 서울대 국제대학원교수는 2009년 3월에 국제해양법재판소(ITLOS) 재판관에 최연소로 선출됐다. 김 재판관은 뉴욕 유엔 본부에서 열린 유엔해양법협약 특별 당사국 총회의 국제해양법재판소 재판관 보궐선거에서 별세한 고 박춘호 재판관(재판소장 선거에 출마했으나 실패) 후임에 당선됐다. 김 재판관은 155 개국이 참가한 이날 투표에서 113표를 얻어 42표에 그친 인도네시아의 누그로호 위스누무르티 전 유엔 주재 대사를 눌렀던 것이다.

그러나 그는 전임자의 9년 임기 잔여 기간인 2014년 9월까지밖에 활동하지 못하였으나, 다행히 그 후임자로서 해군 대령 출신의 독도 문제 전문가이며 원로 국제법학자(한국해양대학교 교수 정년퇴임)일 뿐만 아니라 그동안 신한일어업협정을 신랄하게 비판해 온 세계적인 명성을 지닌 박영구 박사가 임시총회에서 압도적인 다수표로 임기 9년의 국제해양법재판관으로 임명되었음은 천우신조라 하지 않을 수 없다. 그는 독도 영유권과 직접적인 관련은 없지만 2012년에 국제형사재판소장으로 중임된 박상현 교수와 더불어 한국인으로서 세계 국제법기관의 양 거두라고 할 만하다. 이 두 분의 역할에 대한 기대가 너무도 크다. 박영구 박사는 2005년에 펴낸 독도 영유권 관련 유명 저서인 〈독도 : 어디로 가려는가?(QUO VADIS, DOKDO?)〉에서 "인접국으로부터 영토주권의 도전을 받고 있는 나라 중에서 주권 국가의 정부가 어떤 유효한 조치도 취하지 않고 완전히 의도적으로 외면하고 있는 국가는 한국밖에 없다"란 날카로운 비판을 하였던 것이다.

호사카 유지 세종대학교 독도종합연구소장은 "일본이 독도 수역을 침범해 무력 분쟁을 일으키고 국제해양법재판소로 독도(해결책)를 넘길 수 있다"고 한 시민 강연에서 "한국이 국제사법재판소(ICJ) 공동제소를 계속 거부하면 일본은 상대국의 거부권이 없는 국제해양법재판소를 노릴 수 있다"고 했으나, 이제는 우리가 일본을 국제해양재판소로 끌고 가는 상황으로 바뀌었다.

그는 일본의 독도 영유권 주장의 근거를 △일본이 17세기 중반 약 40년간 독도에 해상 영유권을 확립 △일본은 1905년 독도를 시마네(島根)현 오키섬으로 정식 편입 △샌프란시스코 조약(1951년)에서 '독도의 한국 영토 제외' 등 3가지로 늘 강조했다. 여기에 한 가지 더 보탠다면 1999년의 신한일어업협정 체결로 독도가 한일 공동 관리수역 속에 포함되었다는 것이다.

그러나 그는 일본의 이런 주장에도 불구하고, 돗토리(鳥取)현이 17세기 말 에도 막부에 독도가 일본 영토가 아니라고 보고했고, 1877년 일본 중앙정부가 울릉도와 독도를 일본의 영토가 아님을 공식 확인했음은 일본의 영유권 주장을 결정적으로 훼손 가능한 반박 자료가 된다. 그럼에도 이제는 간교한 일본이 우리가 국제해양법재판소에 선제 회부하여 여건이 호전된 마당에 세계적으로 권위 있고 명성 있는 국제법학자를 총동원하여 "한국이 주장하는 독도의 울릉도 속도 개념을 부정한다. 그 이유는 신라 시대 이후 조선의 공도정책 기간 중에 한국 측이 실효지배를 하지 못했음은 물론, 1905년부터 1945년까지 합법적으로 일본이 독도를 평화적으로 실효지배를 계속했기 때문이다. 그리고 1954년의 샌프란시스코 강화조약 체결로 독도가 일본 영토임을 연합국이 최종 결정 확인한 것임으로, 한국이 그동안 독도 불법 점령을 한 것은 국제법적으로 완전 위법이다. 설상가상으로 최근 신한일어업협정 체결 이후 독도는 더 이상 울릉도의 속도가 아니며, 그 배타적 영해와 접속해역이 무의미하게 되어 일본과 한국이 1 대 1로 대등한 위치에서 관리토록 정당화 합법화되었음은 말할 것도 없다. 일본이 유엔 헌장에 근거한 정당한 개별적 자위권 행사로 이번 고유 영토를 재탈환 접수한 것은 전혀 잘못이 없다"란 궤변으로 국해양법재판소에서의 변론에 일관할 것으로 예상되고 있다.

이에 맞대응할 우리의 변론도 영어와 불어를 구사하는 학자와 전문가로 구성된 태스크포스에 의해 장기간 만족할 만한 수준까지 준비되어 있고 일전을 불사할 태세여서 큰 걱정은 안 된다는 것이 외교부의 입장이다. 비록 현재 독도가 일본의 물리적 침탈로 쑥대밭이 되고 당분간 유엔의 결의에 따라 공도 상태를 유지하고 있지만, 국제해양법재판소에서 승소 판결만 나오면 최단시간 내에 독도를 원상 복구하고 시설을 현대화함과 동시에 해병대를 배치하여 방어태세를 공고히 할 것은 물론이고, 그동안 입은 모든 피해를 온전히 일본으로부터 보상받고, 일본의 그동안의 거짓 주장과 영토 침공 만행을 온 천하에 전파 주지시키고, 대한민국의 국위를 선양하는 전화위복의 기회로 삼을 수 있을 것이란 기대에 온 국민이 부풀어 있다.

물론 그렇게 되면 서둘러 신한일어업협정을 파기하고, 독도 영해 및 접속수역을 정식으로 선포하여 독도를 기점으로 한 새로운 배타적 경제수역 경계 획정 협정도 일본보다 유리한 위치에서 당당하게 재협상 타결할 수 있을 것이다.

그러나 문제는 그리 낙관적이지는 못하다. 왜냐하면, 국제해양법재판소(ITLOS) 소장에 일본인이 2011년에 부임하여 3년 임기를 2015년 말에 마치기 때문에 마지막으로 독도 문제에 전력투구하게 될 것이 분명하다. 일본 외무성 차관과 주미 대사를 지낸 야나이 재판관은 2005년부터 독일 함부르크에 있는 국제해양법재판소 재판관으로 일해 왔다. 그는 임기 중 해양 경계, 자원 개발과 관리·감독, 분쟁과 관련한 국제해양법재판소의 모든 회의를 주재하게 된다. 국제해양법재판소는 1996년 발효한 유엔해양법협약에 따라 해양 분쟁을 해결하기 위해 설립된 국제법률기구로, 국제사법재판소와 함께 해양 관련 분쟁의 양대 창구 기능을 하고 있다.

야나이 슌지(柳井俊二) 국제해양법재판소 소장은 2012년 11월에 방한한 바 있다. 국제해양법재판소는 유엔해양법협약을 기반으로 국가 간 해양분쟁을 다루는 국제사법기구이다. 야나이 소장은 전남 여수 세계박람회 엑스포홀에서 같은 해 10월에 열린 '유엔해양법협약 30주년 기념회의' 참석차 한국을 찾았다. 그는 일본 외무성 차관, 주미 대사를 역임한 인물로, 1980년대 초 주한 일본대사관에서 공사를 지낸 덕에 한국어도 할 줄 안다.

국제해양법재판소가 판단의 근거로 삼는 유엔해양법협약(1982년 제정)이 너무 포괄적이라 국가 간 분쟁을 해결하기엔 한계가 있다는 지적에 대해 그는 "국제해양법재판소엔 한국 출신인 박영구 재판관 같은 원로 법학자가 있어 더 나은 진전된 객관적 아이디어를 제시하고 있는 만큼 재판소의 역할은 점점 더 커질 것"이라고 고자세로 목에 힘을 주기도 했다.

그가 방한한 때는 마침 이명박 대통령이 독도를 방문한 다음 날이었다. 그는 이날 한국 기자와 만나기 전 독도 등 한일 관계 질문은 받지 않겠다고 했다. 인터뷰 중 이 대통령의 독도 방문 얘기가 나오자 "저는 일본인이지만 일본 정부를 대변하진 않는다. 재판관으로서 특정 사안에 대해선 입장을 밝힐 수 없다"고 고답적인 자세를 취하였다.

정부는 그동안 독도 문제가 우리가 원치 않는 상황에서 국제해양법재판소로 갈 수 있는 상황을 우려해 왔다. 국제해양법재판소는 국제사법재판소와는 달리 한쪽의 제소로 소송이 이뤄질 수 있기 때문에 야나이 소장이 재판관이던 시절부터 독도 문제가 국제해양법재판소로 가는 것을 경계했다. 우리 정부는 지난 2006년 유엔해양법협약 제287조에 따라 일본이 독도 영유권 문제를 국제해양법재판소로 가져갈 수 없도록 국제해양법재판소의 강제관할권 배제를 선언했다. 하지만 일본이 여전히 이 문제를 국제해양법재판소에서 서론할 가능성은 남아 있다. 정부는 "독도 문제가 국제해양법재판소에 가도 특별히 불리할 것은 없지만, 재판 결과를 100% 확신할 수 없어 회피하는 것이 바람직하다"는 입장을 고수해 왔으나, 이제는 상황이 달라져 한국이 먼저 일본을 제소한 것이다. 국제해양법재판소는 UN 헌장에 따라 1996년 설립되었으며 가장 최근의 일본과 관련 있는 판결은 2007년 러시아에 억류 중이던 일본 선박의 선원 석방 건이었는데 일본이 승소한 바 있다.

국제법학계에서는 그동안 국제사법재판소가 아닌 국제해양법재판소에서 독도 문제가 다뤄질 가능성이 있음을 강조해 왔다. 국제해양법재판소는 유엔 국제해양법협약의 적용과 해석에 관한 판단을 하는 기관이기 때문에 독도 영유권과 관련한 혼합분쟁을 제소해 독도 영유권 문제를 간접적으로 제기할 수 있는 것이다.

독도를 분쟁 지역으로 굳히는 것이 일본의 전략인 만큼, 일본은 의도적으로 독도 침공을 결행한 것으로 볼 수 있다. 그 계산이 국제법적으로 국제정치적으로 얼마나 유효하게 판가름날지는 두고 봐야 하겠지만, 유엔 총회나 안전보장이사회가 절대로 일본에 국제해양법재판소를 통한 면죄부는 주지 않을 것이다. 만약 국제해양법재판소가 일본의 손을 들어줄 경우 국제사회의 무법자인 북한의 핵 투발 위협을 제어할 묘안이 없으므로 일본의 불법 침공을 정당화시켜 주는 판결은 법과 정의의 성실 원칙에 벗어나고 국제사회의 여론과 유엔의 존립가치를 부정하는 결과가 될 것이다.

드디어 국제해양법재판소는 2015년 9월 15일부터 독도 분쟁 해결을 위한 전 세계의 이목이 쏠린 역사적인 공판을 개최키로 결정 공시하였다. 재판이 시작되면 쌍방의 변론 및 토의과정을 거쳐 최종선고까지는 전례를 비춰볼 때, 최소한 3개월은 걸릴 것으로 보인다. 유엔의 권능을 대변하는 국제해양법재판소의 판결에 따라 독도가 한국의 영토로 완전 회복됨과 동시에 대통령은 이를 계기로 북한과의 새로운 신뢰 프로세스를 구축 강화하는 데 결정적으로 유리한 계기를 마련하게 됨으로써 한반도의 평화 정착에 이바지하게 될 것으로 온 국민은 간절한 기대와 희망을 갖고 있다.

한편 한국의 박영구 재판관이 이번 재판에서 국제해양법재판소에서 일본인 소장과 역학관계를 이루면서 조국을 위해 얼마나 현명하고 강력한 역할을 하게 될지는 두고 보아야 할 것이다. 한 가지 변수는 일본이 재판 진행 과정에서 불리해지면, 독도 영유권을 한국에 양보하는 대신 배타적 경제수역을 일본에 유리하게 획정되도록 한국의 양보를 받아 냄으로써 해저자원 개발의 실익을 얻고자 독도 인접해역의 한일 공동개발을 전제한 합의 요청을 해올 가능성도 배제할 수 없다는 것이다. 이에 어떻게 대응할 것인가 하는 당면과제 해결방안 모색은 심사숙고해야 할 중차대한 사안이 될 것이다. 북한의 개입이나 대마도 영유권 제기 본격화 등 난제가 엉켜 있기 때문이다.

한국은 새정부 출범과 동시에 정부조직 개편 때 선거공약에 포함되지 않았다는 이유로 국가안보회의의 위상과 기능을 대폭 강화하여 상설기구로 정상화 회복시키는 등 국가안보체제 재정비 강화가 이뤄지지 못한 것이 치명적인 실책이었음을 이제야 깨달은 대통령은 서둘러 국회 우선 통과를 전제로 관계법 개정을 위한 정부안을 국무회의에서 긴급 의결하여 국회로 이송하였다.

그리고 이 속에는 현재 안전행정부 산하 기구로 축소 격하된 비상기획위원회를 국가안보회의의 하부조직으로 통합하여 국가안보회의가 대통령 직속의 헌법기관으로서 명실공히 국가안보의 총사령탑답게, 전항에서 언급한 국가안보의 5대 기본 기능을 차질 없이 전천후로 담당 수행토록 법적·제도적 장치를 완비하는 내용이 포함되었다. 그래야 국가의 독립과 자유 그리고 안전을 대내외적 위협으로부터 지켜 낼 수 있다. 또한, 이와 관련하여 유엔해양법재판소의 판결이 나오면 바로 해병대를 독도에 주둔시키기 위한 법적 근거로서 정부 입법으로 이송되어 온 「독도방어특별법」을 국회 국방위원회에서 심의 의결하기로 했다.

현 정부에서 만약 헌법 개정이 논의될 경우엔 대통령 5년 단임제냐, 4년 중임제냐 하는 권력구조 개편이 중요한 것이 아니고, 헌법 제91조를 고쳐 국가안보회의가 명실공히 국가의 대외정책과 대내정책 그리고 군사정책을 국가안보적 차원에서 통합 조정하는 권능을 가짐과 동시에, 국무회의와 동격의 심의기구로 위상이 격상되도록 하는 안보기능 강화가 먼저임을 전 국회의원들에게 납득시켜야할 것이다. 국가안보가 정치, 경제, 사회, 문화, 종교 등의 종속변수나 매개변수가 아니라 국가 생존 발전을 위한 최고 우선의 독립변수임을 일본의 독도 침탈을 체험하고서야 온 국민이 알게 된 것은 불행 중 다행한 반면교사의 교훈이다.

　그리고 대통령이 21세기의 신세계 질서에 부응하여 주변 4강의 포위망에서 벗어나 아시아의 중심국가로 부상하려면, 국가목표와 국가정책을 결정적으로 뒷받침하는 것이 해공군력임을 깨닫고 국방 조직을 대폭 개편하여 전력과 인력구조를 육군 중심에서 해공군 중심체제로 전환하려는 결단을 내렸음은 국가안보회의 의장·국군통수권자로서 너무도 현명하고 당연한 조치였다. 이렇게 함으로써 독도를 영원히 대한민국 영토로 보존할 수 있게 될 것이다.

[부록 2] 독도연구기관 콜로키움 주소록

1. 민간기관

연구기관명	주　　소
독도학회	서울 서대문구 대현동 11-1 이화여자대학교 이화학술원
독도조사연구학회	서울 성북구 보문동 7가 100 화진빌딩 301호
(사)한국영토학회	서울 관악구 봉천4동 관악센츄리타워 914호
동해연구회	서울 성북구 안암동5가 1 고려대학교 법과대학 316호
영남대 독도연구소	경북 경산시 대동 214-1 영남대학교 중앙도서관 13층
독도연구보전협회	서울 송파구 신천동 11-6 수협중앙회 4층
경일대 독도간도교육센터	경북 경산시 하양읍 부호리 33번지 경일대학교
세종대 독도종합연구소	서울 광진구 군자동 98번지 세종대학교
영산대 해양법연구소	경남 양산시 주남동 산150 영산대학교
대구대 독도영토학연구소	경북 경산시 진량읍 내리리 15번지 대구대학교
아사연 국제법연구회	서울 서대문구 홍제3동 278-40 백석빌딩 3층
려해연구소	부산 북구 화명동 2274-3 덕진 상트레뷰OT 512호
한국해양대 해양영토전략연구센터	부산 영도구 동산2동 한국해양대 국제대학관 506호
(사)한국독도연구원	강원도 춘천시 낙원동 30-8 서울 용산구 한강로3가 40-642 해운빌딩 4층 402호
인하대 국제해양법센터	인천 남구 용현동 253 인하대학교 법학전문대학원 로스쿨관 324
한남대 해양법정책연구소	대전 대덕구 오정동 133 한남대학교 법과대학
영남독도연구회	대구 북구 산격2동 665-2

연구기관명	주 소
지적박물관	충북 제천시 금성면 양화리 623
(사)해양법학회	부산 남구 대연3동 599-1 부경대학교 법학과
산하온 환경연구소	서울 서초구 방배동 754-1 롯데캐슬 101-209
대구경북연구원	대구 수성구 중동로 246 대구파이낸스센터 18-19층
한국이사부학회	강원도 춘천시 강원대학길 1 강원대학교 사학과
해군대학 해양법실	대전 유성구 추목동 사서함 78-102호 해군대학 교수부
경주대 독도울릉학연구소	경북 경주시 충효로 523(효현동 산42-1) 경주대학교
경북대 울릉도독도연구소	대구 북구 산격동 1370 경북대학교 울릉도독도연구소
대구한의대 안용복연구소	대구 경산시 유곡동 290 대구한의대학교 11호관
한빛문화재연구원	경북 경산시 진량읍 신상리 1125-3
해양문화연구원	고양 일산우체국 사서함 44호
울산대	울산시 남구 대학로 102 울산대학교 역사문화학과
(재)서울국제법연구원	서울 종로구 사직동 1-8 사직아파트 31호
단국대 동해·독도연구소 (가칭)	ksh628@dankook.ac.kr

2. 정부·지자체·공공기관

연구기관명	주 소
동북아역사재단독도연구소	서울 서대문구 의주로 77 임광빌딩 5층
국회도서관 독도자료실	서울 영등포구 의사당로 1 국회도서관 2층
독도전문연구사업단 (한국해양연구원)	경기도 안산시 상록구 헤안로 454(사동) 한국해양연구원
동아시아역사연구소 (한국학중앙연구원)	경기도 성남시 분당구 하오고개길 110(운중동)
국립해양조사원 (해양과)	인천 중구 서해로 195번지 국립해양조사원 해양과
경북도청 독도수호대책팀	대구 북구 연암로 60(산격동 1445-3) 경북도청
독도박물관	경북 울릉군 울릉읍 도동리 581-1
울릉군 정책발전팀	경북 울릉군 울릉읍 도동리 206-1
국사편찬위원회	경기도 과천시 교육원길 84
환경부 자연보존국	경기도 과천시 관문로 88 정부과천청사 5동 환경부 자연보전국 자연정책과
독도관리사무소	경북 울릉군 울릉읍 도동2리 176-2
국가기록원	대전 서구 선사로 139 정부대전청사 2동
해양경찰청 국제협력관실	인천 연수구 가천길(송도동 3-8) 해양경찰청

[참고문헌]

김영구, 〈독도 : 어디로 가려나?〉, 다솜출판사, 2005

신용하, 〈독도영유권탐구, 독도연구회 시리즈7〉, 2000

송병기, 〈독도영유권자료선〉, 한림대학교 아시아문제연구소, 2004

김병렬, 〈독도냐 다케시마냐〉, 다다미디어, 1996

김학준, 〈독도는 우리 땅〉, 해맞이, 2003

정태만, 〈독도의 진실〉, 조선뉴스프레스, 2012

홍윤서, 〈독도전쟁 1 및 2〉, 명상, 1999

박판현, 〈독도가 일본정부에 묻습니다〉, 박씨문화선양회, 2012

양태진, 〈한국 독립의 상징 독도〉, 백산출판사, 2004

배진수, 〈세계의 도서분쟁과 독도 시나리오〉, 한국군사문제연구원, 1997

독도역사찾기운동본부, 〈독도 영유권 위기 연구〉, 백산서당, 2003

독도역사찾기운동본부, 〈독도는 한국 땅인가?〉, 백산서당, 2003

김재윤, 〈안용복 장군의 활약상〉, 안용복 장군 기념사업회, 2009

김영구, 〈A Pursuit of Truth〉, 국제문화교류협회, 2005

김명기, 〈한일 간 독도영유권 시비의 쟁점과 대책(제9회 국방 · 군사 세미
　　　나 논문집)〉, 한국군사학회, 2000

김봉우, 〈독도를 포함한 일본의 해양경계선 설정과 독도 영유권 위기〉(제1
　　　회 독도연대 학술 토론회), 독도연대, 2005

김봉우, 〈독도 위기 : 묵인으로 이끄는 매국논리들과 그 비판〉, 독도본부,
　　　2006

독도본부, 〈독도학술토론회 논문집 1~10〉, 우리영토, 2006

강종희, 〈독도연구저널 9-10권〉, 한국해양수산개발원 독도해양영토연구

센터, 2010

김명기, 〈독도의용수비대와 국제법〉, 다물,1998

신용하, 〈한국과 일본의 독도 영유권 논쟁〉, 한양대학교출판부, 2003

김병열 · 나이토 세이추, 〈한일 전문가가 본 독도〉, 다다미디어, 2006

호사카 유지, 〈우리 역사 독도 : 한일관계사로 본 독도 이야기〉, BM성안
　　　　　당, 2009

나홍주, 〈독도 영유권에 관한 연구〉, 법서출판사, 2000

배진수, 〈독도 이슈 60년과 한국의 영토주권〉, 동북아역사재단, 2012

김화홍, 〈역사적 실증으로 본 독도는 한국 땅〉, 시몬, 1996

국방부, 〈국방백서 - 2012〉, 국방부, 2012

권오엽 · 오오니시 토시태루, 〈竹島渡海由來記拔書控(상, 하)〉, 한국학술
　　　　　정보. 2010

정병돈, 〈독도 1947 : 전후 독도 문제와 한 · 미 · 일관계〉, 돌베개, 2010

정윤성, 〈독도의 진실〉, 어문학사, 2012

호사카 유지, 〈대한민국 독도〉, 성인당, 2011

호사카 유지, 〈우리 역사 독도〉, 성인당, 2010

호사카 유지, 〈일본 고지도에도 독도는 없다〉, 자음과 모음, 2005

나이토우 · 권오엽, 〈독도논리〉, 지식과 교양, 2010

주간현, 〈독도 견문록〉, 지식하우스, 2010

김호동, 〈독도 · 울릉도의 역사〉, 경인문화원, 2007

김성규, 〈독도 : 울릉군 독도리 산 1번지〉, 북앤피플, 2012

김상훈, 〈대마도 · 독도의 비밀〉, 양서각, 2012

한국독도연구원, 〈대마도 어떻게 찾을 것인가?〉, 학술회의 자료집
　　　　　(2012.9.18.)

김관중, 〈김관중 사진집 독도 TOK DO〉, 독도 수호대, 2000

박선식, 〈위풍당당 한국사-대외 출병으로 본 한국사〉, 베이직북스, 2008

이부균, 〈한국독도 어떻게 지킬 것인가〉, (사)한국독도연구원, 2010

하지환 · 정재민, 〈독도 인 더 헤이그〉, 도서출판 황매, 2011

정의승, 〈한국해양전략연구소 소식지 제50호〉, 한국해양전략연구소, 2013

김학소, 〈독도 연구저널 제18권 및 제20권〉, 해양수산개발원 독도해양연
　　　구센터, 2012

전병서, 〈독도영유권 문제에 대한 고찰〉, STRATEGY 21 통권 제24호,
　　　2009

한국국방포럼 · 한국해양전략연구소 안보세미나 주제발표 논문집, '해양안
　　　보 위협과 바람직한 해군력 건설', 전쟁기념관 무궁화홀, 2013년
　　　2월 7일

강영원, 〈독도 문제에 대한 우리 정부의 정책방향 제언〉, 독도문제연구저
　　　널, 해양수산개발원 · 독도해양연구센터(2012년 겨울호, 제20권)

김석현, 〈독도 영유권 문제 연구의 체계화를 위하여〉, 독도저널, 독도문
　　　제연구저널, 해양수산개발원 · 독도해양연구센터(2012년 겨울호,
　　　제20권)

左藤正久, 〈守るべき 人がいる〉, 株式會社フォーラム, 2012

和田春樹, 〈領土問題を どう解決するか〉, 平凡社新書, 2012

下條正男, 〈竹島は日韓どちらのものか〉, 文藝春秋, 2004

孫崎亨, 〈日本の國境問題〉, ちくま新書, 2011

內藤正中 · 朴炳涉, 〈竹島 · 獨島論爭〉, 新幹社, 2007

內藤正中 · 金炳烈, 〈史的檢正 竹島 · 獨島〉, 岩波書店, 2007

高琦宗司, 〈檢證日韓會談〉, 岩波新書, 1996

堀和生,〈1905年日本の竹島領土編入〉, 朝鮮史研究會論文集 24號, 1987

鄭秉峻,〈解放後韓國の 獨島に 對する 認識と政策〉, 韓國梨花女子大學校
　　　出版部, 2006

東郷和彦,〈日本の領土問題- 北方四島,竹島,添閣諸島〉, 角川ONEテーマ
　　　21, 2012

內藤正中,〈日本外務省 竹島批判：竹島＝獨島問題入門〉, 新幹社, 2008

孫崎亨,〈日本の 國境問題- 尖閣, 竹島, 北方島嶼〉, ちくま新書, 2011

內藤正中 · 金炳烈,〈史的檢證竹島 · 獨島〉, 岩波書店, 2007

內藤正中 · 朴炳變,〈竹島 · 獨島論爭〉, 新幹社, 2007

中名生正昭,〈尖閣, 竹島, 北方4島-激動する 日本周邊の海〉, 南雲堂,
　　　2012

독도를 일본에 빼앗기지 않으려면

1판 1쇄 인쇄 2013년 4월 20일
1판 1쇄 발행 2013년 5월 1일

지은이 I 이선호
펴낸이 I 김기제

펴낸곳 I 팔복원
주소 I 서울시 마포구 서교동 247-30 대조빌딩 3층
전화 I 02-338-6516(편집), 02-338-6478(마케팅)
팩스 I 02-335-3229
이메일 I 8bliss@hanmail.net
홈페이지 I www.palbook.net
등록일자 I 1991년 7월 22일
등록번호 I 제313-2004-162호
ISBN 978-89-85840-15-6